U0943654

普通高等教育“十一五”国家级规划教材

会计电算化原理与应用

(第3版)

毛华扬　陈旭 等　编著

清华大学出版社

北　京

内 容 简 介

本书是普通高等教育“十一五”国家级规划教材，主要讲述会计电算化一般原理、会计软件的应用方法及会计电算化后的管理。教学软件使用用友 ERP-U8.72 版，软件应用部分以安装、系统管理和基础设置、总账、采购、销售、库存、存货核算、应收应付、固定资产、薪资、期末业务处理、报表为主要流程来完成相关业务处理，每个部分按照业务类型进行设计，分步骤进行操作，同时在一些主要环节留有业务处理结果供验证。

本书主要供大学会计专业、财务管理专业、审计专业学生学习，还可供在职会计人员学习使用。

图书在版编目(CIP)数据

会计电算化原理与应用 / 毛华扬，陈旭 等编著. —3 版. —北京：清华大学出版社，2013
ISBN 978-7-302-34347-9

Ⅰ. ①会… Ⅱ. ①毛… ②陈… Ⅲ. ①会计电算化 Ⅳ. ①F232

中国版本图书馆 CIP 数据核字(2013)第 254974 号

责任编辑：崔 伟 马遥遥
封面设计：周晓亮
版式设计：方加青
责任校对：成凤进
责任印制：李红英

出版发行：清华大学出版社
　　网　　址：http://www.tup.com.cn，http://www.wqbook.com
　　地　　址：北京清华大学学研大厦 A 座　　**邮　　编**：100084
　　社 总 机：010-62770175　　**邮　　购**：010-62786544
　　投稿与读者服务：010-62776969，c-service@tup.tsinghua.edu.cn
　　质 量 反 馈：010-62772015，zhiliang@tup.tsinghua.edu.cn
　　课 件 下 载：http://www.tup.com.cn，010-62796865
印 装 者：北京密云胶印厂
经　　销：全国新华书店
开　　本：185mm×260mm　　**印　张**：21　　**字　　数**：482 千字
　　（附光盘 1 张）
版　　次：2005 年 3 月第 1 版　　2013 年 12 月第 3 版　　**印　　次**：2013 年 12 月第 1 次印刷
印　　数：1～3800
定　　价：38.00 元

产品编号：043371-01

前 言

本书主要讲述了会计电算化一般原理、会计软件的应用方法及会计电算化后的管理。教学软件为用友ERP-U8.72版，软件应用部分以安装、系统管理和基础设置、总账、采购、销售、库存、存货核算、应收应付、固定资产、薪资、期末业务处理、报表为主要流程来完成相关业务处理，每个部分按照业务类型进行设计，分步骤进行，同时在一些主要环节留有业务处理结果供验证。每章均附有习题。

在软件操作部分，采用财务业务一体化的连续案例，严格按照先后次序进行实验操作，就能得到每个阶段的实验结果，充分体现业务处理流程化、一体化、模块化的思想。本书采用了大学广泛应用的用友ERP-U8.72版(第2版采用的金算盘正阳标准版)作为教学软件，理论部分在第2版的基础上做了修订，以适应会计电算化的最新发展。

本书提供每个阶段的实验账套，在实际教学过程中，若某些部分不安排实验，则可以跳过，然后导入某阶段的账套后在该阶段上进行。

本书由毛华扬、陈旭、张志恒、梁丽、邱杰编写。梁丽负责编写第2章，张志恒负责编写第3章，陈旭负责编写第4章，邱杰负责编写第7章，毛华扬负责编写第1章、第5章、第6章、第8章。

本书参考了用友软件股份有限公司U8的相关产品资料，并使用用友ERP-U8.72作为教学软件，在此表示诚挚的谢意。

在编写中还参考了一些资料，详见本书的参考文献，在此对文献作者表示谢意。

从本书2005年第一次出版以来，每个版本编辑都付出了艰辛的劳动，通过严谨、负责的编辑工作，使本书的质量得以提升，在此表示深深的感谢。

本书每个版本出版后，都得到了很多老师、读者的关心，并提出了许多宝贵的意见，也指出了不足之处，在此表示感谢的同时，我们也致以深深的歉意，这将督促我们更好地完成本书的编写工作。因作者能力有限，本书内容一定还存在不足之处，欢迎业界同仁和读者指正，意见和建议请反馈至landmao@126.com，以便在下一版中修订。本书出版后，如有相关辅助资料或问题回答，会在http://hi.baidu.com/landmao发布，敬请关注。

编 者

2013年8月18日

目 录

第1章

会计电算化概论

1.1 会计电算化基础

1.1.1 会计电算化

“会计电算化”一词是1981年中国会计学会在长春市召开的“财务、会计、成本应用电子计算机专题讨论会”上提出来的。它是指将电子计算机技术应用到会计业务处理工作中，用计算机来辅助会计核算和管理，通过会计软件指挥计算机替代手工完成或手工很难完成的会计工作，即电子计算机在会计应用中的代名词。与此同义的还有电脑会计、EDP会计、会计信息系统、电算化会计系统、会计信息化等。

会计电算化的概念，广义上是指与实现会计工作电算化有关的所有工作，包括会计软件的开发和应用、会计电算化人才的培训、会计电算化的宏观规划、会计电算化的制度建设、会计软件市场的培育与发展等。

会计电算化在我国从启蒙到现在已经30余年，取得了较大成效，包括实施会计电算化的企业数量逐步上升，商品化通用软件产业的形成以及政府管理机构宏观管理和调控作用的发挥等，无不体现了会计电算化带来的新思想、新方法、新作用，使会计工作的作用和地位得到了很大的加强。

1.1.2 会计电算化的基本目标

会计电算化的基本目标主要有以下几个方面。

1. 减轻会计人员工作强度，提高工作效率

利用计算机技术，把繁杂的记账、算账、结账工作交给计算机处理，从而减轻会计人员的工作强度。同时，会计软件具有很高的精确性和逻辑判断能力，可以避免手工操作产生的错误，以达到提高工作效率的目的。

2. 促进会计职能的转变

在手工情况下，会计人员长期处于繁重的手工核算工作中，没有时间和精力来更好地参与管理、决策。实现会计电算化后，使会计人员从繁重的手工操作中解放出来，有更多的时间和精力参与企业的管理与决策，为提高企业现代化管理水平和经济效益服务。

3. 准确、及时地提供会计信息

手工条件下，由于大量会计信息需要进行记录、加工、整理，会计信息的提供速度较慢，也难以全面提供管理所需要的信息，一定程度上影响了经营决策工作。会计电算化后，大量的信息都可以及时进行记录、汇总、分析，甚至实现实时跨地域传送，向企业管理者、股东等有关方面提供准确、及时的会计信息。

4. 提高人员素质，提升会计管理水平

会计电算化给会计工作增添了新内容，从而要求会计人员提高自身素质，更新知识结构。第一是必须掌握会计电算化的有关知识；第二是为了参与企业管理，要更多地学习经营管理知识；第三是实现会计电算化后，会计工作由会计软件系统和会计人员共同完成，强化了会计规范化工作，从而提升了会计工作的管理水平。

5. 实现企业管理信息化，提高企业经济效益

会计是价值管理的主要手段，处理的信息量大，要求快捷、准确。在手工记账下，会计人员将大量精力用于数据处理，参与管理工作受到了极大的限制。会计电算化的目的之一就是使广大会计人员从繁重的手工操作中解脱出来，减轻劳动强度。而会计电算化的根本目的则是通过核算手段和会计管理决策手段的现代化，提高会计信息收集、整理、传输、反馈的及时性和准确度，提高会计的分析决策能力，更好地满足管理的需要，提供管理所需的会计信息，从而更好地发挥会计参与管理、参与决策的职能，为提高现代化管理水平和经济效益服务。由此，应认识到两点：①满足管理的需要，为管理服务，提高经济效益是一切会计电算化工作的出发点，是会计电算化的核心；②会计电算化不是单纯的数据搬家，是按管理的需要对会计工作的改革与发展，是会计管理工作的一个飞跃。

会计电算化是企业管理信息化的重要组成部分。企业管理信息化的目标和任务，就是要以现代化的方法去管理企业，提高经济效益。因而，会计电算化不仅要使会计工作本身现代化，最终目标是要使企业管理信息化，从而达到提高企业经济效益的目的。

1.1.3 会计电算化的正确认识

开展会计电算化工作，需要对会计电算化有一个正确的认识。

1. 会计核算的电算化是会计电算化工作的基础

会计电算化的最终目的是为管理、决策服务，达到这个目标的手段无外乎以下几个方面：一是利用计算机计算准确、处理数据量大的特点处理会计业务，从而更全面、更准确地提供管理、决策所需的财务信息；二是利用计算机处理数据速度快的特点处理会计业务，从而更快捷地提供各种管理、决策所需的财务信息；三是利用计算机能快速分类整理数据的优势，按管理的需要，对会计核算数据进行各种加工、处理，从而筛选出管理所需的信息；四是使会计人员从繁杂的手工核算工作中解脱出来，利用他们懂财务、了解情况的优势，参与分析、管理、决策。要达到这四方面的要求，首先就要实现会计核算工作的电算化。会计核算工作的电算化是一切会计电算化工作的基础。

2. 会计电算化工作是一项循序渐进的工作

会计电算化工作是一项系统工程。在开展这项工作之前，需要做好各种规划工作，考虑到问题的方方面面，做好各项安排，为会计电算化工作的全面开展、实现全面信息化打下基础。具体要根据单位的实际情况，如先在分公司试点，然后再在总部实施，同时还要结合企业信息化的其他项目综合考虑实施方案。

3. 会计电算化是一项系统工程

会计电算化涉及具体的会计管理工作、会计软件、计算机和操作使用人员，它是涉及方方面面的一项系统工程。

(1) 会计电算化不仅包括建立电算化会计系统的过程，还包括电算化会计系统的使用、维护、管理以及其他有关的会计电算化工作，如计算机审计、会计电算化宏观管理等。无论是宏观的会计电算化管理，还是微观的单位会计电算化工作，各项工作都是紧密联系在一起的，而且需要有步骤、有计划地进行。

(2) 会计电算化是整个信息化的组成部分，电算化会计系统是整个管理信息系统的子系统。会计部门的电算化工作与其他部门的信息化工作是有机联系在一起的，会计电算化工作的开展应搞好与其他部门的协调工作，使电算化会计系统成为整个管理信息系统的有机组成部分。

(3) 会计工作本身是一个相对独立的信息系统，各项会计业务之间是有机联系在一起的。开展一项会计业务的电算化工作应考虑与其他业务的关系，对其他会计业务的影响，为全面开展会计电算化工作打下基础，为最终形成一个完整的会计信息系统铺下基石。

4. 会计电算化后，重要的是电算化会计系统的应用工作

会计电算化的最终目的是利用计算机更好地完成会计工作的任务，提高会计信息收集、整理、反馈的灵敏度与准确度，更好地发挥会计参与管理的职能，为提高管理水平和经济效益服务。因此，电算化会计系统的建立仅仅是会计电算化工作的开始，更重要的是在电算化会计系统建立后的组织管理、系统的运行和维护等工作。这些工作是直接为达到会计电算化目标服务的，是长期实现会计电算化目标的保证，是实现会计电算化后会计的本职工作。

1.1.4　我国会计电算化的发展过程

会计是管理的重要组成部分，它以货币为计量单位，应用一套自身特有的方法，从价值方面对生产经营活动进行反映和监督。因此，在会计工作中，通过采集、传输和存储取得大量的数据，并对此分类、汇总，进行系统处理，为经营管理提供有用的信息。在历史上，随着生产的发展和生产规模的逐步社会化，会计也随之发展变化。经人们长期实践，会计逐步由简单到复杂，至今已形成一套完整的体系。与此同时，会计数据处理的技术也在不断地发展变化，经历了手工操作、机械化和电算化几个阶段，逐步形成了一门独立的新兴科学，在会计工作中发挥着不可估量的作用。

我国会计电算化的发展可以分为以下几个阶段。

(1) 探索发展阶段(1979—1988年)

我国第一台计算机诞生于1958年，从那时起到20世纪70年代中期，主要是用于科学技术工

作中。1979年财政部拨款500万元，用于长春第一汽车制造厂进行会计电算化试点工作。1981年8月在财政部、第一机械工业部、中国会计学会的支持下，中国人民大学和长春第一汽车制造厂联合召开了“财务、会计、成本应用电子计算机专题讨论会”。1979年是中国会计电算化的起点。

1979—1988年，会计电算化从无到有，在中国生根发芽。国家行政部门包括财政部、机械工业部、铁道部、兵器工业部等，纷纷在全国各地进行探索性的试点，全国各个高等院校也加入研究的行列，这个阶段属于探索发展阶段。但从整个国家来讲，国家各职能部门基本上是各自为政，都在摸着石头过河，摸索能够适应自身需要的解决方案。这个阶段的中国会计电算化水平不高，功能单一且不通用，还没有形成大规模的商品化会计软件公司与市场。

这一阶段的历史大背景是，我们的国门刚刚打开，一切感觉都很新鲜，各行各业都在强调解放思想，学习科学技术知识，应用科学技术知识。1981年后，IBM PC计算机及其兼容机(当时除了IBM PC外，都称为兼容机)的出现，为计算机的普及应用提供了可能的条件。在当时，Dbase语言对于爱好计算机的会计人员来讲，容易学习，从而被广泛应用。因此，很多单位自发地进行了会计软件的专项开发，主要是开发一些相对简单的模块，应用层次也很低，但相对于手工来讲，这种变化是巨大的。在这一阶段，一般都是一些大型企业和科研院所在开展会计电算化工作，后逐步上升为区域性、行业性的行为。

1988年，中国会计学会首届“会计电算化学术讨论会”在吉林召开。在这次会议上，与会专家达成共识：发展通用会计软件和引入市场机制是中国会计电算化发展的出路。同年，财政部在上海召开会计电算化工作会议，对制定各省计算机应用规划、实施对会计软件的评审工作做了统一部署。

(2) 政府推动发展阶段(1989—1998年)

实际上，1988年的这些动作都是1989年发布65号文件的前奏，经过一年的准备和论证，在广泛征求各方意见的基础上，1989年12月9日，财政部发布了《会计核算软件管理的几项规定(试行)》，即著名的“89第65号文件”。中国会计电算化在财政部的统一部署管理和强有力的推动下获得长足的发展。大大小小的会计软件厂商如雨后春笋般涌现出来，先锋、用友、金蜘蛛、万能、润嘉等都是这个时期的典型代表。因此，这个文件的发布可以称为我国会计电算化发展的第二阶段，即政府推动发展阶段的标志性事件。

1990年，财政部正式成立了会计核算软件评审委员会，制定了《关于会计核算软件评审问题的补充规定(试行)》、《关于加强对通过财政部评审的商品和会计核算软件管理的通知》等文件，以加强对会计软件进行严格的评审与管理。针对会计电算化地区发展的不平衡，1994年，财政部又下发了《关于大力发展我国会计电算化事业的意见》，以推动全国的会计电算化工作，并提出了具体要求。所有的这些都成为我国会计电算化发展强有力的推动力量。

在这期间，在财政部的统一部署下，各地进行了普及性的会计电算化初级培训，使所有的会计上岗人员懂得了计算机和会计电算化基础知识，这为我国会计软件的快速推广打下了先行的认识基础。这种推动力和速度是任何市场力量所无法具备的。

1989—1998年，会计软件逐步通用化、商品化，市场上出现了数百家会计软件公司。这个时期的中国会计电算化发展非常迅速，会计软件依托DOS平台，功能上也大多属于核算型。从1994年开始，Windows会计软件逐步被重视，但真正普及是在1998年后。

在这十年中，在财政部及各省财政厅(局)的推动下，商品化会计软件逐步走向成熟，市场竞争机制逐步完善，通过市场竞争机制使会计软件生产厂家从几百家逐渐向十余家集中。

(3) 市场化发展阶段(1999年以来)

1998年，财政部撤销了全国性的会计电算化管理部门——会计电算化处，这是我国会计电算化发展第三阶段即市场化发展阶段开始的标志。当时的大背景是国家机关进行机构改革，部分地转变职能，将属于市场的交给市场，行业性的管理逐步转向行业协会，在客观上也需要压缩编制。在财政部强有力的推动与管理下，中国会计电算化开始不断发展壮大并走向成熟，会计电算化应用已经逐渐普及，行政推广已经没有必要，会计软件评审等工作已经逐渐失去意义。会计电算化的发展、市场机制的自发调节已经趋于完善，会计电算化管理开始由政府管理转向行业协会自律。这个时期的会计软件逐步转向管理型，大型的会计软件公司开始向ERP转型。

1998年后，行业协会开始逐步发挥作用。在理论研究方面，中国会计学会会计信息化专业委员会成为组织者和实施者。在市场方面，中国软件行业协会财务及企业管理软件分会也在逐步发挥作用。财政部继续发挥着宏观管理会计电算化的作用。

1.1.5　我国会计电算化的发展趋势

我国的会计电算化事业如火如荼，方兴未艾。面对改革的时代， 新技术不断推陈出新，我国会计电算化有以下发展趋势。

1. 向管理一体化方向扩展

管理一体化是指从整个单位的角度开展计算机在管理中的应用工作。会计电算化工作只是整个管理电算化的一个有机组成部分，需要其他部门电算化的支持，同时也给其他部门提供支持和提出要求。如今许多单位的会计电算化工作已有了一定的基础，具备了向其他部门扩展的条件。网络、数据库等计算机技术的发展也在技术上提供了向管理一体化发展的可能。从发展趋势来看，会计电算化工作将逐步与其他业务部门的电算化工作结合起来，由单纯会计业务工作的电算化向建立财务、统计信息综合数据库，综合利用会计信息的方向发展。

2. 单位会计电算化与行业会计电算化相互渗透、相互促进

单位会计电算化是行业会计电算化的基础，反之，行业会计电算化的发展将促进单位的会计电算化工作。在我国宏观管理向现代化进军的今天，行业与基层单位的会计电算化工作还将继续相互渗透、相互促进。

经过多年的努力，基层单位会计电算化水平大大提高，但在软件应用的品种、水平、范围等方面参差不齐。目前，数据大集中、软件大统一是必然的趋势，在大型企业集团尤其如此。

3. 软件技术与管理组织措施日趋结合

电算化会计系统是一个人机系统，仅有一个良好的软件是不够的，必须有一套与之紧密结合的组织措施才能充分发挥其效用，并保证会计信息的安全与可靠。在会计电算化的初期，工作重点主要放在软件的开发与应用上。随着会计电算化工作的进一步深入，与会计电算化应用相适应的管理制度在实践中得到了逐步提高和完善。

4. 会计电算化的开展与管理将向规范化、标准化方向发展

2004年，国家标准化管理委员会发布了GB/T 19581—2004《信息技术 会计核算软件数据接口》标准，2010年后又发布了G/T 24589系列《财经信息技术 会计核算软件数据接口》标准，这个标准的贯彻执行将解决各种会计软件之间及其他相关软件之间的数据接口问题，以实现会计信息的相互规范传递、会计工作电算化后的审计，从而为更充分和更广泛地利用会计信息服务。2010年国家标准化管理委员会又发布了GB/T 25500系列《可扩展商业报告语言(XBRL)技术规范》，为财务报告的信息化发布铺平了道路。

会计电算化的宏观管理将向规范化和标准化过渡。规范化的软件开发、验收规范和标准化的文档、管理制度已经逐步形成。

5. 会计软件技术发展趋势

(1) 支持跨平台运行。即同一套程序编码可以在多种硬件平台和操作系统上运行，以便企业可以根据业务需要和投资能力选择最合适的平台，并且帮助企业顺利实现不同应用水平阶段的平稳过渡。在企业建设管理系统初期，可以选择普通的PC网络，投资相对较低，但随着应用规模的扩大，需要更大处理能力的硬件环境，如选择中小型机、服务器等。这样一来，跨平台的软件系统便显示出很好的优势，也能充分保护用户的投资。

(2) 支持多种应用系统数据交换。不少企业已经建立了各自的应用系统。在电子商务时代，企业将会要求新系统能与原有系统进行数据交换和集成，从而有效利用已有投资。例如，已经使用会计软件的用户，希望整个销售和生产管理系统也能与目前的电算化会计系统进行数据共享。企业间(特别是企业与供应商之间、企业与客户之间)的数据交换将帮助企业有效提升整个供应链的竞争力。

(3) 系统高度集成。进入系统的数据要能根据事先的设定以及管理工作的内在规律和内在联系，传递到相关的功能模块中，达到数据高度共享和系统的高度集成。

(4) 分布式应用。新一代的会计软件系统是超大规模的，它将不再是集中在同一局域网络服务器上的系统，因此，支持分布式应用和分布式数据库是会计软件的一个重要特征。

(5) 多语种支持及个性化用户界面。跨国企业的管理和企业的跨国交易必然带来对会计软件多语种支持的需求。一套应用系统应当可以按照用户的设定，在不同的用户端显示不同语种的应用界面。由此还可以引申出另一种功能，即可以由用户自行设定应用系统输出界面上使用的术语和界面格局，形成个性化的用户界面，不同行业的用户也可以面对专业性更强的界面。

(6) 高可靠性和安全性。大规模的系统、分布式应用、广泛的网络连接需要系统具有更高的可靠性和更强的安全控制。远程通信线路故障、多用户操作冲突、共享数据的大量分发与传递，需要电算化会计系统有超强的稳定性，并能够对出现的各种意外情况做出正确处理。黑客入侵、越权操作等现象需要电算化会计系统有健全的安全防线。对系统内部数据记录的存取及删改权限的管理、系统操作日志的建立等，都是必不可少的安全措施。

(7) 面向电子商务应用。随着电子商务技术的发展，企业各种对外的业务活动已经延伸到了互联网上，实现了网络经营。所以，新的系统要能从企业的实际出发来设计电子商务工作模式，实现财务、电子商务一体化。

6. 与手工会计制度融合为一体的电算化会计管理制度体系将全面形成

目前，我国会计电算化管理制度还不健全。随着宏观管理工作的逐步深入、经验的积累，以会计软件的开发、验收规范，各有关管理部门的责权、电算化后的岗位责任制、人员管理制度、档案管理制度，各种标准账表文件为主体的电算化管理制度体系将逐步形成与完善。

7. 计算机审计将由绕过计算机审计向穿透计算机审计发展

随着电算化管理体系的逐步形成，复合型会计电算化人才的不断涌现，计算机审计技术的不断发展，我国的计算机审计工作将由绕过计算机审计向穿透计算机审计发展，从而更充分地保证会计信息的真实、可靠，保护单位和国家的经济利益。

1.2 会计电算化的基本内容

1.2.1 开展会计电算化工作的基本条件

1. 转变思想观念

主要指单位的领导、会计人员、计算机应用人员对会计电算化的含义、必要性要有正确的理解，不应片面、错误地认识会计电算化。只有相关人员对会计电算化有了正确的认识，会计电算化工作才能顺利、健康地发展；只有单位领导对会计电算化的含义、必要性有了正确的认识，他们才会积极、主动地支持和参与这项工作，正确地领导这项工作的开展。因此，正确的思想认识是开展会计电算化工作的前提。

单位领导对会计电算化的重视和支持，是会计电算化成功的关键。在会计电算化的实施过程中，要调集相应的物资和人力资源，开展的初期也会出现这样或者那样的问题，如果没有领导的支持，往往会半路搁浅，无功而返。即或开展，也会困难重重。

2. 搞好基础工作

主要指会计工作的规范化、标准化、合法化。对基础工作较差的单位应先进行基础工作的整顿，同时应认识到会计电算化工作的开展也将促进基础工作的加强。推进财会工作的规范化、标准化、制度化、合法化，是一个改进管理的过程。对会计电算化工作来说，良好的基础工作一般表现在以下几个方面。

(1) 健全的岗位责任制和内部稽核制度。

(2) 会计人员的业务素质与其工作相适应。

(3) 主要原材料、能源消耗和工时耗用有定额，费用开支有标准或预算，并认真执行。

(4) 各种原始记录的格式、内容、填制方法、签署、传递、汇集、反馈等，有统一要求和规范，做到真实、完整、正确、清晰、及时。

(5) 物资出入库经过计量、检验，手续齐备。

(6) 发生的经济业务都取得或填制合法的原始凭证。

(7) 记账凭证及其填制符合会计制度的内容和要求，并经有关责任人员签章。

(8) 会计科目和核算内容符合会计制度规定的内容和要求，并经有关责任人员签章。

(9) 会计科目和核算内容符合会计制度规定。

(10) 固定资产归口实行分级管理，做到账、卡、物相符，固定资产及折旧核算正确。

(11) 成本、销售、材料、产成品等的核算符合国家有关规定，核算正确。

(12) 应有财产清查制度，并严格执行。

除此以外，在开展会计电算化工作时，还应注意以下几点。

(1) 对会计科目、往来单位、人员、部门、产成品、材料等应有编码。编码应齐全、标准、规范，便于计算机处理。在手工核算下，主要是重视名称，而不太重视编码，实行会计电算化后，处理和查询信息主要通过编码进行，所以编码工作非常重要。

(2) 应改变按“师傅教徒弟的办法”进行核算的做法，严格按照标准会计制度进行各项会计核算工作。

(3) 应按统一的会计制度设计单位的会计制度。

(4) 各种账簿的设置应规范、易于计算机处理等。

3. 人才储备

主要是指单位有开展会计电算化所需的人才。单位不同，对人才的需求不一样；实现会计电算化的方式不同，对人才的需求也不同。这里仅介绍选用商品化会计软件单位的人才需求。由于商品化会计软件厂家对客户提供的服务较多，我国的会计软件又比较成熟，所以，选用商品化会计软件的单位对人才技术的要求并不高。

4. 资金必要性

开展任何一项工作都需要一定的资金，会计电算化工作也不例外。但是，单位大小，实现会计电算化的方式，开展电算化业务的规模大小、项目多少不同，对资金的需求都不同。

会计电算化的费用一般包括硬件费用、软件费用、准备费用、运行维护费用等，如表1-1所示。

表1-1　会计电算化费用项目

费用类型	项目	备注
硬件费用	主机	网络服务器、网络配套设备
	终端机	PC机或笔记本计算机
	外围设备	打印机、UPS、数据备份设备等
	环境成本	房屋、地毯、空调等
软件费用	软件成本	系统软件、数据库软件、会计软件
准备费用	机房建设、改造	改建、装修等
	安装及调试成本	主机、空调、电源、UPS、软件
	培训费用	开发与使用人员的培训
运行维护费用	维护费用	维护人员的工资、所用工具、材料等
	软件服务升级费用	操作系统、数据库、会计软件的升级、服务费用

1.2.2　会计电算化的基本内容

会计电算化是一项系统工程，应按系统工程的方法来开展，即按下述步骤进行：可行性研究，会计电算化规划，编制实施计划，建立电算化的会计系统，建立电算化后的组织与管理体系。会计电算化工作的基本方法，实质上就是会计电算化的基本内容来源。

1. 会计电算化的可行性研究

会计电算化的可行性是指开展电算化工作的可能性和经济性，主要包括组织、技术、经济三方面。组织可行性是指单位内外环境是否为会计电算化创造了必要的条件；技术可行性是指单位所能组织和拥有的技术力量能否保证会计电算化工作的正常开展；经济可行性是指开展电算化工作所带来的有形效益和无形效益与耗用成本的对比情况。

可行性研究一般按下述步骤进行：①进行初步调查；②根据初步调查，确定目标和所要解决的问题；③确定约束因素，包括经济上、技术上、组织上的制约因素；④确定各种可选方案；⑤对各种可选方案进行可行性评价，主要是研究各种方案在经济上、技术上、组织上的可行性；⑥确定方案，推荐实施计划。

2. 会计电算化规划

会计电算化规划是对近几年单位会计电算化工作所要达到的目标，以及如何有效地、分步骤地实现这个目标所作的规划。它实质上是单位开展会计电算化工作的中长期规划，是对单位开展会计电算化工作所作的一个总体可行性研究。规划期一般以5年为宜，第一年的计划应该相当可靠，第二年的计划应比较可靠，第三年以后的计划可以粗略和概括一些。所作计划至少要根据每年的情况变化调整一次，以使计划符合实际。

会计电算化规划一般按下述步骤进行：①研究确定单位的总体目标和会计部门的局部目标；②综合考察会计电算化的外部环境制约，包括经济、技术、组织等单位内部制约与上级主管部门、国家的有关政策法令等外部制约；③确定会计电算化的总体目标，确定近几年内建立一个什么样的电算化会计系统；④分析确定单位的会计信息需求，即确定输入、输出什么信息，对外提供哪些数据接口；⑤确定所要建立系统的总体结构，可用数据流程图、功能图、层次图、数据结构图等工具来表示；⑥确定所要建立系统的资源需求，包括硬件、软件、人力、其他日常支出等；⑦制定会计电算化总体目标的分步骤实施规划，即将总体目标结合单位现有的条件，确定分步实施计划；⑧选择实现的途径；⑨确定实施计划，即最后确定当前所要建立的电算化会计系统、实现途径、具体实施计划等。

3. 编制实施计划

主要是根据确定的目标和会计电算化规划，确定人力、物力、财力的具体安排和工作时间表。

4. 建立电算化的会计系统

主要是组织人力、财力、物力。建立电算化的会计系统，是会计电算化规划与实施计划的具体落实。

5. 建立电算化后的组织与管理体系

电算化会计系统的建立仅仅是整个会计电算化工程的第一步，更重要的是如何有效地对会计部门的人、财、物等各要素进行计划、组织、协调和控制，有效地运行电算化的会计系统，使得电算化后的会计工作水平有根本性的提高，会计部门参与分析、控制、管理、决策的职能和作用得以充分的发挥，这就要求建立电算化后的组织与管理体系。电算化后会计部门的组织主要是指电算化后单位组织机构的调整，以及各项职能、职责的重新划分。电算化后会计工作的管理，一方面是指怎样更好地运行已建立的电算化会计系统和保证电算化会计系统安全、正常运行的一系列制度和控制措施；另一方面是指电算化后，会计部门如何积极参与单位的预测、决策、控制等管理活动，当好领导的参谋。在此，需要说明的是，电算化后会计工作的组织与管理实质上是密不可分的，组织工作是管理工作的一部分，管理工作又是以组织为基础的，管理的好坏首先取决于组织的好坏。

复习题

一、思考题

1. 什么叫会计电算化？简述其发展过程。

2. 开展会计电算化的基本条件是什么？

3. 会计电算化的基本内容是什么？

4. 会计软件的发展趋势是什么？

5. 一个单位有12个会计人员，拟开展会计电算化工作，需使用账务(含往来、现金、银行)、报表、工资和固定资产等几个模块，其中报表、工资、固定资产分别需要两个人应用，其余的人员负责处理账务和相应的管理工作。请进行有关调查，设计一个实现本单位会计电算化所需硬件及软件的解决方案，并对可能出现的问题提出建议。

二、判断题

1. 会计电算化之所以促进了会计工作的规范化，是由于会计电算化对会计数据的输出提供了一系列规范化的控制和格式。(　　)

2. 会计电算化是进行会计核算的人机相结合的控制系统。(　　)

3. 会计电算化下的审计线索、审计程序和原来的手工方式是相同的。(　　)

4. 不同会计软件，基本模块的功能大致相同。(　　)

5. 财政部于1989年制定并印发了《会计核算软件基本功能规范》。(　　)

6. 财政部于1994年制定并印发了《会计核算软件管理的几项规定(试行)》。(　　)

7. “会计电算化”是对用电子计算机处理会计业务的通俗称谓。(　　)

三、单项选择题

1. 财政部于(　　)年制定并印发了我国第一个会计电算化管理制度《会计核算软件管理的几项规定(试行)》。

A. 1989　　B. 1990　　C. 1994　　D. 1995

2.“会计电算化”一词是中国会计学会(　　)年在长春会议上提出来的。

A. 1989　　B. 1990　　C. 1981　　D. 1995

3. 一般认为我国会计电算化是从(　　)年开始的。

A. 1979　　B. 1990　　C. 1981　　D. 1994

4. 使用会计软件的最基本目的是(　　)。

A. 提高单位的总体管理水平　　B. 替代手工进行会计核算工作

C. 简化账务处理流程　　D. 减少会计部门的人员编制

5. 发展会计电算化的瓶颈是(　　)。

A. 硬件　　B. 人才　　C. 制度　　D. 软件

6. 会计电算化是通过(　　)替代手工完成或手工很难完成的会计工作。

A. 操作系统　　B. 计算机

C. 会计软件指挥计算机　　D. 系统软件指挥计算机

7. 会计软件是以(　　)和会计方法为核心，以会计制度为依据，以计算机及其应用技术为基础，以会计数据为处理对象的软件系统。

A. 会计理论　　B. 税务制度

C. 计算机及其应用技术　　D. 会计数据

8. 学习会计电算化的过程中，重要的是理解和掌握(　　)。

A. 计算机基本知识　　B. 会计知识

C. 会计和计算机知识的有机结合　　D. 会计和计算机的区别

9. 实现会计电算化的最终目的是为(　　)服务。

A. 管理、决策　　B. 税务　　C. 会计监督　　D. 审计

10. 按照会计软件的服务层次和提供管理的程度划分，会计软件可分为(　　)。

A. 核算型、管理型、决策型三种　　B. 通用型和专用型

C. 单用户型、网络与多用户型　　D. 以上全不是

11. (　　)是应用电子计算机对会计业务进行处理的通俗称谓。

A. 财务处理模块　　B. 电算化会计

C. 会计电算化　　D. 会计核算软件

12. (　　)是一切会计电算化工作的基础。

A. 会计管理电算化　　B. 会计核算电算化

C. 会计决策电算化　　D. 会计流程电算化

13. 电算化会计系统由(　　)直接使用。

A. 会计人员　　B. 计算机人员　　C. 软件维护人员　　D. 单位负责人

14. (　　)是会计软件使用的最初阶段。

A. 系统实施　　B. 系统运行　　C. 系统试运行　　D. 系统维护

四、多项选择题

1. 会计软件的功能要求符合(　　)。

A. 会计核算软件基本功能规范的要求　　B. 行业的特点

C. 满足本单位的具体核算与管理的要求　　D. 适应ISO管理的要求

2. 会计人员要通过初级培训，掌握(　　)技能。

A. 计算机基本操作　　B. 会计核算软件基本操作

C. 对会计业务进行简单分析和利用　　D. 会计核算软件分析与设计

3. 商品化会计软件与专用会计软件相比，(　　)以及准确性等各项性能指标较高。

A. 安全性　　B. 可靠性　　C. 稳定性　　D. 易学性

4. 在开展会计电算化工作过程中，应着重做好(　　)等方面的工作。

A. 会计电算化管理和制度的建立　　B. 建立电算化会计信息系统

C. 会计人员培训　　D. 计算机审计

5. (　　)的正确选择与配置，是开展会计电算化工作的重要前提。

A. 会计档案　　B. 计算机硬件设备

C. 计算机软件　　D. 会计人员

6. 实施会计电算化的费用主要由(　　)等部分组成。

A. 硬件费用　　B. 软件费用

C. 准备费用　　D. 运行维护费用

7. 会计电算化的费用项目主要是(　　)。

A. 硬件费用　　B. 软件费用

C. 运行维护费用　　D. 人员招聘费用

会计软件

第2章

2.1 会计软件概述

2.1.1 会计软件的概念

会计软件是一种运用于实际会计工作的计算机应用软件，包括利用计算机语言编制的一系列指挥计算机完成会计工作的程序代码和有关的技术文档资料。它以计算机作为手段，通过对人工输入的记账凭证或原始凭证进行加工处理，自动生成会计账簿、会计报表以及其他相关的会计信息资料，从而完成会计核算工作。

会计软件是以企业会计准则为依据，以计算机及其应用技术为基础，以会计理论和会计方法为核心，以会计数据为对象，以提供会计信息为目标，将计算机技术应用于会计工作的软件系统。任何一个会计软件都是由模块、数据库和会计软件文档三大部分组成的。

模块是程序的集合体，一个或数个程序组成一个模块，完成一个相对独立的功能。例如，凭证输入模块、总账打印模块、报表编制模块等。数个相互联系又相对独立的模块装配在一起形成一个独立的会计软件，如账务处理子系统、工资核算子系统等。一个模块完成的功能可多可少，通常也可以将“账务处理子系统”称为一个功能模块。

数据库是数据的集合体，用于存放各种数据，如凭证、账簿、报表等。数据库由多个数据文件或表组成，任何一个会计软件都必须有数据库，用于存储相关数据。

会计软件文档是对会计软件模块和数据库所作的文字说明，包括用户需求说明书、概要设计说明书、软件测试报告、用户手册等技术文档和使用文档。国际和国内均对计算机软件文档有标准的要求，如国际质量认证标准ISO 9000、有关国标标准的相关资料。

2.1.2 我国会计软件的发展

会计软件的发展与一个国家社会经济的发展和企业管理模式的演变息息相关。从企业角度审视，20世纪70年代以前，中国处于计划经济时期，企业管理处于生产管理时代，主要特征表现为：管理重心放在企业内部，着重提高内部生产效率，实行控制型管理；进入20世纪80年代至90年代，中国经济是计划与市场经济并重的混合管理时代，企业管理基本上以职能管理为主体，是各个单项管理的结合，是一种离散型的管理，以提高经济效益为管理目标；20世纪90年代，中国经济进入了新经济时代，全面面向市场经济，中国的企业管理也进入新管理时代，具有面向市场、基于现代企业制度、价值化、系统化、电算化、国际化、中国化、普遍化等特点，管理的核心是提高企业市场竞争能力。结合我国社会经济和企业管理模式的不同发展阶段，可以从以下几个方面来了解我国会计软件的发展历程，如图2-1所示。

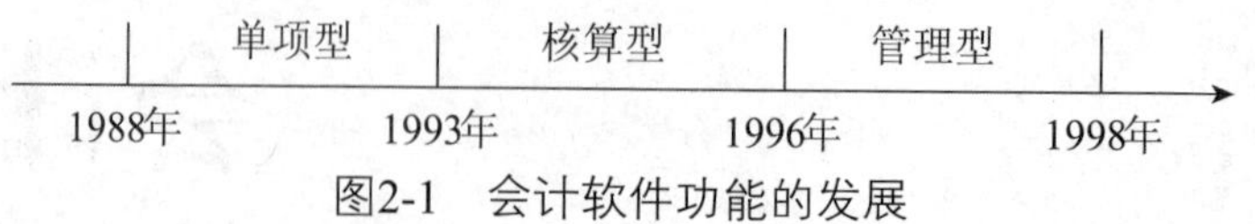

图2-1　会计软件功能的发展

1. 从会计软件功能看

(1) 1979—1988年是我国会计软件的起步阶段。我国会计软件是从1979年开始研究和开发的，在1988年以前基本上为非商品化会计软件，具体表现为企业自行开发和应用会计软件或委托其他单位进行定点开发。

(2) 1989—1993年是我国会计软件的较快发展阶段。从1989年开始，中国会计软件进入了商品化阶段。最早是单项型会计软件，只是对会计的个别环节或工作进行处理。

(3) 1994—1998年是我国会计软件的提高阶段。从1993年开始会计软件进入了核算型阶段，可以全面核算企业的业务活动，全面反映各项财务状况；从1996年开始，会计软件进入管理型阶段。在核算的基础上为企业管理，尤其是为财务管理提供了大量的工具和方法。

(4) 1998年以后是我国会计软件的腾飞阶段。1998年，中国会计软件进入ERP阶段，会计软件本身也从管理型发展到战略型，它不仅是为财务管理，而且是为企业整体战略服务。

2. 从会计软件的操作界面和技术看

(1) 基于DOS平台的会计软件。1996年以前的会计软件主要是建立在DOS平台上。基于DOS操作系统开发的会计软件，所使用的数据库管理系统一般采用一些小型的数据库管理系统，如dBase、Foxpro等，其在管理大容量数据记录方面的功能不足，制约了会计软件在业务量比较大的企业中的应用，同时受DOS操作系统对计算机内存管理能力的制约，造成软件在运行中不稳定。

(2) 基于Windows平台的会计软件。1996—1998年随着微软公司推出Windows 95 /NT操作系统，我国大部分会计软件公司逐步推出了在Windows平台上运行的会计软件。由于Windows系统对计算机内存管理能力的增强，使得基于Windows平台上的会计软件运行稳定，且在易学易用性方面得到了提高。这一时期的会计软件已发展到图形界面阶段，其中32位的Windows 95平台的会计软件在当时市场上占有主流的位置。

(3) 基于浏览器界面技术的会计软件。1998年以后，随着Internet、Intranet技术的发展，浏览器界面技术开始引入会计软件，从而使得会计软件几乎所有的前端应用都逐步转向通过浏览器来实现，大大降低了学习的难度。

3. 从会计软件的网络体系结构看

(1) F/S阶段。最早中国的网络会计软件是从文件服务器F/S开始的，存在很多缺陷，如文件负荷过大，不适合大型网络等。

(2) C/S阶段。后来出现的C/S结构的会计软件也存在一定的局限性。它的优势是可以解决分布式处理，网络负荷相对较小，可以适合于大型网络，但它在跨平台方面存在一定的难度，而且维护和升级成本相对较高。

(3) B/S阶段。现在网络技术已发展到B/S阶段，可以很好地解决跨平台的应用和网络多结构的分布式处理，尤其可以很好地支持Internet、Intranet或Extranet，前端会采用统一的浏览器界面，在Web服务器上作一次性安装就可以安装升级整个软件系统，从而极大地降低了用户的总体拥有成本。

2.1.3 会计软件的分类

会计软件按其适用范围不同可划分为通用会计软件和专用会计软件；按提供信息的层次不同可分为核算型会计软件和管理型会计软件。

1. 通用会计软件与专用会计软件

通用会计软件是指在某一特定范围内普遍适用的会计软件，通常又分为适用于各行各业的全通用会计软件和适用于某一行业的行业通用会计软件。通用会计软件的特点是含有较少的会计核算规则和管理方法，需由单位根据具体情况自行设定，较为灵活。但是，由于通用会计软件没有考虑不同用户的会计核算个性，企业初始化的工作量较大，且操作起来有一定的难度，需要得到软件开发商的帮助才能顺利实施。

专用会计软件是指仅适用于处理个别单位会计业务的会计软件。专用会计软件通常是由企业根据自身会计核算和经营管理的特点，自行开发或委托他人开发研制，将会计核算规则和管理方法固化在程序中。其优点是适合本单位会计电算化工作需要，针对性强；缺点是灵活性较差，如会计政策变更就需要通过修改程序来满足会计工作的需求。

2. 核算型会计软件与管理型会计软件

核算型会计软件是指专门用于完成会计核算工作的应用软件，它面向事后核算，通过采用专门的会计核算方法，实现会计数据处理的电算化，提供会计信息资料，从而完成会计电算化基础工作。核算型会计软件的主要功能包括对账务、工资、固定资产、成本、应收款、应付款、存货、往来账款等内容的核算以及会计报表处理等。

管理型会计软件是对核算型会计软件功能的延伸，它利用会计核算软件所提供信息以及其他生产经营活动资料，采用各种管理模型和方法，对企业的经营状况进行分析和评价，具有事前预测、事中控制和辅助决策等功能。在核算型会计软件完成会计核算基本任务的基础上，管理型会计软件具有分析、预算和控制等扩展功能。其中，分析功能主要包括对各种财务报表和预算报表的财务结构、财务指标进行定比和环比等多项比较分析；预算功能提供从一般经营活动到投资、筹资、资本支出、收入、成本和现金流量等方面的预算；控制功能包括对固定成本、变动成本、预计流动比率、预计投资收益率、保本点等的计算控制，通过预算报表和实际执行中的反馈结果进行控制。

2.1.4 会计软件中的基本术语

1. 会计主体与账套设置

会计主体也称会计个体，是指会计工作为之服务的一个特定单位。进行会计工作，首先应当明确会计核算的空间范围，即为谁核算、核算谁的经济业务。会计主体既可以是企业，也可以是事业单位、机关团体，但是这些单位在经济上应是独立或相对独立的。这些单位应拥有一定数量的资产，能独立进行生产经营或业务活动，能独立编制财务会计报告。

在手工会计下，会计主体的界限很容易划分。在会计电算化下，会计主体的界限划分主要是通过账套设置来进行的。一个独立核算的单位具有一套独立的账簿体系，称为一个账套。目前，各会计软件开发商开发的会计软件均能同时处理数百家(甚至更多)会计主体的会计账，即可以同时设置数百个账套。这一功能拓宽了会计软件的应用范围，使一套会计软件可同时为多个单位或部门共享，同时还能实现各个账套之间的数据传输和共享。单位在首次使用会计软件时，应为本会计主体设置相应的账套，至少应包括账套编号和账套名称，它相当于手工会计下的单位编号和单位名称。

2. 会计期间

企业的生产经营活动在时间上是连续不断的，为了能及时报告企业的财务状况和经营成果，需要将企业持续不断的经营活动人为地划分为一定的时间段落，以便能及时地为企业提供会计信息，这种分段进行会计核算的时间区间就称为会计期间。如果以一年为一个会计期间，则称为会计年度。会计年度有不同的划分方法，可以是以12个月份为终止的历年制，也可以是以某个月份为终止的营业年。《中华人民共和国会计法》(以下简称《会计法》)规定，以公历年度作为会计年度，即以每年的1月1日起至12月31日止作为一个会计年度。有些国家的会计年度是以上一年的7月1日至第二年的6月30日或以上一年的10月1日至第二年的9月30日终止。此外，会计期间还分为半年度、季度、月度，为了能更及时地了解企业的经营情况，企业要对不同的会计期间分别编制对应的财务报告。

3. 货币计量

会计核算是连续、系统、全面、综合的一种记录方式。为了满足综合性这一要求，会计核算必须有一个统一的计量尺度，即货币。一个会计主体的会计核算以什么货币作为统一的计量单位，一般应由企业会计准则规定。我国《企业会计准则——基本准则》规定，会计核算应当以人民币为记账本位币。业务收支以人民币以外的其他货币为主的单位，也可以选定其中一种货币作为记账本位币，但编制财务会计报告时应当折算为人民币编制。在选择折算汇率的时候，一般可选择期初汇率或业务发生当日汇率来折算。目前，国内各大会计软件开发商开发的会计软件一般都有专门设置记账本位币和折算汇率的功能。

4. 会计分工

配备与单位会计工作相适应的会计人员是完成会计工作的先决条件。同时，根据内部控制制度的规定，还需对会计人员进行合理的分工和职责权限划分。在会计电算化下，为体现不同会计人员的职责划分，主要是通过设置权限的方式来加以控制的。为此，应根据内部管理制度的规定，对不同的会计人员设置相应的职责权限，并不定期地更换密码来限制越权操作。

2.2 会计软件的操作流程及基本功能

2.2.1 会计软件的操作流程

任何一个会计软件都是由多个子系统组成(如账务处理子系统、工资核算子系统等)，而每一个子系统又是由若干个相互独立又相互联系的功能模块组成(如账务处理子系统包括凭证录入模块、凭证审核模块、记账模块、结账模块等)。不同类型的企业，其经济活动内容不同、业务流程各异，但其会计处理程序基本相同。因而，不同企业所使用的会计软件的基本操作流程和方法也类似。

从功能上看，一个通用化、商品化的会计软件主要由系统环境设置、账套设置、系统初始化(包括操作员及权限设置、会计科目设置、编码设置以及初始数据录入等)、日常业务处理、期末处理和系统维护等功能模块组成。会计软件的基本操作流程如图2-2所示。

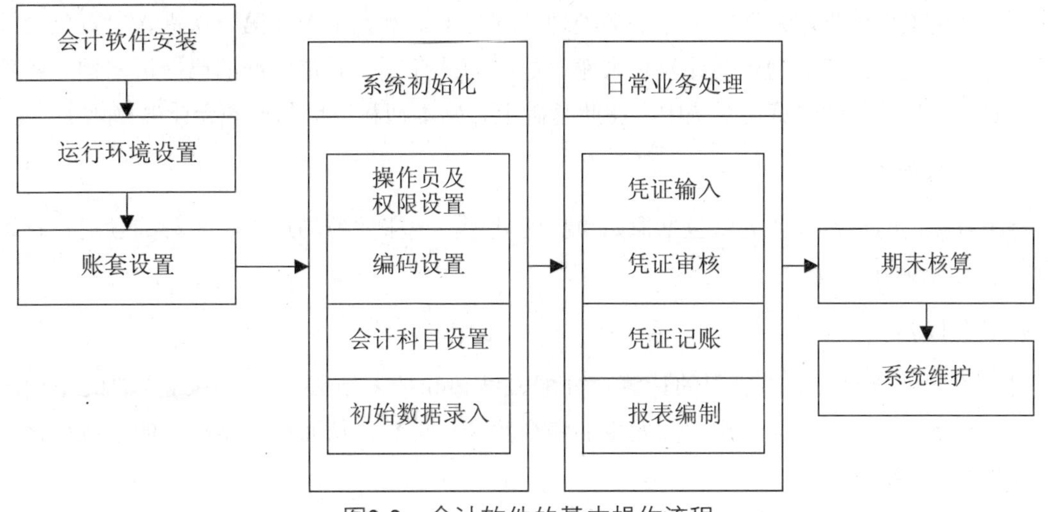

图2-2　会计软件的基本操作流程

1. 软件安装与系统环境设置

在运用会计软件之前，需在计算机中安装会计软件以及会计软件运行所需的操作系统软件和数据库。在会计软件的安装过程中或安装结束后要进行系统环境设置，主要包括会计数据备份方式、网络用户及数据库用户设置等。

2. 账套设置

账套设置的主要目的是为本单位设置会计电算化核算的相关规定，包括定义账套的单位名称、本单位使用的会计制度类型、会计期间设置、会计科目级次及位数、账套启用时间等。

3. 操作员及权限设置

为了达到会计部门各个岗位以及不同财务人员的相互牵制，根据企业内部控制制度的要求，需要对会计人员进行财务分工。会计软件的操作员及权限设置，主要包括设置软件的操作员和操作权限，以及不同操作员进入系统的密码，从而使整个会计电算化工作由不同的操作员在相互制约的基础上共同完成。

4. 会计科目设置

一般情况下，商品化会计软件都预设了《企业会计准则》等所规定的一级会计科目。在此基础上，企业应根据自身业务特点设置相应的明细科目，以完成本单位的会计核算工作。

5. 编码设置

单位的会计工作实行电算化后，通过代码管理，可以大大提高电算化工作效率。编码设置主要用于初始设置和修改会计软件中需要的所有编码，如往来单位编码、部门编码、人员编码、商品编码、材料编码、固定资产编码、库房库位编码、工资类型编码等。在编码设置中，除了要设置编码的内容外，还要设置编码的层次、结构和属性等。

6. 初始数据录入

企业在首次使用会计软件时，需要将手工会计加工的数据录入会计软件系统中，从而使企业的电算化工作建立在前期的手工账务处理的基础上。例如，企业第一次进入电算化会计系统，需将上期期末手工处理的会计科目余额、材料的结存额、固定资产的已提折旧额、各项债权债务的余额等录入到电算化系统中，在此基础上开始本期和以后各期的会计电算化工作。

7. 日常业务处理

会计电算化的日常业务处理包括原始单据的处理，记账凭证的加工，账簿的登记、查询和打印，报表的编制等。

8. 期末核算

期末核算包括期末成本费用的计算、分配、结转和期末结账等，其中最重要的是期末结账。通过结账将本期有关会计账户的发生额和余额计算出来，从而根据结账后的金额把握企业的财务及经营状况。

9. 系统维护

系统维护主要是解决系统数据出现问题后，由会计软件提供的自动解决功能，包括数据备份、数据恢复、数据自动修复和计算、重建索引等功能。

2.2.2 会计软件的基本功能

会计软件的基本功能是指会计软件必须具备的功能和完成这些功能的基本步骤。

手工会计账务处理的基本流程是将原始凭证进行加工生成记账凭证，然后将记账凭证分类登记在会计账簿中，根据会计账簿数据编制财务报表，从而完成整个会计核算过程。使用会计软件的根本目的是替代手工进行会计核算，因此，会计软件首先必须满足会计核算的需要，各功能的设计应符合我国会计法律、法规和规章的规定，以确保会计数据的合法、真实、完整、准确。为确保会计核算工作正常进行，会计软件应具备会计数据输入、会计数据处理、会计数据存储和会计数据输出这四个方面的基本功能。计算机会计数据处理流程与计算机账务处理流程如图2-3和图2-4所示。

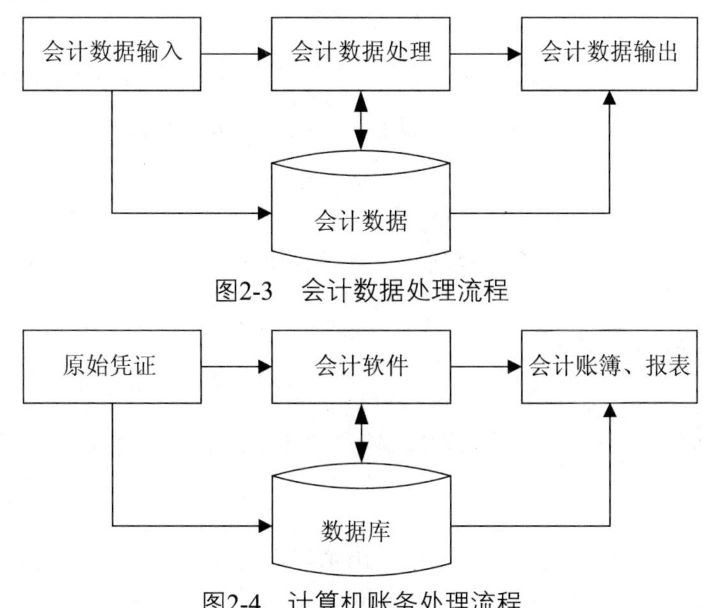

图2-3　会计数据处理流程

图2-4　计算机账务处理流程

1. 会计数据输入

会计核算所需要的文字、数值、定义和计算公式的字母、符号等统称为会计数据，将它们传送到计算机内，进行分类、归集的过程称为会计数据输入。会计软件的会计数据输入可以采用键盘手工输入、U盘光盘输入和网络传输输入等多种形式。为了保证会计数据处理结果的正确性，会计数据输入环节的防错变得非常重要。因而，会计软件一般只提供一个数据入口，并且还设置有对入口处的数据源进行校验的功能。一般情况下，会计数据的输入包括以下内容。

(1) 会计软件初始化数据输入

企业首次使用会计软件，需对系统进行初始化，其目的是在会计软件中根据企业实际情况设置一个特定的工作环境。初始化的主要内容包括：确定操作人员的财务分工；设置总账、明细账的编码和名称，输入期初数据；选择会计核算方法，如固定资产折旧方法、成本核算方法等；定义自动转账凭证，如期末对成本费用进行分配、期末各损益的自动结转等。

(2) 原始凭证和记账凭证的输入

原始凭证的输入有两种方式。①输入记账凭证的同时，输入相应的原始凭证。输入的有关原始凭证汇总金额与输入的记账凭证相应金额不符时，应当给予提示并拒绝通过；在对已输入的记账凭证进行审核的同时，应对输入的所附原始凭证进行审核；输入的记账凭证通过审核或登账后，对输入的相应原始凭证不能直接进行修改。②记账凭证未输入前，直接输入原始凭证，由会计软件自动生成记账凭证。

记账凭证的输入是会计人员编制并审核凭证后将其内容输入计算机的过程，包括记账凭证的日期、经济业务摘要、会计科目或编码、金额、附件张数等项目。软件将对进入系统的凭证进行正确性、合法性的校验，拒绝错误凭证的进入。

2. 会计数据处理

将输入系统审核无误的会计数据，按照会计核算要求进行分类、计算、汇总的过程称为会计数据处理。会计数据处理包括以下内容。

(1) 根据审核无误的会计凭证登记会计账簿

在电算化系统中，有形的账簿已经不复存在，系统内的账簿是一些数据文件，登账过程即是数据文件的处理过程。系统可根据用户的需求，适时生成各种形式的会计账簿，且处理速度快、准确性高。

(2) 银行对账

将输入的银行对账单与机内银行存款日记账进行核对，从而完成银行对账，并自动生成银行存款余额调节表。

(3) 编制会计报表

用户通过定义报表格式、项目、各报表项目的取数公式，以及表内和表间的数据运算和勾稽关系后，会计报表系统自动从会计账簿数据等文件中取数，生成所需的会计报表。

3. 会计数据输出

会计数据输出就是将机内的会计数据提供出来，以满足核算和管理需要。会计数据输出有屏幕显示输出、打印输出和储存介质或网络数据传输输出等几种方式。

4. 会计数据存储

会计软件所生成的各种会计数据的存储方式与手工会计不同，所有数据都以文件形式保存在储存介质中，必须借助于计算机才能查看，并且对会计数据的篡改变得非常容易且不留痕迹。因此，会计软件应设置确保会计数据安全的措施，以防数据文件被非法篡改。

2.2.3 会计软件的总体结构及主要功能

会计软件的总体结构是指一个完整的会计软件由哪几个子系统(每个子系统也称为一个会计软件模块)组成，每个子系统有哪些功能，相互之间的关系又是怎样的。不同企业其会计软件的总体结构不尽相同，但大致都包括账务处理、工资核算、固定资产核算、存货核算、成本核算、销售核算、应收及应付账款、报表、财务分析等子系统。

1. 账务处理子系统

账务处理子系统也称为总账管理子系统，以记账凭证作为处理对象，完成全部记账、算账、对账、转账和结账工作，生成日记账、总账和除各子系统生成的明细账之外的全部明细账。

账务处理子系统的主要功能有：初始建账，包括凭证类型及格式设置、会计科目编码设置、期初科目余额录入等；凭证输入、修改、审核、查询、打印及汇总；生成日记账、总账、明细账；期末转账及结账等功能。大部分账务处理子系统还具备银行对账、出纳管理和往来账管理的功能，少部分账务处理子系统还具备部门核算和项目核算的功能。

2. 工资核算子系统

工资核算子系统能完成工资的计算、工资费用的汇总和分配等工作，能自动生成工资结算单、工资条、工资结算汇总表、工资费用分配汇总表、票面分解一览表、职工福利费计提分配表等，并编制工资转账凭证传递给账务处理子系统。

工资核算子系统的主要功能有：工资初始设置，包括工资类型设置、定义工资项目、定义工资项目计算公式、定义工资费用分配凭证、定义工资表打印格式等；职工工资基础资料编辑；工资增减变动及工资数据编辑；生成工资转账凭证；各种工资单、工资汇总表的查询打印等功能。部分工资核算子系统还有职工考勤管理、个人所得税计算、职工档案管理等功能。

3. 固定资产核算子系统

固定资产核算子系统实现固定资产卡片管理、固定资产增减变动核算、折旧的计提与分配等工作，生成固定资产卡片、固定资产统计信息表、固定资产登记簿、固定资产增减变动表、固定资产折旧计提表，自动编制机制转账凭证并传递给账务处理子系统。

固定资产核算子系统的主要功能有：固定资产卡片结构和分类编码设置、固定资产折旧方法定义、固定资产凭证定义、固定资产变动资料输入和修改、固定资产折旧的计算和固定资产相关信息查询等。

4. 存货核算子系统

存货是指企业在生产过程或劳务提供过程中，为销售或耗用而储备的各种资产，包括原材料、产成品、半成品、包装物、低值易耗品等。存货核算子系统的功能可概括为以下4个方面。

(1) 及时准确地反映采购业务的发生、货款的支付及存货入库情况。在按计划成本组织核算的情况下，自动计算和分配存货成本差异，生成采购明细账、成本差异明细账、在途材料明细账和暂估材料明细账。

(2) 正确反映存货的收、发、结存数量，提供各种存货的库存动态状况，及时反馈各种存货积压和短缺信息，生成存货明细账、存货库存信息表等。

(3) 根据各部门各产品领用材料情况，自动进行材料费用的分配，生成材料费用分配表。

(4) 自动编制机制转账凭证，并传递给账务处理子系统和成本核算子系统。

除此之外，存货核算子系统还支持对产成品等存货进行盘点处理，生成产成品盘点表和盘亏盘盈明细表，并据此进行相应的账务处理。

5. 成本核算子系统

成本核算子系统实现各种费用要素的归集和分配，及时、准确地计算出产成品的总成本和单位成本，自动编制机制转账凭证传递给账务处理子系统，并将产品成本信息传递给存货核算子系统。

6. 销售核算子系统

销售核算子系统一般要与存货中的产成品核算相关，实现对销售收入、销售成本、销售税金、销售费用和销售利润的核算，生成销售明细账、发出商品明细账、应收账款明细账、销售成本明细账、销售费用明细账、销售收入、税金和利润汇总表、销售利润明细表等，并自动编制机制转账凭证传递给账务处理子系统。

7. 应收、应付账款子系统

应收账款子系统完成各应收账款的登记、冲销工作，动态反映各客户信息及应收账款信息，可进行账龄分析和坏账估计，并生成应收账款明细账、账龄分析表及其他各种汇总表和分析表。

应付账款子系统完成各应付账款的登记、冲销及应付账款的分析和预测工作，及时反映各流动负债的数额以及偿还流动负债所需的资金，并生成应付账款明细账、账龄分析表以及其他各种汇总表和分析表。

8. 报表子系统

报表子系统主要实现各种会计报表的格式定义、取数公式定义，完成报表的自动编制，并可进行报表查询、打印、分析和汇总。报表子系统生成的会计报表包括对外报送的资产负债表、利润表、现金流量表和对内管理所需的各种内部报表。

9. 财务分析子系统

财务分析是建立在会计核算的基础上，对财务数据进行综合分析，一般包括财务状况结构分析、财务状况比较分析、财务状况趋势分析和财务预算方案完成情况分析等。

2.2.4 会计软件各子系统的数据联系

一个完整的会计软件可分解为若干个子系统，各子系统间相互作用、相互依赖，共同完成会计的反映和控制职能。如果单独使用各子系统，各子系统所需数据只能由人工输入计算机，而不能使用其他子系统输出的数据，从而导致会计数据重复录入，增加了会计核算工作量，并且由于各子系统的数据源不一致，可能导致数据处理结果各异。为了使企业实行会计电算化后提高工作效率，会计软件的设置应能实现会计数据一次录入而共享使用。为此，会计软件各子系统之间应建立起数据传递关系。数据传递关系是指一个子系统的数据输出作为另一个子系统的数据输入，供其加工处理，实现数据共享。会计软件各子系统的数据联系如图2-5所示。

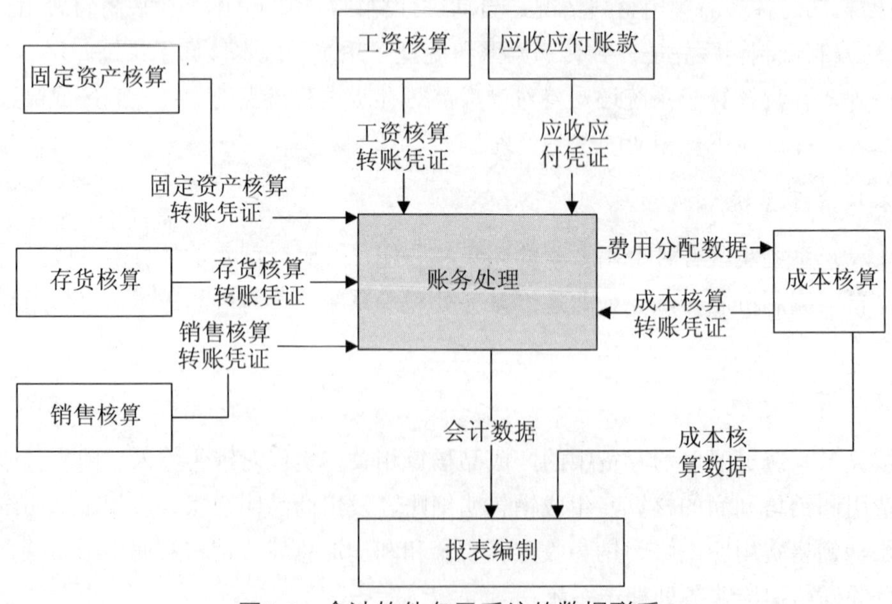

图2-5　会计软件各子系统的数据联系

2.3 会计软件的选择

会计软件是电算化会计系统的核心，其性能如何直接关系单位会计电算化工作的效果。目前，会计软件的选择有通用(商品化)会计软件、专用(定点开发)会计软件两种。

2.3.1 商品化会计软件

商品化会计软件是由软件开发商统一设计开发，并作为软件商品在市场上销售的会计软件，其特点如下。

1. 商品化会计软件的优点

(1) 软件质量高

商品化会计软件一般都是由实力雄厚的专业软件公司开发的。这些软件厂商集中了一批会计电算化人才，他们既懂会计专业知识，又懂计算机知识，开发出来的会计软件质量水平高，符合现行会计准则、会计法规的规定，功能完善，能满足大多数单位会计核算的要求。

(2) 通用性、可扩展性强

商品化会计软件的开发考虑了绝大多数单位的实际情况，能够满足单位不同时期以及不同单位实际会计业务的需要，其通用性强。同时，为适时满足单位特殊业务所需和适应国家会计政策法规的变动，一般在软件设计中都会考虑软件功能的可扩展性。

(3) 成本低、见效快

由于商品化会计软件是批量开发的，单位成本低，因而其售价相对低廉。因此，选择商品化会计软件的成本相对于自行开发会计软件低。单位购买商品化会计软件后即可进行试运行。对于会计基础较好的单位来说，试运行几个月即可正式替代手工记账，时间短、见效快。

(4) 维护有保障

软件开发商一般都配备专业的维护队伍，一旦软件出现问题、会计准则发生变动或者单位的需求出现变化，大多数软件公司都能很快组织力量对软件进行改进和升级，为单位开展电算化会计工作提供保障。

2. 商品化会计软件的不足

(1) 对会计人员的综合素质要求较高

这主要表现在两个方面。一方面，商品化会计软件易学性较弱。这是因为商品化会计软件是针对不同单位的会计业务的共同需求设计的，不可能考虑特定用户的日常习惯，因而需要购买会计软件的用户改变自己的习惯，去适应商品化会计软件的要求。另一方面，商品化会计软件的初始化工作量大，且有一定难度。由于商品化会计软件的通用性强，其中不含或含有较少的会计核算规则。用户在初次使用时，需根据本企业的情况进行初始化设置，把一个通用化的会计软件转化为一个适合本单位具体情况的专用会计软件。这些初始化设置包括定义各种转账公式、数据来源公式、费用分配公式等，它除了需要用户具备会计知识外，还需懂得一些计算机知识，对会计人员的要求较高。

(2) 不能完全满足单位的核算要求

由于商品化会计软件要提供给不同单位使用，对通用性要求较高，因此，很难完全满足各单位的会计核算和会计管理的要求，对某些特殊单位更不适用。

2.3.2 定点开发的会计软件

虽然商品化会计软件具有投资少、见效快的特点，但也存在着不足，企业也可考虑采用定点开发的方式取得专用会计软件，以满足本单位的需求。定点开发会计软件的方式主要有自行开发、委托开发、联合开发三种。

与商品化会计软件相比，定点开发的会计软件具有专用性、易用性强的特点，同时也存在一定的局限，如对本单位的技术要求高、软件开发周期长且费用高、软件的应变能力弱、质量难以保证、软件的维护有一定的难度等。一般定点开发软件适用于经济技术力量雄厚的大中型企事业单位。

通过对以上两种软件取得方式的分析，一个单位应该怎样去选择适合自己的会计软件呢？一般情况下，在单位开展会计电算化的初期，可考虑先选择通用型商品化会计软件，因为选择商品化会计软件的风险小、易于成功。等到会计电算化深入到一定程度时，若商品化会计软件不能完全满足会计工作的需要，可考虑在通用会计软件的基础上，由单位自己或与软件公司合作进行增值开发，从而对软件的使用起到扬长避短的作用，充分发挥会计软件的功能。

随着商品化会计软件成熟和技术的进步，对绝大多数单位而言，选择商品化的通用软件已经基本能够满足要求，除非特别有必要，不提倡自行开发会计软件。

2.3.3 商品化会计软件的选择

目前，大多数专业化软件公司开发的会计软件产品既通用，又稳定实用。因此，购买通用型商品化会计软件已成为企业开展会计电算化应用的一种重要方式。面对如此众多的会计软件，如何去选择适合自己的产品呢？一般来说，单位在选择软件时，可从以下几个方面进行考查和选择。

1. 考查商品化会计软件的合法性

会计工作应当遵循国家会计法律、法规和相关会计准则的规定，作为单位开展会计电算化工作所使用的会计软件也不例外。企业在选购软件时，应对会计软件进行合法性测试，主要包括：①测试会计软件提供的会计核算功能与财务管理功能的正确性，以确保单位财务会计工作的正常进行。②审查会计软件与我国企业会计准则的符合性，以确保财政部制定的企业会计准则在各类经济实体中的正确贯彻与实施。③审查与会计软件相关国家标准的符合性，如是否满足会计核算软件数据接口国家标准等。

2. 考查会计软件功能是否满足本企业业务处理要求

目前市面上销售的会计软件，主要的功能都具备，只是在功能细节性方面有差异。企业在分析本单位业务流程特点的前提下，要进一步了解即将购买的会计软件在细节上是否满足自己的特殊要求。一方面，考查软件功能实现的准确性。有些会计软件从表面上看具有某项功能，但通过测试，根本不是本企业真正需要的功能，这种软件在功能实现的准确性方面不能全部到位。另一方面，考察软件功能的完整性。企业在实施会计电算化时往往采取循序渐进的原则，分阶段开展电算化工作。先从较为基础的账务、报表开始，然后再上进销存系统，最后上生产管理和成本系统。企业在购买软件时，应考查该软件是否具有这些功能，能否满足分阶段实施计划的需要。

3. 考查会计软件的性能特点

(1) 会计软件的安全稳定性

会计核算工作所产生的会计数据是记录企业经济活动内容，反映企业财务状况、经营状况和现金流量状况的依据。若企业开展电算化工作所使用的会计软件安全性差、运行不稳定，势必会造成会计数据丢失、被破坏，将严重影响企业会计工作的顺利进行。因而，在选择会计软件时，要对会计软件的安全性、稳定性进行认真考查，可以从以下几个方面来进行。

① 会计软件的安全可靠性措施是否完备。即在会计软件的每一个子系统或功能模块的数据录入处应有录入数据校验措施；机内存储的会计数据和所输出的数据应有加密措施；对重要的子系统或功能模块应有存取权限控制等。

② 会计软件的安全可靠性措施是否有效。有些会计软件虽然具有各种安全可靠性措施，但其实际并没有达到预期目的。因此，必须了解会计软件所提供的安全可靠性措施是否真的有效。

③ 会计软件运行的稳定性。会计软件如果运行不稳定，经常出现死机或非法中断，将会严重影响会计工作的顺利开展，会计数据的安全性也将受到影响。可以通过软件投放市场的时间长短或试运行来考查其稳定性能。

(2) 会计软件的易使用性

会计软件的易使用性是指软件系统易用、易懂的特性，可从以下几个方面考查。

① 软件界面是否友好。包括会计软件的界面是否简洁明了，输入输出的格式是否规范，帮助信息是否丰富、清楚。

② 软件是否便于操作。包括会计软件的操作是否简单，各种自定义功能和控制措施是否适用，辅助功能和服务功能是否丰富、实用等。

③ 厂家提供的资料如何。包括使用手册表达是否清楚，培训资料是否完备等。

(3) 会计软件设置的灵活性、开放性与可扩展性

会计软件运用于企业后，还必须考虑由于信息技术的飞速发展所引起的商业活动方式变化对企业经营管理方式提出的新要求，如企业业务流程重组、经营范围扩大等，这就要求会计软件的设置必须具有一定的灵活性、可扩展性，以便调整软件操作规程来适应新的变化。同时，软件与其他信息系统进行数据交换或者进行二次开发，也要求会计软件应具备开放性和可扩展性，以适应企业不断变化的管理需要。

4. 考查软件公司的发展前景和售后服务

软件开发商的技术实力和发展前景，直接关系今后软件功能的改进和升级。若选择实力不够强的公司，一旦公司倒闭，则用户购买的软件将得不到后续的技术支持。

软件公司的售后服务体系是否健全、服务水平的高低以及服务态度的好坏对于所选用的会计软件是否能顺利投入使用也是至关重要的。在选择会计软件时，要特别注意选用的软件在企业所在地是否已设立了售后服务机构，这对于该软件的长期运行是一个重要的保障。

2.4 ERP软件

2.4.1 ERP软件的概念

ERP(Enterprise Resource Planning)即企业资源计划，是指建立在信息技术基础上，以系统化的管理思想为企业决策层提供决策运行手段的管理平台，它是整合了企业管理理念、业务流程、基础数据、人力物力、计算机软硬件于一体的企业管理信息系统。ERP软件的基础是会计核算，核心是对企业的物流、资金流和信息流进行全面一体化的管理。

2.4.2 ERP软件的发展

ERP是在20世纪60年代的MRP和20世纪80年代的MRP Ⅱ的基础上发展起来的。

1. 20世纪60年代的MRP阶段

MRP(Material Require Planning)即物料需求计划，它能根据有关数据计算出相关物料需求的准确时间与数量，还可以考虑企业现有的生产能力和采购的相关条件约束，将生产能力需求计划、车间作业计划和采购作业计划全部纳入其中，主要包括以下功能模块。

(1) 客户订单处理。

(2) 主生产计划。

(3) 物料需求计划。

(4) 能力需求计划。

2. 20世纪80年代的MRP Ⅱ阶段

MRP Ⅱ(Manufacture Resource Planning)称为制造资源计划，它是把企业作为一个有机整体，从整体最优的角度出发，通过运用科学方法对企业各种制造资源和生产、供应、销售、财务各个环节进行有效的计划、组织和控制，使其得以协调发展，并充分发挥其作用。MRP Ⅱ主要包括以下功能模块。

(1) 企业经营计划。

(2) 生产规划。

(3) 主生产计划。

(4) 能力需求计划。

(5) 物料需求计划。

(6) 财务管理。

3. ERP阶段

进入20世纪90年代，随着市场竞争的进一步加剧，企业竞争的范围和空间进一步扩大，主要面向企业内部资源计划管理的MRP Ⅱ管理思想逐步被20世纪90年代的怎样利用和管理企业整体资源的管理思想所代替。同时，实施以客户为中心的经营战略是20世纪90年代企业在经营战略方面的重大转变，它要求企业在组织形式、管理方式、生产驱动、业务流程、生产目标等方面进行更大的转变，于是ERP就顺应时代需求产生了。在ERP阶段，以计算机为核心的企业管理系统更为成熟，系统增加了财务预测、生产能力调整、资源调度等功能，配合企业实现JIT管理、全面质量管理和生产资源调度管理等，成为企业进行生产管理及决策的平台工具。除了上述MRP、MRPⅡ的功能外，ERP还包括以下内容：

(1) 先进的排程计划系统。

(2) 制造执行系统。

(3) 配销/运筹管理。

(4) 整合的财务功能。

(5) 供应链管理。

(6) 与客户端的信息整合。

(7) 与供货商的信息整合等。

2.4.3　ERP软件的主要功能模块

ERP是将企业所有的资源进行整合集成管理，即将企业的物流、资金流和信息流进行全面一体化的管理，ERP软件既可用于生产企业，也可用于非生产性的企业。用于生产企业的ERP软件主要包括三个方面的管理内容：生产控制管理、物流管理和财务管理，其主要功能模块如图2-6所示。

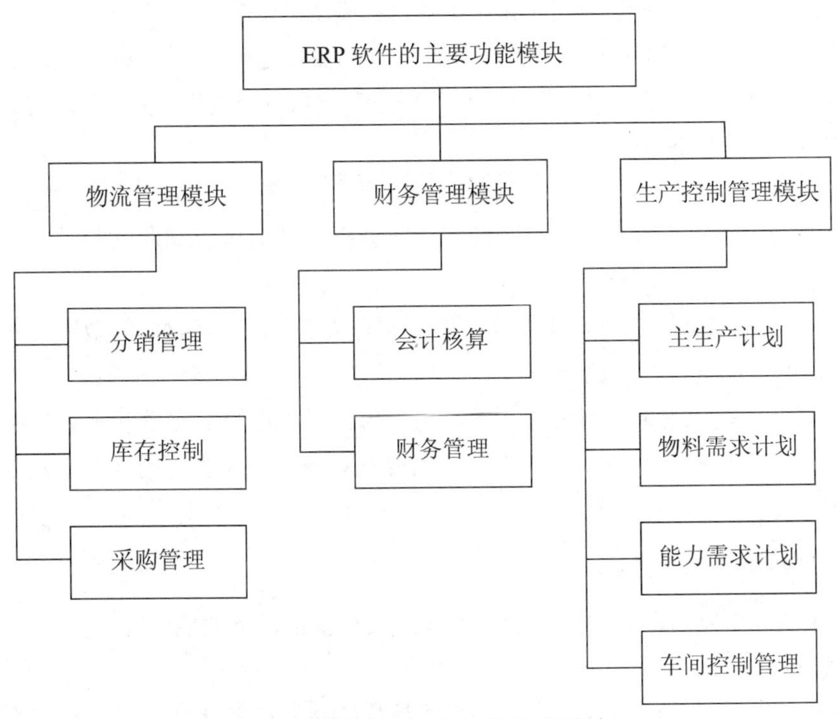

图2-6　ERP软件的主要功能模块

1. 财务管理模块

ERP的财务管理模块与一般的会计软件不同，它与系统的其他模块有相应的接口，可将由采购活动、生产活动以及销售活动等输入的信息自动记入财务模块，生成总账、报表，从而取消了输入凭证的繁琐过程。一般的ERP软件的财务模块可分为会计核算和财务管理。

(1) 会计核算

会计核算主要是记录经济业务活动过程及其结果，它由总账、应收款、应付款、固定资产核算、工资核算、成本核算、现金管理等模块构成。

① 总账模块。总账模块的主要功能是处理会计凭证，输出各种日记账、总账、明细账，编制会计报表，它是整个会计核算的核心，工资核算、固定资产核算、成本核算等模块都与它发生数据传输关系。

② 工资核算模块。工资核算模块能自动进行工资结算、分配、核算，并能计算各项与工资有关的计提费用，自动生成会计凭证传入总账。它与总账模块、成本核算模块集成。

③ 固定资产核算模块。该模块完成固定资产增减变动以及折旧计提分配和核算工作，能帮助用户了解固定资产的现状，掌握固定资产的分布和增减变动，该模块能自动生成凭证，传递到总账模块。它与总账模块、成本核算模块、应付款模块集成。

④ 成本核算模块。它依据企业产品结构、工序、采购等信息进行产品的各种成本计算、成本分析和规划。它与总账模块、工资核算模块、固定资产核算模块等集成。

⑤ 应收款模块。该模块包括发票管理、客户管理、账龄分析等功能，它和客户订单、发票处理业务相联系，自动生成记账凭证，传递给总账模块。

⑥ 应付款模块。该模块包括发票管理、供应商管理、支票管理、账龄分析等，它与采购模块、库存模块集成，自动生成记账凭证并传递给总账模块。

⑦ 现金管理模块。该模块主要是对现金的流入、流出进行控制，对现金、银行存款、支票、汇票等进行管理，提供银行查询等功能。它与应收款、应付款、总账等模块集成，自动生成记账凭证并传递给总账模块。

(2) 财务管理

财务管理的功能是基于对会计核算的数据进行分析，从而进行相应的预测、管理和控制活动，它侧重于财务分析、计划和决策。

① 财务分析。通过用户定义的财务指标和财务差异数据，进行财务绩效评估和分析，包括财务趋势分析、财务结构分析、比率分析等。

② 财务计划。根据以前期间财务分析的结论，作出下期的财务预算和计划安排。

③ 财务决策。它是财务管理的核心内容，主要是对企业有关资金的筹集、投放作出符合效率原则的决策。

2. 物流管理模块

物流管理模块主要是对购、销、存进行管理，具体包括以下功能。

(1) 分销管理

市场经济的运作模式是以销定产，销售管理是从产品的销售计划开始，对销售的产品、销售地区、销售的客户等各种信息进行管理，从而对销售数量、金额、利润等进行全面的分析。

① 客户信息的管理。通过建立客户信息档案，对其进行分类管理，有针对性地提供客户服务，以保留老客户，争取新客户。

② 销售订单的管理。销售订单管理是ERP的入口，企业所有的生产计划都是根据客户订单来下达和安排的。销售订单的管理贯穿整个生产的全过程，包括以下几方面的内容。

- 客户信用审核和查询。对客户信用进行分级管理，根据信用情况来审核订单交易。
- 产品库存查询。对各类产品库存动态进行管理，从而决定是否要延期交货、分批发货或用代用品发货等。
- 订单输入、变更和跟踪。订单输入后，随时根据变化的情况进行变更修正，跟踪每份订单的情况。
- 交货期的确认和交货处理。决定交货期和发货安排。

③ 销售统计与分析。根据销售订单完成情况，对销售产品、销售地区、销售数量、销售金额等进行统计，对销售绩效进行相应的分析。

(2) 库存管理

库存管理用来控制库存物料的最佳经济储存量，以满足生产所需的前提下，使其占用的资金量最少。它是一种动态的库存控制系统，能根据相关部门对物料需求的变化，随时调整库存，精确反映库存现状。

(3) 采购管理

采购管理的主要目的是确定合理的订货量、优秀的供应商以及保持各类物料的安全储备，通过建立供应商的档案，用最新的成本信息来调整库存成本，主要包括以下内容。

① 供应商信息管理。对供应商的信誉和能力进行管理。

② 采购与委外加工统计。对采购与委外加工建立档案，进行统计并计算成本。

③ 价格分析。分析原材料价格情况，调整库存成本。

3. 生产控制管理模块

生产控制管理是ERP系统的核心所在，是一个以计划为导向的先进的生产管理方法。它将整个企业的生产过程有机地结合在一起，先确定一个主生产计划，再经过系统层层分解后下达到各部门去执行，而后，生产部门以此来组织生产，采购部门以此来组织采购。

(1) 主生产计划

主生产计划是根据实际订单的输入和对历史销售的分析来安排未来各生产周期提供的产品数量和种类，它是平衡了物料和能力的需求后，精确到时间、数量的一个详细生产进度计划，是企业在一段时间内的总活动安排。

(2) 物料需求计划

在主生产计划确定了最终生产多少产品后，根据产品生产物料清单，把整个企业要生产的产品数量转化为所需生产的零部件数量，对照库存现有量来确定还需要采购多少、加工多少的最终数量。

(3) 能力需求计划

在得出了初步的物料需求计划后，将所有生产部门的总工作负荷与主生产车间的能力平衡后产生一个新的工作计划，它可以用来确定生成的物料需求计划是否是企业生产能力上可行的需求计划。

(4) 车间控制管理

将动态作业计划按照不同的时间段分配到各个生产车间，对各车间进行作业排序、作业管理和监控。

2.5 会计软件的实施流程

会计电算化的一个重要阶段就是实施。再优秀的会计软件，如果没有良好的实施，就不可能达到预期目的，甚至导致工作失败。正所谓“三分软件，七分实施”，就是这个道理。因此，企业在实行会计电算化之前，必须根据自身的特点，制定出完整的、切合实际的实施方案。

2.5.1 会计电算化实施的条件

会计电算化是一项复杂的系统工程，是一个人机结合的信息加工系统，因此企业实施会计电算化必须要有以下先决条件。

1. 企业的客观需要

这是指企业开展会计电算化工作的需求程度。在开展会计电算化信息系统之前，企业原有的手工会计信息系统已经存在，但是否满足企业经济发展的需求和市场经济的新情况，则会因不同的企业而异。因此，有的企业对开展会计电算化的迫切程度很高，而有的企业则认为开展会计电算化是可有可无的事，需求不迫切，甚至根本没考虑。企业对会计电算化的客观需求决定了企业会计电算化的目标、任务，是开展会计电算化工作的基本前提。

2. 企业内部的协调

电算化会计系统的实施几乎牵涉企业中的所有部门和人员，同时还会涉及管理机构和管理体制的变动，这需要企业进行全面的组织和协调，对人员配备、部门间的合作、配套改革措施等方面进行综合协调。

3. 良好的管理，特别是会计基础工作

计算机处理会计业务的特点是：按照规范化、标准化的方法对企业经济业务进行处理。如果企业缺乏一套完整的管理制度和方法，没有一套健全的会计制度和会计核算规程，基础数据不规范，则难以开展会计电算化工作。因而，良好的基础工作管理，尤其是会计基础工作，是企业实施会计电算化的重要保证。

4. 必要的投资

必要的投资是搞好会计电算化工作的基本保证。企业开展会计电算化的投资分为初期投资和日常投资。系统实施之前，需要购置计算机硬件和相应的会计软件，同时还需对相关人员进行培训，这些属于初期投资。系统实施的过程中，为确保电算化会计系统能顺利实施，还会发生后续的维护费等，这是系统的日常投资。总之，企业对此投资的多少应根据企业自身的承受能力来决定。

5. 专业人员的合理配备

实施会计电算化将改变原有手工会计的岗位分工，单纯的会计人员已不能胜任新的要求，需要配备一批既懂会计专业知识，又懂计算机知识的复合型人员。再好的会计软件，如果没有合适的人去操作，也无法发挥软件内在的强大功能。

2.5.2　会计软件实施前的准备

会计软件在正式实施之前，需要做一些准备工作，主要包括清理和规范会计业务工作内容、会计基础数据的准备、人员培训等，如图2-7所示。

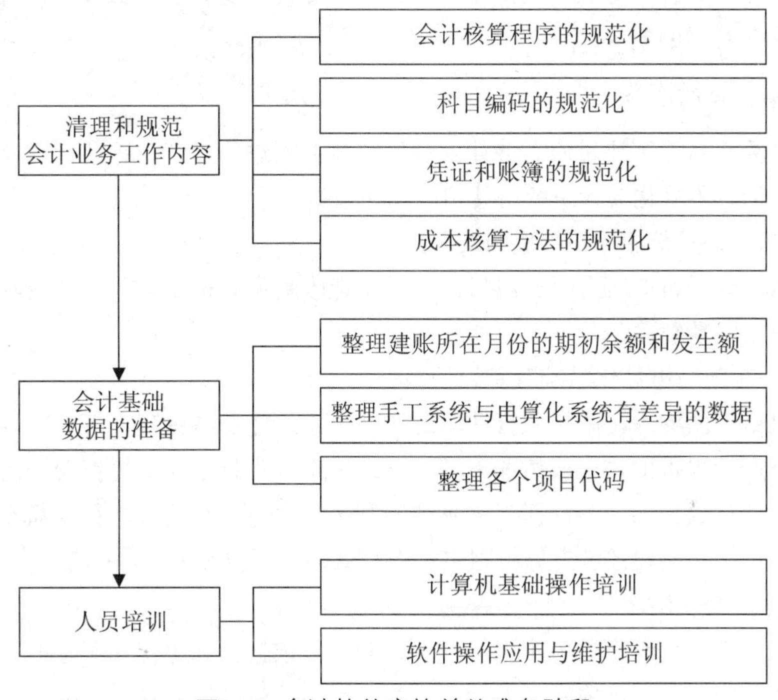

图2-7　会计软件实施前的准备阶段

1. 清理和规范会计业务工作内容

这主要是对手工会计业务工作进行一次全面清理，以满足会计软件操作的需求。

(1) 会计核算程序的规范化

目前，手工会计核算程序主要有记账凭证核算程序、科目汇总表核算程序、汇总记账凭证核算程序、日记账会计核算程序等。使用会计软件后，业务量的大小已不是问题，因而没有必要完全照搬手工处理方式，由多人填制凭证、多人登账和多人打印账本。为充分发挥计算机的优势，可直接根据记账凭证登记日记账、总账和明细账等。

(2) 科目编码的规范化

会计科目的设置既要符合会计制度的要求，又要满足本单位会计核算和管理的要求，同时还要满足会计软件对会计科目编码的规定。因此，应在“三符合”的基础上，确定一套本单位的会计科目体系及其编码。

实施会计电算化，供应商、客户、部门、人员、物料等都需要进行编码，要认真论证编码的级数、位数、长度，使编码符合本单位的要求。

(3) 凭证和账簿的规范化

要按照软件要求对凭证格式、内容进行规范。在会计电算化下宜采用统一的记账凭证格式和编码，若软件只允许每张凭证一个摘要，则注意不要将不同性质的经济业务放在同一张凭证上。在使用会计软件前，要确定哪些明细账为数量金额式、哪些为三栏式、哪些为多栏式。

(4) 成本核算方法的规范化

成本核算方法一般是根据企业生产的特点和管理的要求来确定的。在手工核算下，由于处理环节多、工作量大，成本核算很难满足企业管理的需要。使用会计软件后，则需要根据计算机处理的要求，对手工操作方式下的成本核算方法、处理步骤、费用分摊方法等进行规范和标准化，以满足企业管理的要求。

2. 会计基础数据的准备

实现会计电算化后，需要对原有会计处理系统的数据进行延续，因此，需要将手工系统的数据加以整理，形成电算化会计系统所使用的期初数据。

(1) 整理建账所在月份的期初余额和发生额

整理出建账所在月份的所有会计科目，并完整地收集所有最末级科目的余额、发生额，以确保会计基础数据的准确性。

(2) 整理手工系统与电算化系统有差异的数据

基于计算机处理的特点，电算化会计系统和手工系统在业务处理上可能会表现出一定的差异，如对固定资产计提折旧，一般情况下手工系统采用分类折旧法计提折旧，而电算化系统一般采用个别折旧法计提折旧。为确保手工系统顺利过渡到电算化系统，往往需要对手工系统下的固定资产进行辨别和整理，确定每项固定资产的原值、已提折旧和净残值。

(3) 整理各个项目代码

在电算化系统中，代码将成为辨别每个项目的唯一依据，如果代码不全或不准确，可能导致系统处理效率下降，甚至造成系统崩溃。因而，在会计软件实施前，需要对相关项目进行编码，如部门、人员、往来单位、固定资产、存货、费用项目等，通过制定出一套编码规则来进行编码，借助代码来管理各个项目，从而提高工作效率。

3. 人员培训

人员培训是会计软件实施的一个重要环节。在会计软件实施前，所有软件操作人员、系统维护人员都要经过严格培训，一般包括以下几个方面。

(1) 计算机基础操作培训

利用会计软件使用说明书，对一般操作人员进行基本操作培训，教会操作人员如何使用会计软件进行正常的业务处理。

(2) 软件操作应用与维护培训

软件操作应用与维护培训主要针对系统管理员，通过培训让他们掌握软件的日常维护和故障排除方法，以确保会计电算化工作的顺利实施。

2.5.3　会计软件实施的流程

会计软件的实施一般需要软件开发商的直接参与，有的甚至还需要专业化管理咨询公司的协作。不同的会计软件虽然其实施方法不同，但实施过程的主要工作内容基本相同，一般包括的步骤和工作如图2-8所示。

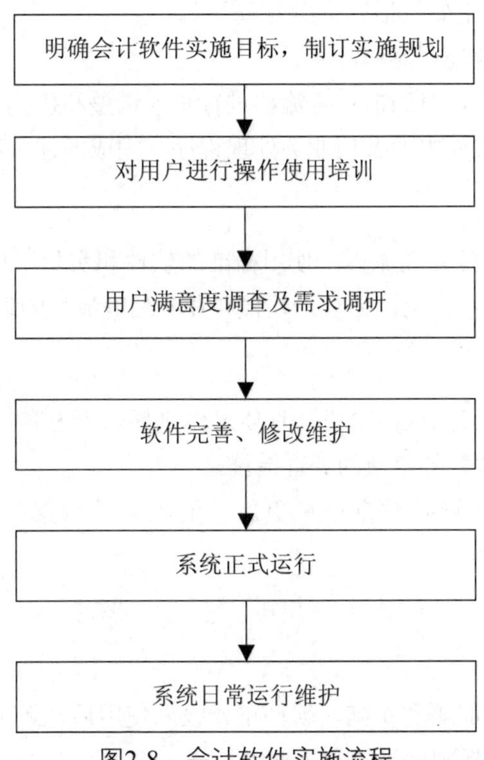

图2-8　会计软件实施流程

1. 明确会计软件实施目标，制订实施规划

在会计软件实施之前，应该让与该项目有关的所有人员都能自觉认识项目的意义，了解企业的目标，清楚自己的作用。由用户与咨询专家共同讨论，确定会计软件实施的目标，在此基础上制订项目实施规划。具体工作内容如下。

(1) 讨论会计软件实施过程的各种潜在风险，以便尽早作准备，将风险出现时造成的影响降到最低。

(2) 组织会计软件实施项目组，明确各方组员的工作内容和职责。

(3) 准备实施策略和工作计划，并对实施过程作出经费预算。

(4) 明确会计软件实施过程各阶段的文档标准与格式，完成实施策略文档。

2. 对用户组进行培训

用户方的有关人员应参与专家组织的培训，掌握会计软件的功能和具体应用，主要包括以下内容。

(1) 拟订培训计划，分层次对会计软件进行初级、中级、高级培训。

(2) 准备培训教材和案例资料。

(3) 培训的具体实施。

3. 用户需求调研

深入用户单位，具体考察企业的全部业务处理流程，分析存在的问题，找到解决问题的方案，确定用户的具体需求，主要包括以下内容。

(1) 了解和分析当前业务处理流程。

(2) 结合会计软件的特点，对当前业务流程进行重新调整和优化改进。

(3) 确定新的业务处理流程中的各项业务处理程序、完成的任务和处理步骤。

4. 软件测试和调整

根据用户需求和新的业务处理流程，使用标准的软件和实际用户数据，对会计软件进行符合性测试，对存在的问题进行记录，为会计软件和业务处理流程的调整和修改作准备。

5. 实际运行

实际运行是会计软件实施的最高阶段，具体工作包括以下内容。

(1) 制订应急计划和出现意外事故的处理措施。

(2) 准备真实系统环境，进行数据最后更新，清除无关数据，确保初始余额和记录的正确性。

(3) 系统正式投入运行。

6. 系统运行维护

为保证会计软件系统能够顺利实施，软件正式投入使用后，还应经常性地对系统进行日常维护。系统运行维护主要包括硬件维护和软件维护。

(1) 实施对系统硬件设备的日常检查和维护，以保证系统的正常运行。

(2) 在系统发生故障时，排除故障和恢复运行系统。

(3) 在系统功能扩充时，负责系统安装、调试，直至运行正常。

(4) 在系统环境发生变化时，随时做好适应性的维护工作。

复习题

一、思考题

1. 简述会计软件的基本功能。
2. 简述会计软件的总体结构及主要构成内容。
3. 会计电算化工作实施的条件主要有哪些？
4. 简述会计软件的实施流程。
5. 结合实际，谈谈选择商品化会计软件主要应当考虑哪些因素。

二、判断题

1. 在会计电算化下，会计主体的界限划分主要是通过账套设置来完成的。(　　)

2. 与手工会计不同，会计电算化下不存在明显的岗位分工问题，可以由一个操作员完成整个证、账、表的工作。(　　)

3. 要使会计电算化工作顺利开展，首先必须使手工会计工作达到规范化。(　　)

4. 会计软件各子系统之间往往保持相对独立，它们之间很少存在数据传输关系。(　　)

5. 为使会计软件更具针对性，一般情况下，企业应采用定点开发方式取得。(　　)

6. 一般情况下，一个会计软件只能设置一个账套。(　　)

7. 会计软件各子系统的数据始终是围绕账务处理子系统进行传递的。(　　)

8. 会计主体与会计账套是一一对应的，即一个会计主体对应一个会计账套。(　　)

9. 我国会计核算是以人民币作为记账本位币，因此不允许出现外币记账。(　　)

10. 账务处理子系统就是一个最小的会计软件模块。(　　)

三、单项选择题

1. 在会计核算软件中，其核心子系统是(　　)。

A. 报表子系统　　B. 账务处理子系统

C. 财务分析子系统　　D. 成本核算子系统

2. ERP软件的核心是(　　)。

A. 会计核算　　B. 财务分析　　C. 财务决策

D. 对企业物流、资金流和信息流进行全面一体化管理

3. 一般情况下，企业开展会计电算化的初期最好选择(　　)。

A. 商品化软件　　B. 自行开发软件

C. 委托软件公司开发软件　　D. 定点开发软件

4. 会计科目级次设置的主要目的是(　　)。

A. 提高操作速度　　B. 简化会计操作程序

C. 方便会计电算化工作　　D. 决定会计核算的深度

5. 企业首次实施会计电算化，首先必须做的工作是(　　)。

A. 财务分工　　B. 建立账套

C. 初始数据录入　　D. 设置会计科目编码

6. 以下属于最小的会计软件模块的是(　　)。

A. 账务处理模块　　B. 凭证处理模块

C. 账簿处理模块　　D. 总账打印模块

7. 企业首次使用会计软件，需要(　　)。

A. 对系统进行初始化设置　　B. 对手工会计的数据进行整理

C. 拟订会计操作规范　　D. 明确不同会计人员的岗位职责

8. 一般情况下，账务处理子系统不具备(　　)功能。

A. 记账　　B. 期末转账　　C. 编制会计报表　　D. 结账

9. 专用会计软件与通用会计软件的最大区别是(　　)。

A. 会计软件功能不同　　B. 不需要设置账套

C. 能满足单位特殊经济业务的需要　　D. 操作更简单

10. 核算型会计软件不包括的功能是(　　)。

A. 工资核算　　B. 固定资产核算　　C. 成本核算　　D. 预算

11. 在会计电算化下，财务分工主要是通过(　　)实现的。

A. 设置操作人员　　B. 内部管理制度的规定

C. 相互监督　　D. 由操作员自身设置

12. 账套设置不包括的内容是(　　)。

A. 单位名称　　B. 会计期间设置

C. 财务分工　　D. 会计科目设置

13. 会计电算化期末核算不包括的内容是(　　)。

A. 成本费用的计算和分配　　B. 工资费用的分配

C. 计算应交税费　　D. 填制会计凭证

14. 会计科目主要是根据(　　)设置的。

A. 企业自身业务特点　　B. 国家财政部的规定

C. 企业会计准则的规定　　D. 对方单位的需要

15. 专用会计软件的优点是(　　)。

A. 通用性强　　B. 可扩展性强　　C. 易用性强　　D. 维护有保障

16. 商品化会计软件的缺陷是(　　)。

A. 对人员素质要求较高　　B. 成本较高

C. 系统维护较难　　D. 功能不全

17. 账务处理子系统以(　　)作为处理对象。

A. 会计账簿　　B. 记账凭证　　C. 会计报表　　D. 原始凭证

四、多项选择题

1. 会计软件一般由(　　)组成。

A. 模块　　B. 程序　　C. 数据库　　D. 会计软件文档

2. 从会计软件的功能看，我国会计软件的发展经历了(　　)等阶段。

A. 起步阶段　　B. 提高阶段　　C. 发展阶段　　D. 腾飞阶段

3. 会计软件的基本功能主要有(　　)。

A. 会计数据加工处理　　B. 会计数据整理归档

C. 会计数据输入输出　　D. 会计数据分析

4. 会计数据的输入方式有(　　)。

A. 手工键盘输入　　B. U盘输入　　C. 光盘输入　　D. 网络传输输入

5. 在会计电算化下，原始凭证的输入方式有(　　)。

A. 直接录入

B. 复制录入

C. 网络传输录入

D. 输入记账凭证的同时，录入与之相应的原始凭证

6. 从会计软件的操作界面和技术来看，我国会计软件的发展经历了(　　)等阶段。

A. 基于DOS平台的会计软件　　B. 基于Windows平台的会计软件

C. 基于浏览器界面技术的会计软件　　D. 基于Internet的会计软件

7. 从会计软件的网络体系结构看，我国会计软件的发展经历了(　　)阶段。

A. NC阶段　　B. F/S阶段　　C. C/S阶段　　D. B/S阶段

8. 企业取得会计软件的方式有(　　)。

A. 购买　　B. 自行开发　　C. 委托开发　　D. 联合开发

9. 用于生产企业的ERP软件主要包括(　　)方面的管理内容。

A. 生产控制管理　　B. 资金管理

C. 物流管理　　D. 财务管理

10. 会计软件实施前的准备工作主要包括(　　)。

A. 全面清理手工会计业务工作　　B. 规范会计业务处理工作

C. 会计数据的整理和准备　　D. 进行人员的培训

第3章 系统管理与基础设置

3.1 用友ERP-U8简介

用友ERP-U8企业应用套件(简称用友ERP-U8)是用友股份软件公司面向中型企业的管理软件。它充分适应中国企业高速成长且逐渐规范发展的状况，是蕴涵中国企业先进管理模式，体现各行业业务最佳实践，有效支持中国企业国际化战略的信息化经营平台。用友ERP-U8能够提供财务业务一体化解决方案(其总体结构如图3-1所示)，如财务管理、供应链管理、生产制造管理、客户关系管理、人力资源管理、办公自动化和商业智能等集成功能，用户可根据实际需要分模块选用。

财务管理 FM	供应链管理 SCM	生产制造 PM	客户关系管理CRM	人力资源 HR	决策支持 DSS	集团应用 FM	系统管理集成应用	办公自动化 OA
成本管理	GSP质量管理	设备管理	统计分析	经理查询	企业评价	专家分析	PDM接口	公文管理
资金管理	质量管理	工程变更管理	市场管理	考勤管理	绩效记分卡	行业报表	网上银行	档案管理
项目管理	出口管理	车间管理	费用管理	薪资管理	KPI监控	合并报表	金税接口	政务管理
预算管理	库存管理	生产订单	活动管理	招聘管理	企业分析	结算中心	WEB应用	公共管理
网上银行	委外管理	需求规划	商机管理	人事信息	业务模型	集团账务	EAI平台	后勤管理
UFO报表	采购管理	产能管理	客户管理		统计模型	集团预算	系统管理	日常办公
网上报销	销售管理	主生产计划			移动商务			
固定资产	合同管理	物料清单			预警平台			
存货核算	售前分析							
应付管理								
应收管理								
总账管理								

图3-1　总体结构

本实验采用用友ERP-U8.72版，主要内容包括基础设置、总账、采购、销售、库存、存货核算、固定资产、薪资、期末结账、UFO报表等模块的实际应用，操作系统采用Windows 7旗舰版，数据库为SQL Server2005 Express SP2。

本书重点讲解供应链业务与财务的一体化处理方法，如需要再学习生产管理等模块，请参考其他资料。

3.2 安装

3.2.1 安装注意事项

在单机上安装用友ERP-U8.72版软件、操作系统使用Windows 7时，应注意以下问题。

(1) 操作系统：Windows 7家庭版、高级家庭版都不能安装。只能是旗舰版和专业版。

(2) 数据库：SQL Server 2005 SP2，并使用REGEDIT更改注册表。若要安装其他版本的SQL Server，请参考其他资料。

(3) 安装的权限：管理员。最好是超级用户。

(4) 用户权限控制：设置为最低，即对安装不做限制。

(5) 安全管理软件：360安全卫士、杀毒软件之类安装过程中必须停止运行。最好先卸载，待安装成功后再安装安全管理类软件。

(6) 其他软件：可以安装Office、输入法、浏览器、即时通讯类软件。由于管理软件之间容易产生冲突，所以不能在同一环境再安装其他管理软件。

关于安装的详细细节，可以参考本书所配光盘中的安装说明。

3.2.2 安装环境的准备

1. 安装用户

安装软件过程中，一般都要更改有关的环境设置，因此要具有管理员权限才能安装，最好在安装时使用超级用户。

具体操作方法是：右击桌面的“计算机”，从弹出的快捷菜单中选择“管理”，然后依次选中“本地用户和组”|“用户”|“Administrator”。

双击“Administrator”，将“账户已禁用”前面的“√”去掉(单击“√”)，再单击“确定”按钮，退出后重新启动操作系统。

2. 更改用户账户控制设置

为了安全起见，Windows 7对用户的权限进行了控制，以防止非法软件被安装。但在安装一些软件时是需要最高权限的，不然表面上似乎安装完成，但由于安装人员的权限不够，导致在修改有关系统参数时不成功，从而导致安装后无法使用。这种问题是安装程序在安装过程中发生的，不一定进行提示，出现错误后很难寻找原因和解决办法。

选择“控制面板”|“用户账户和家庭安全”|“用户账户”，再单击“更改用户账户控制设置”，然后设为最低。

3. 更改计算机名称

打开“控制面板”，选择“系统和安全”，再选择“系统”。

在用友U8系统中，计算机名不能使用有“-”(减号)特殊字符。若需要更改，可选择计算机名的“更改设置”功能完成。本案例是将计算机名改为“landmao”。

单击“确定”按钮，完成修改。

在系统属性窗口，先单击“应用”按钮，再单击“确定”按钮，重新启动后完成更改。

4. 日期分隔符设置

用友U8中，要求日期分隔符号设置为“-”，设置的方法为：进入Windows 7控制面板，选择“时钟、语言和区域”，再选择“更改日期、时间或数字格式”，设置短日期的格式(设置为yyyy-mm-dd格式)即可。

3.2.3　安装IIS

用友ERP-U8需要安装Internet Information Services(IIS，互联网信息服务)，IIS是由微软公司提供的基于运行Windows的互联网基本服务。

IIS的默认安装不完全，需要我们自己手动添加进行安装。

(1) 进入控制面板后，选择“程序”，并选择“程序和功能”中的“打开或关闭Windows功能”。

(2) 选择“Internet信息服务”，进入后，要把每个模块后的加号都点开，简单的做法是选取可选的全部项目。

进行相关设置后，单击“确定”按钮，系统会自动完成IIS的安装。然后重新启动计算机。

3.2.4　安装数据库

用友U8系统需要使用微软的SQL Server数据库，本实验使用的是Microsoft SQL Server 2005 EXPRESS SP2版本(免费版)。作为学习使用，功能已经能满足。

注意 Windows 7家庭版是不能安装SQL Server 2005的。

具体的安装方法如下：

(1) 进入MSSQLSERVER2005EXPRESS_sp2目录，双击setup.exe安装程序，进行安装。在安装之前，一定要停用杀毒软件、360安全卫士之类的安全管理软件。

注意 安装过程中，系统可能会提示“此程序存在已知的兼容性问题”，可选择“运行程序”继续安装。在后续安装中遇到类似提示，也按照这种方式处理。

(2) 进入安装界面后，先选择“我接受许可条款和条件”复选框，然后单击“下一步”按钮。

(3) 在“安装必备组件”界面，选择“安装”，系统将自动进行。然后出现“系统配置检查”对话框，如图3-2所示。单击“下一步”按钮，出现“注册信息”对话框，如图3-3所示。

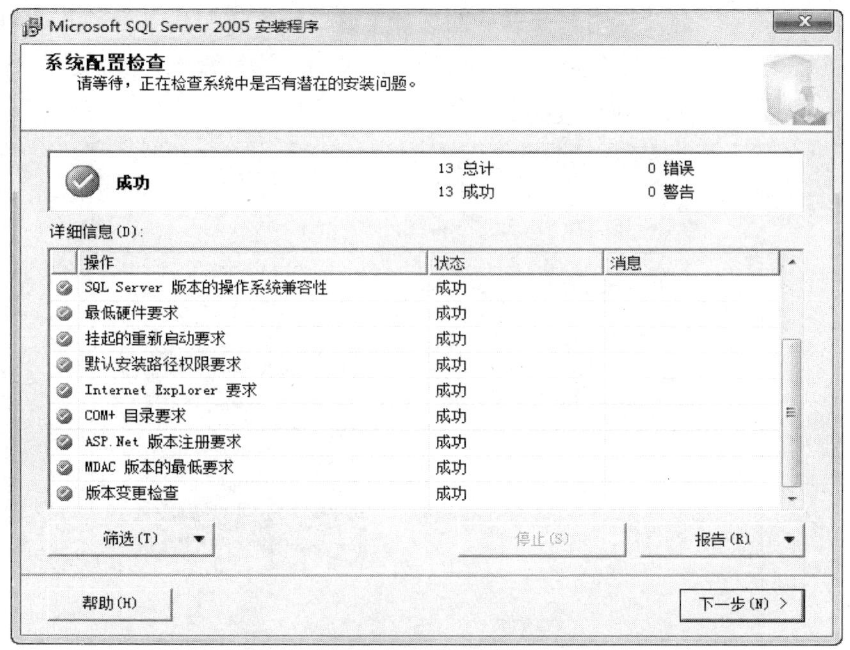

图3-2　“系统配置检查”对话框

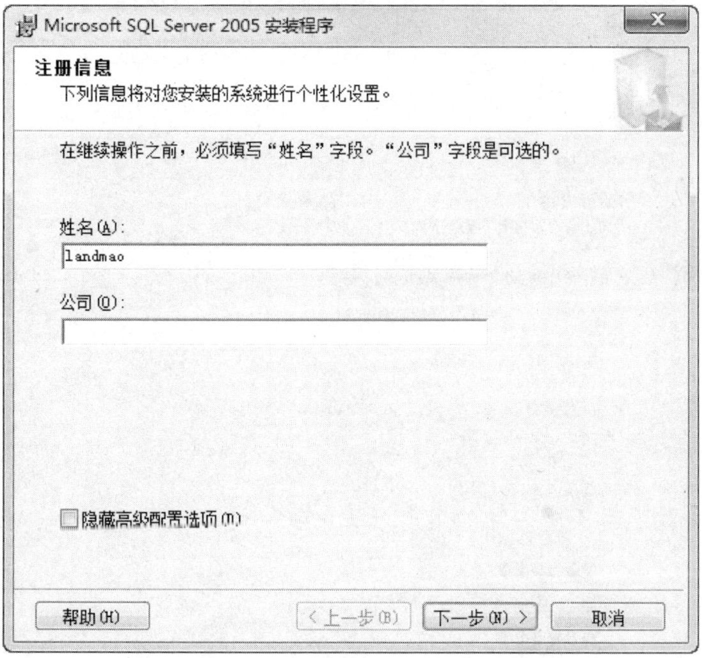

图3-3　“注册信息”对话框

注意 不要选择“隐藏高级配置选项”复选框(默认是选择的)。

(4) 单击“下一步”按钮，如图3-4所示。按照系统默认的选择即可，也可以全部安装。单击“下一步”按钮，进入“实例名”设置窗口。选择“默认实例”，下一步的“服务账户”也选择默认的方式。

(5) 根据系统提示，继续选用系统默认的选择方式，进入“身份验证模式”对话框，如图3-5所示。身份认证方式选择混合模式，密码可自己设定。这里输入“yonyou”作为密码。然后单击“下一步”按钮，排序规则使用默认设置。

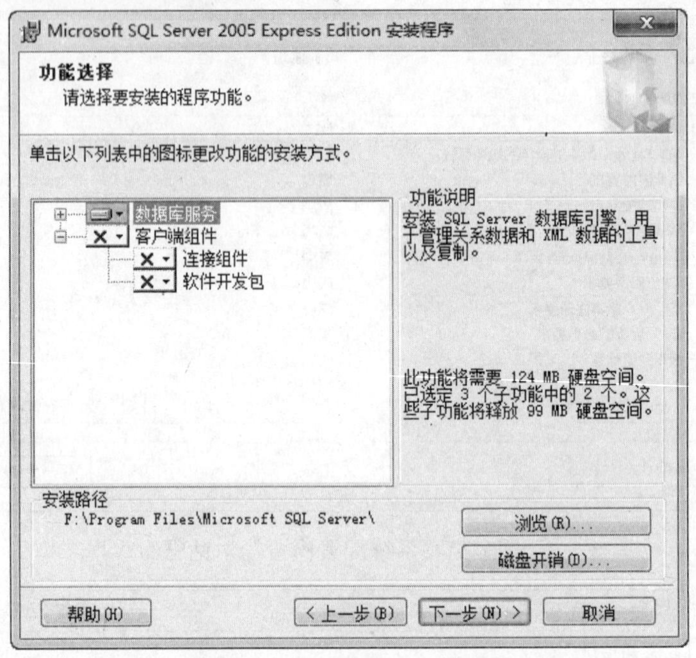

图3-4 “功能选择”对话框

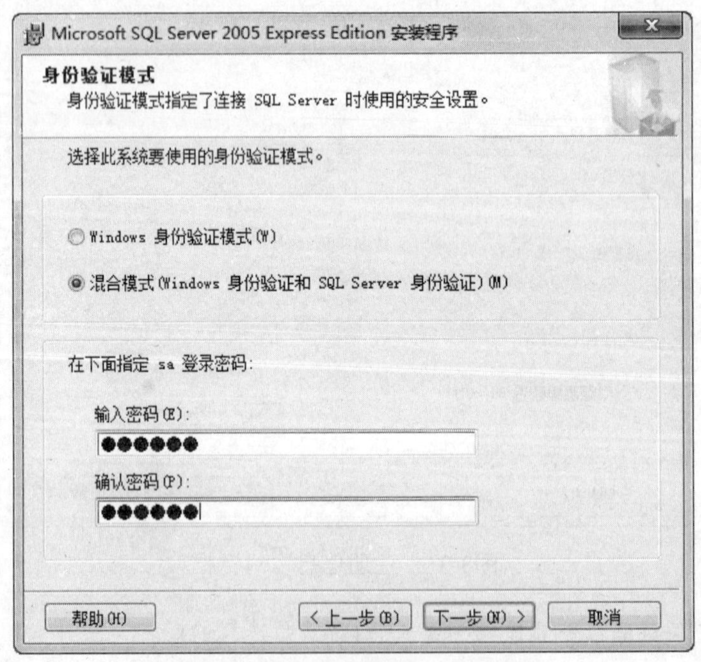

图3-5 “身份验证模式”对话框

(6) 进入配置选项设置时，选择“将用户添加到SQL Server管理员角色”复选框，如图3-6所示。

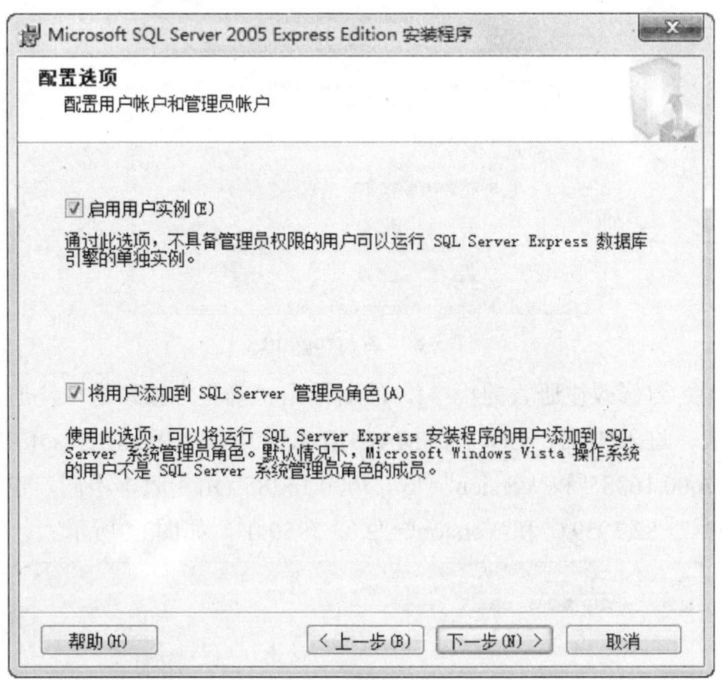

图3-6　“配置选项”对话框

(7) 后续安装按照系统默认选择进行，直至安装完毕。安装完成后需要重新启动系统。

注意 要记住设置的密码，后续需要输入。

(8) 重新启动后，选择“开始”|“所有程序”| Microsoft SQL Server 2005 |“SQL Server 配置管理器”，单击“SQL Server 2005服务”后，可以看到该服务已运行，如图3-7所示。

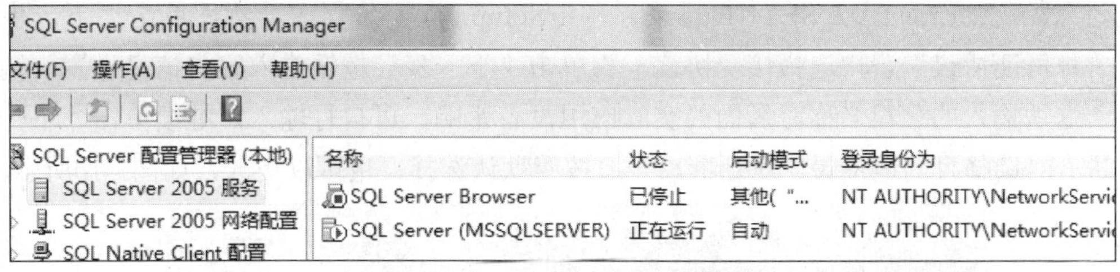

图3-7　SQL Server配置管理器

注意 如果服务没有启动，可以单击鼠标右键，从弹出的快捷菜单中选择“启动”命令即可。

3.2.5　安装用友系统

1. 设置MDAC组件参数

在Windows 7下安装U8.72版软件，当检测组件窗口时，会出现MDAC组没有安装的提示。这是因为Windows 7所带的MDAC软件版本太高，U8无法检测到。为了解决这个问题，需要将这个版本号进行修改。

(1) 选择“开始”|“所有程序”|“附件”|“运行”(也可以按Windows+R快捷键直接进入)命令，打开“运行”对话框，如图3-8所示。

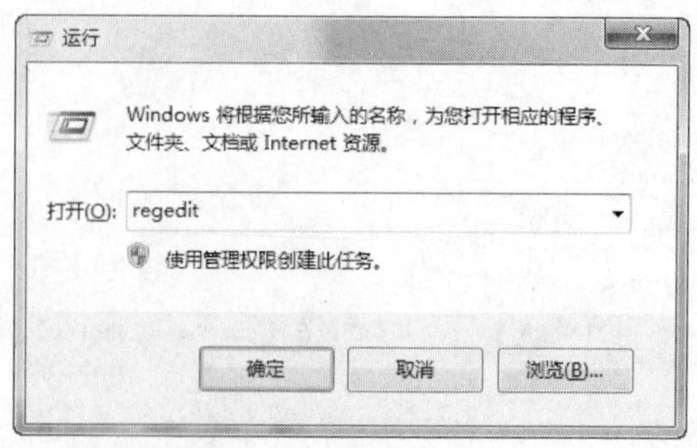

图3-8　运行regedit

(2) 输入regedit命令(修改注册表的程序)，然后单击“确定”按钮进入注册表修改状态。

(3) 打开注册表，进入HKEY_LOCAL_MACHINE/SOFTWARE/Microsoft/DataAccess，将"FullInstallVer"="6.1.7600.16385"和"Version"="6.1.7600.16385"(由于版本不同，也可能是其他值)修改为"FullInstallVer"="2.82.3959.0"和"Version"="2.82.3959.0"，如图3-9所示。

图3-9　修改注册表

(4) 当用友U8软件全部安装完之后再改回原值。

2. 安装环境检测

先进入U872SEENTAO_SETUP 目录，双击Setup.exe安装程序，然后单击“下一步”按钮，在“许可证协议”窗口选择接受协议。再单击“下一步”按钮进入客户信息设置，输入公司名称，这里输入的公司名称对后面的实际应用没有影响，可自行输入。继续单击“下一步”按钮，进入“选择目的地位置”对话框。一般按照默认选择，也可以更改，如图3-10所示。

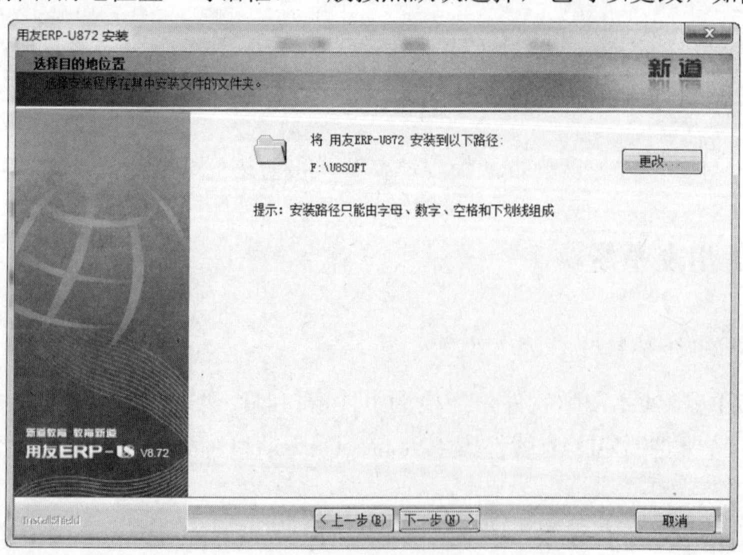

图3-10　“选择目的地位置”对话框

单击“下一步”按钮，在“安装类型”对话框选择“全产品”，即全部组件在同一台机器安装，如图3-11所示。

可不选择“繁体中文”和“英语”复选框，然后单击“下一步”按钮，进入“系统环境检查”对话框，单击“检测”按钮，检测完成后显示的结果如图3-12所示。

如果系统提示有缺少的组件，要单击“安装缺省组件”按钮，也可以直接单击相应项目进行安装。

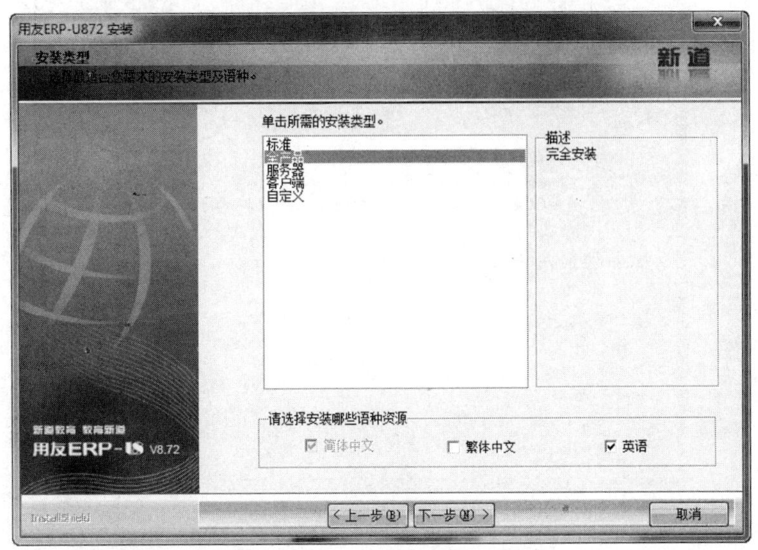

图3-11　“安装类型”对话框

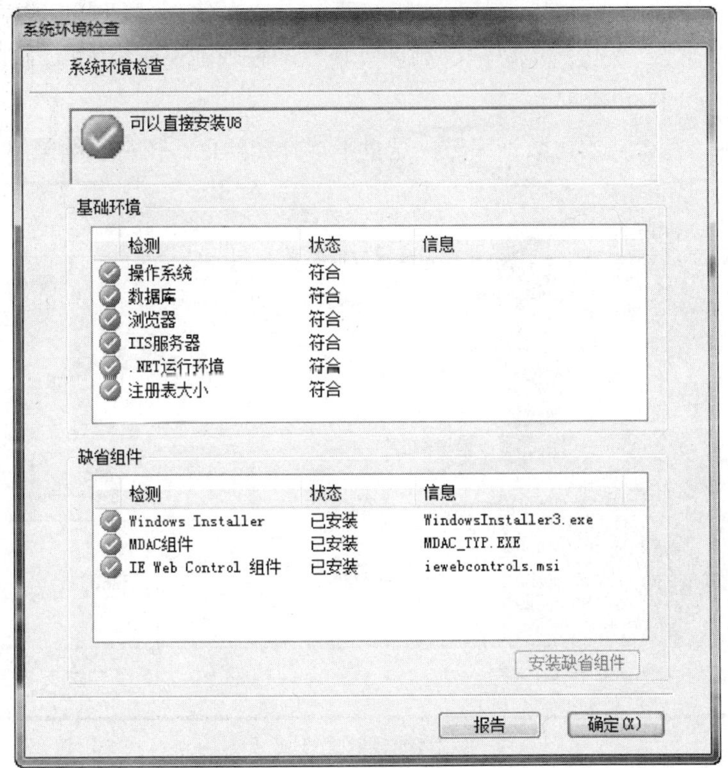

图3-12　“系统环境检查”对话框

3. 安装

系统环境检测通过后，单击“确定”按钮，进入“可以安装程序了”对话框，单击“安装”按钮进行具体的安装。

安装将持续较长时间，具体与所用机器性能有关，安装中如果出现图3-13所示的提示信息，可选择“使用推荐的设置重新安装”。安装完毕，需要重新启动计算机。

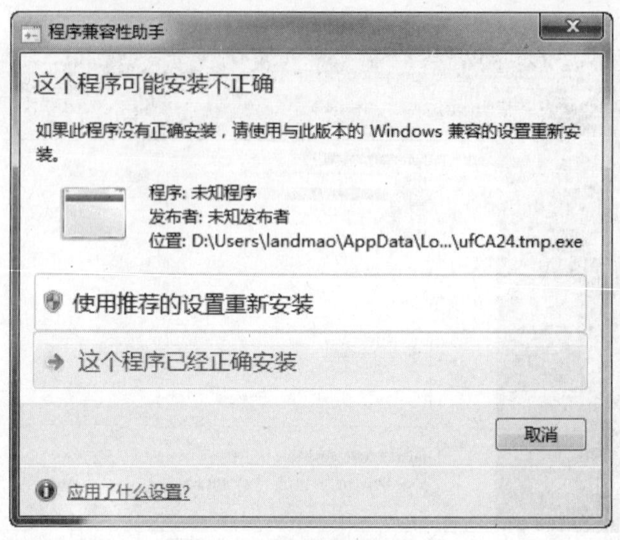

图3-13　安装兼容性提示

重新启动后系统提示进行数据源配置，在“数据库”文本框中输入landmao，在“SA口令”文本框中输入yonyou。数据库名就是本机机器名，SA的密码就是安装数据库时自己设置的密码。单击“测试连接”按钮，应显示“测试成功”，否则则说明数据库没有连接上，应检查数据库名和密码，如图3-14所示。

之后还会提示“是否初始化数据库”，这里不选择初始化，留待后续来完成。

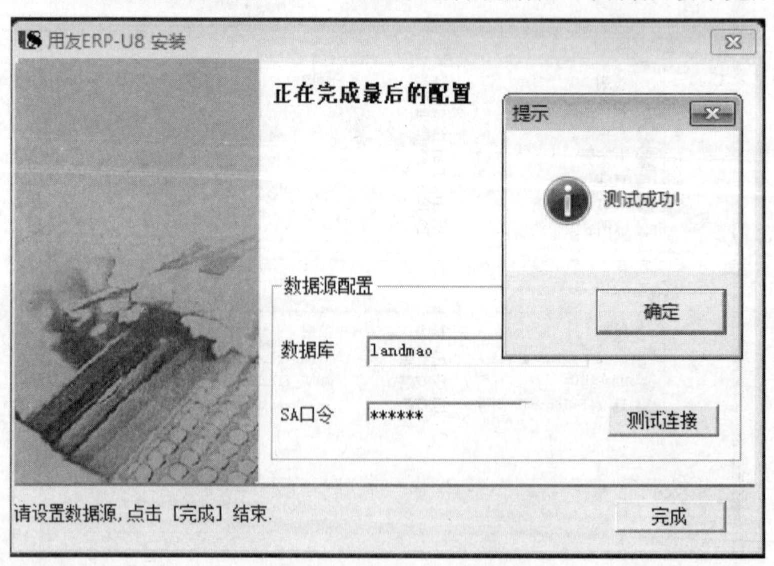

图3-14　测试连接

3.3 系统管理

3.3.1 系统管理功能概述

系统管理负责对整个系统的公共任务进行统一管理，包括账套管理、操作员及其权限的设置等。

系统管理功能的基本流程，一般是以系统管理员注册的方式进入U8的系统管理窗口，建立账套，添加新的操作员并设置操作员的权限，指定该账套的账套主管，然后以账套主管身份重新注册系统管理功能，进行账套启用的设置。

1. 新建账套

U8软件属于通用型商品化管理软件，系统中并没有任何与使用单位相关的信息，因此要使用计算机进行账务处理工作，首先必须进行账套文件设置，以存放企业开展会计工作的信息。账套中存放的内容包括会计科目、记账凭证、账簿、会计报表等。建立账套是在建账向导指引下进行的，主要确定账套号、账套名称、企业所属行业、记账本位币、会计科目体系结构、会计期间的划分和设置账套启用期间等。这一过程称为新建账套。

2. 年度账管理

在U8系统中，每个账套都存放企业不同年度的财务数据，称为年度账。在一个新的会计年度开始时，应在系统中设置新的年度账套，并将上年度账套的期末余额结转到新的年度账套中，开始新一年的业务核算工作。

注意 只有账套主管才有权限进行有关年度账的操作。

3. 恢复和备份

备份账套功能是指将所选的账套数据进行备份；恢复账套功能是指将以前备份的账套数据引入本系统中。该功能不仅方便企业将备份数据恢复，而且有利于集团公司将子公司的账套数据定期地引入母公司系统中，便于账套数据的分析和合并工作。

只有系统管理员可以进行账套的恢复和备份操作。

年度账的恢复和备份操作与一般账套的操作方法相同。不同的是，年度账的恢复与备份是针对账套中的某一年度数据，而不是整个账套的数据，并且年度账的恢复与备份只能由账套主管进行操作。

4. 系统管理员与账套主管

“系统管理”功能只允许系统管理员和账套主管两类用户登录。

系统管理员负责整个系统的运行维护工作，包括进行账套建立、恢复、备份，为账套设置操作员权限，指定账套的账套主管等。

账套主管负责所指定账套的维护工作，包括对账套参数的修改，年度账的建立、清空、恢复、备份、结转，以及该账套的操作员权限设置。

3.3.2 建账

实验资料

公司简介：重庆两江科技有限公司生产的主产品是税控II号及发票打印纸，应用于录入发票(专用和普通)、打印发票和数据存储，同时公司代理与税控II号产品相关的配套用品(如激光打印机、扫描仪、服务器等)。一车间主要生产税控II号产品，二车间主要生产发票打印纸。

建账信息：

(1) 账套信息

账套号：999(具体实验中可用学生的学号代替)；账套名称：重庆两江科技有限公司；采用默认账套路径；启用会计期：2013年4月；会计期间：默认。

(2) 单位信息

单位名称：重庆两江科技有限公司；单位简称：两江科技；单位地址：重庆市两江新区新光大道9999号；法人代表：孙正；邮政编码：401147；联系电话及传真：0231234567；税号：110 119 120 130 999。

有外币核算。

(3) 分类编码方案

该企业的分类编码方案如下。

科目编码级次：4222；客户和供应商分类编码级次：2；存货分类编码：122；部门编码级次：12；地区分类编码级次：2；结算方式编码级次：12；收发类别编码级次：12；其余使用默认。

(4) 数据精度

该企业对存货数量、单价小数位定为2，均为默认。

(5) 系统启用

启用总账系统，启用时间为2013-04-01。

实验过程

(1) 选择“开始”|“所有程序”|“用友ERP-U872”|“系统服务”|“系统管理”命令，启动“用友ERP-U8系统管理”窗口，如图3-15所示。

(2) 选择“系统”|“初始化数据库”菜单项，在打开的“初始化数据库实例”窗口中，按照前面安装SQL Server 2005时的设置，输入数据库实例为“landmao”，SA口令为“yonyou”，如图3-16所示。

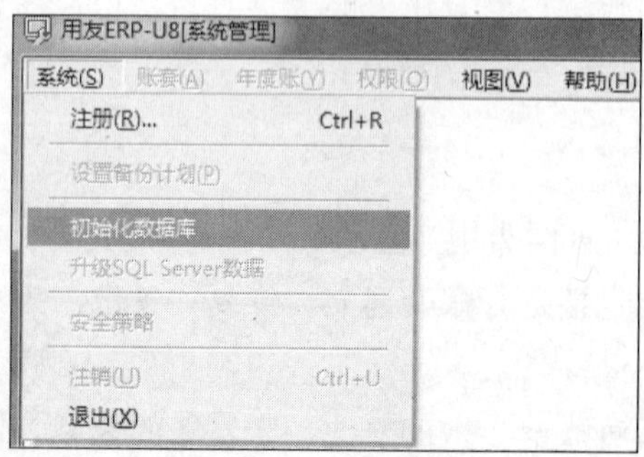

图3-15 系统管理

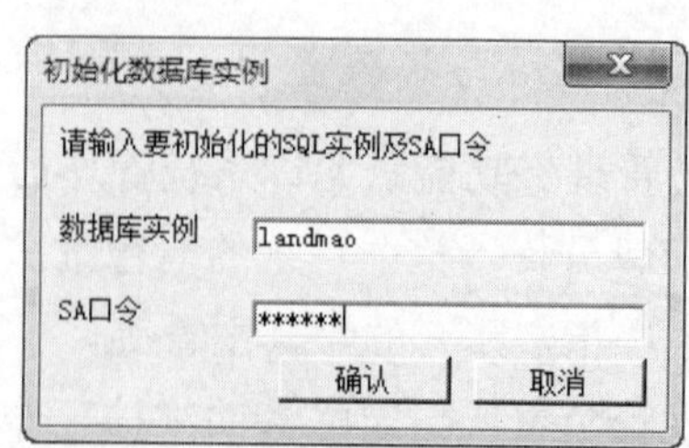

图3-16 初始化数据库实例

(3) 系统提示“确定初始化数据库实例吗”时，选择“是”，然后稍待片刻，系统初始化完成后即出现如图3-17所示的登录界面。

图3-17　登录界面

(4) 在“操作员”文本框中输入系统预置的系统管理员admin，然后单击“账套”后面的列表进行选择，稍待片刻会出现“(default)”选项。

注意 如果在登录过程中，账套中不显示“(default)”选项，可以选择“用友ERP-U872”|“系统服务”|“应用服务器配置”，打开如图3-18所示的“U8应用服务器配置工具”窗口。选择“数据库服务器”，可以对数据源进行修改，如图3-19所示。如果数据库服务器是错误的，也可以在这里进行更改。

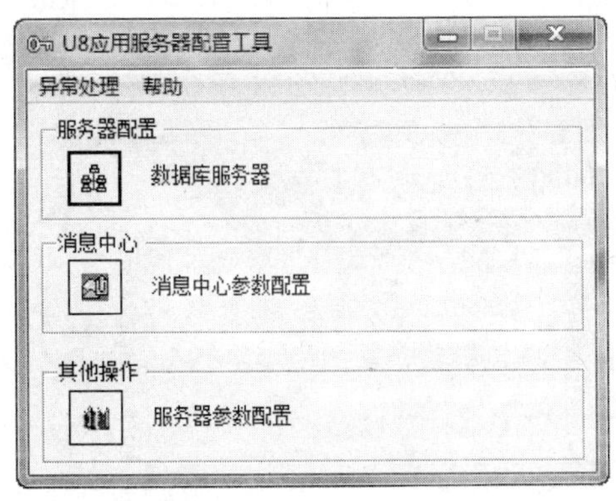

图3-18　应用服务器配置

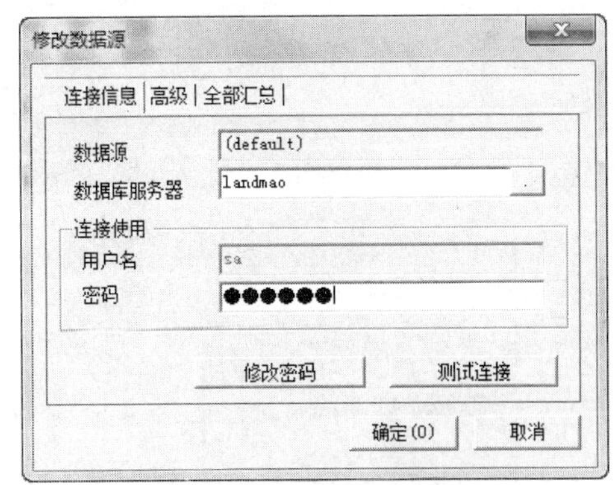

图3-19　修改数据源

实验提示

① 服务器是指C/S结构下的服务器名，如果U8是安装在单机上运行，则是指本计算机名。

② 第一次运行时，系统管理员密码为空，最好在第一次运行时单击“修改密码”按钮，对系统管理员密码进行设置。

(5) 登录后可看到如图3-20所示(启用会计期可能不同)的窗口，输入账套名称，确定启用会计期。

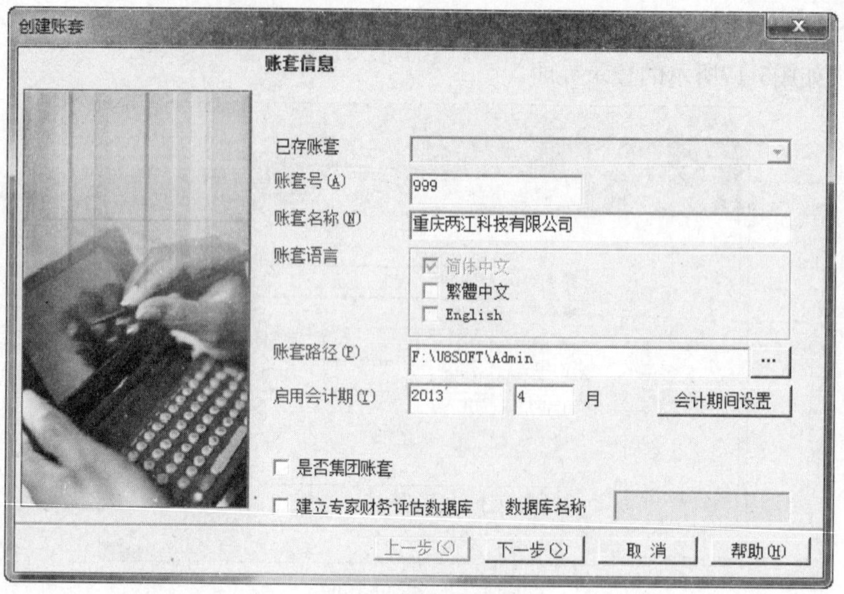

图3-20　建账信息

实验提示

①“已存账套”是系统已经建立并使用的账套，在这里不能更改。

②“账套号”一般是000～999之间的三位数字，账套号唯一且不能重复。

③“账套名称”是能够标识该账套的信息，用户一般根据企业情况输入。

④“账套路径”是存放账套数据的位置，一般用系统默认的路径即可，也可以自行确定。

⑤“启用会计期”用来输入新建账套将被启用的时间，具体到“月”，用户可根据实际情况，单击“会计期间设置”按钮进行设置。

(6) 单击“下一步”按钮，输入有关单位信息，如图3-21所示。

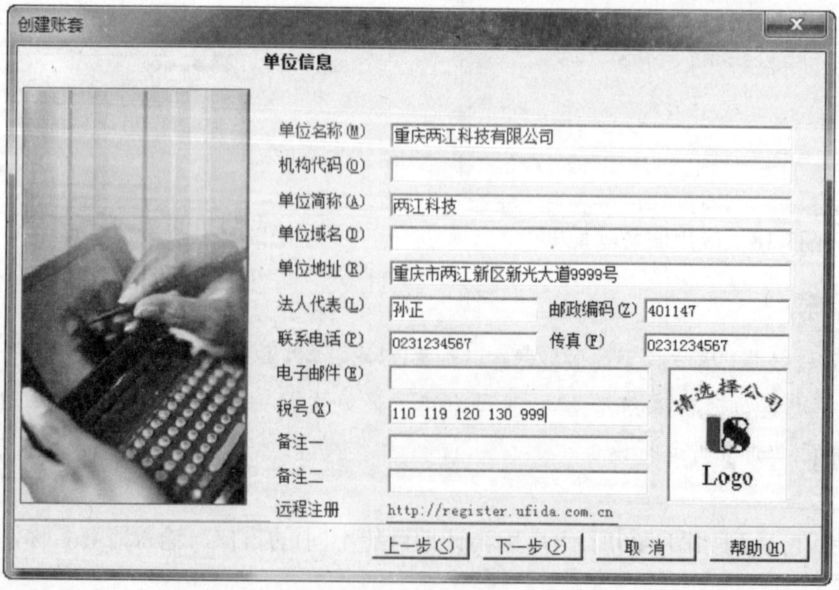

图3-21　单位信息

(7) 单击“下一步”按钮，进入核算类型设置，如图3-22所示。

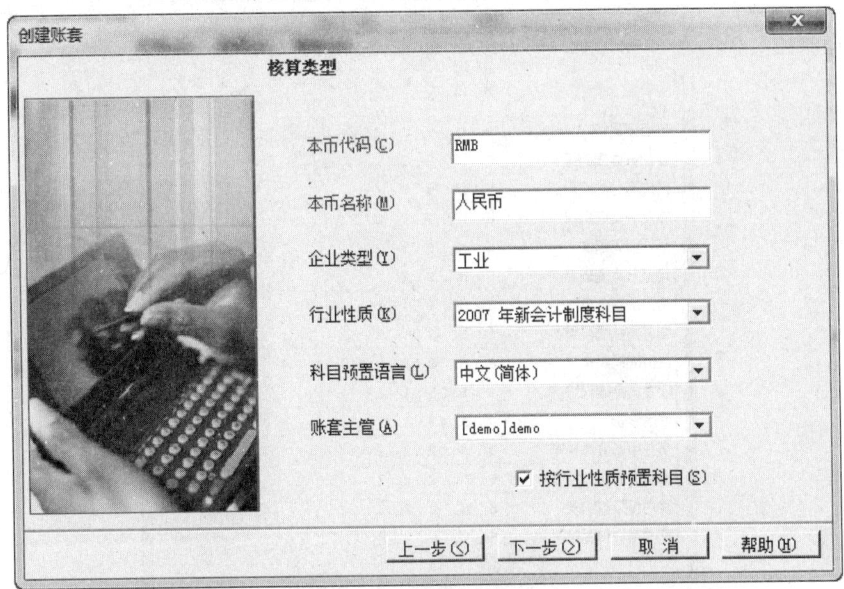

图3-22　核算类型设置

(8) 单击“下一步”按钮，设置基础信息，具体设置如图3-23所示。

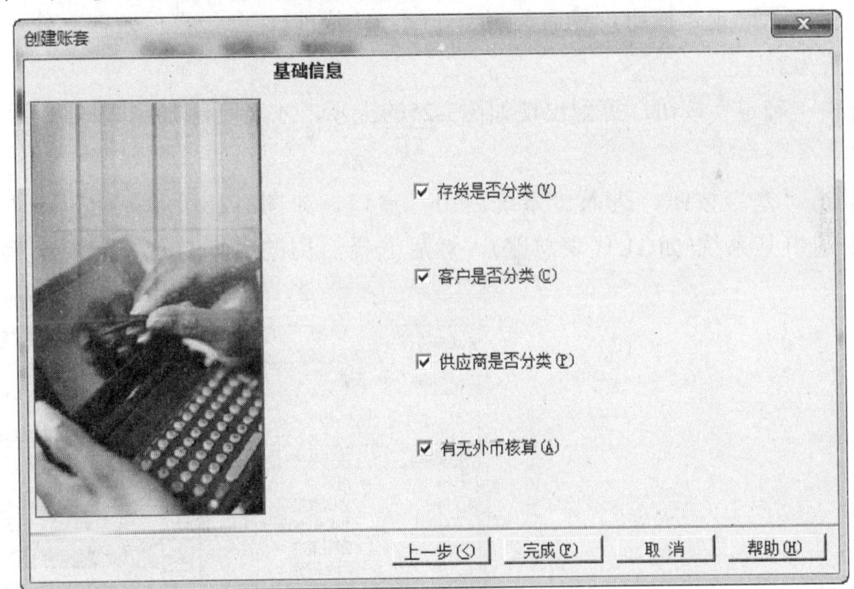

图3-23　基础信息

(9) 单击“完成”按钮，提示“可以建账了吗”，选择“是”，系统将进行建账，需要等待一段时间以后，才完成数据库建账。建账完成后，会出现编码方案的设置窗口。设置后如图3-24所示。

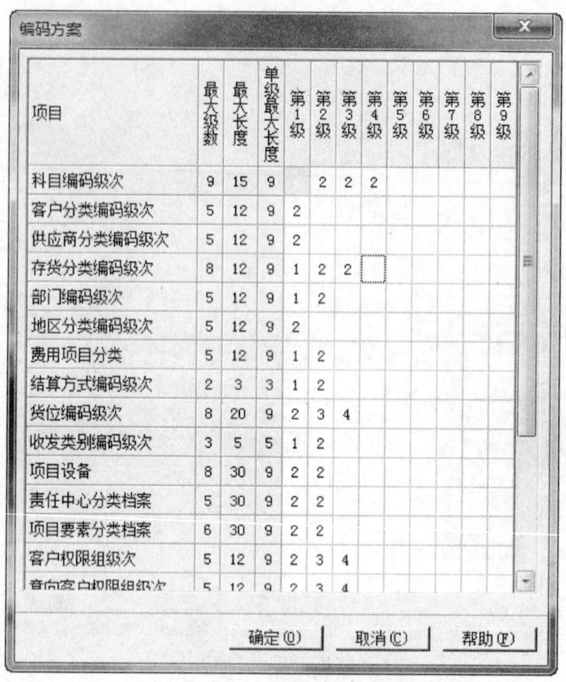

项目	最大级数	最大长度	单级最大长度	第1级	第2级	第3级	第4级	第5级	第6级	第7级	第8级	第9级
科目编码级次	9	15	9		2	2	2					
客户分类编码级次	5	12	9	2								
供应商分类编码级次	5	12	9	2								
存货分类编码级次	8	12	9	1	2	2						
部门编码级次	5	12	9	1	2							
地区分类编码级次	5	12	9	2								
费用项目分类	5	12	9	1	2							
结算方式编码级次	2	3	3	1	2							
货位编码级次	8	20	9	2	3	4						
收发类别编码级次	3	5	5	1	2							
项目设备	8	30	9	2	2							
责任中心分类档案	5	30	9	2	2							
项目要素分类档案	6	30	9	2	2							
客户权限组级次	5	12	9	2	3	4						
意向客户权限组级次	5	12	9	2	3	4						

图3-24　编码方案

(10) 先单击“确定”按钮，然后关闭窗口(不关闭窗口，会一直停留在此处)。再设置数据精度，均设置为2。

(11) 单击“确定”按钮，等到出现如图3-25的提示，才表明建账完成。此时可以立即进行启用设置。

(12) 单击“是”按钮，进入“系统启用”窗口，如图3-26所示。可以在“系统编码”项目上单击选中某系统(如GL代表总账)，然后选择启用的日期。这里按照案例资料设置为2013-04-01。

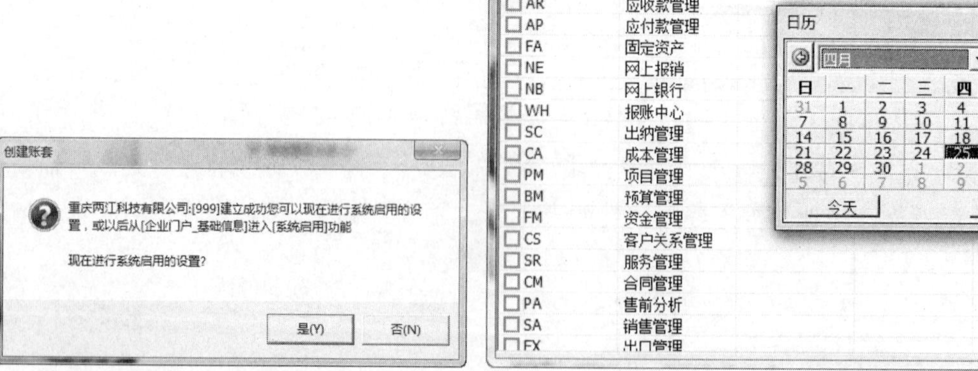

图3-25　创建账套完成　　　　图3-26　系统启用

(13) 启用后退出建账过程，完成建账。

3.3.3　恢复实验账套的方法

实验资料

恢复实验账套，也可以是自己备份的账套。

实验过程

1. 初始化数据库

这里建账的步骤与前面是相同的，但目的是为了引入账套，所以一些建账环节就可以简化，主要操作方法如下：

(1) 选择“开始”|“所有程序”|“用友ERP-U872”|“系统服务”|“系统管理”，启动“ERP-U8系统管理”窗口，选择“系统”|“初始化数据库”。

(2) 在“初始化数据库实例”窗口，按照前面安装SQL Server 2005时的设置，输入数据库实例为“landmao”，SA口令为“yonyou”。

(3) 初始化数据库后用admin用户登录(无密码)，按照案例资料输入建账信息，账套号输入999，启用会计期为2013年4月，如图3-27所示。

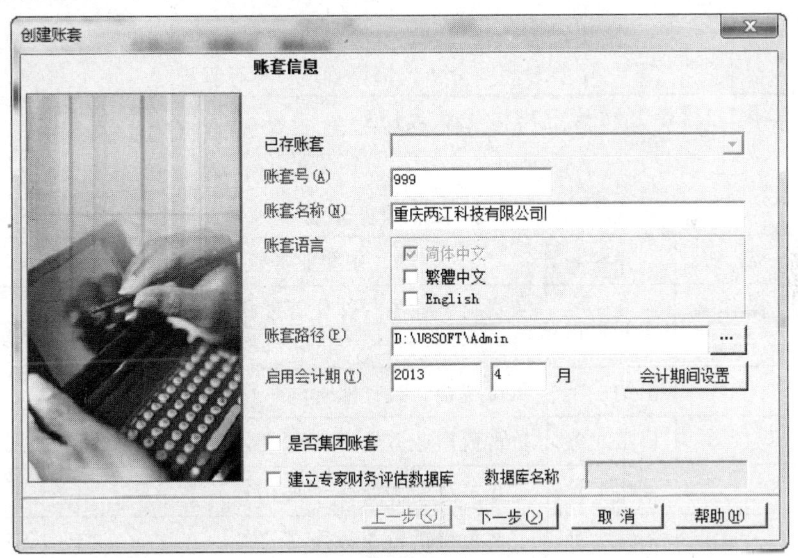

图3-27　账套信息

(4) 单击“下一步”按钮，其他参数可按照默认设置，直至建账完成。

2. 引入账套

在正式引入账套之前，需要将准备恢复的账套文件名称分别改为UFDATA.BAK、UfErpAct.Lst。

在“系统管理”窗口，选择“账套”|“引入”命令，选择要恢复的账套文件UfErpAct.Lst，具体目录自己选择。

出现选择账套引入目录时，选择默认即可，并覆盖前面建立的账套。引入完毕，系统会给出引入成功的提示。

然后启动企业应用平台，按照案例的用户进行登录操作。具体的阶段业务要根据恢复的那个账套来确定。

3.3.4 财务分工、账套信息修改

实验资料

角色权限表如表3-1所示。根据业务变化需要，可进行调整。

表3-1 角色权限表

角色代码	角色名称	角色权限
DATA-MANAGER	账套主管	系统的全部模块权限
91	出纳业务	出纳管理、总账(凭证-出纳签字)、总账(出纳)
92	日常业务	应收款管理、应付款管理、总账、存货核算、计件工资管理、采购管理、销售管理、出纳管理、库存管理、薪资管理
93	采购业务	应付款管理、公共目录设置、总账(账表-供应商往来辅助账)、采购管理、库存管理、存货核算
94	仓库业务	库存管理
95	销售业务	应收款管理、公共目录设置、总账(账表-客户往来辅助账)、存货核算、售前分析、销售管理、库存管理

财务分工如表3-2所示，初始密码均设置为123。

表3-2 财务分工

编号	姓　名	角色	主要业务权限	所属部门
01	■何沙(操作者本人的名字)	账套主管	负责财务业务一体化管理和业务处理工作，具有系统所有模块的全部权限	
02	赵小兵	出纳	负责现金、银行账管理工作	财务部
03	孙胜业	日常业务	负责日常业务处理工作	
04	李天华	采购主管	主要负责采购业务处理工作	采购部
05	刘一江	销售主管	主要负责销售业务处理工作	销售部
06	陈瓜瓜	仓库主管	主要负责仓库管理工作	仓储部

在实验中，主要由何沙(即操作者本人)来完成各项业务处理，需要出纳签字的由赵小兵完成，审核、记账的工作由孙胜业完成。实际工作中则按照具体岗位完成相关业务的处理工作。

实验过程

1. 角色设置

(1) 选择“开始”|“所有程序”|“用友ERP-U8.72”|“系统服务”|“系统管理”，进入后选择“系统”|“注册”，进行注册，如图3-28所示。

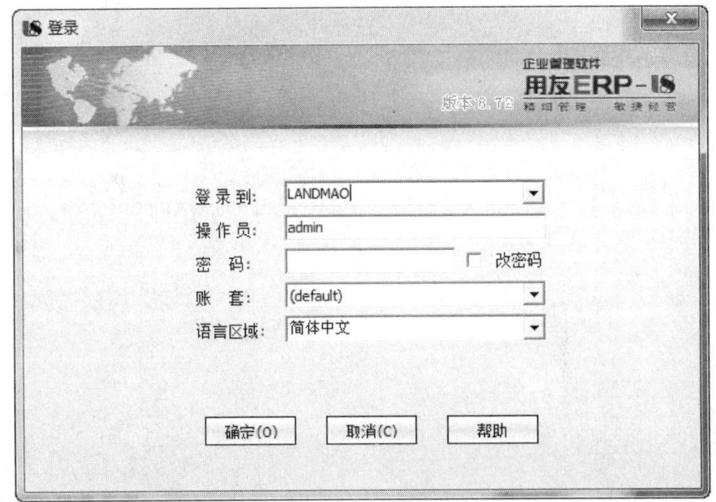

图3-28 登录

(2) 在系统管理窗口，选择“权限”|“角色”命令，进入“角色管理”窗口，如图3-29所示。

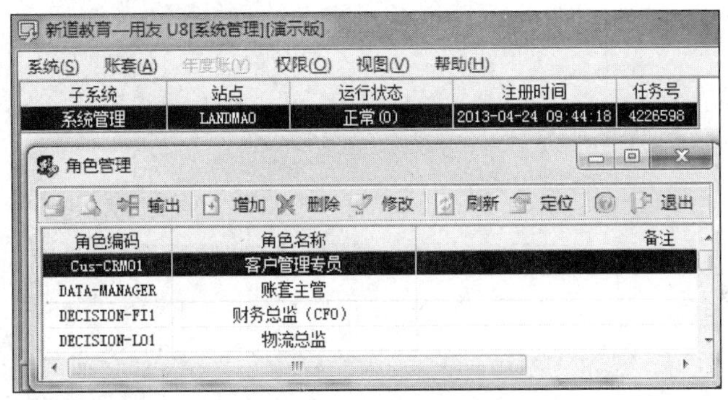

图3-29 角色管理

实验提示

① 角色和用户。拥有某个身份的一类人员，相当于一个用户组。用户就是指每个具体的操作员。一个用户可以归属于不同的角色，一类角色可以包含多个不同的用户。已经赋予某类角色的权限，归属于该角色的所有用户均可以享有。也可以单独为某个用户指定其所属角色不拥有的某些权限。

② 账套主管。账套主管拥有包括总账在内所有子系统模块的处理权限，还包括修改账套、备份账套、管理年度账、设置操作员等系统管理权。

角色编码可以自定义，如果先设置了操作员，这里也可同时把某角色赋予某个具体的操作员。账套主管角色系统已经设置，可保留使用。已经存在的角色，单击“修改”按钮，可以进行修改。单击“增加”按钮，如图3-30所示，可增加新的角色，直至将所有角色添加完成。角色设置完成后如图3-31所示。

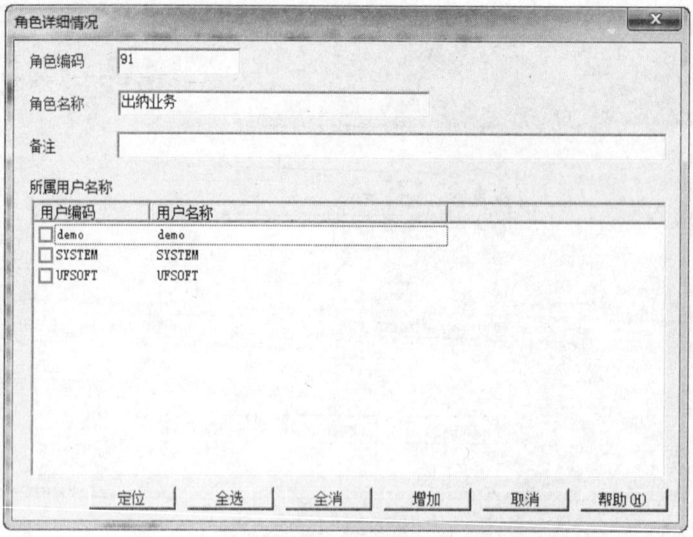

图3-30 增加角色

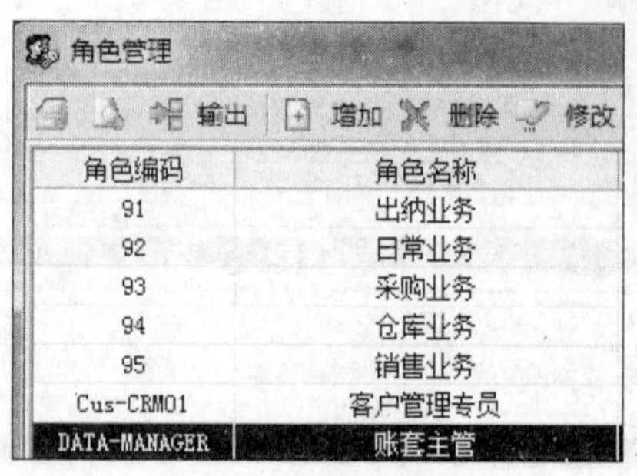

图3-31 角色管理

(3) 设置角色权限。在系统管理窗口，选择“权限”|“权限”命令，进入“操作员权限”窗口。选择角色(如“出纳业务”)，先单击“修改”功能，按照角色的功能权限进行设置，如图3-32所示。

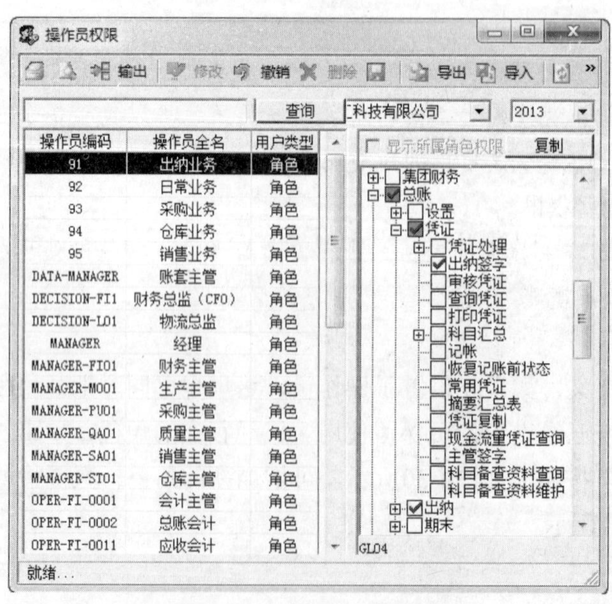

图3-32 出纳角色权限设置

(4) 设置后单击“保存”图标完成保存。其他角色按照同样的方法设置，在业务操作过程中，根据需要可以调整。

2. 用户设置

在系统管理窗口，选择“权限”|“用户”命令，进入“用户管理”窗口，如图3-33所示。单击“增加”按钮，输入操作员的具体信息，如图3-34所示。

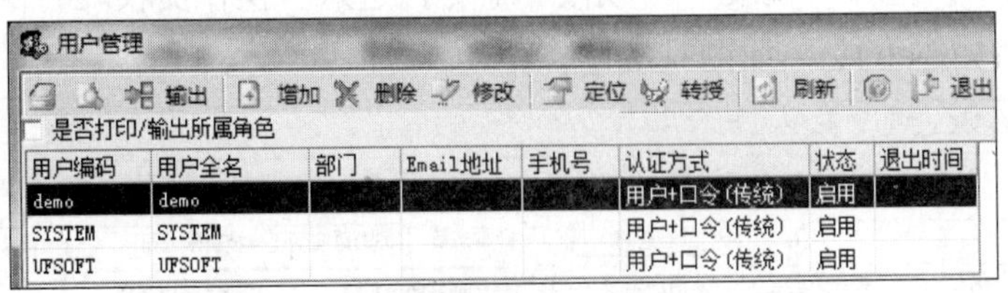

用户管理

输出　增加　删除　修改　定位　转授　刷新　退出

是否打印/输出所属角色

用户编码	用户全名	部门	Email地址	手机号	认证方式	状态	退出时间
demo	demo				用户+口令(传统)	启用	
SYSTEM	SYSTEM				用户+口令(传统)	启用	
UFSOFT	UFSOFT				用户+口令(传统)	启用	

图3-33　用户管理

操作员详细情况

编号　01

姓名　何沙

认证方式　用户+口令(传统)

口令　***　确认口令　***

所属部门　财务部

Email地址

手机号

默认语言　中文(简体)

所属角色

角色编码	角色名称
91	出纳业务
92	日常业务
93	采购业务
94	仓库业务
95	销售业务
Cus-CRM01	客户管理专员
DATA-MANAGER	账套主管
DECISION-FI1	财务总监(CFO)
DECISION-LO1	物流总监
MANAGER	经理
MANAGER-EX01	出口业务部经理

定位　增加　取消　帮助(H)

图3-34　操作员详细情况

在设置用户时，可以分配角色。分配角色后，他就具有了这个角色所拥有的权限。一个操作员设置完成后，单击“增加”按钮可继续设置。设置完成后，如图3-35所示。

用户管理

输出　增加　删除　修改　定位　转授　刷新

是否打印/输出所属角色

用户编码	用户全名	部门	Email地址	手机号	认证方式	状态	退出时间
01	何沙	财务部			用户+口令(传统)	启用	
02	赵小兵	财务部			用户+口令(传统)	启用	
03	孙胜业	财务部			用户+口令(传统)	启用	
04	李天华	采购部			用户+口令(传统)	启用	
05	刘一江	销售部			用户+口令(传统)	启用	
06	陈瓜瓜	仓储部			用户+口令(传统)	启用	
demo	demo				用户+口令(传统)	启用	
SYSTEM	SYSTEM				用户+口令(传统)	启用	
UFSOFT	UFSOFT				用户+口令(传统)	启用	

图3-35　用户管理

实验提示

角色和用户编号不能重复。

3. 设置操作员权限

在系统管理窗口，选择“权限”|“权限”命令，进入“操作员权限”窗口，选择具体要设置操作权限的人员(如赵小兵)，如图3-36所示。

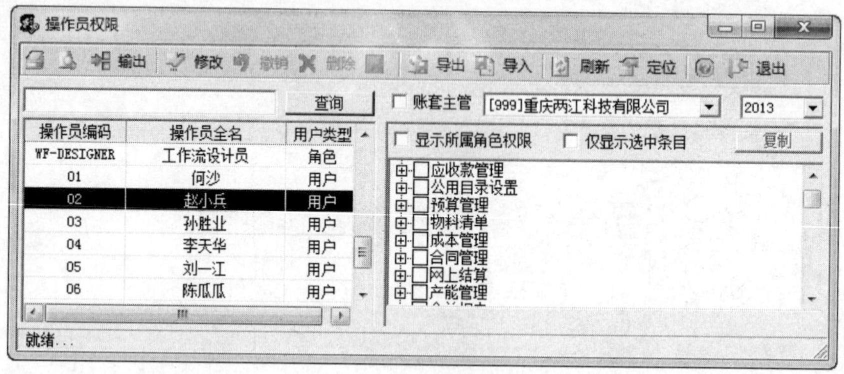

图3-36　操作员权限

选中“显示所属角色权限”复选框，再选中“仅显示选中条目”复选框，则会显示该角色已经分配的权限，如图3-37所示。

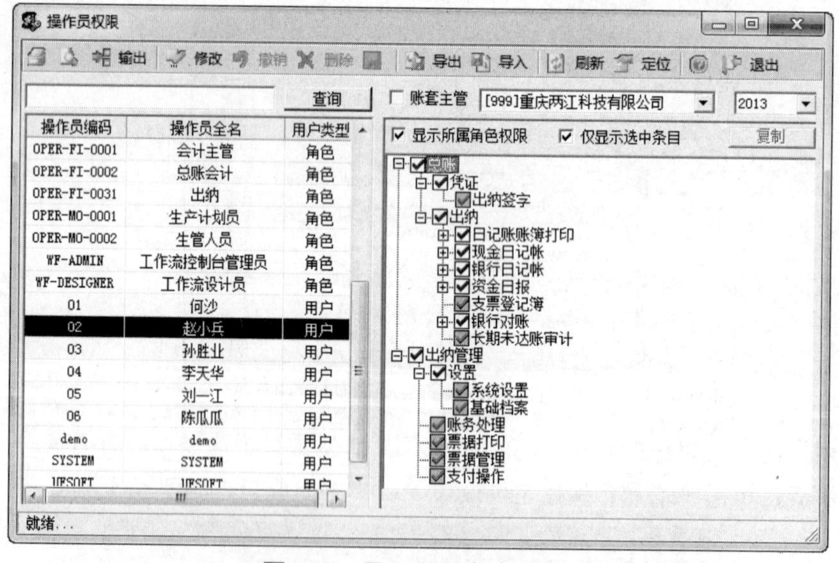

图3-37　显示所属角色权限

这时还可以根据需要，在所分配角色权限的基础上，再增加其他权限。方法是先单击“修改”按钮，然后再选择需要增加的权限，最后单击“保存”按钮完成设置。

4. 修改账套信息

在系统管理下，以账套主管“01”，即以何沙的身份重新注册系统管理功能，日期选择2013年4月，账套选择重庆两江科技有限公司，如图3-38所示。

选择“账套”|“修改”命令，进入账套信息修改窗口，与建账时输入信息的方式是相同的，若有变化，在此完成修改(有些部分已经锁定，不能修改)。

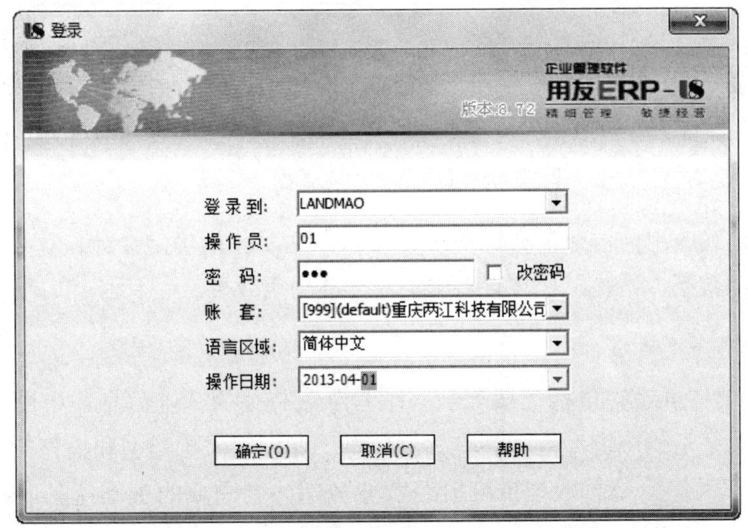

图3-38　以账套主管身份登录系统管理

5. 账套备份

(1) 以系统管理员admin的身份注册系统管理。

(2) 选择“账套”|“输出”命令，在出现的“账套输出”对话框中选择需要备份的账套号。如果备份后源账套需要删除，则选中“删除当前输出账套”复选框，备份完成后，系统中将不存在当前账套数据。

根据案例资料，选择“[999]重庆两江科技有限公司”账套，如图3-39所示。然后选择存放备份账套的目录，具体可自行选定。需要等待至显示“输出成功”的提示信息。备份的文件为UFDATA.BAK和UferpAct.Lst两个文件。

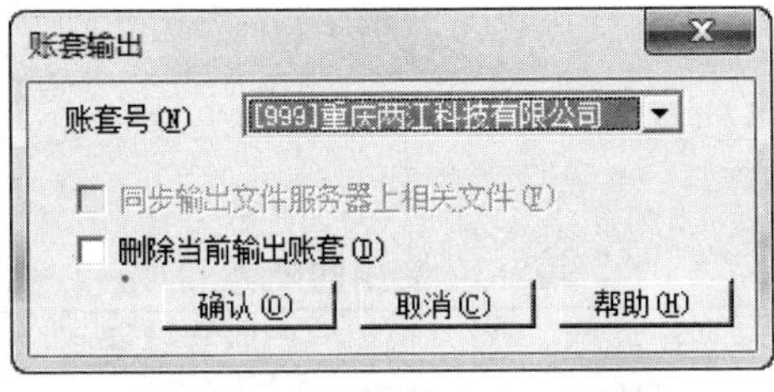

图3-39　“账套输出”对话框

6. 账套恢复

(1) 以系统管理员admin的身份注册系统管理。

(2) 选择“账套”|“引入”命令，然后选择备份账套的存放路径及所要恢复的备份文件，即可完成账套的恢复工作。

引入的时候，必须是以用友U8备份时的文件名才能识别。如果更改过名称，需要还原为备份时的名称。

3.4 基础设置

3.4.1 基础设置概述

1. 准备工作

ERP软件在正式应用前，还需做一些准备工作，主要包括确定会计核算规则、准备ERP软件所需的初始基础数据，这些工作将直接影响后续的使用效果。

2. 基础设置操作方法

U8软件的基础信息设置包括三部分：一是与总账有关的基础信息，如设置会计科目、设置凭证类型等；二是与供应链经营业务有关的信息，如设置采购类型和销售类型、设置收发类别、设置仓库档案等；三是总账与供应链经营业务都共同需要的基础信息，如部门职员的设置、外币种类设置、存货分类设置等。业务系统的部分基础数据设置，可以在使用该业务系统时设置。

第一次登录U8时，系统会直接显示基础档案设置窗口。在此窗口中可以进行U8账套的基础档案设置，也可以关闭此窗口，通过“基础设置”菜单选择对应的档案设置功能，设置相应的参数。

基础信息设置在账套初始化工作中处于非常重要的地位，其数据档案的分类划分是否合理、准确，将直接关系整个U8软件系统能否协调一致及充分利用。而要进行基础档案设置，其信息编码必须满足编码方案与数据精度的定义。

3.4.2 系统启用

启用的模块如表3-3所示。

表3-3 启用的模块

系统编码	系统名称	启用会计期间	启用自然日期
GL	总账	2013-04	2013-04-01
AR	应收款管理	2013-04	2013-04-01
AP	应付款管理	2013-04	2013-04-01
FA	固定资产	2013-04	2013-04-01
SC	出纳管理	2013-04	2013-04-01
SA	销售管理	2013-04	2013-04-01
PU	采购管理	2013-04	2013-04-01
ST	库存管理	2013-04	2013-04-01
IA	存货核算	2013-04	2013-04-01
WA	薪资管理	2013-04	2013-04-01
PR	计件工资管理	2013-04	2013-04-01

实验过程

系统启用用于设定用友U8各个子系统开始使用的日期，只有启用的子系统才能被登录进入。

系统的启用主要有如下两种方法。

(1) 创建账套时启用。这种方法在前面已经使用过。

(2) 在企业应用平台中启用。具体操作方法如下：

选择“开始”|“所有程序”|“用友ERP-U8.72”|“企业应用平台”，用账套主管身份登录，如图3-40所示。

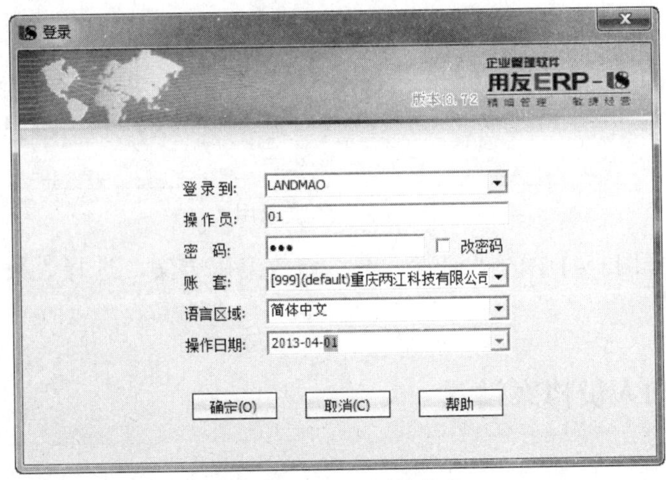

图3-40　账套主管登录

登录后选择左下部的“基础设置”，再依次选择左上部的“基本信息”|“系统启用”，如图3-41所示。然后双击“系统启用”，设定要启用的模块，如图3-42所示。

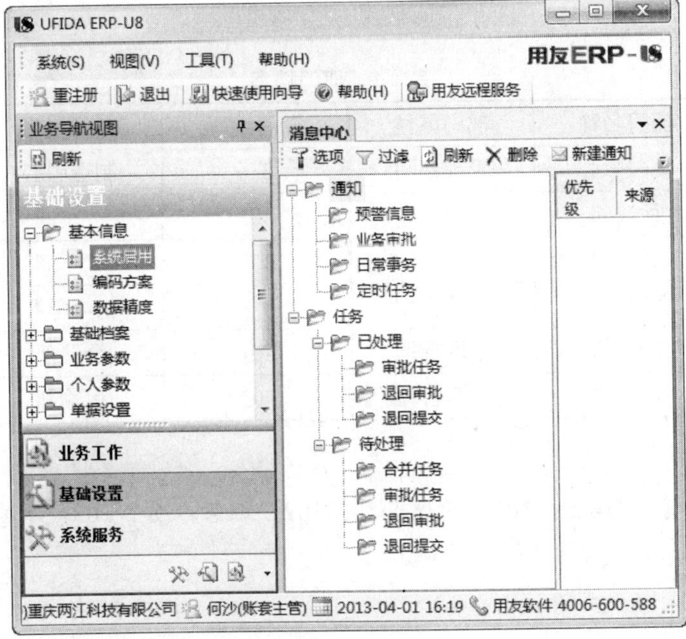

图3-41　基础设置

系统启用

全启　刷新　退出

[999]重庆两江科技有限公司账套启用会计期间2013年4月

系统编码	系统名称	启用会计期间	启用自然日期	启用人
☑GL	总账	2013-04	2013-04-01	admin
☑AR	应收款管理	2013-04	2013-04-01	何沙
☑AP	应付款管理	2013-04	2013-04-01	何沙
☑FA	固定资产	2013-04	2013-04-01	何沙
☐NE	网上报销			
☐NB	网上银行			
☐WH	报账中心			
☑SC	出纳管理	2013-04	2013-04-01	何沙
☐CA	成本管理			
☐PM	项目管理			
☐BM	预算管理			
☐FM	资金管理			
☐CS	客户关系管理			
☐SR	服务管理			
☐CM	合同管理			
☐PA	售前分析			
☑SA	销售管理	2013-04	2013-04-01	何沙
☐EX	出口管理			

图3-42　系统启用

这里还可以选择图3-41中的“编码方案”修改编码方案，选择“数据精度”修改数据精度。

3.4.3　部门和人员档案设置

实验资料

重庆两江科技有限公司分类档案资料如下。

1. 部门档案

部门档案如表3-4所示。

表3-4　部门档案

部门编码	部门名称	部门属性	部门编码	部门名称	部门属性
1	管理中心	管理部门	3	制造中心	生产管理
101	行政部	综合管理	301	一车间	生产制造
102	财务部	财务管理	302	二车间	生产制造
2	供销中心	供销管理	4	物流中心	物流管理
201	销售部	市场营销	401	仓储部	库房管理
202	采购部	采购管理	402	运输部	运输管理

2. 人员类别

本企业在职人员分为4类：101—管理人员；102—经营人员；103—车间管理人员；104—车间人员。

3. 人员档案

人员档案如表3-5所示。具体操作时，可将何沙改为操作者的名字。

表3-5　人员档案

人员编码	人员姓名	性别	人员类别	行政部门	是否业务员	是否操作员	对应操作员编码
101	孙正	男	管理人员	行政部	是		
102	宋嘉	女	管理人员	行政部	是		
111	■何沙	男	管理人员	财务部	是	是	01
112	赵小兵	女	管理人员	财务部	是	是	02
113	孙胜业	女	管理人员	财务部	是	是	03
121	李天华	女	经营人员	采购部	是	是	04
122	杨真	男	经营人员	采购部	是		
131	刘一江	男	经营人员	销售部	是	是	05
132	朱小明	女	经营人员	销售部	是		
141	陈瓜瓜	男	经营人员	仓储部	是	是	06
151	罗忠	男	经营人员	运输部	是		

人员均为在职人员。业务人员的费用归属为所在部门，生效日期从2013年4月1日起计算。

实验过程

1. 修改单位信息

登录进入U8企业应用平台后，选择“基础设置”|“基础档案”|“机构人员”|“本单位信息”，可以修改本单位信息。单位信息在建账时输入过，如果有错误信息或补充信息，可以在这里更正或补充。

2. 部门档案设置

登录进入U8企业应用平台后，选择“基础设置”|“基础档案”|“机构人员”|“部门档案”，弹出“部门档案”窗口。单击工具栏上的“增加”按钮，然后在窗口右边栏中录入部门编码、部门名称等信息，如图3-43所示。

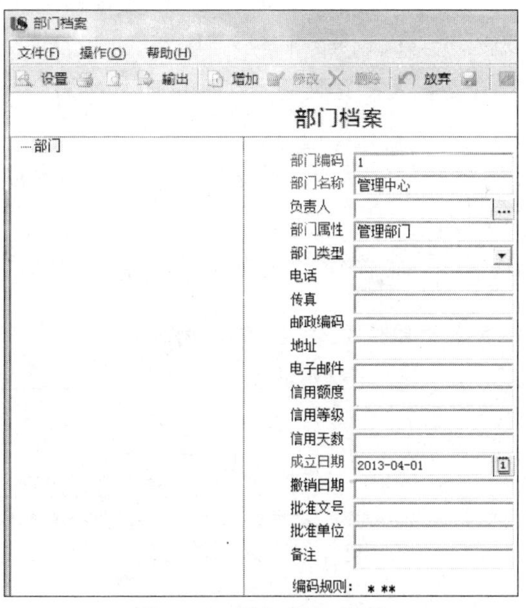

图3-43　增加部门档案

录入一个部门信息后单击工具栏上的“保存”按钮，保存当前录入的部门信息。然后单击“增加”按钮继续录入，也可对已经录入的信息单击“修改”按钮进行修改。录入完成后的部门信息如图3-44所示。

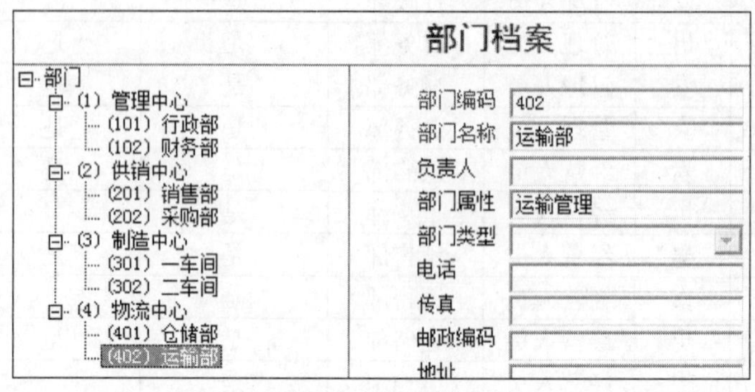

图3-44　部门信息

实验提示

① 部门信息录入错误的，应先在窗口左边栏中选中需要修改的部门，然后单击“修改”按钮，在右边栏中进行改正，改正后单击“保存”按钮保存信息。

② 部门编码不能修改，只能删除该部门后再重新增加。

③ 在部门信息录入栏的下面，若显示编码原则为“*　**”，表示部门编码级次为2级，其中第一级1位，第二级2位。其他档案信息的设置窗口也有编码规则提示，并且必须先录入上级部门，然后才能录入下一级部门档案。

④ 如果实际编码与系统编码原则不符，可以选择“基础设置”|“基本信息”|“编码方案”命令，对编码规则重新进行设置。

3. 人员类别设置

在U8企业应用平台，选择“基础设置”|“基础档案”|“机构人员”|“人员类别”，弹出“人员类别”窗口。先选择“在职人员”类别，然后单击“增加”按钮，录入档案编码、档案名称等信息，如图3-45所示。

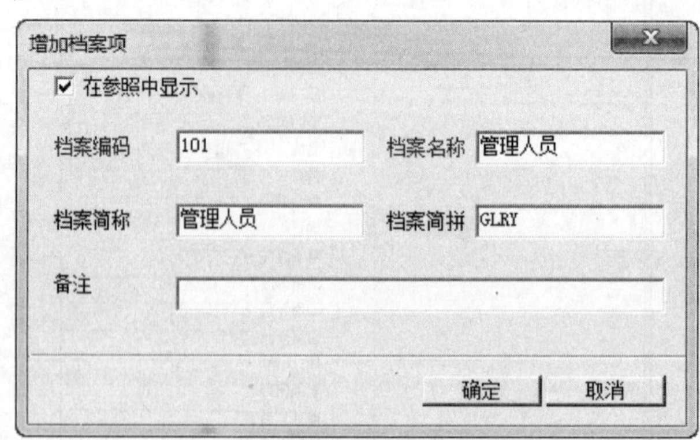

图3-45　增加人员类别信息

设置完成后如图3-46所示。

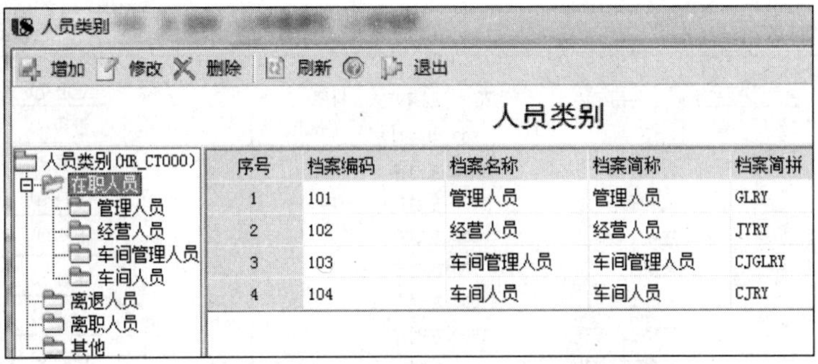

人员类别

序号	档案编码	档案名称	档案简称	档案简拼
1	101	管理人员	管理人员	GLRY
2	102	经营人员	经营人员	JYRY
3	103	车间管理人员	车间管理人员	CJGLRY
4	104	车间人员	车间人员	CJRY

图3-46　设置完成后的人员类别

4. 人员档案设置

在U8企业应用平台，选择“基础设置”|“基础档案”|“机构人员”|“人员档案”，然后单击“增加”按钮，录入人员的相关信息，如图3-47所示。一个人员信息录入完毕后，单击“保存”按钮完成设置。

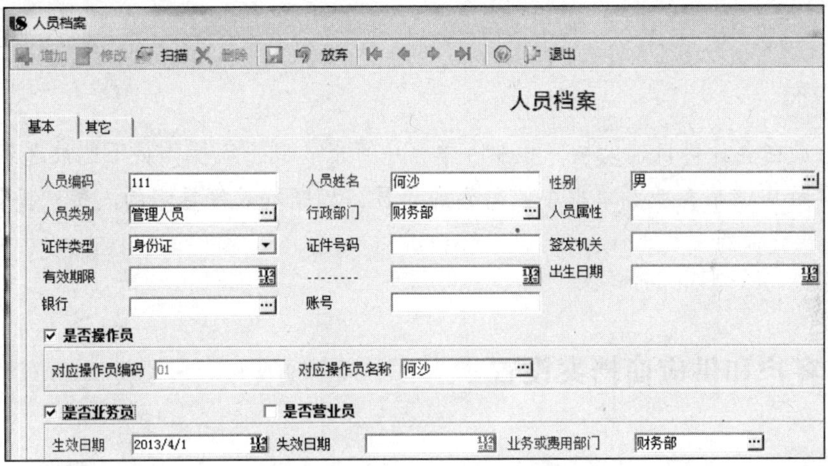

图3-47　增加人员档案信息

人员档案设置完成后如图3-48所示。

人员列表

记录总数：11

选择	人员编码	姓名	性别	人员类别	行政部门编码	行政部门名称
	101	孙正	男	管理人员	101	行政部
	102	宋嘉	女	管理人员	101	行政部
	111	何沙	男	管理人员	102	财务部
	112	赵小兵	女	管理人员	102	财务部
	113	孙胜业	女	管理人员	102	财务部
	121	李天华	女	经营人员	202	采购部
	122	杨真	男	经营人员	202	采购部
	131	刘一江	男	经营人员	201	销售部
	132	朱小明	女	经营人员	201	销售部
	141	陈瓜瓜	男	经营人员	401	仓储部
	151	罗忠	男	经营人员	402	运输部

图3-48　设置完成后的人员档案信息

显示的具体内容可以单击工具栏中的“栏目”按钮，根据需要进行调整，如图3-49所示。

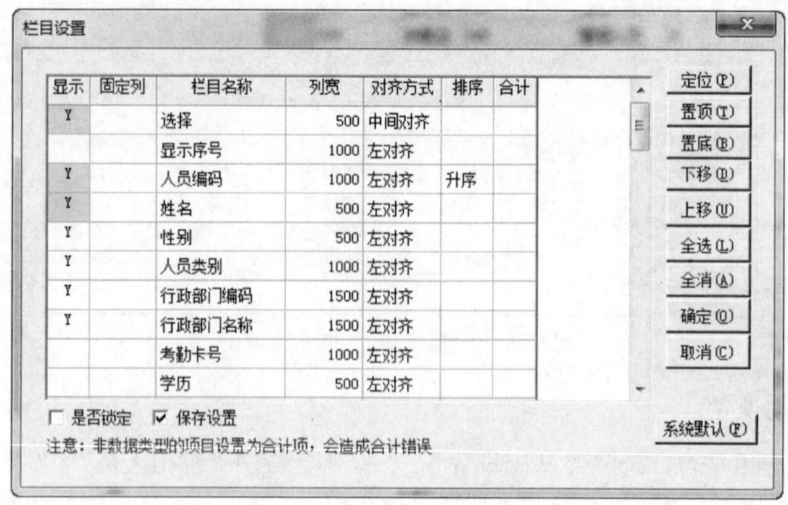

图3-49　显示栏目调整

实验提示

① 业务员在会计科目辅助核算和业务单据中可以选到，而操作员不能被选到。

② 业务员应该是在业务单据中使用到的人员，如领料人等签字的人员，操作员一般只是录入、查看数据的人员。

3.4.4　客户和供应商档案设置

实验资料

1. 地区分类

该公司地区分类为：01—东北地区；02—华北地区；03—华东地区；04—华南地区；05—西北地区；06—西南地区；07—华中地区。

2. 供应商分类

该公司供应商分类为：01—原料供应商；02—成品供应商。

3. 客户分类

该公司客户分类为：01—批发；02—零售；03—代销；04—专柜。

4. 供应商档案

供应商信息如表3-6所示。

表3-6　供应商档案

供应商编号	供应商名称	所属分类码	所属地区	税号	开户银行	银行账号	地址	邮编	分管部门	分管业务员
01	重庆大江公司(简称：大江)	01	西南	98462	中行	3367	重庆市巴南区大江路1号	410001	采购部	李天华
02	成都大成公司(简称：大成)	01	西南	67583	中行	3293	成都市青羊区大成路1号	610001	采购部	李天华
03	南京天华商行(简称：天华)	02	华东	72657	工行	1278	南京市重庆路22号	230187	采购部	杨真
04	上海大坤公司(简称：大坤)	02	华东	31012	工行	5076	上海市浦东新区广州路6号	200232	采购部	杨真

5. 客户档案

客户信息如表3-7所示。

表3-7　客户档案

客户编号	客户名称	所属分类码	所属地区	税号	开户银行(默认值)	银行账号	地址	邮编	分管部门	分管业务员
01	重庆嘉陵公司(简称：嘉陵)	01	西南	32788	工行双碑支行	3654	重庆市沙坪坝区双碑路9号	400077	销售部	刘一江
02	天津大华公司(简称：大华)	01	华北	32310	工行东风支行	5581	天津市滨海区东风路8号	300010	销售部	刘一江
03	上海长江公司(简称：长江)	04	华东	65432	工行海东支行	2234	上海市徐汇区海东路1号	200032	销售部	朱小明
04	辽宁飞鸽公司(简称：飞鸽)	03	东北	03251	中行三好支行	0548	沈阳和平区三好路88号	110008	销售部	朱小明
05	湖南宇子公司(简称：宇子)	03	华中	01121	中行路口支行	1717	长沙市路口路77号	110001	销售部	朱小明

实验过程

1. 地区分类

在U8企业应用平台，选择“基础设置”|“基础档案”|“客商信息”|“地区分类”，然后单击“增加”按钮，录入地区的相关信息，如图3-50所示。

图3-50　地区分类

2. 供应商分类

在U8企业应用平台，选择“基础设置”|“基础档案”|“客商信息”|“供应商分类”，然

后单击“增加”按钮，录入供应商分类的相关信息，如图3-51所示。

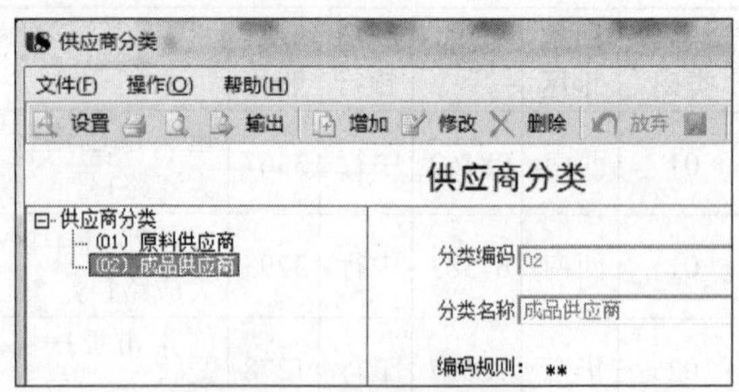

图3-51 供应商分类

3. 客户分类

在U8企业应用平台，选择“基础设置”|“基础档案”|“客商信息”|“客户分类”，然后单击“增加”按钮，录入客户分类的相关信息，如图3-52所示。

图3-52 客户分类

4. 供应商档案设置

在U8企业应用平台，选择“基础设置”|“基础档案”|“客商信息”|“供应商档案”，然后单击“增加”按钮，录入供应商的相关信息，如图3-53所示。

增加供应商档案
退出
供应商编码 01　　供应商名称 重庆大江公司
基本 | 联系 | 信用 | 其它

供应商编码	01	供应商名称	重庆大江公司
供应商简称	大江	所属分类	01 - 原料供应商
所属地区	06 - 西南地区	员工人数	
供应商总公司		所属行业	
对应客户		币种	人民币
税号	98462	注册资金	
开户银行	中行	银行账号	3367
法人		税率%	
☑ 货物		☐ 委外	
☐ 服务		☐ 国外	

图3-53 供应商档案(基本)

在“联系”页签中输入信息如图3-54所示。

增加供应商档案

退出

供应商编码 02　　供应商名称

基本　联系　信用　其它

分管部门	202 - 采购部	专管业务员	121 - 李天华
电话		传真	
手机		呼机	
邮政编码	410001	联系人	
地址	重庆市巴南区大江路1号		
Email地址		结算方式	
到货地址			
到货方式		到货仓库	

图3-54　供应商档案(联系)

设置完成的供应商档案如图3-55所示。

供应商档案-供应商分类

文件(F)　操作(O)　帮助(H)

设置　输出　增加　修改　删除　过滤　定位　刷新　栏目　信用　并

供应商档案

供应商分类
(01) 原料供应商
(02) 成品供应商

序号	选择	供应商编码	供应商名称	供应商简称	地区名称	地址
1		01	重庆大江公司	大江	西南地区	重庆市巴南区大江路1号
2		02	成都大成公司	大成	西南地区	成都市青羊区大成路1号
3		03	南京天华商行	天华	华东地区	南京市重庆路22号
4		04	上海大坤公司	大坤	华东地区	上海市浦东新区广州路6号

图3-55　供应商档案

5. 客户档案设置

在U8企业应用平台，选择“基础设置”|“基础档案”|“客商信息”|“客户档案”，然后单击“增加”按钮，录入客户的相关信息，如图3-56所示。

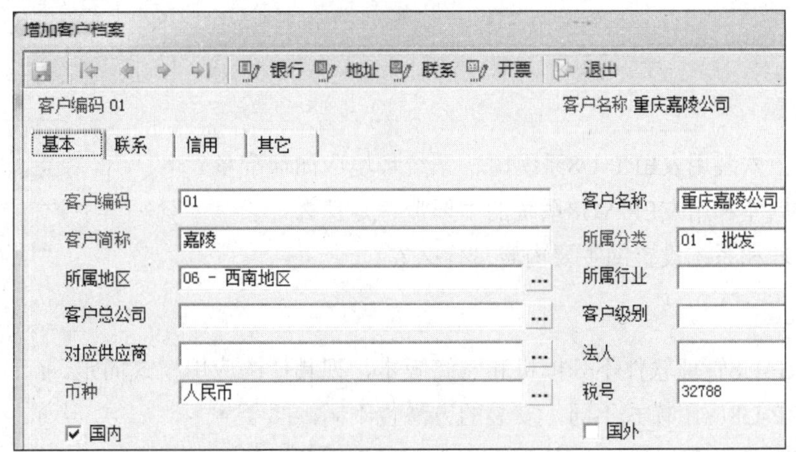

图3-56　客户档案(基本)

单击“银行”按钮，输入客户银行信息，如图3-57所示。

客户银行档案

设置 输出 增加 删除 退出

序号	所属银行	开户银行	银行账号	账户名称	默认值
1	中国工商银行	工行双碑支行	3654	重庆嘉陵公司	是

图3-57　客户银行档案

在“联系”页签中输入信息如图3-58所示。

增加客户档案

银行 地址 联系 开票 退出

客户编码 01　　客户名称 重庆嘉陵公司

基本 联系 信用 其它

分管部门	201 - 销售部	专管业务员	131 - 刘一江
电话		传真	
手机		呼机	
邮政编码	400077	联系人	
地址	重庆市沙坪坝区双碑路9号		

图3-58　客户档案(联系)

选择“基础设置”|“基础档案”|“客商信息”|“客户档案”，就可以查看到客户信息，如图3-59所示。

客户档案

序号	客户编码	客户名称	客户简称	客户分类编码	地区名称	纳税人登记号	开户银行	银行账号	专营业务员名称	分管部门名称
1	01	重庆嘉陵公司	嘉陵	01	西南地区	32788	工行双碑支行	3654	刘一江	销售部
2	02	天津大华公司	大华	01	华北地区	32310	工行东风支行	5581	刘一江	销售部
3	03	上海长江公司	长江	04	华东地区	65432	工行海东支行	2234	朱小明	销售部
4	04	辽宁飞鸽公司	飞鸽	03	东北地区	03251	中行三好支行	0548	朱小明	销售部
5	05	湖南宇子公司	宇子	03	华中地区	01121	中行路口支行	1717	朱小明	销售部

图3-59　客户档案

复习题

一、思考题

1. 在单机上安装用友ERP-U8系统时，系统环境应如何准备？
2. 安装数据库和用友ERP-U8系统的主要流程是什么？
3. 系统管理和系统设置的主要内容是什么？

二、判断题

1. 用友ERP-U8管理软件不分单机和网络版本，视具体的应用模式而定。(　　)
2. 用友ERP-U8应用模式不同，安装的方法也不同。(　　)
3. 用友ERP-U8在Windows 的各种版本中都能安装和运行。(　　)
4. 财务分工一旦设定，在后续的工作中就不能更改。(　　)
5. 在用友ERP-U8管理系统中，只能有一个系统管理员但可以有多个账套主管。(　　)

6. 设置基础档案之前应首先确定基础档案的分类编码方案，基础档案的设置必须遵循分类编码方案中的级次和各级编码长度的设定。(　　)

7. 在用友ERP-U8系统中，引入账套时只能按系统默认路径引入，不能自由选择。(　　)

8. 用友ERP-U8管理系统中各子系统的启用时间必须大于等于账套的启用期间。(　　)

三、单项选择题

1. 安装用友ERP-U8系统时，不需要注意(　　)。

A. 安装前关闭所有的杀毒软件和安全管理软件

B. 最好专机专用

C. 机器名不能为大写

D. 校准计算机的时钟

2. 在具体的企业安装用友ERP-U8软件时，以下说法正确的是(　　)。

A. 服务器与工作站都需要安装数据库

B. 服务器上需要安装数据库，而工作站上不需要

C. 工作站上需要安装数据库，而服务器上不需要

D. 服务器与工作站都不需要安装数据库

3. 一般情况下，第一次使用在(　　)最为合适。

A. 1月　　B. 年末　　C. 季初　　D. 季末

4. 用友ERP-U8可以管理(　　)账。

A. 1套　　B. 2套　　C. 3套　　D. 多套

5. 有权在系统中建立账套的是(　　)。

A. 企业总经理　　B. 系统管理员(admin)

C. 账套主管　　D. 操作员

6. (　　)不属于企业基础档案的设置。

A. 部门档案　　B. 人员档案

C. 客户档案　　D. 多栏账定义

7. (　　)主要用于设置本单位职员个人信息资料。

A. 客户档案　　B. 部门档案

C. 职员档案　　D. 客户分类

四、多项选择题

1. 在用友ERP-U8管理系统中，系统管理提供(　　)安全控制功能。

A. 系统运行过程的监控　　B. 设置数据自动备份

C. 清除系统　　D. 病毒检测

2. 安装用友ERP-U8系统时，需要注意(　　)。

A. 安装前关闭所有的杀毒软件　　B. 最好专机专用

C. 机器名不能为大写　　D. 机器名不能带“-”字符

3. 用友ERP-U8系统采用三层架构体系，即逻辑上分为(　　)。

A. 客户端　　B. 网络交换机

C. 数据库服务器　　D. 应用服务器

4. 在引入账套时，账套的文件必须为(　　)系统才能引入。

A. UFDATA.BAK　　B. XXUFDATA.BAK

C. XXUfErpAct.Lst　　D. UfErpAct.Lst

5. 可以登录系统管理的用户是(　　)。

A. 账套主管　　B. 系统管理员

C. 出纳　　D. 会计

总账业务处理

第4章

4.1 总账业务处理概述

总账模块是会计核算的重要部分，它支撑着其他业务子系统。各子系统以总账处理为核心，相互之间进行信息传递。总账与应收账款、应付账款、固定资产、成本核算等各个模块之间用记账凭证相联系。

4.1.1 总账的处理流程

1. 总账处理流程

信息化条件下，数据处理工作可借助于先进的计算机设备集中快速完成。所以，不再考虑各种手工流程，而是结合计算机的特点，以记账凭证处理程序流程为主，采用一种全新的核算处理流程，如图4-1所示。

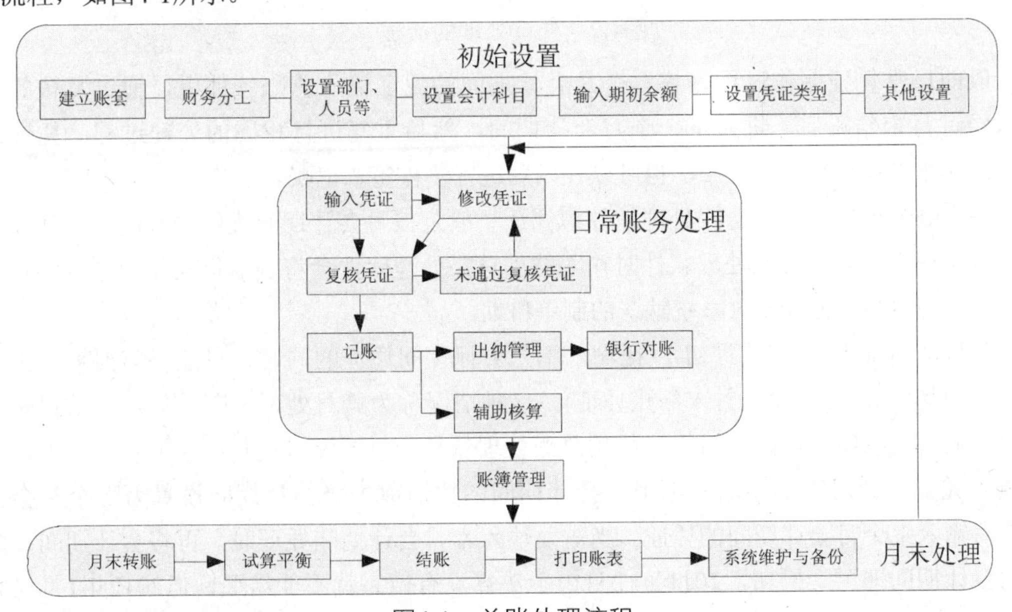

图4-1 总账处理流程

2. 信息化账务处理流程的特点

比较手工处理与信息化账务处理流程，从表4-1可见，信息化处理流程并没有改变手工账务处理程序，而是将许多原手工操作的业务，改为由账务处理子系统设定，软件在后台自动处理了，从而提高了账务核算的效率与准确度。

表4-1　手工处理与信息化账务处理流程对比表

方式	建账	制作凭证	审核	记账过程			
软件	初始设置	凭证输入	复核	记账			
手工	设置账户	填制凭证	复核	凭证汇总	登总账	登日记账	登明细账

4.1.2　日常账务处理

日常账务处理主要是围绕凭证进行的账务处理工作。它是账务处理子系统中使用最频繁的功能模块，主要有“会计凭证的录入修改”、“会计凭证的审核(复核)”、“会计凭证的记账(过账)”、“会计凭证的查询打印”及“会计凭证的汇总”等功能模块。

凭证是账务核算的基础，是会计软件中最重要的业务数据，是账务处理的核心功能。凭证处理的及时性和正确性是账务处理的基础，同时凭证也是登记账簿的依据，在实行计算机处理账务后，电子账簿的准确与完整完全依赖于凭证，因而必须确保凭证输入的准确完整。

1. 凭证处理工作流程

总账处理软件中处理凭证的流程与手工处理凭证相似，如图4-2所示。

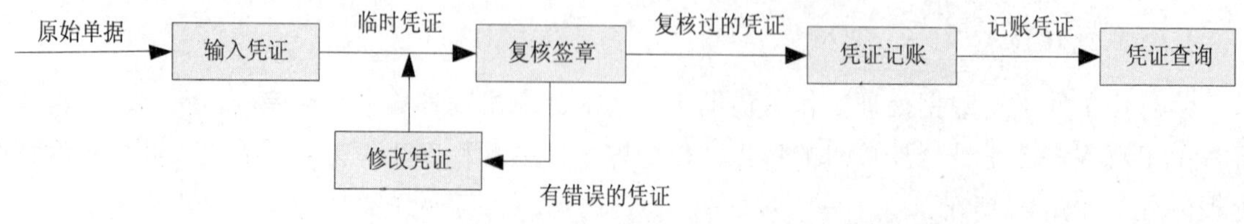

图4-2　凭证处理的流程

一般的日常凭证制作过程是将每个月会计期间的凭证输入总账软件中，通过复核签章记账，再经过月末结账后，进入下一个月会计期间，然后重复进行相同的处理过程。凭证录入后，可以立即进行复核签章记账，也可以在以后进行复核签章记账。

与手工账务处理一样，总账处理软件中凭证一般是按月会计期间进行编号的。会计期间的选择一般是在用户登录总账处理软件时输入的。总账处理软件会将当前日期作为系统的默认日期，这个日期也是凭证录入时系统默认的制单日期。

某些特殊情况下(一般是月初)，在输入本月会计期间凭证的同时，可能还需要输入上个月会计期间的部分凭证(一般是月末结账凭证)，这种情况称为跨月处理。跨月处理的前提是上个月份会计期间没有结账，因为对于一般的总账处理软件，只要没有进行结账的月会计期间，就可以输入凭证。此时需要在输入上个月会计期间的凭证前先将会计期间设置为上个月会计期间，然后输入上个月会计期间的凭证。当需要输入本月会计期间凭证时，再将会计期间设置为本月的会计期间即可。例如，2011年12月由于决算没有做完就不能结账，但2012年1月已有凭证，这时就可先输入2012年1月份的凭证。

允许跨月输入凭证提高了总账处理软件使用的方便性。跨月输入凭证和“日清月结”是不矛盾的，它恰恰是为了保证当月凭证记当月的账，又不影响下月凭证输入而设置的。

在部分会计软件中，还有一种跨月处理方法，就是上月不结账，可继续输入上月凭证。当月也可输入凭证，但只能是模拟记账。

2. 凭证输入及修改

凭证是指用于登记明细账、日记账等账簿的各种记账凭证。在输入凭证前，应将有关会计科目及相应的初始余额通过“设置会计科目”和“科目余额初始”功能存入总账处理软件的数据库中，同时凭证类型通过“设置凭证类型”功能定义好。

凭证输入及修改功能是总账处理子系统中使用最频繁的功能，软件一般都提供了全屏幕凭证编辑功能，每张凭证包括的行数不受限制。在输入过程中，还提供各种联机帮助、辅助计算器等功能。为保证凭证输入的正确性，软件采用了大量的正确性检验控制措施，会自动发现输入中的某些错误。

凭证输入格式不同的总账处理软件是有一定差异的，但输入的项目基本上是相同的，凭证录入与修改过程十分简单、直观。其正常的操作流程如图4-3所示。

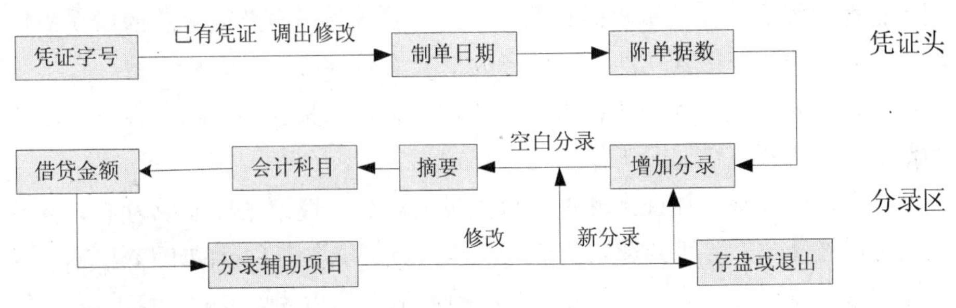

图4-3　凭证录入与修改的操作流程

凭证录入与修改过程中有许多需要使用者输入的项目，这些项目的含义和手工凭证中的含义基本相同。但在输入时，总账处理软件是有一些基本要求和规定的，有的总账处理软件为方便用户操作，还提供一些辅助输入手段。

(1) 凭证字号：是凭证的唯一标识。输入新的凭证字号表示增加新凭证，输入旧的凭证字号表示修改旧的凭证。凭证字号一般由凭证类型和凭证序号两部分组成。例如，“收款22”表示本月第22号收款凭证。同一类型凭证按月会计期间从1开始连续编号，不允许重号和漏号。如果出现重复的凭证号，总账处理软件会自动提示使用者修改；对于漏号，系统一般也提供了相应的检查措施。

(2) 凭证日期：即制单日期，包括年、月、日。凭证日期必须是在当前的会计期间范围内，凭证日期的先后顺序和正确性将影响经济业务在明细账和日记账中的顺序。制单日期是总账系统中账簿排列顺序的重要依据，这就要求每月内的凭证日期一般不能倒序。

3. 会计凭证查询、打印及汇总

凭证查询功能可以以某种查询条件查询任何年月、任何类型的凭证，而且可以指定某类凭证的序号范围。

凭证查询的范围有凭证类型、凭证号范围、制单日期范围、金额范围、会计科目范围、某制单人、是否复核、是否记账等。总账处理软件默认的查询范围是一个包含了所有凭证的范围。

凭证汇总的作用是将本次所选记账凭证或未记账凭证生成一张凭证汇总表。凭证汇总表有类似科目余额表及明细账表样式的两种格式。凭证汇总之前应先选择汇总条件，总账处理软件会自动将满足条件的凭证以凭证汇总表的格式显示出来。

有的会计软件对未记账凭证还具有模拟记账功能。模拟记账并不是真记账，只显示出模拟记账后的余额表和相关账簿。

凭证的查询也可以在明细账簿查询时通过明细账来调用。

4. 会计凭证的审核

审核凭证即审核人员按照会计制度，对制单人输入的会计凭证与原始凭证进行核对，审查认为有误的凭证应返回制单人修改后再审核。对于审查无误的凭证，经审核人签章后，便可据以登记有关账簿，包括总账、明细账及相关辅助账。实际上，审核也就是对凭证数据表记上审核标志。

因此，总账处理软件中同样要求输入的凭证必须经过审核并确认签章后方可在计算机中生效，并可用于记账、编表。凭证审核的目的在于防止输入人员有意或无意的错误操作，一般要求非凭证输入人员使用凭证审核功能，以便形成牵制关系。

按会计制度的规定，制单人与审核人不能为同一人，如果当前操作员为该凭证的制单人，应先更换操作员，再进行审核记账工作。

取消审核是指从已审核的凭证上抹去审核人员的姓名，使该张凭证成为未审核的凭证。抹去后该张凭证可以被修改，一般会计软件要求审核人员只能取消自己的审核凭证。

凭证一经审核，就不能被修改、删除，只有被取消审核后才可以进行修改或删除。

5. 会计凭证的记账

会计凭证的记账功能可以实现对已审核过的会计凭证进行批量或单张记账操作。实际上，记账也就是对凭证数据表记上记账标志，同时计算这些凭证所有分录对应的会计科目余额表的相应数据。

凭证记账的同时还对各科目的本月发生额进行累加，产生各科目最新的本月发生额和累计发生额。根据期初余额也就能求出最新的余额。各科目的发生额和余额在总账处理软件中用一个称为会计科目余额表的数据表存放。

有的总账处理软件也将记账称为过账、登账，记过账的凭证就可以在各种明细账、日记账中出现。

“凭证记账”功能十分重要。因为记账凭证不能再修改，所以可将凭证记账功能限定为专人使用。一般由审核凭证人员做凭证记账工作。

在记账过程中，为保证数据的正确性，应尽量保证机器正常运行，不允许关机或重新启动，有条件的单位应尽量配备不间断供电电源，以防止在记账过程中突然停电造成可能的错误。一旦出现上述异常情况，重新开机再进入本系统时，总账处理软件将自动进行修复工作。

在一些单位，凭证是先打印并进行相关的人工审核。在这种情况下，一般可选择批量审核与记账，以提高效率。

6. 错误凭证的处理

凭证制作时出现错误是不可避免的，处理凭证的错误一般有两种情况。

(1) 记账前发现错误

如果在凭证记账前发现该凭证有错误，应先取消审核，然后在“凭证输入及修改”功能中修改或删除该错误凭证。

(2) 记账后发现凭证有误

凭证被记账后，凭证的内容已记入总账、明细账等相关账簿中，若发现错误，正确的更正方法是先出一张红字凭证冲销错误的凭证，然后再补一张正确的凭证，并通过审核记账。

红字凭证是一张和原凭证会计科目及其他辅助内容完全相同的凭证，只是凭证的金额为负数(红字)，需在凭证的摘要中写明是冲销哪一张凭证。注意，冲销凭证时不允许使用金额为正数、借贷方向相反的蓝字凭证进行冲销。

4.2 总账设置

4.2.1 设置总账参数

实验资料

总账控制参数如表4-2所示。

表4-2　总账控制参数

选项卡	参数设置
凭证	不勾选“制单序时控制”选项 可以使用应收、应付、存货受控科目 不勾选“现金流量科目必录现金流量项目”选项 凭证录入时结算方式及票据号必录 凭证编号方式采用系统编号
账簿	按照默认设置
凭证打印	按照默认设置
预算控制	按照默认设置
权限	出纳凭证必须经由出纳签字；允许修改、作废他人填制的凭证；可查询他人凭证
会计日历	会计日历为1月1日—12月31日；数量小数位、单价小数位、设置为2位；本位币精度2位
其他	外币核算采用固定汇率；部门、个人、项目按编码方式排序

实验过程

在U8企业应用平台，可选择“业务工作”|“财务会计”|“总账”|“设置”|“选项”进行总账参数的设置。在“选项”窗口，先选中“凭证”页签，再单击“编辑”按钮，即可进行凭证参数的设置，如图4-4所示。其他参数按照案例资料进行设置。

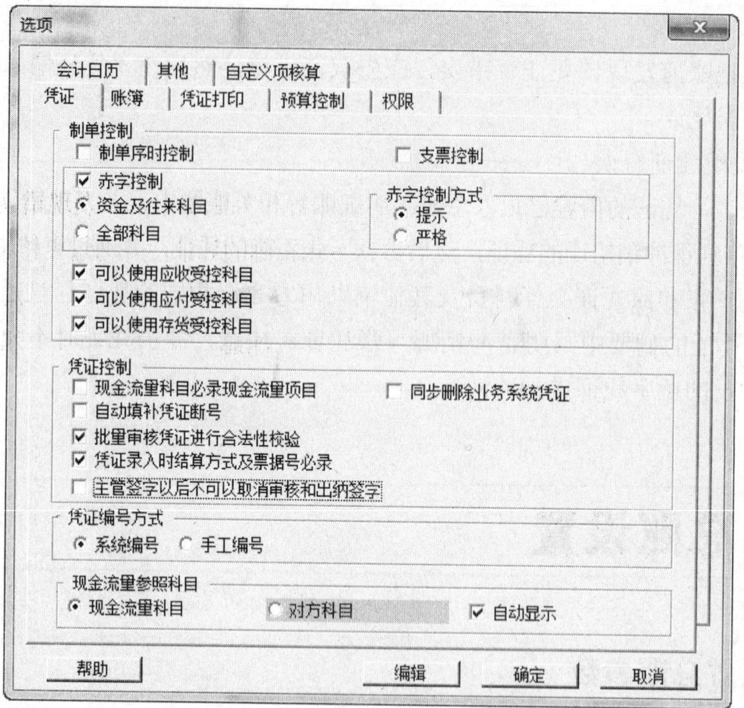

图4-4 总账(凭证)控制参数设置

实验提示

"凭证"页签下各个参数的具体含义如下。

① 制单控制。主要设置在填制凭证时，系统应对哪些操作进行控制。

- 制单序时控制：此项和"系统编号"选项联用，制单时凭证编号必须按日期顺序排列，4月15日编制到25号凭证，则4月16日只能编制26号凭证，即制单序时，如果有特殊需要，可以将其改为不序时制单。
- 支票控制：若选择此项，制单使用银行科目编制凭证时，系统针对票据管理的结算方式进行登记，如果录入支票号在支票登记簿中已存，系统提供登记支票报销的功能；否则，系统提供登记支票登记簿的功能。
- 赤字控制：若选择了此项，在制单时，当"资金及往来科目"或"全部科目"的最新余额出现负数，系统将予以提示。提供了提示、严格两种方式，可根据需要进行选择。
- 可以使用应收受控科目：若科目为应收款管理系统的受控科目，为了防止重复制单，只允许应收系统使用此科目进行制单，总账系统是不能使用此科目制单的。所以如果要在总账系统中也能使用这些科目填制凭证，则应选择此项。注意：总账和其他业务系统使用了受控科目会引起应收系统与总账对账不平。
- 可以使用应付受控科目：若科目为应付款管理系统的受控科目，为了防止重复制单，只允许应付系统使用此科目进行制单，总账系统是不能使用此科目制单的。所以如果要在总账系统中也能使用这些科目填制凭证，则应选择此项。注意：总账和其他业务系统使用了受控科目会引起应付系统与总账对账不平。

- 可以使用存货受控科目：若科目为存货核算系统的受控科目，为了防止重复制单，只允许存货核算系统使用此科目进行制单，总账系统是不能使用此科目制单的。所以如果要在总账系统中也能使用这些科目填制凭证，则应选择此项。注意：总账和其他业务系统使用了受控科目会引起存货系统与总账对账不平。

② 凭证控制。

- 现金流量科目必录现金流量项目：选择此项后，在录入凭证时如果使用现金流量科目，则必须输入现金流量项目及金额。
- 自动填补凭证断号：如果选择凭证编号方式为系统编号，则在新增凭证时，系统按凭证类别自动查询本月的第一个断号默认为本次新增凭证的凭证号。若无断号，则为新号，与原编号规则一致。
- 批量审核凭证进行合法性校验：批量审核凭证时针对凭证进行二次审核，提高凭证输入的正确率，合法性校验与保存凭证时的合法性校验相同。
- 凭证录入时结算方式及票据号必录：选中该选项，填制凭证时结算方式和结算号必须录入。不选中该选项，则结算方式和票据号都不控制必录。
- 同步删除业务系统凭证：选中该选项，业务系统删除凭证时相应地将总账的凭证同步删除。否则，将总账凭证作废，不予删除。

③ 凭证编号方式。系统在“填制凭证”功能中一般按照凭证类别按月自动编制凭证编号，即“系统编号”；但有的企业需要系统允许在制单时手工录入凭证编号，即“手工编号”。

④ 现金流量参照科目。用来设置现金流量录入界面的参照内容和方式。选中“现金流量科目”选项时，系统只参照凭证中的现金流量科目；选中“对方科目”选项时，系统只显示凭证中的非现金流量科目。选中“自动显示”选项时，系统依据前两个选项将现金流量科目或对方科目自动显示在指定现金流量项目界面中，否则需要手工参照选择。

4.2.2 外币设置

实验资料

外币及汇率：币符为USD；币名为美元；固定汇率为1∶6.25。

实验过程

选择“基础设置”|“基础档案”|“财务”|“外币设置”，录入币符“USD”，币名“美元”，单击“增加”按钮。再选择增加的币种“美元”，选择“固定汇率”，记账汇率列输入期初汇率，如图4-5所示。

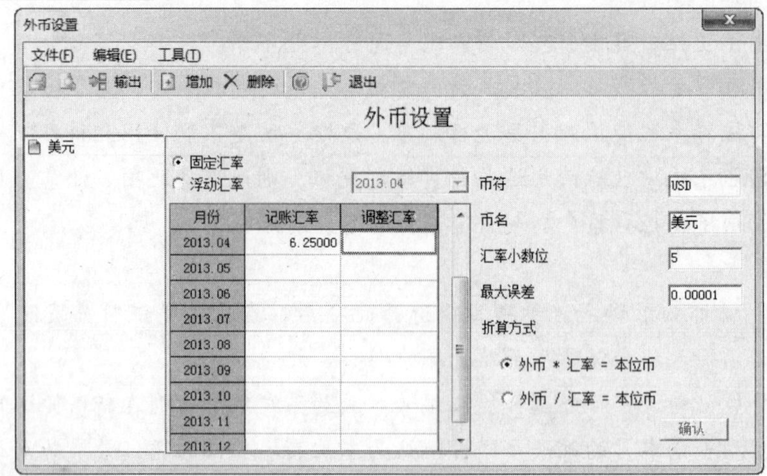

图4-5 外币设置

4.2.3 设置会计科目

企业使用的会计科目如表4-3所示。

表4-3 会计科目

科目代码	科目名称	辅助核算	方向	币别计量
1001	库存现金	日记账	借	
1002	银行存款		借	
100201	工行存款	日记账/银行账	借	
100202	中行存款	日记账/银行账 外币核算	借	美元
1122	应收账款	客户往来	借	
1123	预付账款	供应商往来	借	
1221	其他应收款		借	
122101	应收单位款	客户往来	借	
122102	应收个人款	个人往来	借	
1231	坏账准备		贷	
1401	材料采购		借	
1403	原材料		借	
140301	生产用原材料	数量核算	借	吨
140399	其他用原材料	数量核算	借	吨
1404	材料成本差异		借	
1405	库存商品		借	
1408	委托加工物资		借	
1411	周转材料		借	
1601	固定资产		借	
1602	累计折旧		贷	
1604	在建工程		借	

(续表)

科目代码	科目名称	辅助核算	方　向	币别计量
160401	人工费	项目核算	借	
160402	材料费	项目核算	借	
160499	其他	项目核算	借	
1701	无形资产		借	
1901	待处理财产损益		借	
190101	待处理流动资产损益		借	
190102	待处理固定资产损益		借	
2001	短期借款		贷	
2202	应付账款	供应商往来	贷	
2203	预收账款	客户往来	贷	
2211	应付职工薪酬		贷	
221101	工资		贷	
221102	职工福利费		贷	
2221	应交税费		贷	
222101	应交增值税		贷	
22210101	进项税额		贷	
22210105	销项税额		贷	
222102	应交营业税		贷	
222199	其他		贷	
2231	应付利息		贷	
223101	借款利息		贷	
2241	其他应付款		贷	
4001	实收资本		贷	
4103	本年利润		贷	
4104	利润分配		贷	
410415	未分配利润		贷	
5001	生产成本		借	
500101	直接材料	项目核算	借	
500102	直接人工	项目核算	借	
500103	制造费用	项目核算	借	
500104	折旧费	项目核算	借	
500199	其他	项目核算	借	
5101	制造费用		借	
510101	工资		借	
510102	折旧费		借	
510103	租赁费		借	
6001	主营业务收入		贷	
6051	其他业务收入		贷	
6401	主营业务成本		借	
6402	其他业务成本		借	

(续表)

科目代码	科目名称	辅助核算	方　向	币别计量
6403	营业税金及附加		借	
6601	销售费用		借	
660101	工资	部门核算	借	
660102	福利费	部门核算	借	
660103	办公费	部门核算	借	
660104	差旅费	部门核算	借	
660105	招待费	部门核算	借	
660106	折旧费	部门核算	借	
660199	其他	部门核算	借	
6602	管理费用		借	
660201	工资	部门核算	借	
660202	福利费	部门核算	借	
660203	办公费	部门核算	借	
660204	差旅费	部门核算	借	
660205	招待费	部门核算	借	
660206	折旧费	部门核算	借	
660299	其他	部门核算	借	
6603	财务费用		借	
660301	利息支出		借	
660302	利息收入		借	
660303	汇兑损益		借	

项目核算部分在后面项目目录设置时再补充。

将“库存现金1001”科目指定为现金总账科目；将“银行存款1002”科目指定为银行总账科目；将“库存现金1001、工行存款100201、中行存款100202”科目指定为现金流量科目。

实验过程

1. 设置会计科目

选择“基础设置”|“基础档案”|“财务”|“会计科目”，打开如图4-6所示的“会计科目”窗口。单击“增加”按钮，可以增加会计科目，如图4-7所示。也可以单击“修改”按钮对科目进行修改。在设置科目过程中，要特别注意辅助核算的设置。

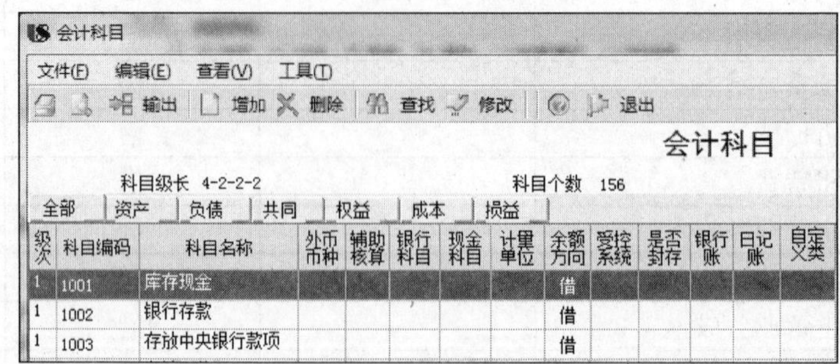

图4-6　会计科目

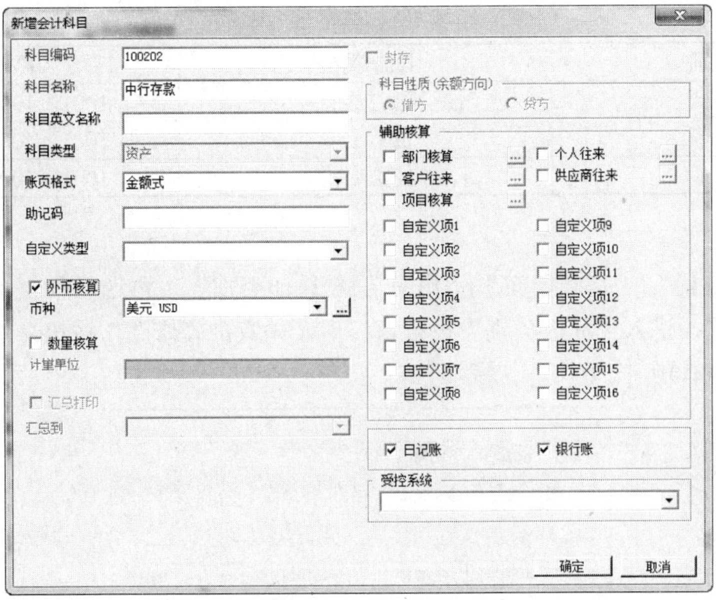

图4-7　增加科目

2. 指定会计科目

选择“基础设置”|“基础档案”|“财务”|“会计科目”，再选择“编辑”|“指定科目”，指定库存现金科目为现金总账科目，如图4-8所示。

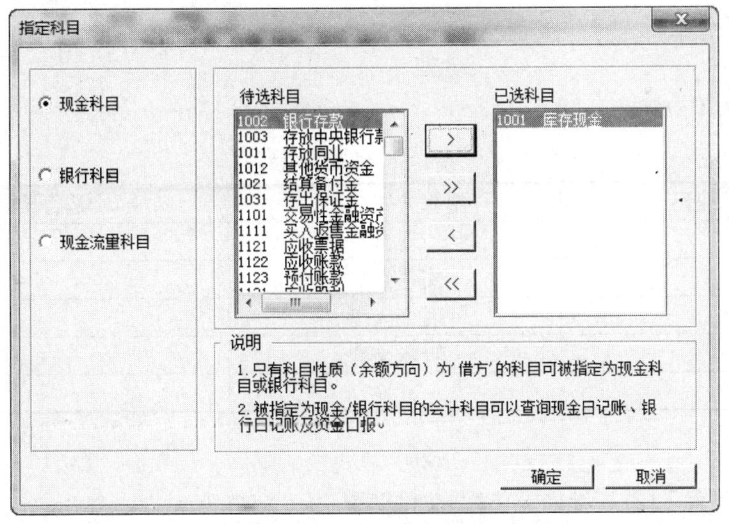

图4-8　现金总账科目

按照同样的方法设置银行总账科目和现金流量科目。

4.2.4　设置凭证类别

凭证类别如表4-4所示。

表4-4　凭证类别

凭证类别	限制类型	限制科目
收款凭证	借方必有	1001，100201，100202
付款凭证	贷方必有	1001，100201，100202
转账凭证	凭证必无	1001，100201，100202

实验过程

选择“基础设置”|“基础档案”|“财务”|“凭证类别”，再选择收款凭证、付款凭证、转账凭证预置模式，进入“凭证类别”设置窗口后，先双击“修改”按钮，然后选择限制类型和限制科目，如图4-9所示。

凭证类别

文件(F)　编辑(E)　工具(T)

输出　增加　修改　删除　退出

凭证类别

类别字	类别名称	限制类型	限制科目	调整期
收	收款凭证	借方必有	1001, 100201, 100202	
付	付款凭证	贷方必有	1001, 100201, 100202	
转	转账凭证	凭证必无	1001, 100201, 100202	

图4-9　凭证类别设置

4.2.5　设置结算方式

结算方式如表4-5所示。

表4-5　结算方式

结算方式编码	结算方式名称	是否票据管理
1	现金	否
2	支票结算	否
201	现金支票	否
202	转账支票	否
3	其他	否

实验过程

选择“基础设置”|“基础档案”|“收付结算”|“结算方式”，单击“增加”按钮，输入结算方式，如图4-10所示。

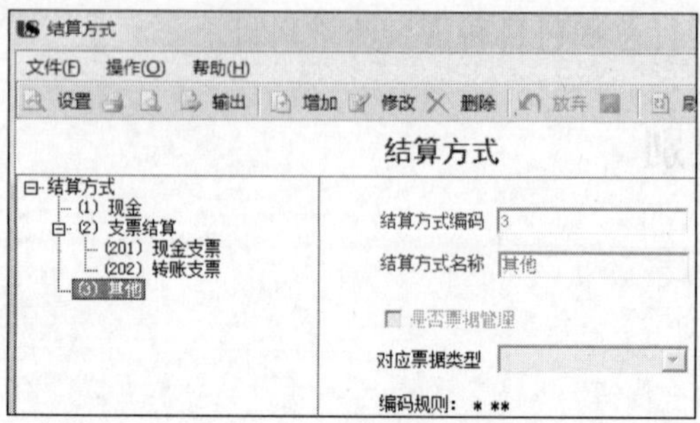

图4-10　结算方式

4.2.6　设置项目目录

实验资料

本单位项目核算大类项目为“开发项目”，分为自行开发项目和委托开发项目，如表4-6所示。

表4-6　项目目录

项目大类：开发项目

项目分类编码	项目分类	项目代码	项目名称
1	自行开发项目	01	专用发票打印纸
		02	普通发票打印纸
		03	HP服务器项目
		04	税控II号
2	委托开发项目	05	加密卡

实验过程

1. 设置项目大类

选择“基础设置”|“基础档案”|“财务”|“项目目录”，进入“项目档案”窗口，单击“增加”按钮，输入新项目大类名称为“开发项目”，如图4-11所示。

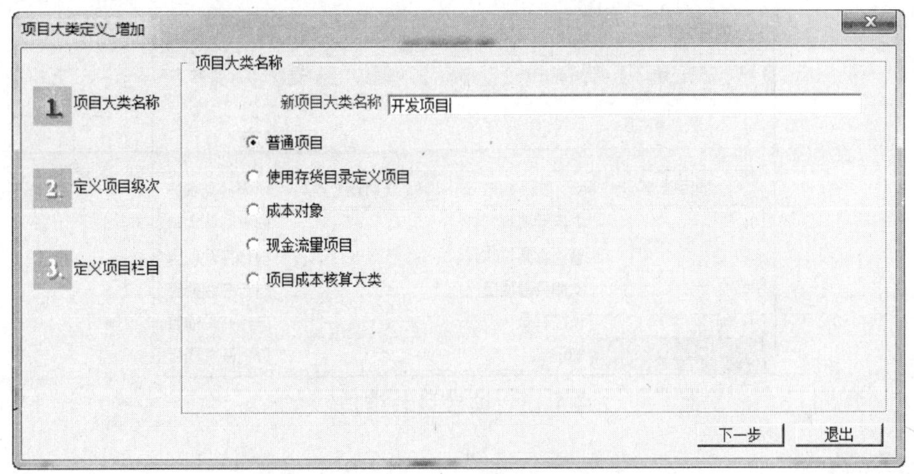

图4-11　增加项目大类

单击“下一步”按钮，定义项目级次。本处采用默认值，即只有1级。再单击“下一步”按钮，定义项目栏目。本处采用默认设置。单击“完成”按钮结束项目大类定义。

2. 定义项目分类

先选择项目大类中的“开发项目”。再选择“项目分类定义”选项卡，单击右下角的“增加”按钮，输入项目信息，输入一个项目后单击“确定”按钮完成，如图4-12所示。

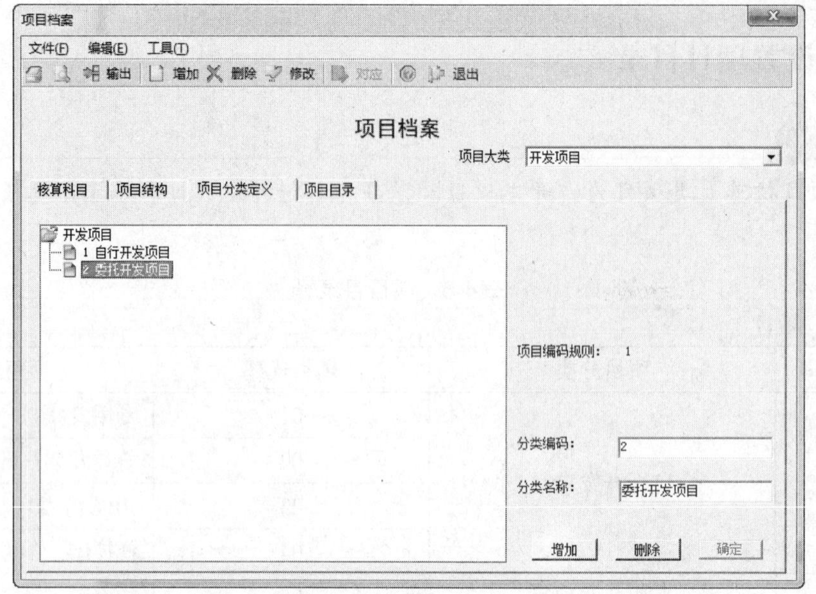

图4-12　增加项目分类

3. 定义项目目录

选择“项目目录”选项卡，单击右下角的“维护”按钮，进入“项目目录维护”窗口。然后单击“增加”按钮输入项目信息，如图4-13所示。若“是否结算”的标识为“Y”，则该项目将不能再使用。

项目目录维护

设置 输出 增加 删除 查找 排序

项目档案

项目编号	项目名称	是否结算	所属分类码	所属分类名称
01	专用发票打印纸		1	自行开发项目
02	普通发票打印纸		1	自行开发项目
03	HP服务器项目		1	自行开发项目
04	税控II号		1	自行开发项目
05	加密卡		2	委托开发项目

图4-13　项目目录维护

实验提示

在操作过程中，新增一行后，若不再输入，可按Esc键退出该行(一些行可能需要按两次Esc键)。该操作相当于删除行。

4. 指定核算项目

在项目档案窗口中，先选择项目大类为“开发项目”，然后选择“核算科目”选项卡，将待选科目选入。这些科目是在科目定义时设定的，单击“确定”按钮完成，如图4-14所示。

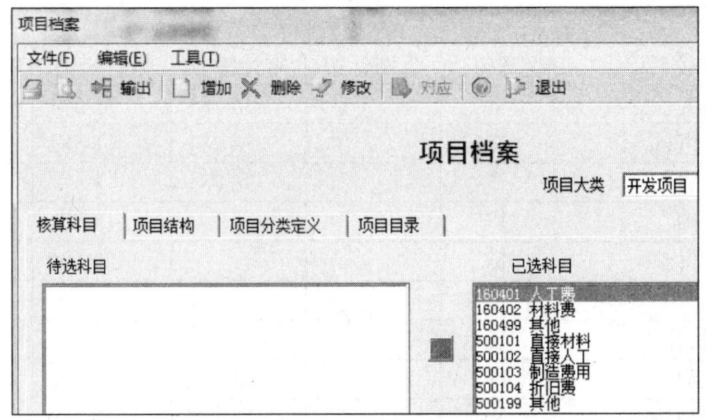

图4-14　指定项目大类的核算科目

实验提示

系统可以建立多个项目大类。一个项目大类可以指定多个科目，但一个科目只能指定一个项目大类。

4.2.7　录入会计科目期初余额

实验资料

(1) 会计科目期初余额

2013年4月份会计科目期初余额如表4-7所示。

表4-7　会计科目期初余额

科目代码	科目名称	方向	币别计量	累计借方	累计贷方	期初余额
1001	库存现金	借		18 889	18 860	6 785
1002	银行存款	借		469 851	401 980	1 136 057
100201	工行存款	借		469 851	401 980	511 057
100202	中行存款	借	美元			625 000 美元：100 000
1122	应收账款	借		60 000	200 000	157 600
1221	其他应收款	借		7 000	5 300	3 800
122102	应收个人款	借		7 000	5 300	3 800
1231	坏账准备	贷		3 000	6 000	10 000
1403	原材料	借		293 180	80 000	1 004 000
140301	生产用原材料	借	吨	293 180	80 000	1 004 000
1405	库存商品	借		140 142	90 000	3 569 000
1601	固定资产	借				3 690 860
1602	累计折旧	贷			39 511	108 995
1701	无形资产	借			58 500	58 500
2001	短期借款	贷			200 000	200 000
2202	应付账款	贷		150 557	60 000	276 850
2211	应付职工薪酬	贷			3 400	8 200
221101	工资	贷			3 400	8 200

(续表)

科目代码	科目名称	方向	币别计量	累计借方	累计贷方	期初余额
2221	应交税费	贷		36 781	15 581	−16 800
222101	应交增值税	贷		36 781	15 581	−16 800
22210101	进项税额	贷		36 781		−33 800
22210105	销项税额	贷			15 581	17 000
2241	其他应付款	贷			2 100	2 100
4001	实收资本	贷				7 695 444
4103	本年利润	贷				1 478 000
4104	利润分配	贷		13 172	9 330	−119 022
410415	未分配利润	贷		13 172	9 330	−119 022
5001	生产成本	借		8 711	10 121	17 165
500101	直接材料	借		4 800	5 971	10 000
500102	直接人工	借		861	900	4 000
500103	制造费用	借		2 850	3 050	2 000
500104	折旧费	借		200	200	1 165
6001	主营业务收入	贷		350 000	350 000	
6051	其他业务收入	贷		250 000	250 000	
6401	主营业务成本	借		300 000	300 000	
6402	其他业务成本	借		180 096	180 096	
6403	营业税金及附加	借		8 561	8 561	
6601	销售费用	借		18 000	18 000	
660101	工资(销售部)	借		8 000	8 000	
660106	折旧费(销售部)	借		10 000	10 000	
6602	管理费用	借		22 550	22 550	
660201	工资(行政部)	借		8 000	8 000	
660202	福利费(行政部)	借		1 100	1 100	
660203	办公费(行政部)	借		600	600	
660204	差旅费(行政部)	借		5 600	5 600	
660205	招待费(行政部)	借		4 600	4 600	
660206	折旧费(行政部)	借		2 600	2 600	
660299	其他(行政部)	借		50	50	
6603	财务费用	借		8 000	8 000	
660301	利息支出	借		8 000	8 000	

说明：部门核算期初数据没有列示部门的，均假设为行政部。

(2) 辅助账期初余额表

日期中年份为2013年。

应收账款(1122)期初余额如表4-8所示。

表4-8　应收账款期初余额

日期	凭证号	客户	业务员	摘要	方向	期初余额	票号	票据日期
02-25	转-118	重庆嘉陵公司	朱小明	销售商品	借	99 600	P111	2013-02-25
03-10	转-15	天津大华公司	朱小明	销售商品	借	58 000	Z111	2013-03-10
		合计			借	157 600		

应收账款(1122)累计如表4-9所示。

表4-9 应收账款累计

客户	业务员	借方累计	贷方累计
重庆嘉陵公司	朱小明		200 000
天津大华公司	朱小明	60 000	
合计		60 000	200 000

其他应收款—应收个人款(122102)期初如表4-10所示。

表4-10 其他应收款—应收个人款期初余额

日期	凭证号	部门	个人	摘要	方向	期初余额
03-26	付-118	行政部	孙正	出差借款	借	2 000
03-27	付-156	销售部	朱小明	出差借款	借	1 800
				合计	借	3 800

其他应收款—应收个人款(122102)累计如表4-11所示。

表4-11 其他应收款—应收个人款累计

部门	个人	借方累计	贷方累计
行政部	孙正	2 000	3 000
销售部	朱小明	5 000	2 300
合计		7 000	5 300

应付账款(2202)期初如表4-12所示。

表4-12 应付账款期初余额

日期	凭证号	供应商	业务员	摘要	方向	期初余额	票号	票据日期
01-20	转-45	重庆大江公司	杨真	购买原材料	贷	276 850	C123	2013-01-20
				合计	贷	276 850		

应付账款(2202)累计如表4-13所示。

表4-13 应付账款累计

供应商	业务员	累计借方	累计贷方
重庆大江公司	杨真	150 557	60 000

生产成本(5001)期初如表4-14所示。

表4-14 生产成本期初余额

项目	借方累计	贷方累计	期初余额
(1) 直接材料			
专用发票打印纸	4 800	5 971	4 000
普通发票打印纸			6 000
(2) 直接人工			
专用发票打印纸	861	900	1 500
普通发票打印纸			2 500
(3) 制造费用			
专用发票打印纸	2 850	3 050	800
普通发票打印纸			1 200

（续表）

项目	借方累计	贷方累计	期初余额
(4) 折旧费			
专用发票打印纸	200	200	500
普通发票打印纸			665
合计	8 711	10 121	17 165

实验过程

选择“业务工作”|“财务会计”|“总账”|“设置”|“期初余额”，进入“期初余额录入”窗口，如图4-15所示。

期初余额录入

设置 输出 方向 刷新 试算 查找 对账 清零 退出

期初余额

期初：2013年04月 □末级科目□非末级科目 □辅助科目

科目名称	方向	币别/计量	年初余额	累计借方	累计贷方	期初余额
库存现金	借		6,756.00	18,889.00	18,860.00	6,785.00
银行存款	借		1,068,186.00	469,851.00	401,980.00	1,136,057.00
工行存款	借		443,186.00	469,851.00	401,980.00	511,057.00
中行存款	借		625,000.00			625,000.00
	借	美元	100,000.00			100,000.00
存放中央银行款项	借					

图4-15 期初余额录入

在白色单元格内直接录入末级科目的期初余额，黄色单元格表示有下级科目，其余额由下级科目自动汇总计算。中行存款科目涉及人民币和美元，在输入时分别输入人民币和美元的值。

下面进行应收账款的输入。在应收账款的输入单元进行双击，会弹出“应收账款输入”窗口，如图4-16所示。

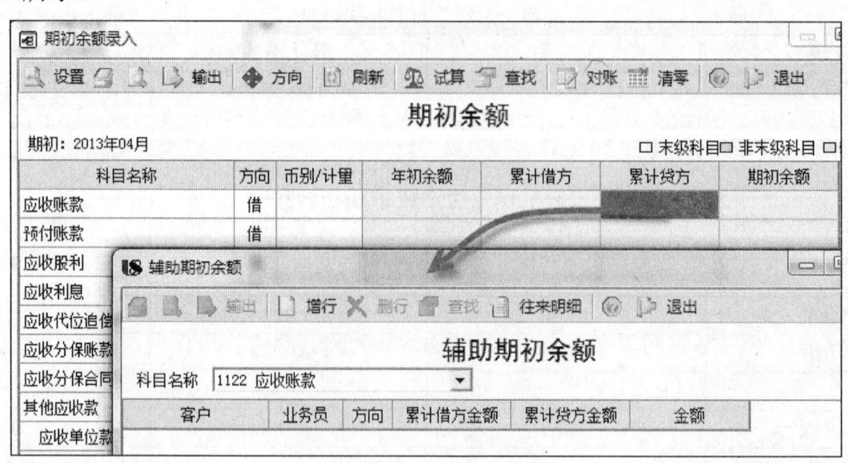

图4-16 应收账款输入

单击“往来明细”按钮，进入“期初往来明细输入”窗口。单击“增行”按钮，输入期初往来明细，如图4-17所示。

期初往来明细

日期	凭证号	客户	业务员	摘要	方向	金额	票号	票据日期
2013-02-25	转-118	嘉陵	朱小明	销售商品	借	99,600.00	P111	2013-02-25
2013-03-10	转-15	大华	朱小明	销售商品	借	58,000.00	Z111	2013-03-10

科目名称　1122 应收账款

图4-17　期初往来明细

明细输入完成后，单击“汇总”按钮，系统将按照单位进行汇总，并把汇总数据填入辅助期初余额。单击“退出”按钮返回“辅助期初余额”窗口，输入累计数，如图4-18所示。

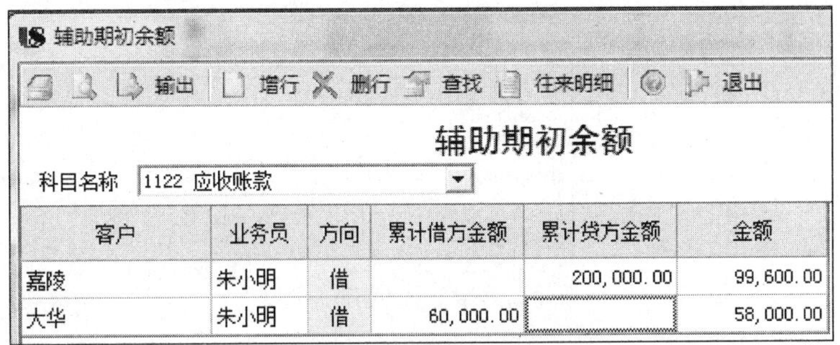

辅助期初余额

科目名称　1122 应收账款

客户	业务员	方向	累计借方金额	累计贷方金额	金额
嘉陵	朱小明	借		200,000.00	99,600.00
大华	朱小明	借	60,000.00		58,000.00

图4-18　辅助期初余额

其他应收款、应付账款的输入方法相似。

下面进行生产成本(5001)的输入。在“生产成本-直接材料”科目上双击，进入后单击“增行”按钮，输入案例数据，如图4-19所示。

辅助期初余额

科目名称　500101 直接材料

项目	方向	累计借方金额	累计贷方金额	金额
专用发票打印纸	借	4,800.00	5,971.00	4,000.00
普通发票打印纸	借			6,000.00

图4-19　“生产成本-直接材料”期初输入

科目初始数据输入后，单击“试算”按钮进行试算平衡，如图4-20所示。初始结果要平衡，数据要正确，不然后续数据就会延续前面的错误。录入完成后的期初明细余额如图4-21所示。

期初试算平衡表

资产 = 借 9,507,607.00　　负债 = 贷 470,350.00

共同 = 平　　权益 = 贷 9,054,422.00

成本 = 借 17,165.00　　损益 = 平

合计 = 借 9,524,772.00　　合计 = 贷 9,524,772.00

试算结果平衡

图4-20　期初试算平衡表

科目编码	科目名称	期初余额	
		借方	贷方
1001	库存现金	6,785.00	
100201	工行存款	511,057.00	
100202	中行存款	625,000.00	
1122	应收账款	157,600.00	
122102	应收个人款	3,800.00	
1231	坏账准备		10,000.00
140301	生产用原材料	1,004,000.00	
1405	库存商品	3,569,000.00	
1601	固定资产	3,690,860.00	
1602	累计折旧		108,995.00
1701	无形资产	58,500.00	
资产小计		9,626,602.00	118,995.00
2001	短期借款		200,000.00
2202	应付账款		276,850.00
221101	工资		8,200.00
22210101	进项税额	33,800.00	
22210105	销项税额		17,000.00
2241	其他应付款		2,100.00
负债小计		33,800.00	504,150.00
4001	实收资本		7,695,444.00
4103	本年利润		1,478,000.00
410415	未分配利润	119,022.00	
权益小计		119,022.00	9,173,444.00
500101	直接材料	10,000.00	
500102	直接人工	4,000.00	
500103	制造费用	2,000.00	
500104	折旧费	1,165.00	
成本小计		17,165.00	
合计		9,796,589.00	9,796,589.00

图4-21 期初余额

4.3 日常账务业务处理

实验资料

(1) 4月2日，采购部刘一江购买了350元的办公用品，以现金支付，附单据一张。

借：管理费用/办公费(660203)/采购部 350

　　贷：库存现金(1001) 350

(2) 4月2日，工行账户收到天津大华公司支付的货款3 000元，转账支票号ZZ45623。

借：银行存款/工行存款(100201) 3 000

　　贷：应收账款(1122)/大华 3 000

(3) 4月2日，接银行通知，工行账户支付短期借款利息2 000元。结算方式：其他；结算号QT001。

借：财务费用/利息支出(660301) 2 000

　　贷：银行存款/工行存款(100201) 2 000

(4) 4月3日，采购部李天华采购原纸10吨，每吨5 000元，材料直接送入二车间生产专用发票打印纸，货款以工行存款支付，转账支票号ZZR002。

借：生产成本/直接材料(500101)/专用发票打印纸　50 000

　　贷：银行存款/工行存款(100201)　50 000

(5) 4月3日，财务部赵小兵从工行提取现金15 000元，作为备用金，现金支票号 XJ001。

借：库存现金(1001)　15 000

　　贷：银行存款/工行存款(100201)　15 000

(6) 4月3日，收到兴华集团投资资金10 000美元，汇率1∶6.25，中行转账支票号ZZW002。

借：银行存款/中行存款(100202)　62 500

　　贷：实收资本(4001)　62 500

(7) 4月12日，销售部刘一江收到重庆嘉陵公司转来一张转账支票，金额49 600元，用以偿还前欠货款，转账支票号ZZR003。

借：银行存款/工行存款(100201)　49 600

　　贷：应收账款(1122)/嘉陵　49 600

(8) 4月12日，采购部李天华从重庆大江公司购入“税控II号使用指南”光盘1 000张，单价10元，货税款暂欠，发票号为FP23135，商品已验收入库，适用税率17%。

借：库存商品(1405)　10 000

　　应交税费/应交增值税/进项税额(22210101)　1 700

　　贷：应付账款(2202)/大江　11 700

(9) 4月12日，行政部支付业务招待费1 500元，转账支票号ZZR004。

借：管理费用/招待费(660205)　1 500

　　贷：银行存款/工行存款(100201)　1 500

(10) 4月20日，行政部孙正出差归来，报销差旅费1 800元，交回现金200元。票号QTS001。

借：管理费用/差旅费(660204)　1 800

　　库存现金(1001)　200

　　贷：其他应收款(122102)　2 000

(11) 4月20日，开具工行转账支票(支票号ZG1226)20 000元支付本月制造中心租用房屋租赁费。

借：制造费用/租赁费(510103)　20 000

　　贷：银行存款/工行存款(100201)　20 000

实验过程

1. 凭证输入方法

(1) 进入凭证输入功能

在U8企业应用平台，选择“业务工作”|“财务会计”|“总账”|“凭证”|“填制凭证”命令，进入“填制凭证”窗口，如图4-22所示。

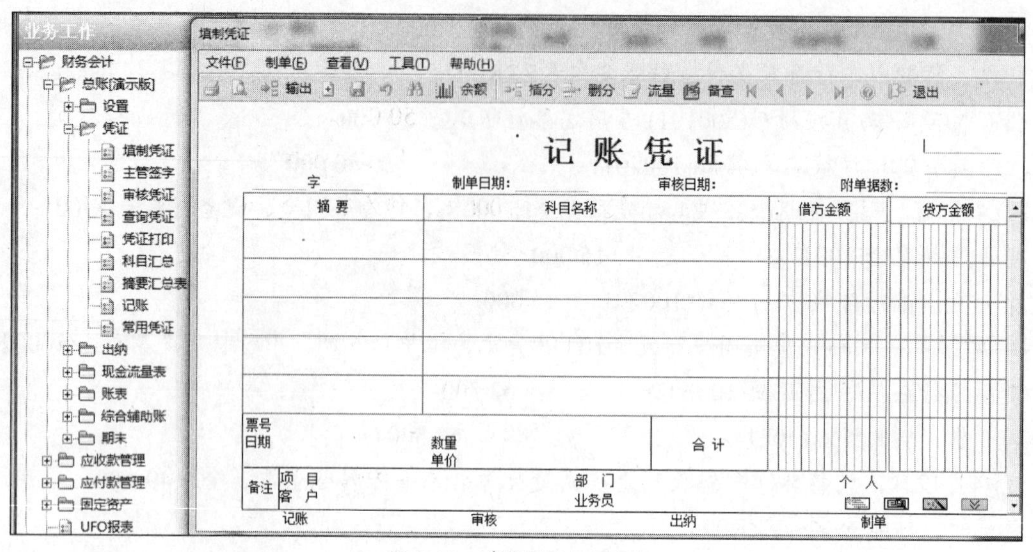

图4-22 凭证录入界面

(2) 凭证输入参数设置

在输入凭证前，可以设置凭证输入的参数。选择“工具”|“选项”，可根据自己的需要进行设置，如图4-23所示。

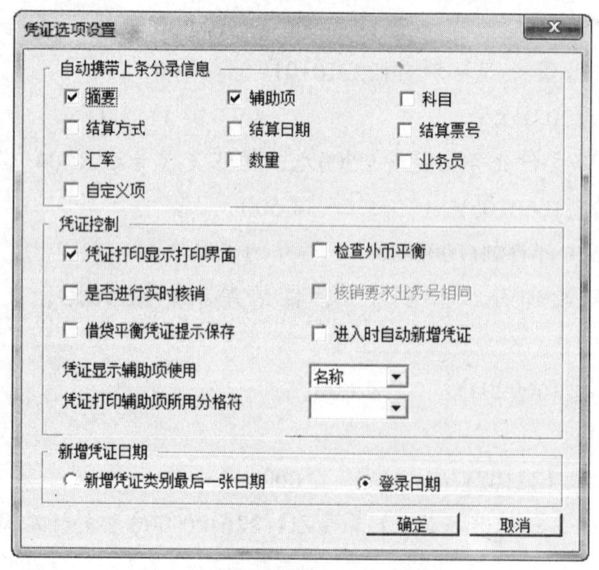

图4-23 凭证选项设置

将新增凭证日期设置为“登录日期”，这样制单日期就与登录日期一致。

当在“基础设置”|“业务参数”|“财务会计”|“总账”的“凭证”选项设置中设置了“制单序时控制”时，凭证填制必须按时间顺序进行填写，新增加的凭证的制单时间不能小于系统中已有凭证的制单时间，否则系统会弹出错误提示。修改此项错误有两种方法，一是按照时间序列重新填写制单时间，二是取消控制参数中的“制单序时控制”选项。

(3) 凭证输入过程

单击工具栏中的“增加”按钮，进入凭证输入状态。后续输入中凡在输入项目后面有

“…”的，均可按F2键或单击“…”调出已经有的代码或项目资料供选择。

① 凭证字号。自动生成凭证号(具体看设置)，在“基础设置”|“业务参数”|“财务会计”|“总账”的“凭证”选项设置中可以设置凭证编号方式(如系统编号或手工编号)。

② 制单日期。制单日期要求不能大于系统日期。在新增凭证日期设置为“登录日期”的情况下，可以通过登录日期来变更制单日期。

③ 附单据数。直接输入单据数。当需要将某些图片、文件作为附件链接凭证时，可单击附单据数录入框右侧的图标，选择文件的链接地址即可。附单据数上面的两个空白项目，可以自由输入内容，如凭证的分卷号等。

④ 摘要。可直接输入，还可以按F2键调入常用摘要。常用摘要就是把经常要输入的摘要保存起来，这样在输入摘要的时候调入，以提高输入速度。进入“常用摘要”窗口后，可以增加、修改、删除常用摘要，如图4-24所示。

常用摘要

设置　输出　增加　修改　删除　定位　选入　退出

常用摘要

摘要编码	摘要内容	相关科目
01	购买办公用品	
02	报销差旅费	

图4-24　常用摘要

⑤ 科目名称。直接输入每级科目或按F2键参照录入。

如果科目设置了辅助核算属性，则此处还要输入辅助信息，如部门、个人、项目、客户、供应商、数量等。录入的辅助信息将在凭证下方的备注中显示。

辅助核算项目的输入如图4-25所示。

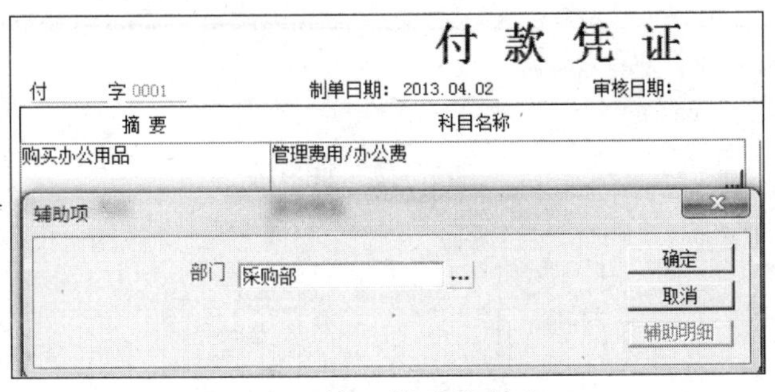

图4-25　输入辅助核算项目

单击凭证右下角的扩展界面图标“≫”，可以输入录入的现金流量信息。

⑥ 录入借贷方金额。录入该笔分录的借方或贷方本币发生额，金额不能为零，但可以是红字，红字金额以负数形式输入。如果方向不符，可按空格键调整金额方向。金额录入时，可按“=”(等号键)将当前凭证借贷方金额的差额填入光标位置。

⑦ 其他操作。若想放弃当前未完成的分录的输入，可单击“删行”按钮或按Ctrl+D键删除当前分录即可。

⑧ 完成。当凭证全部录入完毕后，单击“保存”按钮保存这张凭证。

⑨ 常用功能。

- 余额：可查询当前科目+辅助项+自定义项的最新余额一览表。
- 插入：插入一条分录。快捷键为Ctrl+I。
- 删除：删除光标当前行分录。快捷键为Ctrl+D。
- 流量：查询当前科目的现金流量明细。
- 备查：查询当前科目的备查资料。
- 查找和替换：在当前凭证的摘要、科目或金额列中查找内容或进行替换。

输入完成的凭证如图4-26所示。

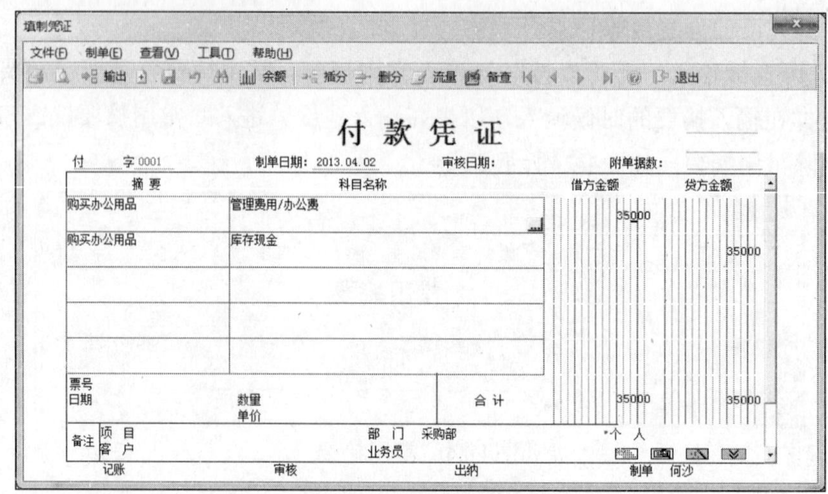

图4-26 付款凭证

(4) 外币凭证的输入

输入涉及外币的凭证时，凭证格式会自动转变为外币凭证格式，需要输入外币的数量和汇率，如图4-27所示。

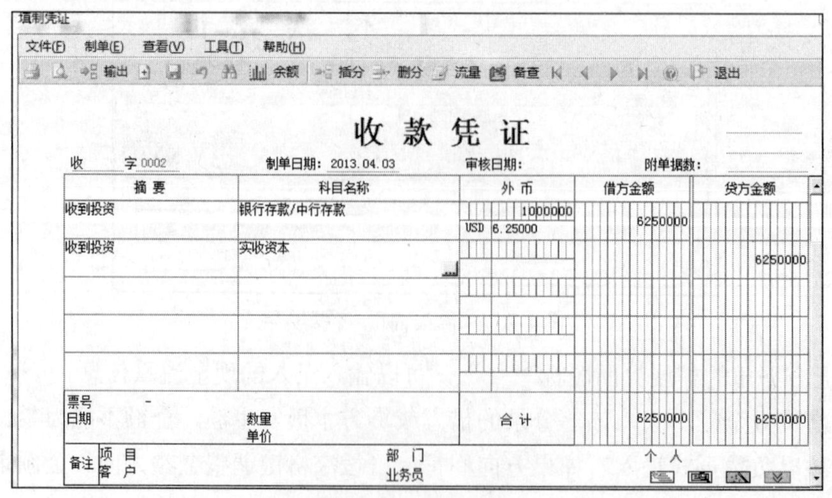

图4-27 外币凭证

2. 查询凭证

(1) 选择“业务工作”|“财务会计”|“总账”|“凭证”|“查询凭证”，进入“凭证查询条件设置”窗口，如图4-28所示。

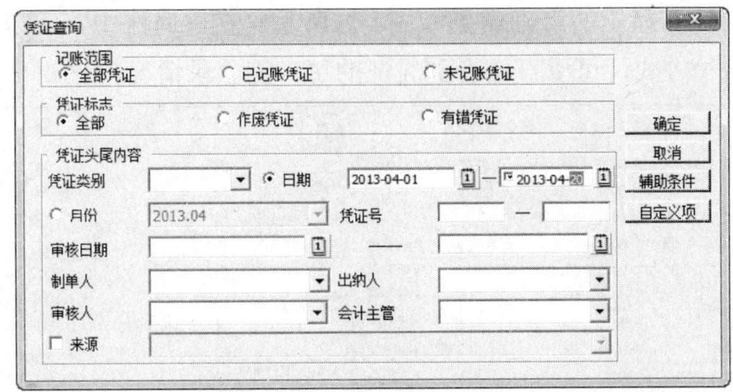

图4-28　凭证查询条件

按照设置条件显示的凭证如图4-29所示。双击任一行，就可以调出这张凭证查询，也可以单击“修改”按钮进入修改模式。

查询凭证

凭证共 11张　已审核 0 张　未审核 11 张

制单日期	凭证编号	摘要	借方金额合计	贷方金额合计	制单人	审核人
2013-4-2	收 - 0001	收到货款	3,000.00	3,000.00	何沙	
2013-4-3	收 - 0002	收到投资	62,500.00	62,500.00	何沙	
2013-4-12	收 - 0003	收回货款	49,600.00	49,600.00	何沙	
2013-4-20	收 - 0004	报销差旅费	2,000.00	2,000.00	何沙	
2013-4-2	付 - 0001	购买办公用品	350.00	350.00	何沙	
2013-4-2	付 - 0002	付利息	2,000.00	2,000.00	何沙	
2013-4-3	付 - 0003	支付货款	50,000.00	50,000.00	何沙	
2013-4-3	付 - 0004	提取备用金	15,000.00	15,000.00	何沙	
2013-4-12	付 - 0005	报销招待费	1,500.00	1,500.00	何沙	
2013-4-20	付 - 0006	付房屋租赁费	20,000.00	20,000.00	何沙	
2013-4-12	转 - 0001	采购使用指南	11,700.00	11,700.00	何沙	
		合计	217,650.00	217,650.00		

图4-29　凭证列表

(2) 选择“业务工作”|“财务会计”|“总账”|“账表”|“科目账”|“序时账”，进入设置过滤条件界面。如果凭证还没有记账，就需要选择“包含未记账凭证”复选框，如图4-30所示。

序时账查询条件

日期 2013-04-01 — 2013-04-30
类别　凭证号 —
摘要　方向
科目　对方科目
科目自定义类型
外币名称　业务员
金额 —
外币 —
数量 —
客户
供应商
部门　个人
项目大类　项目
结算方式　票据号
票据日期　☑ 包含未记账凭证
确定　取消　自定义项

图4-30　序时账查询条件

单击“确定”按钮，显示的查询结果如图4-31所示。在序时账中，可以双击某一条记录查询对应的凭证。以这种方式，可以直接看到凭证的每一笔分录情况。

日期	凭证号数	科目编码	科目名称	摘要	方向	数量	外币	金额
2013.04.02	收-0001	100201	工行存款	*收到货款	借			3,000.00
2013.04.02	收-0001	1122	应收账款	*收到货款_大华	贷			3,000.00
2013.04.02	付-0001	660203	办公费	*购买办公用品_采购部	借			350.00
2013.04.02	付-0001	1001	库存现金	*购买办公用品	贷			350.00
2013.04.02	付-0002	660301	利息支出	*付利息	借			2,000.00
2013.04.02	付-0002	100201	工行存款	*付利息	贷			2,000.00
2013.04.03	收-0002	100202	中行存款	*收到投资	借		10,000.00	62,500.00
2013.04.03	收-0002	4001	实收资本	*收到投资	贷			62,500.00
2013.04.03	付-0003	500101	直接材料	*支付货款_专用发票打印纸	借			50,000.00
2013.04.03	付-0003	100201	工行存款	*支付货款	贷			50,000.00
2013.04.03	付-0004	1001	库存现金	*提取备用金	借			15,000.00
2013.04.03	付-0004	100201	工行存款	*提取备用金	贷			15,000.00
2013.04.12	收-0003	100201	工行存款	*收回货款	借			49,600.00
2013.04.12	收-0003	1122	应收账款	*收回货款_嘉陵	贷			49,600.00
2013.04.12	付-0005	660205	招待费	*报销招待费_行政部	借			1,500.00
2013.04.12	付-0005	100201	工行存款	*报销招待费	贷			1,500.00
2013.04.12	转-0001	1405	库存商品	*采购使用指南	借			10,000.00
2013.04.12	转-0001	22210101	进项税额	*采购使用指南	借			1,700.00
2013.04.12	转-0001	2202	应付账款	*采购使用指南_大江	贷			11,700.00
2013.04.20	收-0004	660204	差旅费	*报销差旅费_行政部	借			1,800.00
2013.04.20	收-0004	1001	库存现金	*报销差旅费	借			200.00
2013.04.20	收-0004	122102	应收个人款	*报销差旅费_行政部_孙正	贷			2,000.00
2013.04.20	付-0006	510103	租赁费	*付房屋租赁费	借			20,000.00
2013.04.20	付-0006	100201	工行存款	*付房屋租赁费	贷			20,000.00
				合计	借			217,650.00
					贷			217,650.00

图4-31　序时账

3. 修改凭证

选择“业务工作”|“财务会计”|“总账”|“凭证”|“查询凭证”，进入“凭证查询”窗口，然后可以选择所需要修改的凭证进行修改。具体方法与输入凭证相同。

实验提示

① 未经审核的凭证可查询后直接修改；已审核的凭证应先取消审核再修改。

② 如果采用“制单序时控制”，则单据日期不能修改为上一张凭证的制单日期之前。

③ 外部系统(如采购、销售、薪资、固定资产等)传过来的凭证不能在总账系统中进行修改，只能在生成凭证的系统中进行修改。

4. 冲销凭证

选择“业务工作”|“财务会计”|“总账”|“凭证”|“填制凭证”，再选择“制单”|“冲销凭证”，可以选择相关的凭证进行冲销，如图4-32所示。

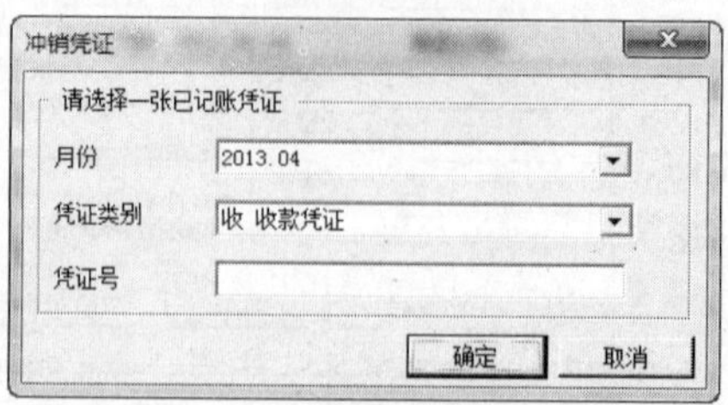

图4-32　冲销凭证

冲销凭证是制作一张与原凭证相同、金额相反，将原凭证冲销为零的凭证。

5. 作废与恢复凭证

选择“业务工作”|“财务会计”|“总账”|“凭证”|“填制凭证”，选择“制单”|“作废/恢复”，作废凭证的左上角出现“作废”红字签章，表示该凭证已作废，其凭证数据将不登记到相关账簿中。

在“填制凭证”窗口，查询到要恢复的已作废凭证，选择“制单”|“作废/恢复”，凭证左上角的“作废”红字签章消除，该张凭证即恢复为有效凭证。

6. 整理凭证

(1) 在“填制凭证”窗口，选择“制单”|“整理凭证”，系统弹出对话框，选择要进行凭证整理的所属会计期间。

(2) 选择要整理的会计期间后，单击“确定”按钮，系统弹出已作废的凭证列表。选择要真正删除的凭证，单击“确定”按钮，系统将从凭证数据库中删除所选定的凭证，并对剩余凭证的凭证号重新编排，以消除断号；如果系统没有作废凭证，那么凭证整理将对凭证编号进行重新排号整理，消除凭证断号。

实验提示

凭证整理只能对未记账凭证进行整理。

7. 出纳签字

(1) 出纳签字参数设置

选择“业务工作”|“财务会计”|“出纳管理”|“设置”|“系统设置”，再选择“账套参数”，将“出纳签字功能在”设为“GL-总账”，如图4-33所示。单击“确定”按钮完成设置。

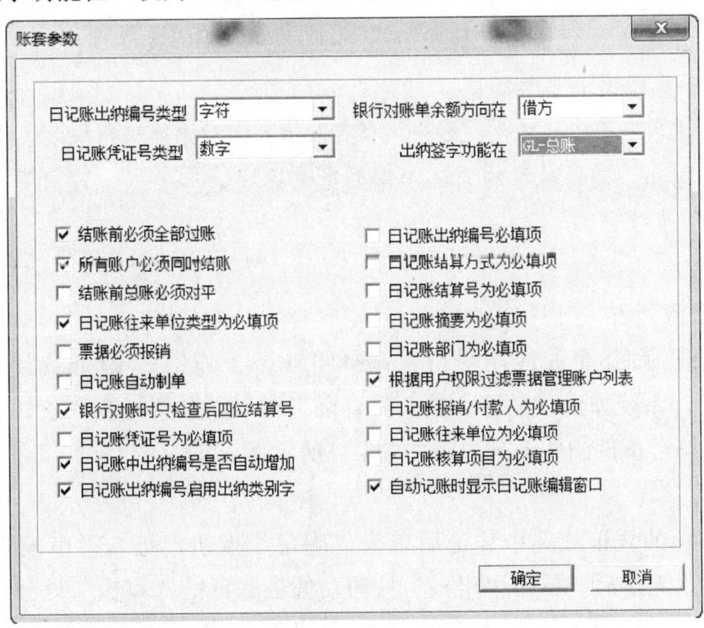

图4-33　账套参数

(2) 列示需要出纳签字的凭证

以出纳员身份登录。选择“业务工作”|“财务会计”|“总账”|“凭证”|“出纳签字”，系统弹出“出纳签字”条件设置窗口，在此窗口中设置需要进行签字的凭证查询条件。然后单击“确定”按钮，系统将符合查询条件的要进行出纳签字的凭证列示出来，如图4-34所示。

(3) 进行出纳签字

双击某一要签字的凭证，进入“出纳签字”窗口，系统调出要签字的凭证。单击工具栏上的“签字”按钮，凭证底部的“出纳”处会自动签上出纳员的姓名。

单击“下张凭证”(显示为“▶”)按钮，对其他凭证进行签字，或者选择“出纳”|“成批出纳签字”，对所有凭证进行签字。最后返回出纳签字列表，这时签字人栏目下会显示出每个已经签字的姓名。

出纳签字

凭证共 10张　　已签字 0张　　未签字 10张

制单日期	凭证编号	摘要	借方金额合计	贷方金额合计	制单人	签字人
2013-4-2	收 - 0001	收到货款	3,000.00	3,000.00	何沙	
2013-4-3	收 - 0002	收到投资	62,500.00	62,500.00	何沙	
2013-4-12	收 - 0003	收回货款	49,600.00	49,600.00	何沙	
2013-4-20	收 - 0004	报销差旅费	2,000.00	2,000.00	何沙	
2013-4-2	付 - 0001	购买办公用品	350.00	350.00	何沙	
2013-4-2	付 - 0002	付利息	2,000.00	2,000.00	何沙	
2013-4-3	付 - 0003	支付货款	50,000.00	50,000.00	何沙	
2013-4-3	付 - 0004	提取备用金	15,000.00	15,000.00	何沙	
2013-4-12	付 - 0005	报销招待费	1,500.00	1,500.00	何沙	
2013-4-20	付 - 0006	付房屋租赁费	20,000.00	20,000.00	何沙	

图4-34　未经出纳签字的凭证列表

实验提示

① 出纳签字不是审核凭证的必需步骤。如果控制参数不选择“出纳凭证必须经由出纳签字”，则可以不执行出纳签字功能。

② 凭证一经签字就不能被修改、删除，只有取消签字后才能进行修改、删除操作。

③ 只有涉及现金、银行科目的凭证才需要出纳签字。

8. 审核凭证

(1) 进入凭证审核列表

以审核员身份登录U8企业应用平台。选择“业务工作”|“财务会计”|“总账”|“凭证”|“审核凭证”，系统弹出“凭证审核条件查询”窗口。设置好查询条件后，单击“确定”按钮，系统显示出符合条件的凭证列表，如图4-35所示。

(2) 凭证审核

双击要进行审核的凭证或选中凭证后单击“确定”按钮，进入“审核凭证”窗口。检查要审核的凭证，确认无误后，单击“审核”按钮，凭证底部的“审核”处会自动签上审核员姓名，如图4-36所示。单击“下张”按钮(显示为“▶”)，对其他凭证进行审核，或者选择“审核”|“成批审核凭证”，完成所有凭证的审核工作。

凭证审核

凭证共 11张　　已审核 0 张　　未审核 11 张

制单日期	凭证编号	摘要	借方金额合计	贷方金额合计	制单人	审核人
2013-4-2	收 - 0001	收到货款	3,000.00	3,000.00	何沙	
2013-4-3	收 - 0002	收到投资	62,500.00	62,500.00	何沙	
2013-4-12	收 - 0003	收回货款	49,600.00	49,600.00	何沙	
2013-4-20	收 - 0004	报销差旅费	2,000.00	2,000.00	何沙	
2013-4-2	付 - 0001	购买办公用品	350.00	350.00	何沙	
2013-4-2	付 - 0002	付利息	2,000.00	2,000.00	何沙	
2013-4-3	付 - 0003	支付货款	50,000.00	50,000.00	何沙	
2013-4-3	付 - 0004	提取备用金	15,000.00	15,000.00	何沙	
2013-4-12	付 - 0005	报销招待费	1,500.00	1,500.00	何沙	
2013-4-20	付 - 0006	付房屋租赁费	20,000.00	20,000.00	何沙	
2013-4-12	转 - 0001	采购使用指南	11,700.00	11,700.00	何沙	

图4-35　凭证审核列表

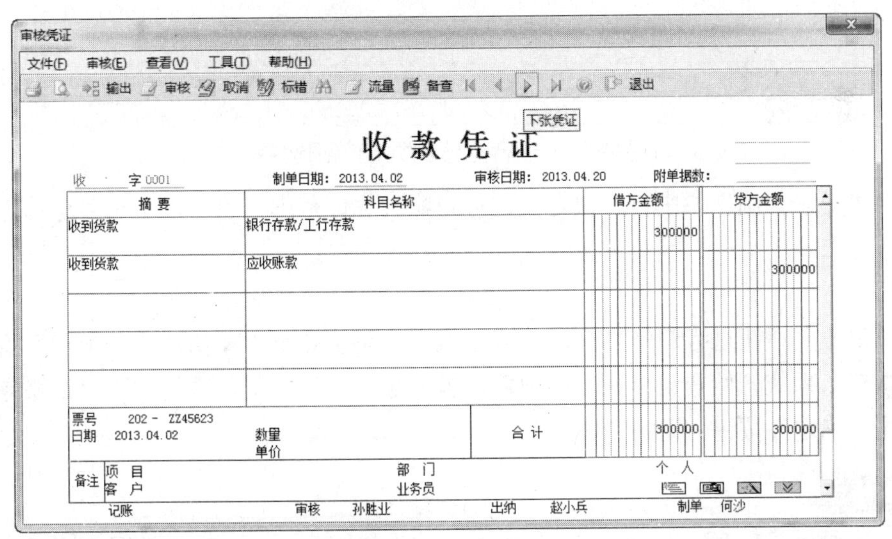

图4-36　审核凭证

实验提示

① 若凭证有错，可以单击“标错”按钮，在凭证上显示“有错”红字签章；错误修改后，再单击“标错”按钮，将消除“有错”红字签章。

② 凭证一经审核，就不能被修改、删除，只有被取消审核签字后才可以进行修改或删除。

③ 作废凭证不能被审核，也不能被标错。

④ 制单人不能审核自己制作的凭证。

9. 凭证记账

(1) 记账凭证选择

以账套主管身份或具有记账权限的人员身份登录系统。选择“业务工作”|“财务会计”|“总账”|“凭证”|“记账”，进入“记账”窗口。选择要进行记账的凭证范围，如图4-37所示。

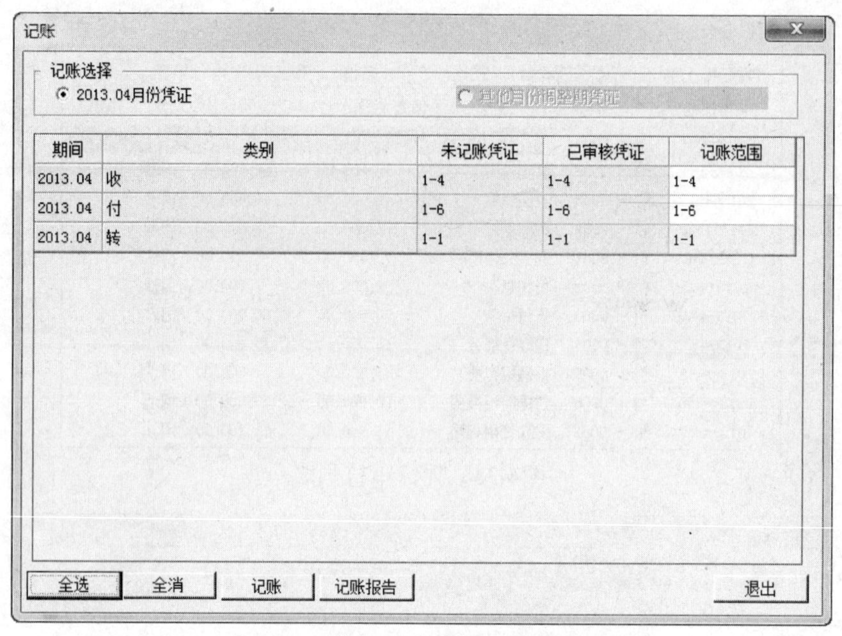

图4-37　进行记账的凭证范围选择

可以在“记账范围”栏中自行决定要进行记账的凭证范围，也可以单击“全选”按钮对所有凭证进行记账。

(2) 记账

单击“记账”按钮进行记账工作。记账完成后，系统弹出“期初试算平衡表”窗口。单击“确定”按钮，系统开始登记总账、明细账、辅助账。登记完毕，系统弹出“记账完毕！”提示框，单击“确定”按钮，记账完毕。

实验提示

① 首次使用总账系统进行记账时，如果期初余额不平衡，则不能记账。

② 上月未结账的，本月不能记账。

③ 如果所选范围内的凭证有不平衡凭证，系统将列出错误凭证，并重选记账范围。

④ 记账过程一旦因断电或其他原因造成中断后，系统将自动调用“恢复记账前状态”恢复数据，然后再重新记账。

10. 恢复记账前状态

如果因为数据错误等原因，需要将凭证恢复到记账前状态，具体方法如下：

(1) 以账套主管身份登录总账系统，选择“业务工作”|“财务会计”|“总账”|“期末”|“对账”，进入“对账”窗口。

(2) 按Ctrl+H键，系统弹出“恢复记账前状态功能已被激活！”提示(再按Ctrl+H键则隐藏该功能)。单击“确定”按钮，再单击“退出”按钮，退出“对账”窗口。

(3) 选择“业务工作”|“财务会计”|“总账”|“凭证”|“恢复记账前状态”，进入“恢复记账前状态”窗口，如图4-38所示。

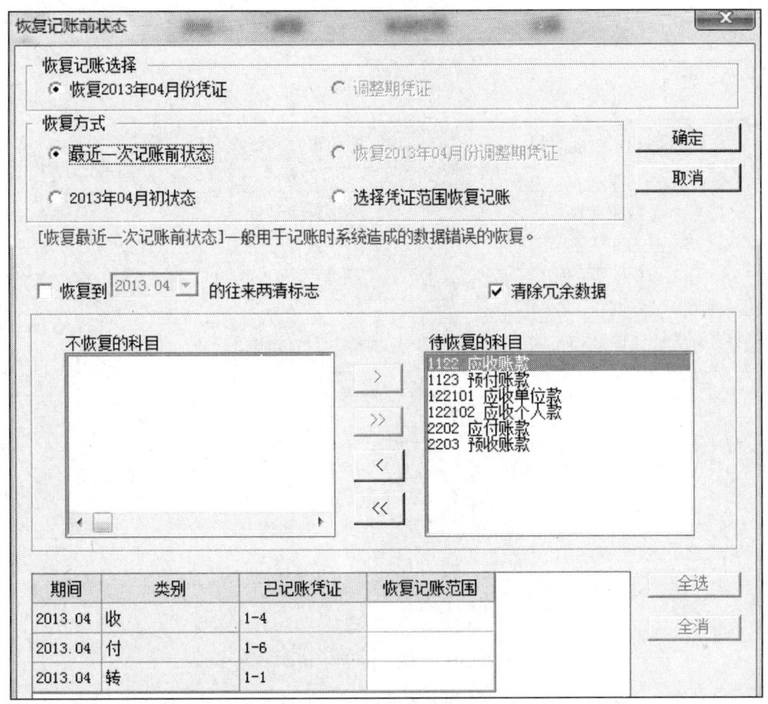

图4-38　恢复记账前状态

(4) 选择“最近一次记账前状态”，单击“确定”按钮，系统弹出“请输入口令”提示框。输入正确的口令后，单击“确定”按钮，系统取消已记账凭证的记账操作。

实验提示

① 已结账月份不能取消记账。

② 只有账套主管才能恢复到月初的记账前状态。

4.4 出纳管理

4.4.1 出纳管理概述

出纳管理在用友U8中是总账系统的一个模块，是为出纳人员提供的一套管理工具，主要功能包括查询和打印现金日记账、银行存款日记账和资金日报；登记和管理支票登记簿；输入银行对账单，进行银行对账，输出余额调节表，并可对银行长期未达账提供审计报告。

由于企业与银行的账务处理和入账时间上的差异，通常会发生双方账面不一致的情况。为防止记账发生差错，正确掌握银行存款的实际余额，必须定期将企业银行存款日记账与银行发出的对账单进行核对，并编制银行存款余额调节表。

银行对账就是将企业登记的银行存款日记账与银行对账单进行核对，银行对账单来自企业开户行。银行对账的流程如图4-39所示。

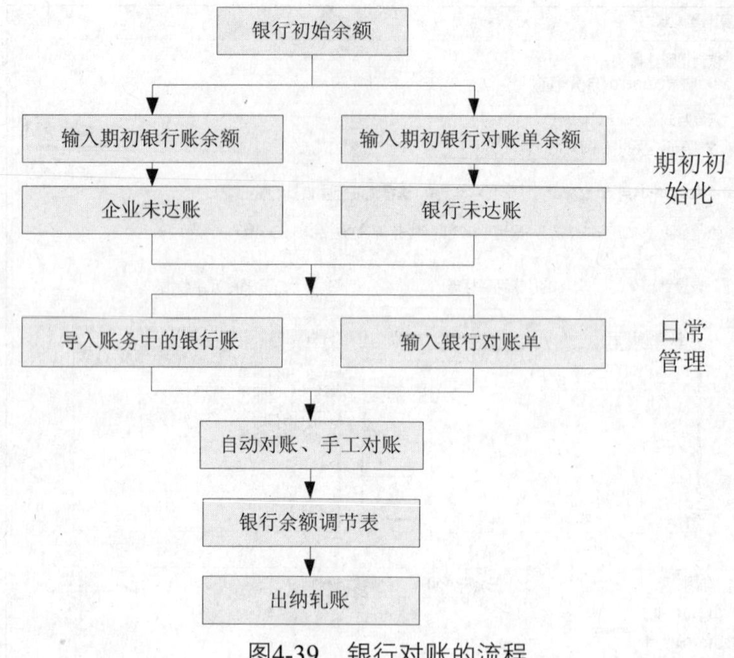

图4-39 银行对账的流程

1. 输入银行对账期初数据

输入银行对账期初数据需要做的工作如下：

(1) 确定银行账户的启用日期。

(2) 输入企业银行日记账和银行对账单的调整前余额。

(3) 输入企业银行日记账和银行对账单期初未达账项。系统将根据调整前余额及期初未达项自动计算出银行对账单与企业银行日记账的调整后余额，如果调整后余额不平，应该调平。否则在执行银行对账之后，会造成账面不平。

上述三项步骤完成以后，不得随意调整启用日期，尤其是向前调。否则，有可能造成启用日期后的期初数不能再参与对账。

2. 输入银行对账单

当需要进行银行对账时，选择银行账户，输入银行对账单。

3. 银行对账

银行对账采用自动对账和手工对账相结合的方式进行。自动对账是系统根据对账依据自动进行核对、勾销，对账依据根据需要选择，方向、金额相同是必要条件，其他可选条件是票号相同、结算方式相同、日期在多少天之内等。

对于已经核对上的银行业务，系统将自动在银行存款日记账和银行对账单上都标上两清标志，并视为已达账。对于在两清栏未写上两清符号的记录，系统视为未达账项。由于自动对账是以银行存款日记账和银行对账单双方对账依据完全相同为条件，所以为了保证自动对账的正确和彻底，必须保证对账数据规范、合理。例如，银行存款日记账和银行存款对账单的票号要统一位长，否则系统将无法识别。

4. 编制余额调节表

银行存款余额调节表是系统自动编制的。对账结束后，就可编制、查询和打印银行存款余额调节表，以检查对账是否正确。

4.4.2　期初设置

实验资料

(1) 工商银行期初数据如下。

工行人民币账户企业日记账调整前余额为511 057.00元。银行对账单调整前余额为467 557.00元。

① 企业未达账

银行已收企业未收：3月26日，银行收到上海长江公司用转账支票支付的货款3 000元，票号ZZ45623，企业未收到。

银行已付企业未付：3月28日，银行自动支付期短期借款利息2 000元，银行付款票据企业未收到。

② 银行未达账

企业已付银行未付：3月28日，企业用现金支票支付零星采购货款2 500元，票号XJ445353，银行未入账，付款凭证号27；3月29日，企业用转账支票支付货款3 000元，票号ZZ30254，银行未入账，付款凭证号32。

企业已收银行未收：3月30日，已收未收货款(重庆嘉陵公司转账支票，ZZ8341)50 000元，收款凭证号56，银行未入账。

(2) 中国银行账户不进行银行对账。

实验过程

1. 银行科目选择

选择“业务工作”|“财务会计”|“总账”|“出纳”|“银行对账”|“银行对账期初录入”，进入“银行科目选择”窗口，选择“工行存款(100201)”。然后单击“确定”按钮，进入“银行对账期初”窗口。

2. 输入期初未达账

(1) 在“单位日记账”栏的调整前余额录入工行存款期初余额511 057.00元，在“银行对账单”栏的调整前余额录入对账单期初余额467 557.00元，如图4-40所示。单击“方向”按钮，将银行对账单余额方向调整为贷方。

图4-40　银行对账期初

实验提示

系统默认的银行对账单余额方向在借方，而在现实中，银行对账单余额一般在贷方，故本实验将其调整为贷方。

(2) 单击“对账单期初未达项”按钮，进入“银行方期初”窗口，如图4-41所示。单击“增加”按钮，录入银行对账单期初未达账数据，然后单击“保存”按钮，退出“银行方期初”窗口。

银行方期初

设置　输出　增加　删除　过滤

科目：工行存款(100201)　　调整前余额：467,557.00

日期	结算方式	票号	借方金额	贷方金额
2013.03.26	202	ZZ45623		3,000.00
2013.03.28	3		2,000.00	

图4-41　对账单期初未达账

(3) 单击“日记账期初未达项”按钮，进入“企业方期初”窗口，如图4-42所示。单击“增加”按钮，录入企业日记账期初未达账数据，然后单击“保存”按钮，退出“企业方期初”窗口。

企业方期初

设置　输出　增加　删除　过滤　退出

科目：工行存款(100201)　　调整前余额：511,057.00

凭证日期	凭证类别	凭证号	结算方式	票号	借方金额	贷方金额
2013.03.28	付	27	201	XJ445353		2,500.00
2013.03.29	付	32	202	ZZ30254		3,000.00
2013.03.30	收	56	202	ZZ8341	50,000.00	

图4-42　日记账期初未达账

(4) 在“银行对账期初”窗口的下方，调整后的单位日记账余额与银行对账单调整后的余额相等，如图4-43所示。

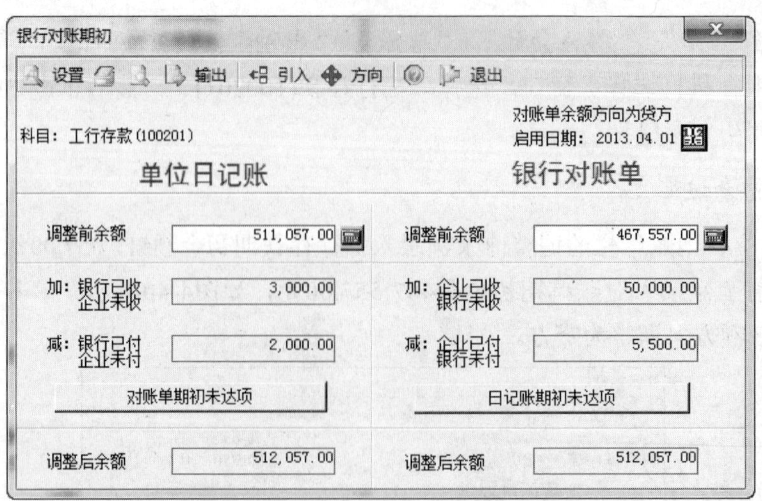

图4-43　调整后的银行对账期初余额

4.4.3　出纳日常业务处理

实验资料

(1) 2013年4月底工商银行对账单，存款对账单部分资料如表4-15所示。

表4-15　工商银行存款4月对账单(部分)

日　期	结算方式	票　号	借方金额	贷方金额
2013-04-02	现金支票	XJ445353	2 500	
2013-04-04	转账支票	ZZ30254	3 000	
2013-04-08	转账支票	ZZ8341		50 000
2013-04-11	转账支票	001188		11 934
2013-04-12	转账支票	ZZR002	50 000	
2013-04-12	转账支票	ZZ123	33 345	
2013-04-16	转账支票	ZZR911	50 000	
2013-04-20	转账支票	456324	11 400	
2013-04-20	转账支票	ZZR003		49 600
2013-04-20	转账支票	ZS002		10 000
2013-04-20	转账支票	ZF002	90 000	

根据以上资料，进行银行对账，生成银行存款余额调节表。

(2) 中行存款期初及期末均无未达账，不进行银行对账。

实验过程

1. 票据管理

选择“业务工作”|“财务会计”|“总账”|“出纳”|“支票登记簿”，在弹出的“银行科目选择”窗口选择“工行存款(100201)”，进入工行存款账户的“支票登记”窗口，如图4-44所示。单击“增加”按钮，可添加新的支票信息。

图4-44　工行支票登记簿

2. 银行对账

(1) 输入银行对账单

选择“业务工作”|“财务会计”|“总账”|“出纳”|“银行对账”|“银行对账单”，在弹出的“银行科目选择”窗口中选择“工行存款(100201)”，月份为2013年4月，单击“确定”按钮进入“银行对账单录入”窗口。

单击“增加”按钮，输入2013年4月的部分对账单信息，如图4-45所示。保存后退出“银行对账单录入”窗口。

日期	结算方式	票号	借方金额	贷方金额	余额
2013.04.02	201	XJ445353	2,500.00		465,057.00
2013.04.04	202	ZZ30254	3,000.00		462,057.00
2013.04.08	202	ZZ8341		50,000.00	512,057.00
2013.04.11	202	001188		11,934.00	523,991.00
2013.04.12	202	ZZR002	50,000.00		473,991.00
2013.04.12	202	ZZ123	33,345.00		440,646.00
2013.04.16	202	ZZR911	50,000.00		390,646.00
2013.04.20	202	456324	11,400.00		379,246.00
2013.04.20	202	ZZR003		49,600.00	428,846.00
2013.04.20	202	ZS002		10,000.00	438,846.00
2013.04.20	202	ZF002	90,000.00		348,846.00

图4-45　银行对账单信息

(2) 银行对账

选择“业务工作”|“财务会计”|“总账”|“出纳”|“银行对账”|“银行对账”命令，选择科目、月份(2013.03—2013.04)，确认后，进入“银行对账”窗口，如图4-46所示。

科目：100201 (工行存款)

单位日记账

凭证日期	票据日期	结算方式	票号	方向	金额	两清	凭证号数	摘　要
2013.03.28		201	XJ445353	贷	2,500.00		付-0027	
2013.03.29		202	ZZ30254	贷	3,000.00		付-0032	
2013.03.30		202	ZZ8341	借	50,000.00		收-0056	
2013.04.02	2013.04.02	202	ZZ45623	借	3,000.00		收-0001	收到货款
2013.04.02	2013.04.02	3	QT001	贷	2,000.00		付-0002	付利息
2013.04.03	2013.04.03	202	ZZR002	贷	50,000.00		付-0003	支付货款
2013.04.03	2013.04.03	201	XJ001	贷	15,000.00		付-0004	提取备用金
2013.04.12	2013.04.12	202	ZZR003	借	49,600.00		收-0003	收回货款
2013.04.12	2013.04.12	202	ZZR004	贷	1,500.00		付-0005	报销招待费
2013.04.20	2013.04.20	202	ZG1226	贷	20,000.00		付-0006	付房屋租赁费

银行对账单

日期	结算方式	票号	方向	金额	两清
2013.03.26	202	ZZ45623	贷	3,000.00	
2013.03.28	3		借	2,000.00	
2013.04.02	201	XJ445353	借	2,500.00	
2013.04.04	202	ZZ30254	借	3,000.00	
2013.04.08	202	ZZ8341	贷	50,000.00	
2013.04.11	202	001188	贷	11,934.00	
2013.04.12	202	ZZR002	借	50,000.00	
2013.04.12	202	ZZ123	借	33,345.00	
2013.04.16	202	ZZR911	借	50,000.00	
2013.04.20	202	456324	借	11,400.00	
2013.04.20	202	ZZR003	贷	49,600.00	
2013.04.20	202	ZS002	贷	10,000.00	
2013.04.20	202	ZF002	借	90,000.00	

图4-46　银行对账

单击“对账”按钮，在弹出的“自动对账”窗口中，录入截止日期为2013-04-20，选择对账条件，如图4-47所示。

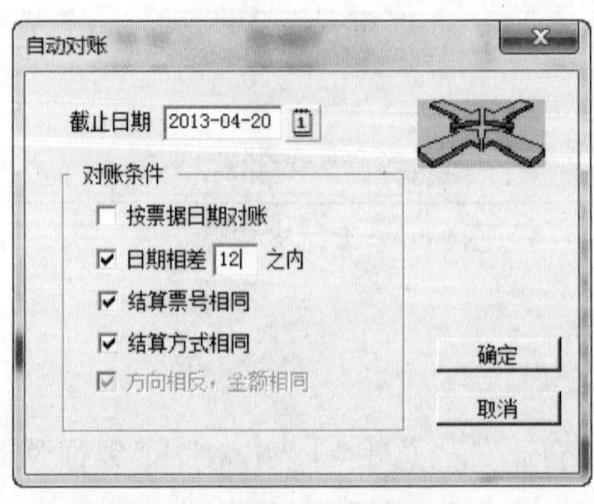

图4-47　自动对账条件定义

单击“确定”按钮，系统进行自动对账。完成后，显示对账结果，如图4-48所示。在该窗口中，可以看到自动对账两清的记录标记为“O”，且背景色为黄色。

科目：100201 (工行存款)

单位日记账

凭证日期	结算方式	票号	方向	金额	两清	凭证号数	摘　要
2013.03.28	201	XJ445353	贷	2,500.00	○	付-0027	
2013.03.29	202	ZZ30254	贷	3,000.00	○	付-0032	
2013.03.30	202	ZZ8341	借	50,000.00	○	收-0056	
2013.04.02	202	ZZ45623	借	3,000.00	○	收-0001	收到货款
2013.04.02	3	QT001	贷	2,000.00	○	付-0002	付利息
2013.04.03	202	ZZR002	贷	50,000.00	○	付-0003	支付货款
2013.04.03	201	XJ001	贷	15,000.00		付-0004	提取备用金
2013.04.12	202	ZZR003	借	49,600.00	○	收-0003	收回货款
2013.04.12	202	ZZR004	贷	1,500.00		付-0005	报销招待费
2013.04.20	202	ZG1226	贷	20,000.00		付-0006	付房屋租赁费

银行对账单

日期	结算方式	票号	方向	金额	两清
2013.03.26	202	ZZ45623	贷	3,000.00	○
2013.03.28	3		借	2,000.00	○
2013.04.02	201	XJ445353	借	2,500.00	○
2013.04.04	202	ZZ30254	借	3,000.00	○
2013.04.08	202	ZZ8341	贷	50,000.00	○
2013.04.11	202	001188	贷	11,934.00	
2013.04.12	202	ZZR002	借	50,000.00	○
2013.04.12	202	ZZ123	借	33,345.00	
2013.04.16	202	ZZR911	借	50,000.00	
2013.04.20	202	456324	借	11,400.00	
2013.04.20	202	ZZR003	贷	49,600.00	○
2013.04.20	202	ZS002	贷	10,000.00	
2013.04.20	202	ZF002	借	90,000.00	

图4-48　已进行自动对账的银行日记账与对账单

上面的对账情况，与前面的凭证已经记账的多少有关系。

实验提示

① 自动对账条件越多，对账越准确。日记账、对账单信息越不全，那么能对上的记录也就越少。

②“方向相反，金额相同”是系统默认条件，不能取消；如果在“银行对账期初”中定义“银行对账单余额方向”为借方，则对账默认条件为“方向、金额相同”。

③ 使用自动对账后，可能还有一些特殊的已达账没有对出来，而被视为未达账项。为了保证对账更彻底、正确，可用手工对账来进行调整。

④ 手工对账通过在单位日记账与银行对账单记录的两清标志区双击鼠标左键，打上两清标志Y来完成。

⑤ 单击“取消”按钮，可取消自动对账标志；在手工对账的两清标志Y处，双击鼠标左键，可取消手工对账标志。

⑥ 对账本身不会影响银行账的数据。

(3) 银行存款余额调节表

选择“银行对账”|“余额调节表查询”，可查看银行存款余额调节表情况。选中银行科目“工行存款”，双击可查看该科目的余额调节表，如图4-49所示。

银行存款余额调节表

银行科目（账户）	对账截止日期	单位账账面余额	对账单账面余额	调整后存款余额
工行存款(100201)	2013.04.20	475,157.00	348,846.00	312,346.00
中行存款(100202)		10,000.00	0.00	10,000.00

银行存款余额调节表

设置　输出　详细　退出

银行账户：工行存款(100201)　　对账截止日期：2013.04.20

单位日记账		银行对账单	
账面余额	475,157.00	账面余额	348,846.00
加：银行已收企业未收	21,934.00	加：企业已收银行未收	0.00
减：银行已付企业未付	184,745.00	减：企业已付银行未付	36,500.00
调整后余额	312,346.00	调整后余额	312,346.00

图4-49　工行存款期末余额调节表

4.4.4 信息查询

1. 日记账查询

选择“业务工作”|“财务会计”|“总账”|“出纳”|“现金日记账”命令，然后选择科目、月份确认后，进入“现金日记账”窗口，如图4-50所示。

现金日记账

科目 1001 库存现金

2013年 月	日	凭证号数	摘要	对方科目	借方	贷方	方向	余额
			月初余额				借	6,785.00
04	02	付-0001	购买办公用品	660203		350.00	借	6,435.00
04	02		本日合计			350.00	借	6,435.00
04	03	付-0004	提取备用金	100201	15,000.00		借	21,435.00
04	03		本日合计		15,000.00		借	21,435.00
04	20	收-0004	报销差旅费	122102	200.00		借	21,635.00
04	20		本日合计		200.00		借	21,635.00
04			当前合计		15,200.00	350.00	借	21,635.00
04			当前累计		34,089.00	19,210.00	借	21,635.00

图4-50 现金日记账

在现金日记账中，双击某行记录或选中某行再单击“凭证”按钮，可查看该记录对应的凭证信息。单击“总账”按钮，可查看现金科目总账。

与查询现金日记账的方法类似，也可查看银行存款日记账。

2. 资金日报表

选择“出纳”|“资金日报”，打开如图4-51所示的窗口，可查询资金日报表的相关信息。

资金日报表

日期:2013.04.20

科目编码	科目名称	币种	今日共借	今日共贷	方向	今日余额	借方笔数	贷方笔数
1001	库存现金		200.00		借	21,635.00	1	
1002	银行存款			20,000.00	借	1,162,657.0		1
100201	工行存款			20,000.00	借	475,157.00		1
100202	中行存款				借	687,500.00		
		美元			借	110,000.00		
合计			200.00	20,000.00	借	1,184,292.0	1	1
		美元			借	110,000.00		

图4-51 资金日报表

4.5 总账查询

1. 余额表

余额表可以反映总括的数据情况，在实际工作中十分有用。查看方法是，选择“财务会计”|“总账”|“账表”|“科目账”|“余额表”，显示出条件输入，设置查询条件，然后单击“确定”按钮后显示的余额表如图4-52所示。双击某科目，就能直接进入该明细账。

科目编码	科目名称	期初余额		本期发生		期末余额	
		借方	贷方	借方	贷方	借方	贷方
1001	库存现金	6,785.00		15,200.00	350.00	21,635.00	
1002	银行存款	1,136,057.00		115,100.00	88,500.00	1,162,657.00	
1122	应收账款	157,600.00			52,600.00	105,000.00	
1221	其他应收款	3,800.00			2,000.00	1,800.00	
1231	坏账准备		10,000.00				10,000.00
1403	原材料	1,004,000.00				1,004,000.00	
1405	库存商品	3,569,000.00		10,000.00		3,579,000.00	
1601	固定资产	3,690,860.00				3,690,860.00	
1602	累计折旧		108,995.00				108,995.00
1701	无形资产	58,500.00				58,500.00	
资产小计		9,626,602.00	118,995.00	140,300.00	143,450.00	9,623,452.00	118,995.00
2001	短期借款		200,000.00				200,000.00
2202	应付账款		276,850.00		11,700.00		288,550.00
2211	应付职工薪酬		8,200.00				8,200.00
2221	应交税费	16,800.00		1,700.00		18,500.00	
2241	其他应付款		2,100.00				2,100.00
负债小计		16,800.00	487,150.00	1,700.00	11,700.00	18,500.00	498,850.00
4001	实收资本		7,695,444.00		62,500.00		7,757,944.00
4103	本年利润		1,478,000.00				1,478,000.00
4104	利润分配	119,022.00				119,022.00	
权益小计		119,022.00	9,173,444.00		62,500.00	119,022.00	9,235,944.00
5001	生产成本	17,165.00		50,000.00		67,165.00	
5101	制造费用			20,000.00		20,000.00	
成本小计		17,165.00		70,000.00		87,165.00	
6602	管理费用			3,650.00		3,650.00	
6603	财务费用			2,000.00		2,000.00	
损益小计				5,650.00		5,650.00	
合计		9,779,589.00	9,779,589.00	217,650.00	217,650.00	9,853,789.00	9,853,789.00

图4-52　发生额及余额表

2. 明细账

选择“财务会计”|“总账”|“账表”|“科目账”|“明细账”，显示出条件输入。选择条件“月份综合明细账”，则应收账款的明细账如图4-53所示。双击任一分录，就会显示其凭证。

科目　1122 应收账款

2013年		凭证号数	科目编码	科目名称	摘要	借方	贷方	方向	余额
月	日								
04			1122	应收账款	期初余额			借	157,600.00
04	02	收-0001	1122	应收账款	收到货款_大华_ZZ·		3,000.00	借	154,600.00
04	12	收-0003	1122	应收账款	收回货款_嘉陵_ZZ		49,600.00	借	105,000.00
04			1122	应收账款	当前合计 (月净额:		52,600.00	借	105,000.00
04			1122	应收账款	当前累计	60,000.00	252,600.00	借	105,000.00

图4-53　明细账

3. 多栏账

选择“财务会计”|“总账”|“账表”|“科目账”|“多栏账”，进入后单击“增加”按钮，然后弹出“多栏账定义”窗口。这里核算科目选择“6602管理费用”，然后单击“自动编制”按钮，如图4-54所示。

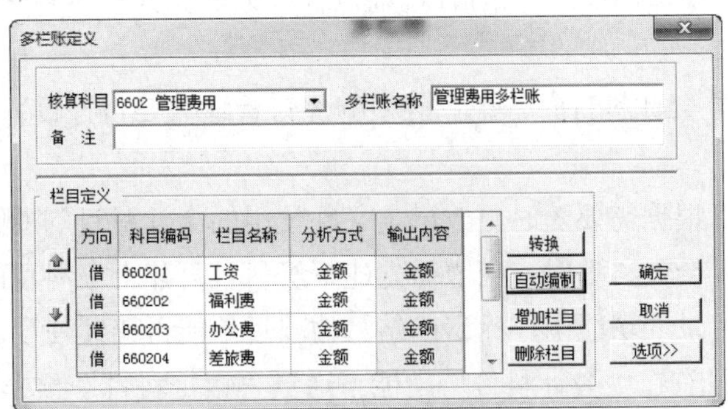

图4-54　多栏账定义

再单击“确定”按钮，这时便定义好了一个多栏账，如图4-55所示。双击“管理费用多栏账”，再选择会计期间，单击“确定”按钮后可显示具体的多栏账，如图4-56所示。

图4-55　多栏账目录

多栏账

多栏 管理费用多栏账

2013年		凭证号数	摘要	借方	贷方	方向	余额	借方						
月	日							工资	福利费	办公费	差旅费	招待费	折旧费	其他
04	02	付-0001	购买办公用品	350.00		借	350.00			350.00				
04	12	付-0005	报销招待费	1,500.00		借	1,850.00					1,500.00		
04	20	收-0004	报销差旅费	1,800.00		借	3,650.00				1,800.00			
04			当前合计	3,650.00		借	3,650.00			350.00	1,800.00	1,500.00		
04			当前累计	26,200.00	22,550.00	借	3,650.00	8,000.00	1,100.00	950.00	7,400.00	6,100.00	2,600.00	50.00

图4-56　多栏账

复习题

一、思考题

1. 简述总账处理的基本流程。
2. 结合软件说明总账系统的主要功能构成。
3. 试算平衡的主要作用是什么？
4. 银行对账的主要内容和步骤是什么？
5. 辅助核算的作用是什么？
6. 简述总账系统与其他业务系统的接口。

二、判断题

1. 凭证复核人和制单人不能为同一人。(　　)
2. 凭证必须是复核之后才能记账，未复核的凭证不能记账。(　　)
3. 总账系统业务处理过程中，可以随时查询包含未记账凭证的所有账表，满足管理中对信息及时性的要求。(　　)
4. 在总账系统中建立会计科目时，企业应根据经营管理需要自行设置一级科目及明细科目编码。(　　)
5. 在总账系统中，可根据需要随时更改已定义并使用的会计科目辅助账设置。(　　)
6. 在总账系统中增设会计科目时，应遵循先建下级科目再建上级科目的原则。(　　)
7. 总账系统“项目目录”功能中，标识已结算的项目不能再继续使用。(　　)
8. 在总账系统中，只有在“会计科目”功能下通过“指定科目”预先指定的现金类科目，才可以通过“现金日记账”功能查询其日记账。(　　)

9. 记账凭证是登记账簿的依据，在实行计算机处理账务后，电子账簿的准确与完整完全依赖于记账凭证，因此应确保记账凭证的准确、完整。(　　)

10. 在总账系统中填制记账凭证时，凭证一旦保存，其凭证编号和凭证类别不能再进行修改。(　　)

11. 在总账系统中进行银行对账时，由于存在凭证不规范输入等情况，可能会造成一些特殊的已达账项未能被系统自动勾对出来。为了保证对账准确，可以通过手工对账进行调整勾销。(　　)

12. 通过总账系统账簿查询功能，既可以实现对已记账经济业务的账簿信息查询，也可以实现对未记账凭证的模拟记账信息查询。(　　)

13. 只能对未记账凭证进行凭证整理。(　　)

三、单项选择题

1. 以下不属于凭证字号的是(　　)。

A. 收　　B. 转　　C. 原始　　D. 付

2. 以下不属于会计科目类别的是(　　)。

A. 固定资产类　　B. 成本类　　C. 负债类　　D. 资产类

3. 在设置会计科目时，下列不属于辅助核算的是(　　)。

A. 日期　　B. 供应商　　C. 个人　　D. 部门

4. 在总账系统中输入凭证时可以不输入或选择的项目是(　　)。

A. 凭证类别　　B. 制单日期　　C. 附单据数　　D. 凭证摘要

5. 使用总账系统输入凭证时，对科目和金额的要求是(　　)。

A. 科目必须是总账科目，金额不能为零　　B. 科目必须是末级科目，金额不能为零

C. 金额可以是任意数　　D. 金额不能为负数

6. 在总账系统中，删除凭证的必要条件是(　　)。

A. 未审核　　B. 未记账　　C. 已打上作废标记　　D. 未结账

7. 在总账系统中，修改已记账凭证的方法是(　　)。

A. 直接修改　　B. 取消审核后修改　　C. 由账套主管修改　　D. 红字冲销

8. 在总账系统中，凭证不能记账的情况是(　　)。

A. 凭证已审核　　B. 上月未结账

C. 上月已结账　　D. 已有部分凭证记账

9. 总账系统中取消凭证审核的操作员必须是(　　)。

A. 制单人　　B. 审核人　　C. 账套主管　　D. 原审核人

10. 在总账系统中，对记账次数的要求是(　　)。

A. 每月只能记一次账　　B. 每天只能记一次账

C. 月末时记一次账　　D. 不受限制

11. 在总账系统中，计算机根据银行日记账与银行对账单进行核对、勾销，并生成银行存款余额调节表称为(　　)。

A. 自动核销　　B. 手工核销　　C. 自动银行对账　　D. 手工银行对账

12. 在总账系统中，银行对账工作过程的顺序是(　　)。

A. 输入银行对账单→输出余额调节表→自动对账→手工对账

B. 输入银行对账单→自动对账→手工对账→输出余额调节表

C. 输入银行对账单→手工对账→自动对账→输出余额调节表

D. 手工对账→自动对账→输出余额调节表→输出银行对账单

13. 在填制凭证时以下说法正确的是(　　)。

A. 增加凭证时按“F2”键　　B. 按“F2”键参照录入会计科目

C. 按“=”键改变金额方向　　D. 按空格键直接录入最后一个科目的金额

14. 凭证记账后则不能进行(　　)操作。

A. 继续填制凭证　　B. 修改期初余额

C. 设置自定义转账凭证　　D. 指定现金及银行科目

15. 在用友ERP-U8管理系统中，(　　)模块与总账系统之间不存在凭证传递关系。

A. 工资管理　　B. 应收管理　　C. UFO报表　　D. 固定资产管理

16. 在总账系统中，已记账凭证的查询应通过总账中的(　　)功能进行。

A. 凭证/填制凭证　　B. 凭证/查询凭证　　C. 凭证/常用凭证　　D. 账表/科目账

17. 对于总账系统“审核凭证”功能，下列说法中错误的是(　　)。

A. 审核人和制单人不能是同一人

B. 对已审核凭证可以由审核人自己或是会计主管取消审核签字

C. 对于错误的记账凭证，可以通过计算机在凭证上标明“有错”字样

D. 作废凭证不能被审核，也不能被标错

18. 在总账系统中，用户可通过(　　)功能彻底删除已作废记账凭证。

A. 冲销凭证　　B. 作废凭证　　C. 整理凭证　　D. 删除分录

19. 总账系统与其他财务管理子系统之间存在数据传递关系，它可以接收其他子系统生成的凭证，也可以向(　　)等子系统提供财务数据。

A. 应收应付系统　　B. UFO报表系统　　C. 固定资产系统　　D. 存货核算系统

四、多项选择题

1. 手工录入凭证填制的内容包括(　　)。

A. 制单日期　　B. 摘要、会计科目名称

C. 借贷方金额　　D. 凭证字号

2. 在总账系统中，对于定义为部门辅助核算的会计科目，可以进行部门辅助账管理。部门辅助账管理主要涉及(　　)等方面。

A. 部门辅助总账查询　　B. 部门明细账查询

C. 部门账簿打印　　D. 部门收支分析

3. 通过总账系统“银行对账”功能，可以实现(　　)等各项操作。

A. 输入银行对账单　　B. 银行对账单查询

C. 引入银行对账单　　D. 自动银行对账

4. 出纳凭证涉及企业现金的收入与支出，所以应对其加强管理，一般而言，企业出纳人员

可以通过总账系统“出纳签字”功能完成下列(　　)等工作。

A. 检查核对出纳凭证

B. 对认为有错或有异议的凭证，交与填制人员修改后再核对

C. 对审核无误的出纳凭证进行出纳签字

D. 填补或修改结算方式和票号

5. 在总账系统中，只有经过审核的记账凭证才能作为正式凭证进行记账处理，审核凭证包括(　　)等几个方面的工作。

A. 出纳签字　　　　B. 主管签字

C. 审核员审核凭证　　　　D. 修改标错凭证

6. 关于总账系统中出错记账凭证的修改，下列说法中正确的是(　　)。

A. 外部系统传过来的凭证发生错误，既可以在总账系统中进行修改，也可以在生成该凭证的系统中进行修改

B. 已经记账的凭证发生错误，不允许直接修改，只能采取“红字冲销法”或“补充更正法”进行更正

C. 已通过审核的凭证发生错误，只要该凭证尚未记账，便可通过凭证编辑功能直接修改

D. 已经输入但尚未审核的机内记账凭证发生错误，可以通过凭证编辑功能直接修改

7. 在总账系统中填制记账凭证时，“科目名称”栏可选择下列(　　)等方法输入。

A. 输入科目编码　　　　B. 科目参照选择

C. 输入科目名称　　　　D. 输入科目助记码

8. 总账系统中记账凭证的来源有(　　)。

A. 根据审核无误的原始单据人工编制录入

B. 从其他业务系统自动传递转入

C. 从外部导入，如凭证引入或接口开发

D. 系统根据设定的自动转账分录自动生成

9. 总账系统用户可以根据本单位需要对记账凭证进行分类，系统提供的常用凭证分类方式有(　　)。

A. 记账凭证

B. 收款、付款、转账凭证

C. 现金、银行、转账凭证

D. 现金收款、现金付款、银行收款、银行付款、转账凭证

10. 企业在“项目目录”功能中可以进行下列(　　)等多项操作。

A. 定义项目大类　　B. 指定项目核算科目　　C. 定义项目分类　　D. 定义项目目录

11. 在总账系统中可以对会计科目进行如下(　　)辅助核算。

A. 分部门核算　　B. 客户往来核算　　C. 内部往来核算　　D. 项目核算

12. 若会计科目的编码方案为4-2-2，下列正确的会计科目编码为(　　)。

A. 22210105　　B. 222101　　C. 2221001　　D. 222102

13. 涉及(　　)科目的凭证，需要进行出纳签字。

A. 应收账款　　B. 应付账款　　C. 现金　　D. 银行存款

第5章

供应链与应收应付业务处理

5.1 供应链管理初始设置

5.1.1 基础信息设置

实验资料

(1) 计量单位

计量单位的有关信息如表5-1所示。

表5-1 计量单位

计量单位组名称	计量单位代码	计量单位名称	换算方式	换算率	是否默认
01：自然单位组，无换算率	01	其他	无换算率		
	0101	吨	无换算率		
	0102	台	无换算率		
	0103	块	无换算率		
	0104	箱	无换算率		
	0105	盒	无换算率		
	0106	个	无换算率		
	0107	千米	无换算率		
02：鼠标组，固定换算率	02	只	固定换算率	1	是
	0201	箱	固定换算率	12	
03：硬盘组，固定换算率	03	盒	固定换算率	1	是
	0301	箱	固定换算率	10	

(2) 存货分类

存货分类如表5-2所示。

表5-2 存货分类

类别编码	类别名称	类别编码	类别名称
1	原材料	201	税控II号
101	主机	3	配套用品
10101	处理器	301	配套材料
10102	硬盘	302	配套硬件
10103	加密卡	30201	打印机
102	显示器	30202	传真机
103	键盘	30203	服务器

(续表)

类别编码	类别名称	类别编码	类别名称
104	鼠标	303	配套软件
2	产成品	8	应税劳务

(3) 存货档案

存货档案如表5-3所示。

表5-3　存货档案

编码	名称	类别	计量单位组	单位	属性
001	酷睿双核处理器	10101	自然单位组	盒	内销、外购、生产耗用
002	2TB硬盘	10102	硬盘组	盒	内销、外购、生产耗用
003	23寸液晶显示器	102	自然单位组	台	内销、外购、生产耗用
004	键盘	103	自然单位组	个	内销、外购、生产耗用
005	鼠标	104	鼠标组	只	内销、外购、生产耗用
006	税控II号	201	自然单位组	台	内销、自制
007	HP打印机	30201	自然单位组	台	内销、外购、生产耗用
008	联想服务器	30203	自然单位组	台	内销、外购、生产耗用
009	A型加密卡	10103	自然单位组	块	内销、外购、生产耗用
010	专用发票打印纸	301	自然单位组	箱	内销、自制
011	普通发票打印纸	301	自然单位组	箱	内销、自制
900	运费	8	自然单位组	千米	外购、外销、应税劳务

运费的计价方法为个别计价法，其他的按照库房计价。除900元运费的税率为7%外，其他的税率均为17%。

(4) 仓库档案

仓库档案如表5-4所示。

表5-4　仓库档案

仓库编码	仓库名称	计价方式
1	原料库	移动平均法
2	成品库	全月平均法
3	配套用品库	全月平均法

(5) 收发类别

收发类别如表5-5所示。

表5-5　收发类别

编码	名称	标志	编码	名称	标志
1	正常入库	收	3	正常出库	发
101	采购入库	收	301	销售出库	发
102	产成品入库	收	302	领料出库	发
103	调拨入库	收	303	调拨出库	发
2	非正常入库	收	4	非正常出库	发
201	盘盈入库	收	401	盘亏出库	发
202	其他入库	收	402	其他出库	发

(6) 采购类型

编码：1；名称：普通采购；入库类别：采购入库；为默认值。

(7) 销售类型

编码：1；名称：经销；出库类别：销售出库；为默认值。

编码：2；名称：代销；出库类别：销售出库；非默认值。

(8) 开户银行

编码：01；名称：工商银行重庆分行两江支行；账号：787978797879。

编码：02；名称：中国银行重庆分行两江支行；账号：112111211121；机构号：10465；联行号：86455。

(9) 单据设置

将单据的编号设置改为“手工改动，重号时自动重取”，将流水依据的长度改为3位。在实验中，可以手工输入，也可以使用自动获取方式。在实际工作中，一般需要输入实际的发票号，一遍对账。

实验过程

1. 计量单位组和计量单位设置

(1) 计量单位组设置

以账套主管身份登录U8企业应用平台。选择“基础设置”|“基础档案”|“存货”|“计量单位”，单击“分组”(即增加分组)，进入“计量单位组”窗口后单击“增加”按钮，输入计量单位组信息，单击“保存”按钮。完成后，可继续增加计量单位组，如图5-1所示。

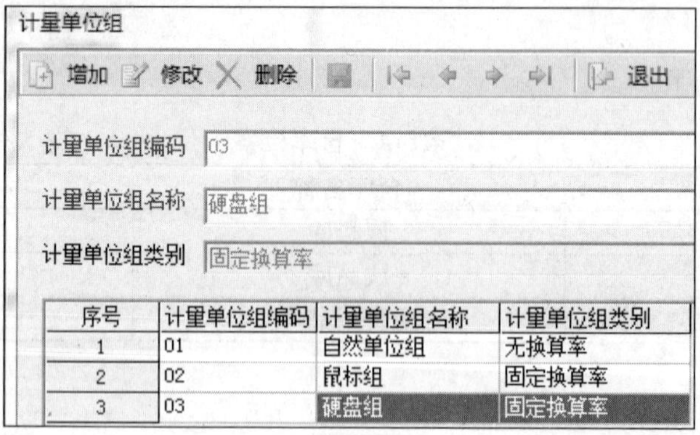

计量单位组

增加 修改 删除 退出

计量单位组编码 03

计量单位组名称 硬盘组

计量单位组类别 固定换算率

序号	计量单位组编码	计量单位组名称	计量单位组类别
1	01	自然单位组	无换算率
2	02	鼠标组	固定换算率
3	03	硬盘组	固定换算率

图5-1　计量单位组

计量单位组类别有以下两种。

- 无换算率计量单位组：在该组下的所有计量单位都以单独形式存在，各计量单位之间不需要输入换算率。系统默认为主计量单位。
- 固定换算率计量单位组：包括多个计量单位，一个主计量单位、多个辅计量单位。

(2) 计量单位设置

选择“基础设置”|“基础档案”|“存货”|“计量单位”，单击“单位”，进入“计量单位”窗口后单击“增加”按钮，输入计量单位信息，如图5-2所示。

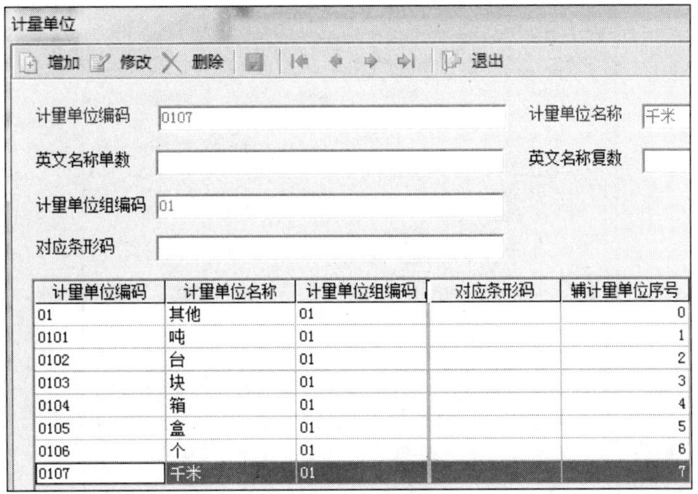

计量单位编码	计量单位名称	计量单位组编码	对应条形码	辅计量单位序号
01	其他	01		0
0101	吨	01		1
0102	台	01		2
0103	块	01		3
0104	箱	01		4
0105	盒	01		5
0106	个	01		6
0107	千米	01		7

图5-2　计量单位

实验提示

①主计量单位标志：打勾选择，不可修改。

②无换算率计量单位组下的计量单位全部默认为主计量单位，不可修改。

③固定、浮动计量单位组：对应每一个计量单位组必须且只能设置一个主计量单位，默认值为该组下增加的第一个计量单位。

④每个辅计量单位都是和主计量单位进行换算。

设置完成后，计量单位组和计量单位信息如图5-3所示。

序号	计量单位编码	计量单位名称	计量单位组编码	计量单位组名称	计量单位组类别	主计量单位标志	换算率
1	01	其他	01	自然单位组	无换算率		
2	0101	吨	01	自然单位组	无换算率		
3	0102	台	01	自然单位组	无换算率		
4	0103	块	01	自然单位组	无换算率		
5	0104	箱	01	自然单位组	无换算率		
6	0105	盒	01	自然单位组	无换算率		
7	0106	个	01	自然单位组	无换算率		
8	0107	千米	01	自然单位组	无换算率		
9	02	只	02	鼠标组	固定换算率	是	1.00
10	0201	箱	02	鼠标组	固定换算率	否	12.00
11	03	盒	03	硬盘组	固定换算率	是	1.00
12	0301	箱	03	硬盘组	固定换算率	否	10.00

图5-3　计量单位

2. 存货分类设置

选择“基础设置”|“基础档案”|“存货”|“存货分类”，单击“增加”按钮，在窗口右边栏中，输入存货分类编码与存货分类名称。设置完成后如图5-4所示。

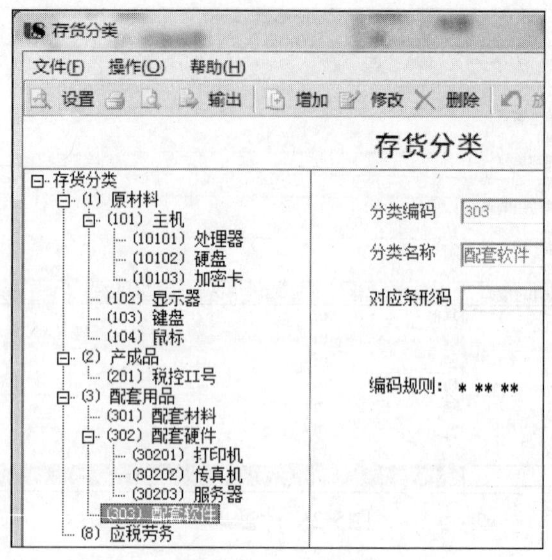

图5-4　存货分类

3. 存货档案设置

选择“基础设置”|“基础档案”|“存货”|“存货档案”，单击“增加”按钮，输入存货档案，如图5-5所示。输入完毕，单击“保存”按钮完成。

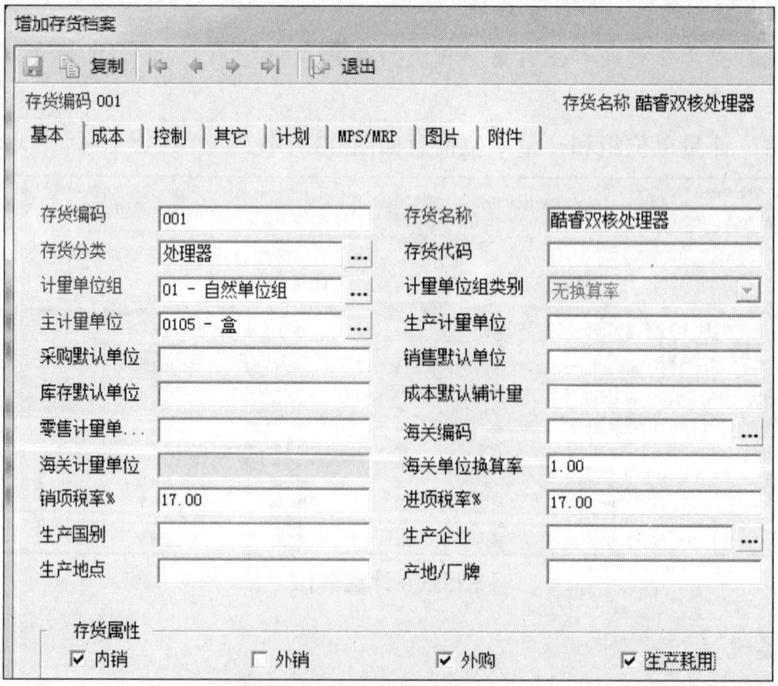

图5-5　存货档案输入(基本)

在“存货档案—存货分类”窗口中选择存货档案左边的“存货分类”，能够显示录入的存货档案信息。选择“操作”|“栏目设置”，可以根据需要调整显示的项目和顺序。设置完成的存货档案如图5-6所示。

序号	选择	存货编码	存货名称	存货大类编码	计价方式	计量单位组名称	主计量单位名称
1		001	酷睿双核处理器	10101		自然单位组	盒
2		002	2T硬盘	10102		硬盘组	盒
3		003	23吋液晶显示器	102		自然单位组	台
4		004	键盘	103		自然单位组	个
5		005	鼠标	104		鼠标组	只
6		006	税控II号	201		自然单位组	台
7		007	HP打印机	30201		自然单位组	台
8		008	联想服务器	30203		自然单位组	台
9		009	A型加密卡	10103		自然单位组	块
10		010	专用发票打印纸	301		自然单位组	箱
11		011	普通发票打印纸	301		自然单位组	箱
12		900	运费	8	个别计价法	自然单位组	千米

图5-6　存货档案

4. 仓库档案设置

选择“基础设置”|“基础档案”|“业务”|“仓库档案”，弹出“仓库档案”窗口。单击“增加”按钮，弹出“增加仓库档案”窗口。在此窗口中，根据实验资料录入仓库编码、仓库名称、计价方式等信息。如果仓库不进行货位管理，就不选中“是否货位管理”复选框，如图5-7所示。

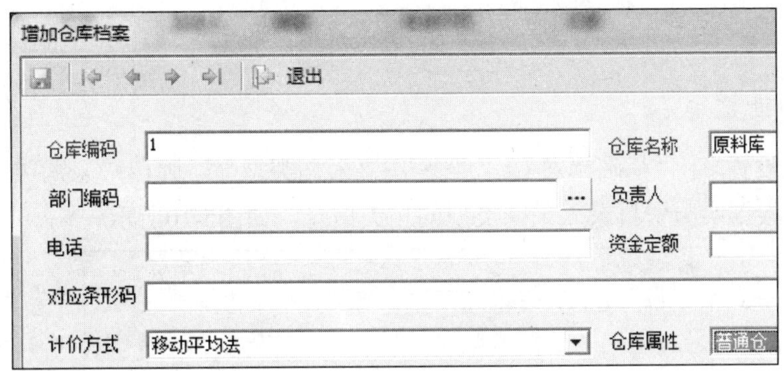

图5-7　增加仓库档案

单击“保存”按钮，系统将当前录入的仓库信息保存，并新增一张空白卡片，以录入新的仓库资料。设置完成，仓库档案如图5-8所示。

仓库档案

文件(F)　操作(O)　帮助(H)

设置　输出　增加　修改　删除

仓库档案

序号	仓库编码	仓库名称	计价方式
1	1	原料库	移动平均法
2	2	成品库	全月平均法
3	3	配套用品库	全月平均法

图5-8　仓库档案

实验提示

① 用友U8存货计价方式一是在存货档案里设置，根据每一种的要求设置计价方法。二是在仓库档案里按照仓库进行设置，也就是这个仓库的所有物料都采用这种计价方法。

② 选择“基础设置”|“业务参数”|“供应链”|“存货核算”，在弹出的窗口中选择“核算方式”页签，可以选择按仓库核算、按部门核算和按存货核算。

5. 收发类别设置

选择“基础设置”|“基础档案”|“业务”|“收发类别”，弹出“收发类别”窗口。单击“增加”按钮，根据实验资料录入收发类别的相关信息，如图5-9所示。

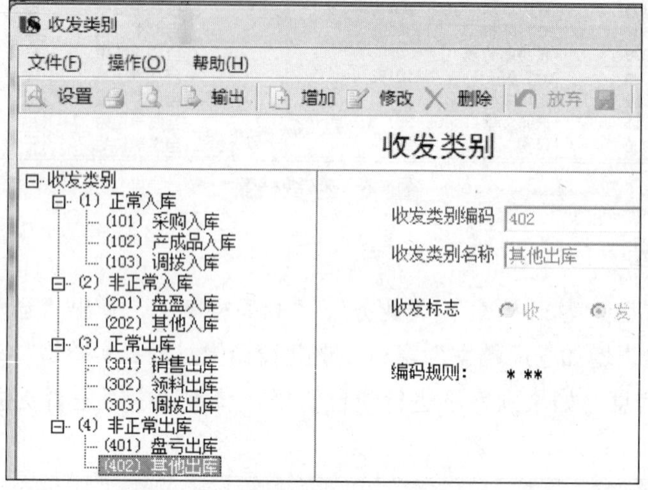

图5-9 收发类别

6. 采购类型设置

选择“基础设置”|“基础档案”|“业务”|“采购类型”，弹出“采购类型”窗口。单击“增加”按钮，根据实验资料录入采购类型的相关信息，如图5-10所示。

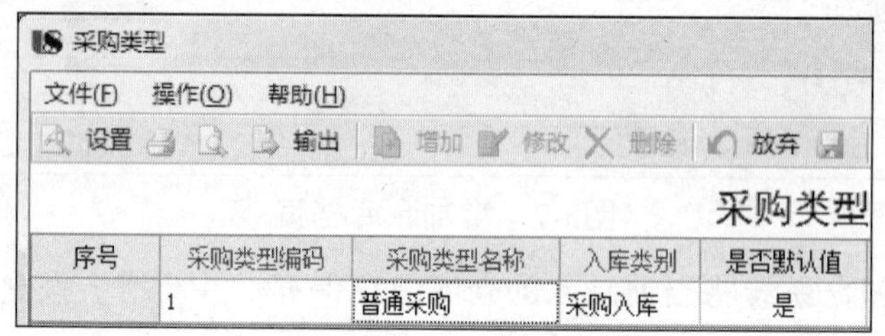

图5-10 采购类型

7. 销售类型设置

选择“基础设置”|“基础档案”|“业务”|“销售类型”，弹出“销售类型”窗口。单击“增加”按钮，根据实验资料录入销售类型的相关信息，如图5-11所示。

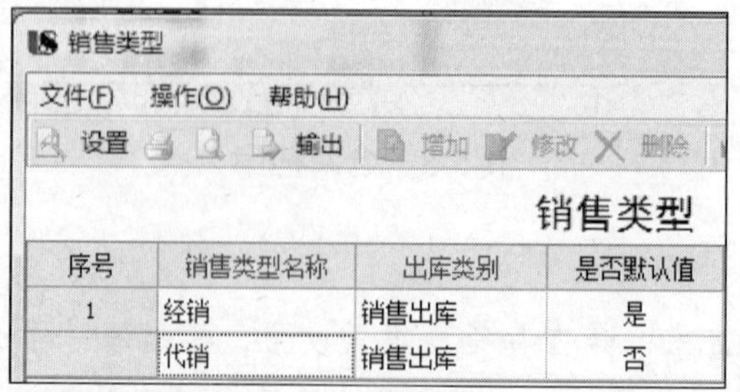

图5-11 销售类型

8. 开户银行设置

选择“基础设置”|“基础档案”|“收付结算”|“本单位开户银行”，进入“本单位开户银行”窗口。单击“增加”按钮，根据实验资料录入开户银行信息，如图5-12所示。

增加本单位开户银行

退出

编码 02　银行账号 112111211121

账户名称 重庆两江科技有限公司　开户日期

币种 美元　暂封

进行密码管理

开户银行 中国银行重庆分行两江支行　所属银行编码 00002 - 中国银行

客户编号　机构号 10465

联行号 86455　开户银行地址

省/自治区　市/县

图5-12　本单位开户行

设置完成后如图5-13所示。

本单位开户银行

文件(F)　操作(O)　帮助(H)

设置　输出　增加　修改　删除　过滤　定位　刷新

本单位开户银行

序号	编码	银行账号	开户银行	所属银行...	所属银行名称
1	01	787978797879	工商银行重庆分行两江支行	01	中国工商银行
2	02	112111211121	中国银行重庆分行两江支行	00002	中国银行

图5-13　本单位开户银行

9. 单据编号设置

采购发票本身有发票号，实际工作中一般使用真实的发票号，这样也便于后续查询和核对。

选择“基础设置”|“单据设置”|“单据编号设置”，再选择编号设置中的“应收款管理”|“其他应收单”，单击“修改”按钮，选择“手工改动，重号时自动重取”复选框，将流水依据的长度改为3，单击“保存”按钮完成，如图5-14所示。其他单据的单据编号设定方法与之相同。

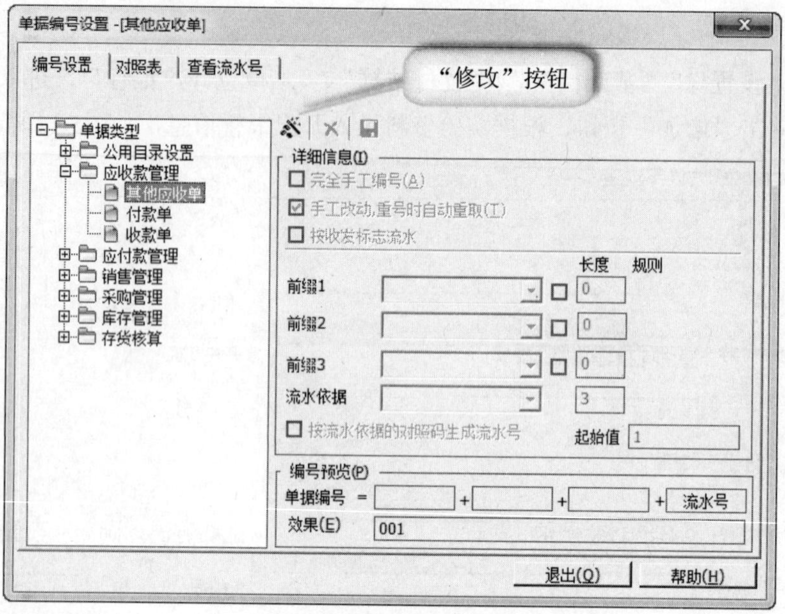

图5-14　单据编号设置

5.1.2　基础科目设置

实验资料

(1) 存货核算

存货科目：按照存货分类设置存货科目。

存货科目设置：原料库—生产用原材料(140301)；成品库—库存商品(1405)；配套用品库—库存商品(1405)。

对方科目：根据收发类别设置对方科目。

对方科目设置：采购入库—材料采购(1401)；产成品入库—生产成本/直接材料(500101)；盘盈入库—待处理流动资产损益(190101)：销售出库—主营业务成本(6401)；领料出库—生产成本/直接材料(500101)。

(2) 应收款管理

坏账处理方式：应收余额百分比法；应收款核销方式：按单据；其他参数为系统默认。

基本科目设置：应收科目—1122；预收科目—2203；销售收入科目—6001；税金科目—22210105；其他可暂时不设置。

控制科目设置：所有客户的控制科目均相同；应收科目—1122；预收科目—2203。

结算方式科目设置：现金结算对应科目—1001；转账支票对应科目—100201；现金支票对应科目—100201。

坏账准备设置：提取比例0.5%，期初余额10 000，科目1231，对方科目660299。

账期内账龄区间及逾期账龄区间设置：01—总天数30；02—总天数60；03—总天数90；04—总天数120。

报警级别设置如表5-6所示。

表5-6　报警级别

序号	起止比率	总比率	级别名称
01	0～10%	10	A
02	10%～30%	30	B
03	30%～50%	50	C
04	50%～100%	100	D
05	100%以上		E

(3) 应付款管理

应付款核销方式：按单据，其他参数为系统默认。

基本科目设置：应付科目2202，预付科目1123，采购科目1401，税金科目22210101，其他可暂时不设置。

结算方式科目设置：现金结算对应科目1001，转账支票对应科目100201，现金支票对应科目100201。

账期内账龄区间与逾期账龄区间设置同应收款管理。

(4) 设置存货核算方法

按照仓库进行核算。

实验过程

1. 存货科目设置

选择“业务工作”|“供应链”|“存货核算”|“初始设置”|“科目设置”|“存货科目”，弹出“存货科目”窗口。单击“增加”按钮，根据实验资料录入信息，如图5-15所示。

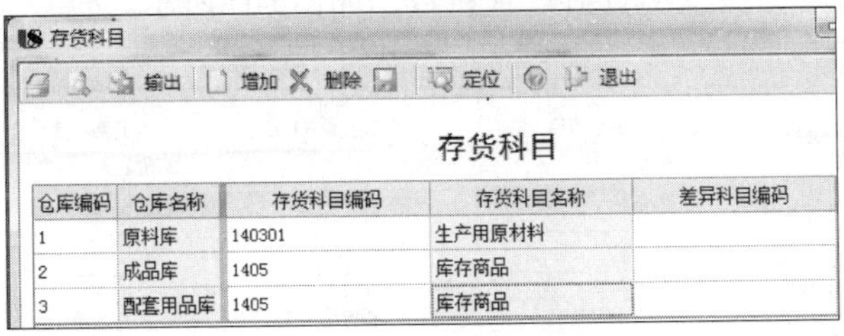

存货科目

输出　增加　删除　定位　退出

存货科目

仓库编码	仓库名称	存货科目编码	存货科目名称	差异科目编码
1	原料库	140301	生产用原材料	
2	成品库	1405	库存商品	
3	配套用品库	1405	库存商品	

图5-15　存货科目

2. 对方科目设置

选择“业务工作”|“供应链”|“存货核算”|“初始设置”|“科目设置”|“对方科目”，弹出“对方科目”窗口。单击“增加”按钮，根据实验资料录入信息，如图5-16所示。

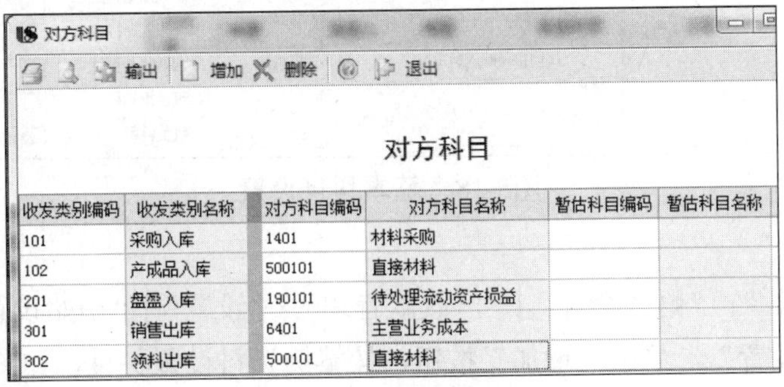

对方科目

输出　增加　删除　退出

对方科目

收发类别编码	收发类别名称	对方科目编码	对方科目名称	暂估科目编码	暂估科目名称
101	采购入库	1401	材料采购		
102	产成品入库	500101	直接材料		
201	盘盈入库	190101	待处理流动资产损益		
301	销售出库	6401	主营业务成本		
302	领料出库	500101	直接材料		

图5-16　对方科目

3. 应收款管理设置

(1) 设置账套参数

选择“业务工作”|“财务会计”|“应收款管理”|“设置”|“选项”，弹出“账套参数设置”窗口。单击“编辑”按钮，按案例资料设置参数，如图5-17所示。

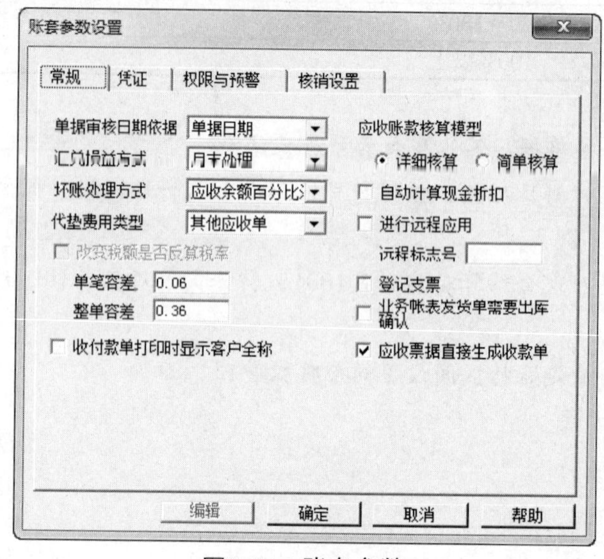

图5-17　账套参数

(2) 基本科目设置

选择“业务工作”|“财务会计”|“应收款管理”|“设置”|“初始设置”，在弹出的窗口中选择“基本科目设置”，按案例资料设置科目，如图5-18所示。

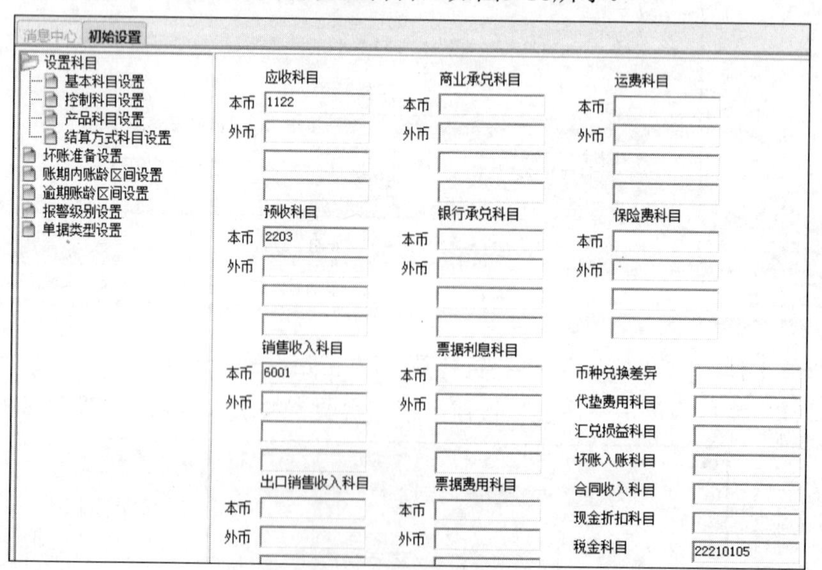

图5-18　基本科目设置

(3) 控制科目设置

选择“业务工作”|“财务会计”|“应收款管理”|“设置”|“初始设置”，在弹出的窗口中选择“控制科目设置”，单击“增加”按钮，按案例资料设置科目，如图5-19所示。

客户编码	客户简称	应收科目	预收科目
01	嘉陵	1122	2203
02	大华	1122	2203
03	长江	1122	2203
04	飞鸽	1122	2203
05	宇子	1122	2203

图5-19 控制科目设置

(4) 结算方式科目设置

选择“业务工作”|“财务会计”|“应收款管理”|“设置”|“初始设置”，在弹出的窗口中选择“结算方式科目设置”，单击“增加”按钮，按案例资料设置科目，如图5-20所示。

结算方式	币种	本单位账号	科目
1 现金	人民币	787978797879	1001
201 现金支票	人民币	787978797879	100201
202 转账支票	人民币	787978797879	100201

图5-20 结算方式科目设置

(5) 坏账准备设置

选择“业务工作”|“财务会计”|“应收款管理”|“设置”|“初始设置”，在弹出的窗口中选择“坏账准备设置”，按案例资料设置相关参数，如图5-21所示。

图5-21 坏账准备设置

(6) 账期内账龄区间设置

选择“业务工作”|“财务会计”|“应收款管理”|“设置”|“初始设置”，在弹出的窗口中选择“账期内账龄区间设置”，按案例资料设置相关参数，如图5-22所示。

序号	起止天数	总天数
01	0-30	30
02	31-60	60
03	61-90	90
04	91-120	120
05	121以上	

图5-22 账期内账龄区间设置

(7) 逾期账龄区间设置

选择“业务工作”|“财务会计”|“应收款管理”|“设置”|“初始设置”，在弹出的窗口中选择“逾期账龄区间设置”，按案例资料设置相关参数，如图5-23所示。

序号	起止天数	总天数
01	1-30	30
02	31-60	60
03	61-90	90
04	91-120	120
05	121以上	

图5-23 逾期账龄区间设置

(8) 报警级别设置

选择“业务工作”|“财务会计”|“应收款管理”|“设置”|“初始设置”，在弹出的窗口中选择“报警级别设置”，按案例资料设置相关参数，如图5-24所示。

设置科目
基本科目设置
控制科目设置
产品科目设置
结算方式科目设置
坏账准备设置
账期内账龄区间设置
逾期账龄区间设置
报警级别设置

序号	起止比率	总比率(%)	级别名称
01	0-10%	10	A
02	10%-30%	30	B
03	30%-50%	50	C
04	50%-100%	100	D
05	100%以上		E

图5-24　报警级别设置

4. 应付款管理设置

(1) 账套参数设置

选择“业务工作”|“财务会计”|“应付款管理”|“设置”|“选项”，弹出“账套参数设置”窗口。单击“编辑”按钮，按案例资料设置相关参数，如图5-25所示。

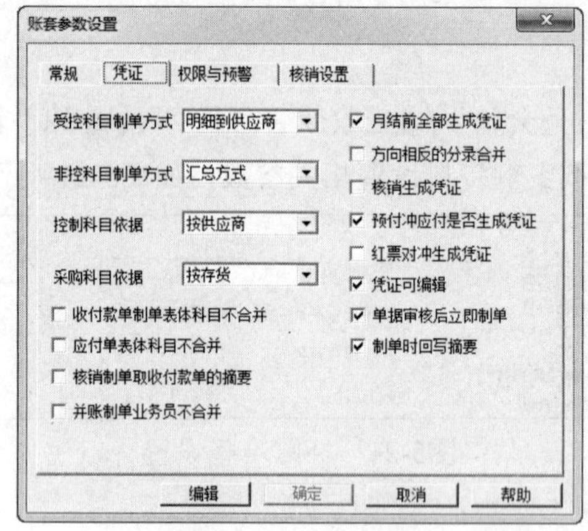

图5-25　账套参数

(2) 基本科目设置

选择“业务工作”|“财务会计”|“应付款管理”|“设置”|“初始设置”，在弹出的窗口中选择“基本科目设置”。单击“增加”按钮，按案例资料设置相关科目，如图5-26所示。

设置科目
基本科目设置
控制科目设置
产品科目设置
结算方式科目设置
账期内账龄区间设置
逾期账龄区间设置
报警级别设置
单据类型设置

应付科目　本币 2202　外币
票据利息科目　本币　外币
预付科目　本币 1123　外币
票据费用科目　本币　外币
商业承兑科目　本币　外币
收支费用科目　本币　外币
银行承兑科目　本币　外币
采购科目　本币 1401　外币
税金科目　22210101
币种兑换差异
汇兑损益科目
合同支出科目
委外科目
现金折扣科目
关税科目
委外加工科目
质保金科目

图5-26　基本科目设置

(3) 结算方式科目设置

选择“业务工作”|“财务会计”|“应付款管理”|“设置”|“初始设置”，在弹出的窗口中选择“结算方式科目设置”。单击“增加”按钮，按案例资料设置相关科目，如图5-27所示。

结算方式	币　种	本单位账号	科　目
1 现金	人民币		1001
201 现金支票	人民币		100201
202 转账支票	人民币		100201

图5-27　结算方式科目设置

(4) 账期内账龄区间设置

选择“业务工作”|“财务会计”|“应付款管理”|“设置”|“初始设置”，在弹出的窗口中选择“账期内账龄区间设置”，按案例资料设置相关参数，如图5-28所示。

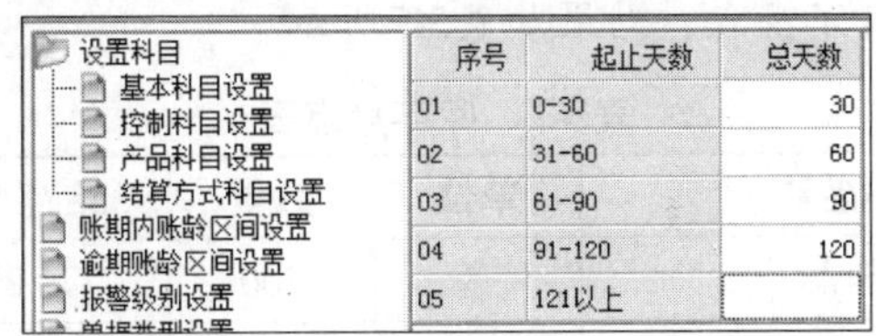

序号	起止天数	总天数
01	0-30	30
02	31-60	60
03	61-90	90
04	91-120	120
05	121以上	

图5-28　账期内账龄区间设置

(5) 逾期账龄区间设置

选择“业务工作”|“财务会计”|“应付款管理”|“设置”|“初始设置”，在弹出的窗口中选择“逾期账龄区间设置”，按案例资料设置相关参数，如图5-29所示。

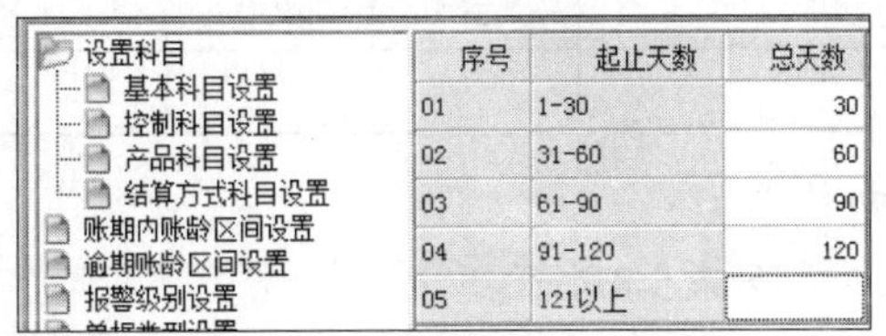

序号	起止天数	总天数
01	1-30	30
02	31-60	60
03	61-90	90
04	91-120	120
05	121以上	

图5-29　逾期账龄区间设置

5. *存货核算方法设置*

选择“基础设置”|“业务参数”|“供应链”|“存货核算”，在弹出的窗口中选择“核算方式”页签，可以选择按仓库核算、按部门核算和按存货核算。本处根据案例资料设置相关参数，如图5-30所示。

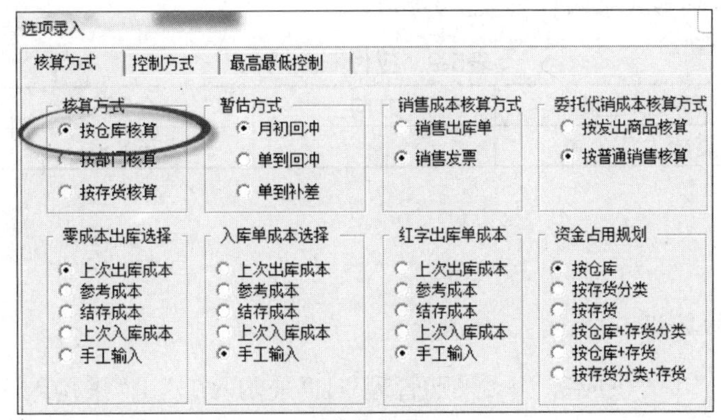

图5-30　核算方式

5.1.3 期初余额

实验资料

(1) 采购管理期初数据

3月25日，收到重庆大江公司提供的2TB硬盘100盒，暂估单价为800元，商品已验收入原料仓库，至今尚未收到发票。

(2) 销售管理期初数据

3月28日，销售部向天津大华公司出售税控II号10台，报价(无税单价)为6 500元，由成品仓库发货。该发货单尚未开票。

(3) 库存和存货核算期初数据

3月底，对各个仓库进行了盘点，结果如表5-7所示。

表5-7 库存盘点表

仓库名称	物料名称	单位	数量	结存单价	结存金额
原料库	酷睿双核处理器	盒	700	1 200	840 000
	2TB硬盘	盒	200	820	164 000
成品库	税控II号	台	380	4 800	1 824 000
	专用发票打印纸	箱	300	40	12 000
	普通发票打印纸	箱	300	30	9 000
配套用品库	HP打印机	台	400	1 800	720 000
合计					3 569 000

(4) 应收款管理系统期初数据

应收款以应收单形式录入，如表5-8所示。

表5-8 应收账款期初

日期	客户	方向	金额	业务员
2013-02-25	重庆嘉陵公司	借	99 600	刘一江
2013-03-10	天津大华公司	借	58 000	刘一江
	合计	借	157 600	

(5) 应付款管理系统期初数据

应付账款以应付单形式录入，如表5-9所示。

表5-9 应付账款期初

日期	供应商	方向	金额	业务员
2013-01-20	重庆大江公司	贷	276 850	杨真

实验过程

1. 采购管理期初数据

选择“业务工作”|“供应链”|“采购管理”|“采购入库”|“采购入库单”，进入期初采

购入库单界面。单击“增加”按钮，按案例资料输入，本案例属于货到票未到情况，如图5-31所示。输入完成后，单击“保存”按钮，然后退出。

入库单号 00001　　入库日期 2013-03-25　　仓库 原料库
订单号　　到货单号　　业务号
供货单位 大江　　部门 采购部　　业务员 李天华
到货日期　　业务类型 普通采购　　采购类型 普通采购
入库类别 采购入库　　审核日期　　备注

	存货编码	存货名称	规格型号	主计量单位	数量	本币单价	本币金额
1	002	2T硬盘		盒	100.00	800.00	80000.00

图5-31　期初采购入库单

选择“业务工作”|“供应链”|“采购管理”|“设置”|“采购期初记账”，如图5-32所示。单击“记账”按钮完成期初记账工作。

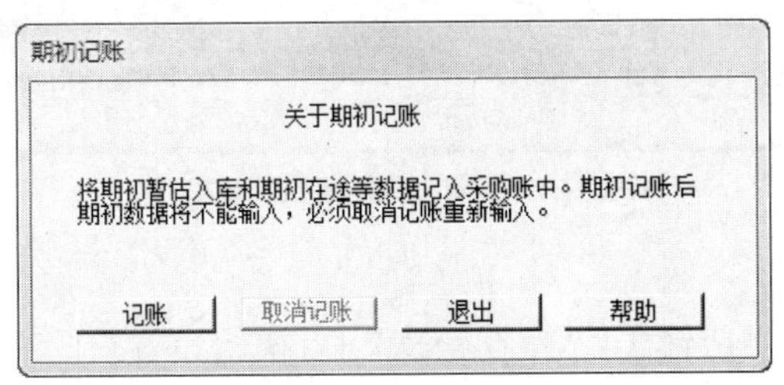

图5-32　期初记账

2. 销售管理期初数据

选择“业务工作”|“供应链”|“销售管理”|“设置”|“期初录入”|“期初发货单”，进入期初发货单。单击“增加”按钮，按案例资料输入，如图5-33所示。单击“保存”按钮，再单击“审核”按钮完成审核工作，然后退出。

发货单号 00001　　发货日期 2013-03-28　　业务类型 普通销售
销售类型 经销　　订单号　　发票号
客户简称 大华　　销售部门 销售部　　业务员 刘一江
发货地址　　发运方式　　付款条件
税率 17.00　　币种 人民币　　汇率 1.00000000
备注

	仓库名称	存货编码	存货名称	主计量	数量	报价	含税单价	无税金额	税额	价税合计	税
1	成品库	006	税控II号	台	10.00	6500.00	7605.00	65000.00	11050.00	76050.00	

图5-33　期初发货单

3. 库存和存货期初数据

(1) 录入存货期初数据

选择“业务工作”|“供应链”|“存货核算”|“初始设置”|“期初数据”|“期初余额”，再选择“原料库”，单击“增加”按钮，按案例资料输入，如图5-34所示。

期初余额

仓库 1　原料库　　计价方式：移动平均法　　存货...

存货编码	存货名称	计量单位	数量	单价	金额	存货科目...	存货科目
001	酷睿双核处理器	盒	700.00	1200.00	840000.00	140301	生产用原材料
002	2T硬盘	盒	200.00	820.00	164000.00	140301	生产用原材料
合计:			900.00		1,004,000.00		

图5-34　期初余额(原料库)

成品库期初余额输入如图5-35所示。

期初余额

仓库 2 成品库 计价方式：全月平均法 存货...

存货编码	存货名称	计量单位	数量	单价	金额	存货科目编码	存货科目
006	税控II号	台	380.00	4800.00	1824000.00	1405	库存商品
010	专用发票打印纸	箱	300.00	40.00	12000.00	1405	库存商品
011	普通发票打印纸	箱	300.00	30.00	9000.00	1405	库存商品
合计：			980.00		1,845,000.00		

图5-35 期初余额(成品库)

配套用品库期初余额输入如图5-36所示。

仓库 3 配套用品库 计价方式：全月平均法 存货...

存货编码	存货名称	计量单位	数量	单价	金额	存货科目编码	存货科目
007	HP打印机	台	400.00	1800.00	720000.00	1405	库存商品
合计：			400.00		720,000.00		

图5-36 期初余额(配套用品库)

(2) 录入库存期初数据

选择“业务工作”|“供应链”|“库存管理”|“初始设置”|“期初结存”，进入期初数据录入界面。先选择“原料库”，再单击“修改”按钮，按案例资料输入，如图5-37所示。也可以单击“取数”按钮，从存货期初数据中取数。

库存期初

表体排序

	仓库	仓库编码	存货编码	存货名称	主计量单位	数量	单价	金额
1	原料库	1	001	酷睿双核处理器	盒	700.00	1200.00	840000.00
2	原料库	1	002	2T硬盘	盒	200.00	820.00	164000.00

图5-37 库存期初数据(原料库)

单击“保存”按钮后，再输入“成品库”的期初数据，如图5-38所示。

	仓库	仓库编码	存货编码	存货名称	主计量单位	数量	单价	金额
1	成品库	2	006	税控II号	台	380.00	4800.00	1824000.00
2	成品库	2	010	专用发票打印纸	箱	300.00	40.00	12000.00
3	成品库	2	011	普通发票打印纸	箱	300.00	30.00	9000.00

图5-38 库存期初数据(成品库)

单击“保存”按钮后，再输入“配套用品库”的期初数据，如图5-39所示。

	仓库	仓库编码	存货编码	存货名称	主计量单位	数量	单价	金额
1	配套用品库	3	007	HP打印机	台	400.00	1800.00	720000.00

图5-39 库存期初数据(配套用品库)

单击“批审”按钮，分别对各仓库的期初数据进行审核。单击“对账”按钮，会显示“对账成功”。

4. 应收款管理期初数据

选择“业务工作”|“财务会计”|“应收款管理”|“设置”|“期初余额”，进入“期初余额—查询”窗口。单击“确定”按钮，进入“期初余额明细表”，再单击“增加”按钮，显示

出单据类别，选择“应收单”，如图5-40所示。

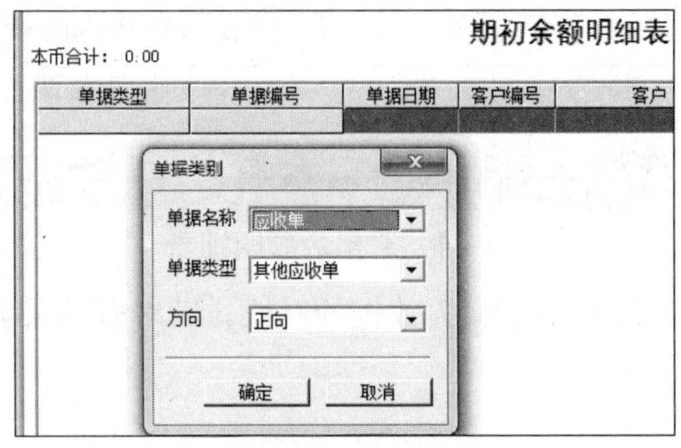

图5-40　选择单据

进入“应收单”后，单击“增加”按钮，按案例资料输入，如图5-41所示。

单据编号 001　　单据日期 2013-02-25　　客户 嘉陵
科目 1122　　币种 人民币　　汇率 1.00000000
金额 99600.00　　本币金额 99,600.00　　数量
部门 销售部　　业务员 刘一江　　项目
付款条件　　摘要

	方向	科目	币种	汇率	金额	本币金额	部门	业务员	项目
1									

图5-41　应收单

输入完成，单击“保存”按钮。然后再单击“增加”按钮继续输入，全部单据输入完毕后，返回“期初余额明细表”。单击“刷新”按钮，可以查看输入的期初单据，如图5-42所示。

期初余额明细表

本币合计借 157,600.00

单据类型	单据编号	单据日期	客户编号	客户	科目	方向	原币金额
其他应收单	001	2013-02-25	01	重庆嘉陵公司	1122	借	99,600.00
其他应收单	002	2013-03-10	02	天津大华公司	1122	借	58,000.00

图5-42　期初余额明细表

单击“对账”按钮，实现与总账相关数据的对账，显示对账结果。若对账差额为零，则说明对账正确。

5. 应付款管理期初数据

选择“业务工作”|“财务会计”|“应付款管理”|“设置”|“期初余额”，进入“期初余额—查询”窗口。单击“确定”按钮，进入“期初余额明细表”，再单击“增加”按钮，显示出单据类别，选择“应付单”。然后单击“确定”按钮进入“应付单”后，再单击“增加”按钮，按案例资料输入，如图5-43所示。

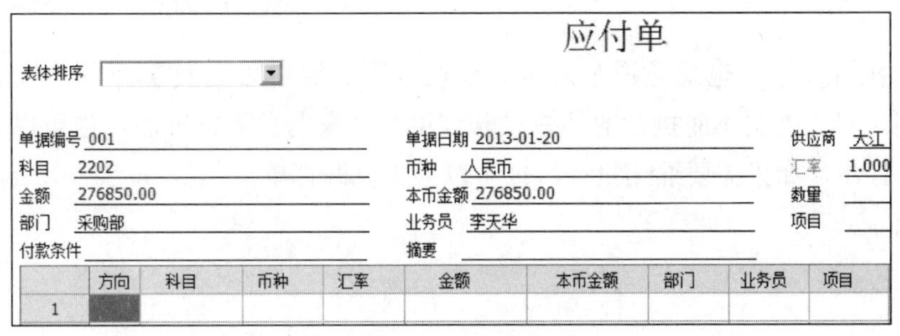

图5-43　应付单

输入完成后，单击“保存”按钮。然后再单击“增加”按钮继续输入，全部单据输入完毕后，返回“期初余额明细表”。单击“刷新”按钮，可以查看输入的期初单据，如图5-44所示。

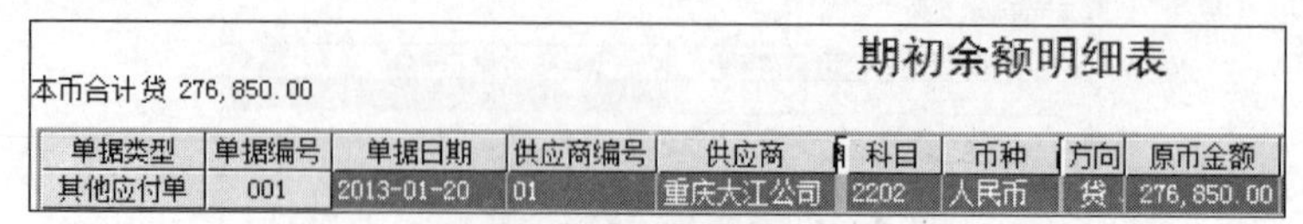

期初余额明细表

本币合计贷 276, 850. 00

单据类型	单据编号	单据日期	供应商编号	供应商	科目	币种	方向	原币金额
其他应付单	001	2013-01-20	01	重庆大江公司	2202	人民币	贷	276, 850. 00

图5-44 期初余额明细表

单击“对账”按钮，实现与总账相关数据的对账。若对账结果显示差额为零，说明对账正确。

5.2 采购管理

5.2.1 采购管理功能概述

采购模块是U8软件供应链管理中的一个重要部分，通过对采购订单、采购入库单、采购发票的处理，可以根据采购发票确认采购入库成本，并掌握采购业务的付款情况；与“库存管理”联合使用可以随时掌握存货的现存量信息，从而减少盲目采购，避免库存积压；与“存货核算”一起使用可以为核算提供采购入库成本，便于财务部门及时掌握存货采购成本。

首次使用采购管理模块时，应建立系统账套参数等基础数据，然后输入在使用本系统前未执行完的采购订单、采购入库单(暂估入库)和采购发票(在途数据)，并进行期初记账处理；期初记账后，期初数据不能增加、修改，除非取消期初记账。如果没有期初数据，也必须进行期初记账，以便输入日常采购单据。

第二年以及以后各年再使用本模块，应首先完成上年度各项工作，做好数据备份，再建立新年度的账套。如果需要调整基础数据和基本参数，可以进行调整，之后利用“结转上年”功能将上年未执行完成的采购订单、未结算的采购入库单、发票和采购台账余额数据转入到新账套中。

1. 采购订货

采购订货主要是填制采购订单。采购订单反映业务部门与供应商签订的采购和受托代销合同，它是统计采购合同执行情况的依据。经供货单位审核确认后的订单，可以生成入库单和采购发票。

采购订单执行完毕，也就是说某采购订单已入库、取得采购发票并且已付款后，该订单将会自动关闭。对于确实不能执行的某些采购订单，经采购主管批准后，也可以人工关闭该订单。对关闭的订单，如果需要继续执行，也可以手工打开订单。

2. 采购业务

(1) 采购入库

可以根据采购订单和实际到货数量填制入库单，也可以根据采购发票填制入库单。可以暂估入库，支持退货负入库和冲单负入库，并可处理采购期初退货。

(2) 采购发票

能对供货单位开具的发票进行处理。采购发票分为增值税专用发票、普通发票、运费发票、其他票据等。发票可以根据入库单产生，可以处理负数发票，也可以进行现付款结算。

(3) 采购结算

采购结算是针对采购业务的入库单，根据发票确认其采购入库成本。采购结算可以由计算机自动结算，也可以由人工进行结算。对于采购费用，系统提供灵活的分摊计算功能。

3. 采购账表

提供采购功能中的有关报表，主要包括采购明细表、采购统计表、入库明细表、入库统计表、结算明细表、结算统计表、采购订货统计表等。

5.2.2 普通采购业务

实验资料

(1) 4月1日，业务员李天华向成都大成公司询问键盘的价格(不含税95元/个)，经过评估后确认价格合理，随即向上级主管提出请购要求，请购数量为300个。领导同意向成都大成公司订购键盘300个，单价为95元，要求到货日期为4月3日。

(2) 4月3日，收到所订购的键盘300个。填制到货单。

将所收到的货物验收入原料库。填制采购入库单。

当天收到该笔货物的专用发票一张。

业务部门将采购发票交给财务部门，财务部门确定此业务所涉及的应付账款及采购成本，材料会计记材料明细账。

(3) 4月4日，财务部门开出工行转账支票一张，支票号ZZ123，付清采购货款。

实验过程

1. 填制并审核请购单

选择“业务工作”|“供应链”|“采购管理”|“请购”|“请购单”，进入“采购请购单”，单击“增加”按钮，按案例资料输入，如图5-45所示。输入完毕，单击“保存”按钮完成，然后单击“审核”按钮对请购单进行审核。

采购请购单　　显示模版

表体排序

业务类型 普通采购　　单据号 00001　　日期 2013-04-01

请购部门 采购部　　请购人员 李天华　　采购类型 普通采购

	存货编码	存货名称	规格型号	主计量	数量	本币单价	本币价税合计	税率	需求日期	建议订货日期	供应商
1	004	键盘		个	300.00	95.00	33345.00	17.00	2013-04-03		大成

图5-45　采购请购单

实验提示

① 采购请购单录入后，需要进行审核。只有经过审核的采购请购单，在输入采购订单时才能将采购请购单的数据导入。

② 在实际工作中，业务单据的填制人与审核人一般是不同的，作为练习，除必须控制的外，可以由同一人完成审核或复核，以减少频繁的操作人员登录。

2. 填制并审核采购订单

选择“业务工作”|“供应链”|“采购管理”|“采购订货”|“采购订单”，进入“采购订单”，单击“增加”按钮，输入供应商的相关信息，如图5-46所示。

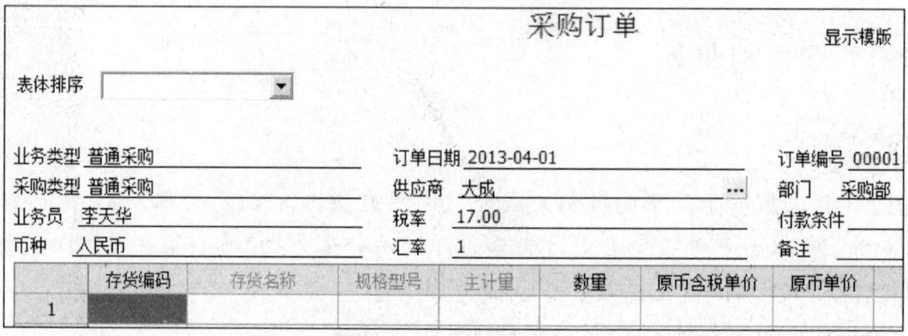

采购订单　显示模版

表体排序

业务类型 普通采购　订单日期 2013-04-01　订单编号 00001
采购类型 普通采购　供应商 大成　部门 采购部
业务员 李天华　税率 17.00　付款条件
币种 人民币　汇率 1　备注

	存货编码	存货名称	规格型号	主计量	数量	原币含税单价	原币单价
1							

图5-46　采购订单

前面已经录入了采购请购单，因此可以通过关联方式从已经录入的采购请购单中转入数据。选择“生单”|“请购单”，设置查询条件，如图5-47所示。

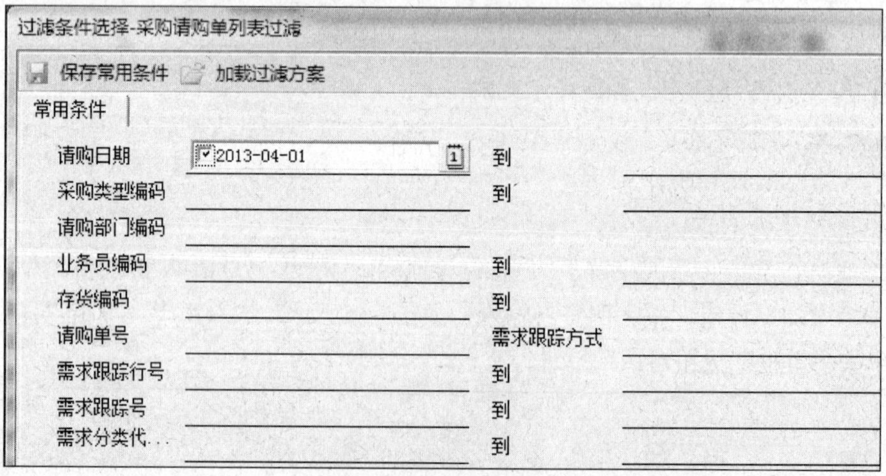

过滤条件选择-采购请购单列表过滤

保存常用条件　加载过滤方案

常用条件

请购日期 2013-04-01 到
采购类型编码 到
请购部门编码
业务员编码 到
存货编码 到
请购单号 需求跟踪方式
需求跟踪行号 到
需求跟踪号 到
需求分类代… 到

图5-47　查询条件

可以设置具体的条件，单击“过滤”按钮。在订单拷贝请购单表头列表的“选择”列，对需要拷贝的记录进行双击，则会在订单拷贝请购单表体列表中显示相关信息，如图5-48所示。

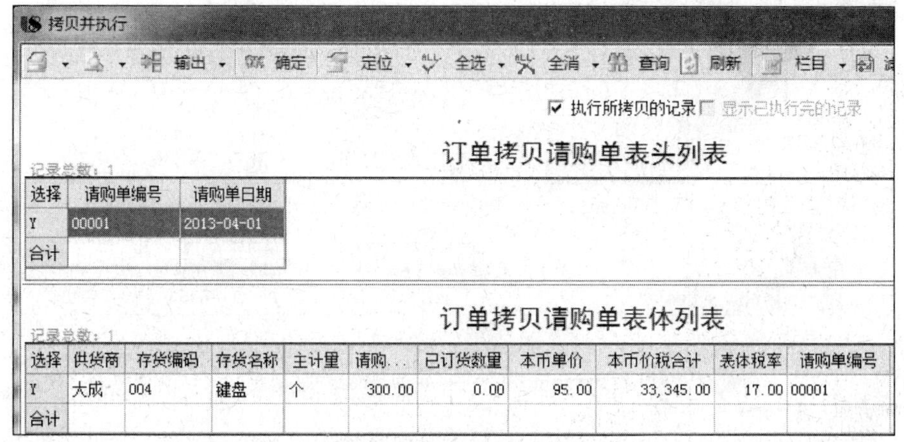

拷贝并执行

执行所拷贝的记录　显示已执行完的记录

订单拷贝请购单表头列表

记录总数：1

选择	请购单编号	请购单日期
Y	00001	2013-04-01
合计		

订单拷贝请购单表体列表

记录总数：1

选择	供货商	存货编码	存货名称	主计量	请购...	已订货数量	本币单价	本币价税合计	表体税率	请购单编号
Y	大成	004	键盘	个	300.00	0.00	95.00	33,345.00	17.00	00001
合计										

图5-48　拷贝并执行

单击“确定”按钮返回，并将选择的采购请购单数据拷贝到采购订单中。补充采购部门、业务员等信息，采购订单内容如图5-49所示。单击“保存”按钮，然后单击“审核”按钮完成。

业务类型 普通采购　　订单日期 2013-04-01　　订单编号 00001
采购类型 普通采购　　供应商 大成　　部门 采购部
业务员 李天华　　税率 17.00　　付款条件
币种 人民币　　汇率 1　　备注

	存货编码	存货名称	主计量	数量	原币含税单价	原币单价	原币金额	原币税额	原币价税合计
1	004	键盘	个	300.00	111.15	95.00	28500.00	4845.00	33345.00

图5-49　采购订单

3. 填制并审核到货单

选择“业务工作”|“供应链”|“采购管理”|“采购到货”|“到货单”，进入“到货单”，单击“增加”按钮，选择“生单”|“采购订单”，可以选择“供应商编码”为条件，单位选择“成都大成公司”，进入采购订单选择状态，如图5-50所示。

到货单拷贝订单表头列表

记录总数：1

选择	业务类型	订单号	订单日期	供货商	币种
Y	普通采购	00001	2013-04-01	大成	人民币
合计					

到货单拷贝订单表体列表

记录总数：1

选择	存货编码	存货名称	主计量	订货数量	原币单价	原币含税单价	原币金额	原币税额	原币价税合计
Y	004	键盘	个	300.00	95.00	111.15	28,500.00	4,845.00	33,345.00

图5-50　拷贝并执行

选择后，单击“确定”按钮，采购订单的数据就拷贝至到货单中，此时可以修改相关信息。到货单如图5-51所示。单击“保存”按钮，然后审核。

到货单

显示模版 81

表体排序

业务类型 普通采购　　单据号 00001　　日期 2013-04-03

采购类型 普通采购　　供应商 大成　　部门 采购部

业务员 李天华　　币种 人民币　　汇率 1

运输方式　　税率 17.00　　备注

	存货编码	存货名称	主计量	数量	原币含税单价	原币单价	原币金额	原币税额	原币价税合计
1	004	键盘	个	300.00	111.15	95.00	28500.00	4845.00	33345.00

图5-51　到货单

4. 填制并审核采购入库单

选择“业务工作”|“供应链”|“库存管理”|“入库业务”|“采购入库单”，进入“采购入库单”，选择“生单”|“采购到货单(蓝字)”(注意：不能先单击“增加”按钮，单击“增加”按钮表示手工输入)，可以选择“供应商”为条件，单位选择“成都大成公司”，进入采购到货单选择状态，如图5-52所示。

到货单生单表头

记录总数：1

选择	单据号	单据日期	供应商	部门	业务员	制单人
Y	00001	2013-04-03	大成	采购部	李天华	何沙
合计						

到货单生单表体

记录总数：1

选择	仓库编码	仓库	存货编码	存货名称	主计量单位	应入库数量
Y			004	键盘	个	300.00

图5-52　到货单拷贝

选择后单击“确定”按钮返回，补充库房等信息，如图5-53所示。单击“保存”按钮，然后进行审核。

采购入库单

表体排序

蓝字

红字

入库单号 00002　　入库日期 2013-04-03　　仓库 原料库

订单号 00001　　到货单号 00001　　业务号

供货单位 大成　　部门 采购部　　业务员 李天华

到货日期 2013-04-03　　业务类型 普通采购　　采购类型 普通采购

入库类别 采购入库　　审核日期　　备注

	存货编码	存货名称	主计量单位	数量	本币单价	本币金额
1	004	键盘	个	300.00	95.00	28500.00

图5-53　采购入库单

5. 填制并审核采购发票

选择“业务工作”|“供应链”|“采购管理”|“采购发票”|“专用采购发票”，进入“专用发票”，单击“增加”按钮，进入输入状态。选择“生单”|“入库单”，可以选择“供应商代码”为条件，单位选择“成都大成公司”，进入入库单选择状态。选择后单击“确定”按钮返回，补充发票日期等信息，如图5-54所示。单击“保存”按钮完成。

专用发票　　　　显示模版

表体排序

业务类型 普通采购　　发票类型 专用发票　　发票号 00001
开票日期 2013-04-03　　供应商 大成　　代垫单位 大成
采购类型 普通采购　　税率 17.00　　部门名称 采购部
业务员 李天华　　币种 人民币　　汇率 1
发票日期　　付款条件　　备注

	存货编码	存货名称	主计量	数量	原币单价	原币金额	原币税额	原币价税合计	税率	订单号
1	004	键盘	个	300.00	95.00	28500.00	4845.00	33345.00	17.00	00001

图5-54　专用采购发票

6. 执行采购结算

采购结算也称采购报账，是指采购核算人员根据采购发票、采购入库单核算采购入库成本；采购结算的结果是采购结算单，它是记载采购入库单记录与采购发票记录对应关系的结算对照表。

采购结算从操作处理上分为自动结算、手工结算两种方式。另外，运费发票可以单独进行结算。

自动结算和手工结算时，可以同时选择发票和运费与入库单进行结算，将运费发票的费用按数量或按金额分摊到入库单中。此时将发票和运费分摊的费用记入采购入库单的成本中。

如果开具运费发票时，对应的入库单已经与发票结算，此时，运费发票可以通过费用折扣结算将运费分摊到入库单中，此时运费发票分摊的费用不再记入入库单中，需要到“存货核算”系统中进行结算成本的暂估处理，系统会将运费金额分摊到成本中。

选择“业务工作”|“供应链”|“采购管理”|“采购结算”|“手工结算”，进入“手工结算”窗口，如图5-55所示。

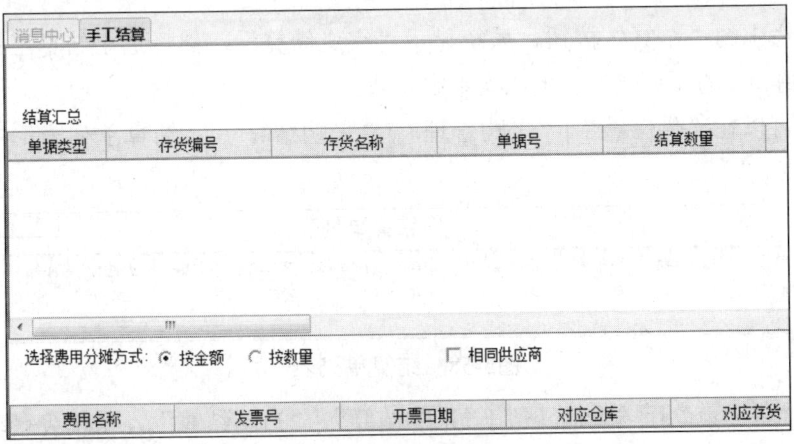

消息中心　手工结算

结算汇总

单据类型	存货编号	存货名称	单据号	结算数量

选择费用分摊方式：⊙ 按金额　○ 按数量　　□ 相同供应商

费用名称	发票号	开票日期	对应仓库	对应存货

图5-55　手工结算

单击“选单”按钮，进入结算选单。再单击工具栏中的“过滤”按钮，进入“过滤条件选择-采购手工结算”，设置合适的条件筛选要手工结算的发票和入库单。这里设置供应商为“成都大成公司”，单击“过滤”按钮，系统进行筛选，并显示在结算选单中，如图5-56所示。

结算选单

定位 过滤 设置 全选 全消 确定 匹配 栏目 滤设

结算选发票列表　☑ 扣税类别不同时给出提示

记录总数：1

选择	供应商简称	存货名称	发票号	供应商编号	供应商名称	开票日期	存货编码	数量
	大成	键盘	00001	02	成都大成公司	2013-04-03	004	300.00
合计								

结算选入库单列表

记录总数：1

选择	存货名称	仓库名称	入库单号	供货商编码	供应商名称	入库日期	仓库编码	存货编码
	键盘	原料库	00002	02	成都大成公司	2013-04-03	1	004

图5-56　结算选单

在“结算选发票列表”和“结算选入库单列表”分别进行选择，具体方法是在“选择”栏对应的行进行双击。也可以先选择一个，然后单击“匹配”按钮进行自动匹配。选择完成后，单击“确定”按钮，返回“手工结算”窗口，这时会显示已经结算的单据，如图5-57所示。

结算汇总

单据类型	存货编号	存货名称	单据号	结算数量	发票数量	分摊费用	分摊折扣	暂估单价	暂估金额	发票单价	发票金额
采购发票	004	键盘	00001		300.00				0.00	95.00	28500.00
采购入库单			00002	300.00				95.00	28500.00		
		合计		300.00	300.00	0.00	0.00		28500.00		28500.00

选择费用分摊方式：◉ 按金额　○ 按数量　　☐ 相同供应商

费用名称	发票号	开票日期	对应仓库	对应存货	供货单位

图5-57　手工结算

单击工具栏中的“结算”按钮，系统显示“完成结算”，然后退出结算工作。此时，在“手工结算”窗口将看不到已结算的入库单和发票。

结算结果可以在“供应链”|“采购管理”|“采购结算”|“结算单列表”中查询，如图5-58所示。

结算单列表

记录总数：1

选择	结算单号	结算日期	供应商	入库单号/...	发票号	存货编码	存货名称	主计量	结算数量	结算单价	结算金额
	00000000000...	2013-04-03	大成	00002	00001	004	键盘	个	300.00	95.00	28,500.00
合计									300.00		28,500.00

图5-58　结算单列表

如果选择“供应链”|“采购管理”|“采购结算”|“自动结算”，系统会自动结算，单击“确定”按钮后，本案例系统将显示“结算模式[入库单和发票]，状态：全部成功，共处理了[1]条记录”。

实验提示

因为某种原因需要修改或删除入库单、采购发票时，应先取消采购结算。

7. 生成应付凭证

选择“业务工作”|“财务会计”|“应付款管理”|“应付单据处理”|“应付单据审核”，设置应付单查询条件，供应商选择“成都大成公司”，单击“确定”按钮进入“应付单据列表”，如图5-59所示。

应付单据列表

记录总数：1

选择	审核人	单据日期	单据类型	单据号	供应商名称	原币金额
		2013-04-03	采购专用发票	00001	成都大成公司	33,345.00
合计						33,345.00

图5-59　应付单据列表

先选择单据，方法是双击“选择”栏下需要选择的单据，然后单击“审核”按钮，系统显示审核成功。

制单即生成凭证，并将凭证传递至总账，后续再审核和记账。系统对不同的单据类型或不同的业务处理提供制单的功能。除此之外，系统提供了一个统一制单的平台，用户可以在此快速、成批生成凭证，并可依据规则进行合并制单等处理。

选择“业务工作”|“财务会计”|“应付款管理”|“制单处理”，然后出现“制单查询”窗口。选中“发票制单”复选框，选择供应商为“成都大成公司”，如图5-60所示。

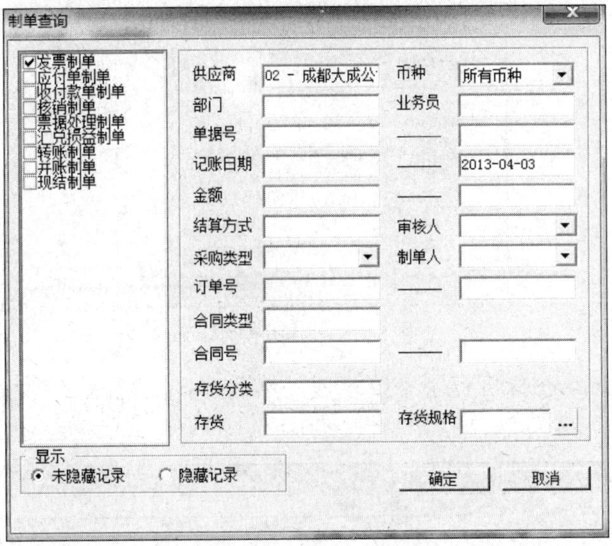

制单查询

☑发票制单
☐应付单制单
☐收付款单制单
☐核销制单
☐票据处理制单
☐汇兑损益制单
☐转账制单
☐并账制单
☐现结制单

供应商 02 - 成都大成公 币种 所有币种
部门 业务员
单据号 ——
记账日期 —— 2013-04-03
金额 ——
结算方式 审核人
采购类型 制单人
订单号 ——
合同类型
合同号 ——
存货分类
存货 存货规格

显示 ⊙未隐藏记录 ○隐藏记录

确定 取消

图5-60　制单查询

单击“确定”按钮，进入“采购发票制单”，凭证类别选择“转账凭证”，填入制单日期，单击“全选”功能(选择要进行制单的单据，在“选择标志”一栏双击，系统会在双击的栏目给出一个序号，表明要将该单据制单。系统所给出的序号可以修改。例如，系统给出的序号为1，可以改为2。相同序号的记录会制成一张凭证)，如图5-61所示。

采购发票制单

凭证类别 转账凭证　　制单日期 2013-04-03

选择标志	凭证类别	单据类型	单据号	日期	供应商名称	部门	金额
	转账凭证	采购专用发票	00001	2013-04-03	成都大成公司	采购部	33,345.00

图5-61　采购发票制单

单击“制单”(制单日期只能大于等于单据日期)，稍待片刻，会显示生成的凭证，如图5-62所示。

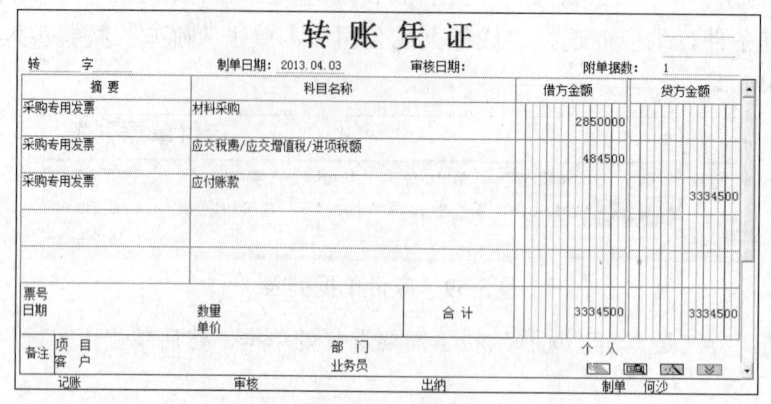

转账凭证

摘要	科目名称	借方金额	贷方金额
采购专用发票	材料采购	2850000	
采购专用发票	应交税费/应交增值税/进项税额	484500	
采购专用发票	应付账款		3334500
票号 日期	数量 单价 合计	3334500	3334500

图5-62　凭证

凭证生成后，可以对凭证进行调整，如补充相关信息。先选择“应付账款”科目，双击“票号”后面的位置(会显示笔尖的标识)，补充输入发票号。单击“保存”按钮完成凭证生成。

生成的凭证可以通过选择“业务工作”|“财务会计”|“应付款管理”|“单据查询”|“凭证查询”进行查看。

如果在生成过程中出现如图5-63所示的提示，系统将不能生成凭证。

图5-63　出错提示

处理的方法是，用admin身份登录系统管理，然后选择“视图”|“清除单据锁定”命令，如图5-64所示。

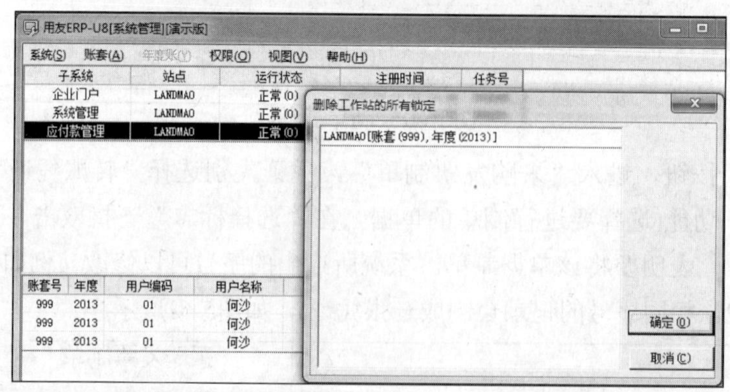

图5-64　清除锁定

先选择“LANDMAO[账套(999)，年度(2013)]”，单击“确定”按钮完成。然后选择“视图”|“清除所有任务”命令，完成后退出，再继续处理业务。

在其他地方出现类似提示的时候，也按照这样的方法处理。

8. 生成入库凭证

选择“业务工作”|“供应链”|“存货核算”|“初始设置”|“期初数据”|“期初余额”，进入后先选择仓库，如图5-65所示。单击“记账”按钮，完成期初记账工作。如果已经记账，则工具栏不会显示“记账”按钮。

期初余额

仓库 1 原料库　计价方式：移动平均法　存货...

存货编码	存货名称	计量单位	数量	单价	金额	存货科目编码	存货科目
001	酷睿双核处理器	盒	700.00	1200.00	840000.00	140301	生产用原材料
002	2T硬盘	盒	200.00	820.00	164000.00	140301	生产用原材料
合计:			900.00		1,004,000.00		

图5-65　期初记账

选择“业务工作”|“供应链”|“存货核算”|“业务核算”|“正常单据记账”，进入“过滤条件选择”窗口，可以按照仓库选择，或者选择单据类型(采购入库单)。单击“过滤”按钮后进入“正常单据记账列表”，如图5-66所示。先双击选择的记录，单击“记账”按钮完成记账工作。

正常单据记账列表

记录总数：1

选择	日期	单据号	存货编码	存货名称	单据类型	仓库名称	收发类别	数量	单价	金额
	2013-04-03	00002	004	键盘	采购入库单	原料库	采购入库	300.00	95.00	28,500.00
小计								300.00		28,500.00

图5-66　正常单据记账列表

选择“业务工作”|“供应链”|“存货核算”|“财务核算”|“生成凭证”，进入后单击工具栏中的“选择”按钮，在查询条件中选择“(01)采购入库单(报销记账)”，单击“确定”按钮，进入“未生成凭证单据一览表”，如图5-67所示。

选择单据

□ 已结算采购入库单自动选择全部结算单上单据(包括入库单、发票、付款单)，非本月采购入库单按蓝字报销单制单

未生成凭证单据一览表

选择	记账日期	单据日期	单据类型	单据号	仓库	收发类别	业务类型	计价方式
	2013-04-03	2013-04-03	采购入库单	00002	原料库	采购入库	普通采购	移动平均法

图5-67　未生成凭证单据一览表

在“选择”栏选择要记账的记录，单击“确定”按钮，系统返回“生成凭证”窗口。选择凭证类别为“转账凭证”，如图5-68所示。

凭证类别 转 转账凭证

选择	单据类型	单据号	摘要	科目类型	科目编码	科目名称	借方金额	贷方金额	借方数量	贷方数量
1	采购入库单	00002	采购入库单	存货	140301	生产用原材料	28,500.00		300.00	
				对方	1401	材料采购		28,500.00		300.00
合计							28,500.00	28,500.00		

图5-68　生成凭证

单击工具栏中的“生成”按钮，进入“填制凭证”窗口。单击“保存”按钮，凭证左上角出现“已生成”标志，表示凭证已经传递到总账。

实验提示

可以选择“基础设置”|“业务参数”|“财务会计”|“总账”，在凭证页下取消选中“制单序时控制”复选框，否则要求生成凭证的日期是从小到大的。

9. 生成付款凭证

选择“业务工作”|“财务会计”|“应付款管理”|“付款单据处理”|“付款单据录入”，进入“付款单”。单击“增加”按钮，供应商选择“成都大成公司”，结算方式选择“转账支票”，金额为33 345元，如图5-69所示。

付款单

表体排序

单据编号 001	日期 2013-04-04	供应商 大成
结算方式 转账支票	结算科目 100201	币种 人民币
汇率 1.00000000	金额 33345.00	本币金额 33345.00
供应商银行 中行	供应商账号 3293	票据号
部门 采购部	业务员 李天华	项目
摘要		

	款项类型	供应商	科目	金额	本币金额	部门	业务员
1	应付款	大成	2202	33345.00	33345.00	采购部	李天华

图5-69　付款单

单击“保存”按钮，然后单击“审核”按钮，系统提示“是否立即制单?”，单击“是”按钮，进入“填制凭证”窗口。选择凭证类型为“付款凭证”，补充输入发票号和支票号，生成的凭证分录如下：

借：应付账款(2202) /大成　　　　　　　33 345

　　贷：银行存款/工行存款(100201)　　　　33 345

单击“保存”按钮，在凭证左上角显示“已生成”标志。这时凭证已经传递到总账系统中。

5.2.3　采购现结业务

实验资料

4月5日，向成都大成公司购买鼠标30箱，单价为600元/箱(无税单价)，直接验收入原料仓库。同时收到专用发票一张，立即以工行转账支票(支票号ZZ011)支付其货款。确定采购成本，进行付款处理。

实验过程

1. 填制采购入库单并审核

选择“业务工作”|“供应链”|“库存管理”|“入库业务”|“采购入库单”，单击“增加”按钮，输入案例信息，如图5-70所示。单击“保存”按钮，再单击“审核”按钮，然后退出。

入库单号 00003	入库日期 2013-04-05	仓库 原料库
订单号	到货单号	业务号
供货单位 大成	部门 采购部	业务员 李天华
到货日期	业务类型 普通采购	采购类型 普通采购
入库类别 采购入库	审核日期	备注

	存货编码	存货名称	主计量单位	数量	本币单价	本币金额
1	005	鼠标	只	360.00	50.00	18000.00

图5-70　采购入库单

2. 录入采购专用发票并进行现结处理和采购结算

选择“业务工作”|“供应链”|“采购管理”|“采购发票”|“专用采购发票”，单击“增加”按钮，选择“生单”|“入库单”，单据来源类型为“入库单”，单击“过滤”按钮，进入“发票拷贝入库单列表”中，选择要传入数据的入库单。发票如图5-71所示。

业务类型 普通采购	发票类型 专用发票	发票号 00002
开票日期 2013-04-05	供应商 大成	代垫单位 大成
采购类型 普通采购	税率 17.00	部门名称 采购部
业务员 李天华	币种 人民币	汇率 1
发票日期 2013-04-05	付款条件	备注

	存货编码	存货名称	主计量	数量	原币单价	原币金额	原币税额	原币价税合计
1	005	鼠标	只	360.00	50.00	18000.00	3060.00	21060.00

图5-71　采购发票

保存发票。单击“现付”按钮，输入付款金额，如图5-72所示。

采购现付

供货单位: 大成	币种: 人民币	汇率: 1
应付金额: 21060.00		
结算金额: 21060.00		
部门: 采购部	业务员: 李天华	

结算方式	原币金额	票据号	银行账号	项目大类编码	项目大类名称	项目编码
202-转账支票	21060.00	ZZ011	3293			

图5-72　采购现付

单击“确定”按钮，执行现付后发票上显示“已现付”标记。

单击“结算”按钮，系统自动实现结算，即票据的自动配对勾销，在发票上显示“已结算”标记。

3. 审核应付单据进行现结制单

选择“业务工作”|“财务会计”|“应付款管理”|“应付单据处理”|“应付单据审核”，进行应付单条件设置，供应商选择“成都大成公司”，选择“包含已现结发票”，单击“确定”按钮进入“应付单据列表”，如图5-73所示。选择要审核的单据，单击“审核”按钮，系统会显示审核成功提示信息，然后返回。

应付单据列表

记录总数：1

选择	审核人	单据日期	单据类型	单据号	供应商名称	原币金额
		2013-04-05	采购专用发票	00002	成都大成公司	21,060.00

图5-73　单据处理

选择“业务工作”|“财务会计”|“应付款管理”|“制单处理”，在制单查询中，选择“现结制单”，单击“确定”按钮，进入“现结制单”。选择凭证类型为“付款凭证”，再选择要制单的行，如图5-74所示。

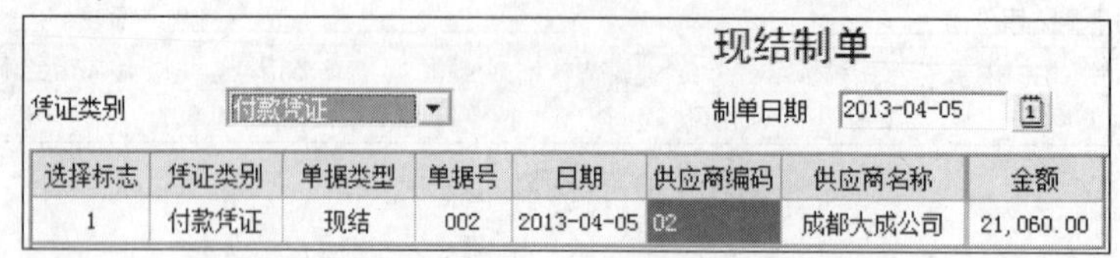

现结制单

凭证类别 付款凭证　　制单日期 2013-04-05

选择标志	凭证类别	单据类型	单据号	日期	供应商编码	供应商名称	金额
1	付款凭证	现结	002	2013-04-05	02	成都大成公司	21,060.00

图5-74　现结制单

单击“制单”按钮，系统显示生成的凭证。其凭证分录如下：

借：材料采购　　　　　　　18 000

　　应交税费/应交增值税/进项税　3 060

　　贷：银行存款/工行存款　　　21 060

单击“保存”按钮，凭证自动生成，在填制凭证窗口显示“已生成”标记，表示凭证已经生成并传递到总账系统中。

4. 生成入库凭证

选择“业务工作”|“供应链”|“存货核算”|“业务核算”|“正常单据记账”，进入“过滤条件选择”窗口，可以按照仓库选择，或者选择单据类型(采购入库单)。单击“过滤”按钮后进入“正常单据记账列表”，如图5-75所示。

正常单据记账列表

记录总数：1

选择	日期	单据号	存货编码	存货名称	单据类型	仓库名称	收发类别	数量	单价	金额
	2013-04-05	00003	005	鼠标	采购入库单	原料库	采购入库	360.00	50.00	18,000.00
小计								360.00		18,000.00

图5-75　正常单据记账列表

先选择要记账的单据，单击“记账”按钮，显示“记账成功”表示完成记账。

选择“业务工作”|“供应链”|“存货核算”|“财务核算”|“生成凭证”，进入后单击工具栏中的“选择”按钮，在查询条件中选择“(01)采购入库单(报销记账)”，单击“确定”按钮，进入“未生成凭证单据一览表”。

在“选择”栏选择要记账的记录，单击“确定”按钮，系统返回“生成凭证”窗口，选择凭证类别为“转账凭证”，如图5-76所示。

凭证类别 转 转账凭证

选择	单据类型	单据号	摘要	科目类型	科目编码	科目名称	借方金额	贷方金额
1	采购入库单	00003	采购入库单	存货	140301	生产用原材料	18,000.00	
				对方	1401	材料采购		18,000.00
合计							18,000.00	18,000.00

图5-76　生成凭证

单击“生成”按钮，进入“填制凭证”窗口，系统待生成凭证。其分录如下：

借：原材料/生产用原材料(140301)　　18 000

　　贷：材料采购(1401)　　　　　18 000

单击“保存”按钮，凭证左上角出现“已生成”标志，表示凭证已经传递到总账。

5.2.4 采购运费处理

实验资料

4月6日，向成都大成公司购买2TB硬盘200盒，单价为800元，验收入原料库。同时还购买鼠标5箱，单价为600元，验收入原料仓库。

当天收到专用发票一张，立即以工行转账支票(支票号ZZ911)支付货款。确定采购成本，进行付款处理。

另外，在采购的过程中，发生了一笔运输费600元，税率为7%，收到相应的运费发票一张，费用按照金额分配。确定采购成本及应付账款，货款未付。

实验过程

1. 填制并审核采购入库单

选择“业务工作”|“供应链”|“库存管理”|“入库业务”|“采购入库单”，单击“增加”按钮，输入案例信息，如图5-77所示。单击“保存”按钮，再单击“审核”按钮，然后退出。

入库单号 00004　入库日期 2013-04-06　仓库 原料库
订单号　到货单号　业务号
供货单位 大成　部门 采购部　业务员 李天华
到货日期　业务类型 普通采购　采购类型 普通采购
入库类别 采购入库　审核日期　备注

	存货编码	存货名称	主计量单位	数量	本币单价	本币金额
1	002	2T硬盘	盒	200.00	800.00	160000.00
2	005	鼠标	只	60.00	50.00	3000.00

图5-77　采购入库单

2. 填制采购专用发票

选择“业务工作”|“供应链”|“采购管理”|“采购发票”|“专用采购发票”，单击“增加”按钮，选择“生单”|“入库单”，单位为“成都大成公司”，单据来源类型为“采购入库单”，单击“过滤”按钮，进入“发票拷贝入库单列表”，选择要传入数据的入库单，如图5-78所示。

发票拷贝入库单表头列表

记录总数：1

选择	入库单号	入库日期	供货商	币种	到货单号	单据名称
Y	00004	2013-04-06	大成	人民币		采购入库单
合计						

发票拷贝入库单表体列表

记录总数：2

选择	存货编码	存货名称	主计量	数量	原币含税单价	原币单价	原币金额	原币税额	原币价税合计
Y	002	2T硬盘	盒	200.00	936.00	800.00	160,000.00	27,200.00	187,200.00
Y	005	鼠标	只	60.00	58.50	50.00	3,000.00	510.00	3,510.00

图5-78　发票拷贝入库单列表

单击“确定”按钮，数据自动传到发票中，如图5-79所示。单击“保存”按钮。然后退出。

业务类型 普通采购	发票类型 专用发票	发票号 00003
开票日期 2013-04-06	供应商 大成	代垫单位 大成
采购类型 普通采购	税率 17.00	部门名称 采购部
业务员 李天华	币种 人民币	汇率 1
发票日期 2013-04-06	付款条件	备注

	存货编码	存货名称	主计量	数量	原币单价	原币金额	原币税额	原币价税合计
1	002	2T硬盘	盒	200.00	800.00	160000.00	27200.00	187200.00
2	005	鼠标	只	60.00	50.00	3000.00	510.00	3510.00

图5-79　专用发票

3. 填制运费发票并进行采购结算

选择"业务工作"|"供应链"|"采购管理"|"采购发票"|"运费发票"，单击"增加"按钮，输入运费的相关信息，如图5-80所示。单击"保存"按钮完成。

运费发票　　显示模版 8167

表体排序

业务类型 普通采购	发票类型 运费发票	发票号 00001
开票日期 2013-04-06	供应商 大成	代垫单位 大成
采购类型 普通采购	税率 7	部门名称 采购部
业务员 李天华	币种 人民币	汇率 1
发票日期 2013-04-06	付款条件	备注

	存货编码	存货名称	主计量	数量	原币金额	原币税额	税率
1	900	运费	千米		600.00	42.00	7.00

图5-80　运费发票

选择"业务工作"|"供应链"|"采购管理"|"采购结算"|"手工结算"，进入"手工结算"窗口。单击"选单"按钮进入"结算选单"窗口，再单击工具栏中的"过滤"按钮，在过滤条件选择中把供应商设置为"成都大成公司"，单击"过滤"完成条件设置，未结算的单据就显示出来，选择要结算的发票和对应的入库单，如图5-81所示。

结算选发票列表　☑ 扣税类别不同时给出提示

记录总数：3

选择	存货名称	发票号	供应商名称	开票日期	存货编码	数量	计量单位	单价	金额
Y	2T硬盘	00003	成都大成公司	2013-04-06	002	200.00	盒	800.00	160,000.00
Y	鼠标	00003	成都大成公司	2013-04-06	005	60.00	只	50.00	3,000.00
Y	运费	00001	成都大成公司	2013-04-06	900		千米	0.00	558.00
合计									

结算选入库单列表

记录总数：2

选择	存货名称	仓库名称	入库单号	供应商名称	入库日期	入库数量	计量单位	件数	单价	金额
Y	2T硬盘	原料库	00004	成都大成公司	2013-04-06	200.00	盒	20.00	800.00	160,000.00
Y	鼠标	原料库	00004	成都大成公司	2013-04-06	60.00	只	5.00	50.00	3,000.00

图5-81　结算选单

单击"确定"按钮，系统提示"所选单据和扣税类别不同，是否继续？"，单击"是"按钮完成。

在手工结算窗口，选择费用分摊方式为"按金额"，如图5-82所示。

结算汇总

单据类型	存货名称	单据号	结算数量	发票数量	暂估单价	暂估金额	发票单价	发票金额
采购发票	2T硬盘	00003		200.00		0.00	800.00	160000.00
采购入库单		00004	200.00		800.00	160000.00		
	合计		200.00	200.00		160000.00		160000.00
采购发票	鼠标	00003		60.00		0.00	50.00	3000.00
采购入库单		00004	60.00		50.00	3000.00		
	合计		60.00	60.00		3000.00		3000.00

选择费用分摊方式：⊙ 按金额 ○ 按数量 □ 相同供应商

费用名称	发票号	开票日期	供货单位	代垫单位	计量单位	金额	自由项
运费	00001	2013-04-06	大成	大成	千米	558.00	
合计	---	---	---		---	558.00	

图5-82 手工结算

单击“分摊”按钮，系统提示“选择按金额分摊，是否开始计算？”，单击“是”按钮进行计算。计算完成后，结算汇总表上会显示出分摊结果，如图5-83所示，“分摊费用”栏中就是分摊的运费。单击“结算”按钮，完成结算工作。

结算汇总

单据类型	存货名称	单据号	结算数量	发票数量	分摊费用	暂估单价	暂估金额	发票单价	发票金额
采购发票	2T硬盘	00003		200.00	0.00		0.00	800.00	160000.00
采购入库单		00004	200.00		547.73	800.00	160000.00		
	合计		200.00	200.00	547.73		160000.00		160000.00
采购发票	鼠标	00003		60.00	0.00		0.00	50.00	3000.00
采购入库单		00004	60.00		10.27	50.00	3000.00		
	合计		60.00	60.00	10.27		3000.00		3000.00

图5-83 分摊运费的结果

实验提示

不管采购入库单上有无单价，采购结算后，其单价都被自动修改为发票上的存货单价。

4. 审核发票并合并制单

选择“业务工作”|“财务会计”|“应付款管理”|“应付单据处理”|“应付单据审核”，进行应付单过滤条件设置，供应商选择“成都大成公司”，完成设置后单击“确定”按钮，如图5-84所示。

应付单据列表

记录总数：2

选择	审核人	单据日期	单据类型	单据号	供应商名称	原币金额
		2013-04-06	采购专用发票	00003	成都大成公司	190,710.00
		2013-04-06	运费发票	00001	成都大成公司	600.00
合计						191,310.00

图5-84 应付单据列表

选择要审核的单据，单击“审核”按钮，系统会显示审核成功提示信息，然后返回。

选择“业务工作”|“财务会计”|“应付款管理”|“制单处理”，进入“制单查询条件设置”，选择“发票制单”，单击“确定”按钮，进入“采购发票制单”，凭证类别选择“转账凭证”，如图5-85所示。

采购发票制单

凭证类别 转账凭证　　制单日期 2013-04-06

选择标志	凭证类别	单据类型	单据号	日期	供应商名称	金额
	转账凭证	采购专用发票	00003	2013-04-06	成都大成公司	190,710.00
	转账凭证	运费发票	00001	2013-04-06	成都大成公司	600.00

图5-85　采购发票制单

选择要生成凭证的发票，单击“合并”按钮，然后单击“制单”按钮，进入“填制凭证”窗口。生成的凭证分录如下。

借：材料采购(1401)　　163 558

　　应交税费/应交增值税/进项税额(22210101)　　27 752

　　贷：应付账款(2202)/大成　　191 310

补充票号等信息后单击“保存”按钮完成。

5. 生成入库凭证

选择“业务工作”|“供应链”|“存货核算”|“业务核算”|“正常单据记账”，进行“过滤条件选择”，可以按照仓库选择，或者选择单据类型(采购入库单)，单击“过滤”按钮后进入“正常单据记账列表”，如图5-86所示。

正常单据记账列表

记录总数：2

选择	日期	单据号	存货编码	存货名称	单据类型	仓库名称	收发类别	数量	单价	金额
	2013-04-06	00004	002	2T硬盘	采购入库单	原料库	采购入库	200.00	802.74	160,547.73
	2013-04-06	00004	005	鼠标	采购入库单	原料库	采购入库	60.00	50.17	3,010.27
小计								260.00		163,558.00

图5-86　正常单据记账列表

选择要记账的行，单击“记账”按钮，显示“记账成功”表示完成记账。

选择“业务工作”|“供应链”|“存货核算”|“财务核算”|“生成凭证”，进入后单击工具栏中的“选择”按钮，在查询条件中选择“(01)采购入库单(报销记账)”，单击“确定”按钮，进入“未生成凭证单据一览表”。

在“选择”栏选择要记账的记录，单击“确定”按钮，系统返回“生成凭证”窗口，选择凭证类别为“转账凭证”，如图5-87所示。

凭证类别 转 转账凭证

选择	单据类型	单据号	摘要	科目类型	科目编码	科目名称	借方金额	贷方金额	存货名称
1	采购入库单	00004	采购入库单	存货	140301	生产用原材料	160,547.73		2T硬盘
				对方	1401	材料采购		160,547.73	2T硬盘
				存货	140301	生产用原材料	3,010.27		鼠标
				对方	1401	材料采购		3,010.27	鼠标
合计							163,558.00	163,558.00	

图5-87　生成凭证

单击“合成”按钮，进入“填制凭证”窗口，系统待生成凭证。其分录如下：

借：原材料/生产用原材料(140301)　　163 558

　　贷：材料采购(1401)　　163 558

单击“保存”按钮，凭证左上角出现“已生成”标志，表示凭证已经传递到总账。

5.2.5 请购比价业务

实验资料

4月6日，李天华申请购买5箱鼠标(使用部门：一车间)，经审核同意分别向重庆大江公司和成都大成公司提出询价，报价截止日期为4月7日。

4月7日，供应商的报价分别为420元/箱、444元/箱。通过比价，决定向重庆大江公司订购，要求到货日期为4月9日。

4月9日，未收到上述所订货物，向供应商发出催货函。

实验过程

1. 定义供应商存货对照表

本功能用于反映某一供应商可以提供哪些存货或某一存货由哪些供应商提供，以及该存货在各供应商间的配额分配和价格水平。

选择“基础设置”|“基础档案”|“对照表”|“供应商存货对照表”，进入“供应商存货对照表”。单击“增加”按钮，在“增加”窗口中，选择“01重庆大江公司”，存货编码为“005鼠标”，如图5-88所示。选择“其他”选项卡，输入最高进价35元，然后保存。

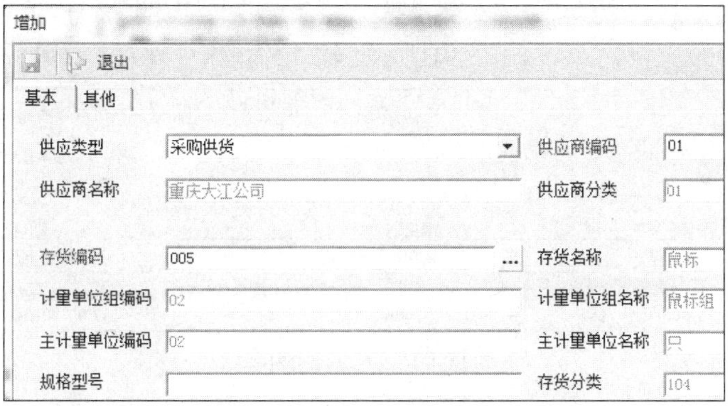

图5-88 供货单位及商品信息

采用相同的方法输入成都大成公司的比价资料，选择“其他”选项卡，最高进价输入37元。然后保存，再返回“供应商存货对照表”，如图5-89所示。

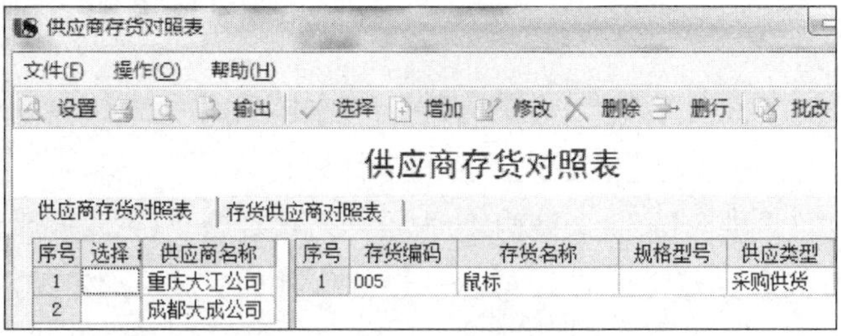

图5-89 供应商存货对照表

先选择左边的供应商名称，然后双击右边的存货目录，就可以查看相关的信息。如果选择“存货供应商对照表”，则转为存货与供应商的对照关系。

2. 录入供应商存货调价单

选择“业务工作”|“供应链”|“采购管理”|“供应商管理”|“供应商供货信息”|“供应商存货调价单”，单击“增加”按钮，录入供应商报价信息，如图5-90所示。输入完毕，单击“保存”按钮，再审核。

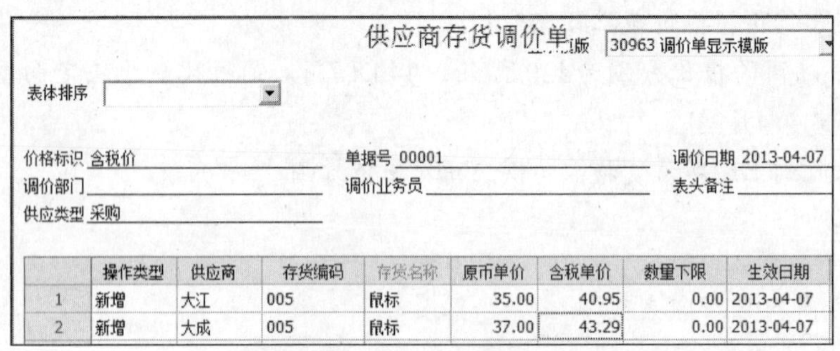

供应商存货调价单　　版 30963 调价单显示模版

表体排序

价格标识 含税价　　单据号 00001　　调价日期 2013-04-07

调价部门　　调价业务员　　表头备注

供应类型 采购

	操作类型	供应商	存货编码	存货名称	原币单价	含税单价	数量下限	生效日期
1	新增	大江	005	鼠标	35.00	40.95	0.00	2013-04-07
2	新增	大成	005	鼠标	37.00	43.29	0.00	2013-04-07

图5-90　供应商存货调价单

选择“业务工作”|“供应链”|“采购管理”|“供应商管理”|“供应商供货信息”|“供应商存货价格表”，可以查看刚才录入的价格资料。

3. 填制并审核请购单

选择“业务工作”|“供应链”|“采购管理”|“请购”|“请购单”，进入“采购请购单”，单击“增加”按钮，按案例输入，如图5-91所示。输入后单击“保存”按钮完成，然后审核。

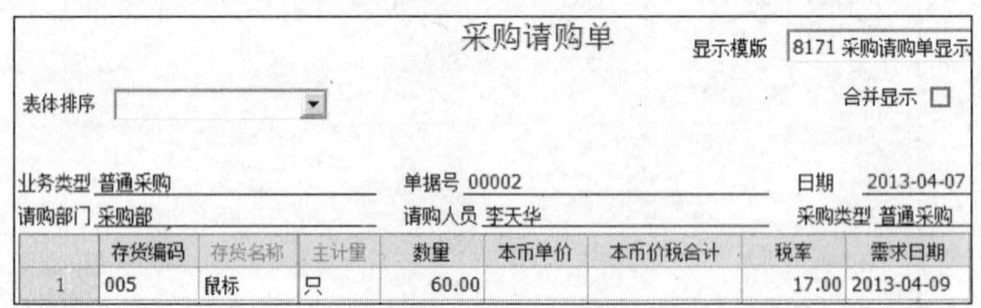

采购请购单　　显示模版 8171 采购请购单显示

表体排序　　合并显示 □

业务类型 普通采购　　单据号 00002　　日期 2013-04-07

请购部门 采购部　　请购人员 李天华　　采购类型 普通采购

	存货编码	存货名称	主计量	数量	本币单价	本币价税合计	税率	需求日期
1	005	鼠标	只	60.00			17.00	2013-04-09

图5-91　采购请购单

实验提示

采购请购不需要填写单价、供应商等信息。

4. 请购比价生成采购订单

选择“基础设置”|“业务参数”|“供应链”|“采购管理”进行最高进价口令设置，具体在“业务及权限控制”中进行设置或更改，密码自行设置。

选择“业务工作”|“供应链”|“采购管理”|“采购订货”|“请购比价生单”，进入“过滤条件选择-比价生单列表过滤”窗口，单击“过滤”按钮，进入“请购比价生单列表”，如图5-92所示。

请购比价生单列表

选择	请购单编号	请购日期	供应商	请购部门	存货名称	主计量	数量	含税单价	无税单价
	00002	2013-04-07		采购部	鼠标	只	60.00	0.00	0.00

图5-92　请购比价生单列表

单击“全选”按钮，再单击“比价”按钮，系统将供应商存货对照表中该存货价格最低的供应商挑选到当前单据中，如图5-93所示。

请购比价生单列表

选择	请购单编号	请购日期	供应商	请购部门	存货名称	主计量	数量	含税单价	无税单价
Y	00002	2013-04-07	大江	采购部	鼠标	只	60.00	40.95	35.00

图5-93　请购比价生单列表

单击“生单”按钮，系统提示输入最高进价口令，如图5-94所示。输入密码后系统自动生成采购订单。

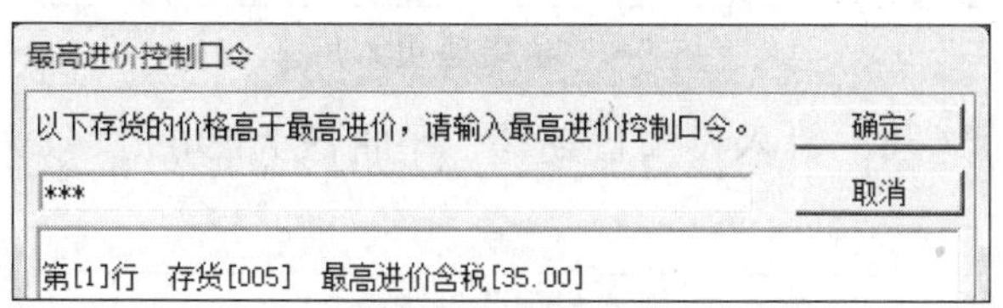

图5-94　最高进价口令

选择“业务工作”|“供应链”|“采购管理”|“采购订货”|“采购订单列表”，进入后选择刚刚生成的采购订单，单击“审核”按钮，完成后退出。

5. 供应商催货及查询

选择“业务工作”|“供应链”|“采购管理”|“供应商管理”|“供应商催货函”，进入“过滤条件选择-供应商催货函”窗口，输入相关信息，如图5-95所示。单击“保存”按钮，可以打印或保存为其他文件格式，发送给供应商。

供应商催货函

输出　小计　合计　格式　分组　折行

供应商催货函

供应商：01　　日期：　2013-04-09

订单号	供应商简称	存货名称	主计量	辅计量	换算率	未到货数量	未到货件数	未入库数量	未入库件数	延迟天数	计划到货日期
00003	大江	鼠标	只	箱	12.00	60.00	5.00	60.00	5.00		2013-04-09
合　计						60.00	5.00	60.00	5.00		

图5-95　供应商催货函

5.2.6　暂估入库报销处理

实验资料

4月9日，收到重庆大江公司提供的上月已验收入库的100盒2TB硬盘的专用发票一张，发票单价为790元。进行暂估报销处理，确定采购成本和应付账款。

实验过程

1. 录入采购发票

选择“业务工作”|“供应链”|“采购管理”|“采购发票”|“专用采购发票”，进入“专用发票”，单击“增加”按钮，进入输入状态。选择“生单”|“入库单”，进行过滤条件设

置，单位选择“重庆大江公司”，单击“过滤”按钮进入拷贝并执行窗口，然后进行选择，如图5-96所示。

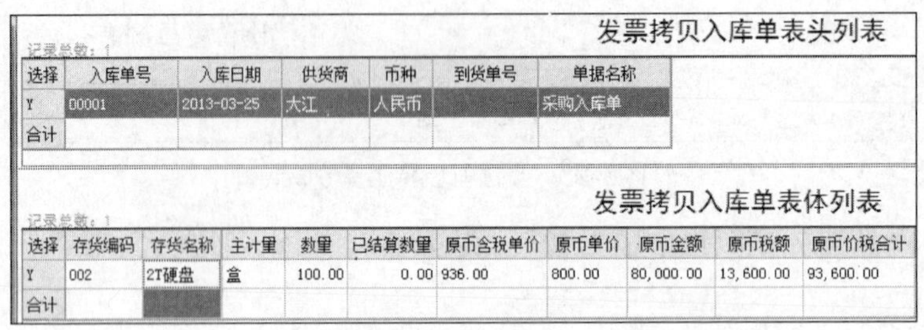

发票拷贝入库单表头列表

记录总数：1

选择	入库单号	入库日期	供货商	币种	到货单号	单据名称
Y	00001	2013-03-25	大江	人民币		采购入库单
合计						

发票拷贝入库单表体列表

记录总数：1

选择	存货编码	存货名称	主计量	数量	已结算数量	原币含税单价	原币单价	原币金额	原币税额	原币价税合计
Y	002	2T硬盘	盒	100.00	0.00	936.00	800.00	80,000.00	13,600.00	93,600.00
合计										

图5-96　发票拷贝入库单

单击“确定”按钮返回，输入发票日期等，单价改为790元，如图5-97所示。单击“保存”按钮完成。

业务类型 普通采购	发票类型 专用发票	发票号 00004
开票日期 2013-04-09	供应商 大江	代垫单位 大江
采购类型 普通采购	税率 17.00	部门名称 采购部
业务员 李天华	币种 人民币	汇率 1
发票日期 2013-04-09	付款条件	备注

	存货编码	存货名称	主计量	数量	原币单价	原币金额	原币税额	原币价税合计
1	002	2T硬盘	盒	100.00	790.00	79000.00	13430.00	92430.00

图5-97　专用采购发票

2. 手工结算

选择“业务工作”|“供应链”|“采购管理”|“采购结算”|“手工结算”，进入“手工结算”窗口。单击“选单”按钮，进入“结算选单”窗口，单击“过滤”按钮进行条件设置，可选择供应商“重庆大江公司”。单击“过滤”按钮后结算选单如图5-98所示。

结算选发票列表

记录总数：1

选择	存货名称	发票号	供应商名称	开票日期	存货编码	数量	计量单位	单价	金额	项目名称
Y	2T硬盘	00004	重庆大江公司	2013-04-09	002	100.00	盒	790.00	79,000.00	
合计										

结算选入库单列表

记录总数：1

选择	存货名称	仓库名称	入库单号	供应商名称	入库日期	入库数量	计量单位	件数	单价	金额	暂估金额	本币价税合计
Y	2T硬盘	原料库	00001	重庆大江公司	2013-03-25	100.00	盒	10.00	800.00	80,000.00	80,000.00	93,600.00

图5-98　结算选单

在发票与入库单之间进行配对选择，单击“确定”按钮，返回“手工结算”窗口，如图5-99所示。单击“结算”按钮，完成结算工作。

结算汇总

单据类型	存货编码	存货名称	单据号	结算数量	发票数量	暂估单价	暂估金额	发票单价	发票金额
采购发票	002	2T硬盘	00004		100.00		0.00	790.00	79000.00
采购入库单			00001	100.00		800.00	80000.00		
		合计		100.00	100.00		80000.00		79000.00

图5-99　手工结算

3. 结算成本处理并生成凭证

选择“业务工作”|“供应链”|“存货核算”|“业务核算”|“结算成本处理”，进行“暂估处理查询”条件设置，选择原料库，单击“确定”按钮，进入“结算成本处理”，如图5-100所

示。选择需要暂估结算的单据，单击工具栏中的“暂估”按钮，系统会提示暂估处理完成。

结算成本处理

按金额分摊　按数量分摊

选择单到补差暂估方式，本月结算成本处理结算单价与暂估单价不一致生成调整单

将运费分摊给结算时指定的入库单

未指定入库单的运费系统自动分摊给结存的入库单

选择	结算单号	仓库名称	入库单号	入库日期	存货名称	计量单位	数量	暂估单价	暂估金额	结算单价	结算金额
	0000000004	原料库	00001	2013-03-25	2T硬盘	盒	100.00	800.00	80000.00	790.00	79000.00

图5-100　结算成本处理

选择“业务工作”|“供应链”|“存货核算”|“财务核算”|“生成凭证”，进入“生成凭证”窗口。在工具栏中单击“选择”按钮，进入“查询条件设置”，选择“红字回冲单”和“蓝字回冲单(报销)”，单击“确定”按钮，进入“选择单据”窗口，如图5-101所示。

已结算采购入库单自动选择全部结算单上单据(包括入库单、发票、付款单)，非本月采购入库单按蓝字报销单制单

未生成凭证单据一览表

选择	记账日期	单据日期	单据类型	单据号	仓库	收发类别	业务类型	计价方式
	2013-04-09	2013-03-25	蓝字回冲单	00001	原料库	采购入库	普通采购	移动平均法

图5-101　选择单据

单击“全选”按钮，再单击“确定”按钮，进入“生成凭证”窗口。选择凭证类别为“转账凭证”，输入红字回冲单应付暂估科目“1401材料采购”，如图5-102所示。

凭证类别

选择	单据类型	单据号	摘要	科目类型	科目编码	科目名称	借方金额	贷方金额	借方数量	贷方数量
1	蓝字回冲单	00001	蓝字回冲单	存货	140301	生产用原材料	79,000.00		100.00	
				对方	1401	材料采购		79,000.00		100.00
合计							79,000.00	79,000.00		

图5-102　生成凭证

单击“生成”按钮，进入“填制凭证”窗口。凭证分录如下：

借：原材料/生产用原材料　　　79 000

　　贷：材料采购　　　　　　　　79 000

单击“保存”按钮，保存蓝字回冲单生成的凭证。

4. 审核发票并制单处理

选择“业务工作”|“财务会计”|“应付款管理”|“应付单据处理”|“应付单据审核”，条件设置为“重庆大江公司”，进入后如图5-103所示。选择要审核的单据，然后单击“审核”按钮，系统会提示审核成功。

应付单据列表

记录总数：1

选择	审核人	单据日期	单据类型	单据号	供应商名称	原币金额
		2013-04-09	采购专用发票	00004	重庆大江公司	92,430.00
合计						92,430.00

图5-103　应付单据列表

选择“业务工作”|“财务会计”|“应付款管理”|“制单处理”，制单查询中选择“发票制单”，将凭证类别改为“转账凭证”，如图5-104所示。

采购发票制单

凭证类别　转账凭证　　制单日期　2013-04-09

选择标志	凭证类别	单据类型	单据号	日期	供应商名称	金额
	转账凭证	采购专用发票	00004	2013-04-09	重庆大江公司	92,430.00

图5-104　采购发票制单

选择要制单的凭证，然后单击“制单”按钮，进入“填制凭证”窗口。生成的凭证分录如下：

借：材料采购　　79 000

　　应交税费/应交增值税/进项税额　　13 430

　　贷：应付账款　　92 430

补充输入票号等信息，单击“保存”按钮完成。

5.2.7 采购结算前退货

实验资料

4月9日，收到成都大成公司提供的23寸液晶显示器，数量52台，单价为1 200元。验收入原料库。

4月10日，仓库反映有2台显示器有质量问题，退回给供应商，办理相关出库手续。

收到成都大成公司开具的50台液晶显示器的专用发票一张，单价1 200元。编制应付账款凭证和入库凭证。

实验过程

1. 填制并审核采购入库单

选择“业务工作”|“供应链”|“库存管理”|“入库业务”|“采购入库单”，单击“增加”按钮，输入案例信息，如图5-105所示。单击“保存”按钮，再单击“审核”按钮，然后退出。

入库单号 00005　入库日期 2013-04-09　仓库 原料库
订单号　到货单号　业务号
供货单位 大成　部门 采购部　业务员 李天华
到货日期　业务类型 普通采购　采购类型 普通采购
入库类别 采购入库　审核日期　备注

	存货编码	存货名称	主计量单位	数量	本币单价	本币金额
1	003	23吋液晶显示器	台	52.00	1200.00	62400.00

图5-105　采购入库单

2. 填制红字采购入库单

选择“业务工作”|“供应链”|“库存管理”|“入库业务”|“采购入库单”，单击“增加”按钮，选择右上角的“红字”，输入案例信息，退货数量填写-2，单价填写1 200，如图5-106所示。单击“保存”按钮，再进行审核，然后退出。

入库单号 00006　入库日期 2013-04-10　仓库 原料库
订单号　到货单号　业务号
供货单位 大成　部门 采购部　业务员 李天华
到货日期　业务类型 普通采购　采购类型 普通采购
入库类别 采购入库　审核日期　备注

	存货编码	存货名称	主计量单位	数量	本币单价	本币金额
1	003	23吋液晶显示器	台	-2.00	1200.00	-2400.00

图5-106　采购入库单

3. 根据采购入库单生成采购专用发票

选择“业务工作”|“供应链”|“采购管理”|“采购发票”|“专用采购发票”，单击“增加”按钮，选择“生单”|“入库单”，单据来源类型为“采购入库单”，然后单击“过滤”按钮，进入“发票拷贝入库单列表”中，选择要传入数据的入库单。单击“确定”按钮，数据自动传到发票中。

将发票中的数量改为50，如图5-107所示。单击“保存”按钮完成。

业务类型 普通采购	发票类型 专用发票	发票号 00005
开票日期 2013-04-10	供应商 大成	代垫单位 大成
采购类型 普通采购	税率 17.00	部门名称 采购部
业务员 李天华	币种 人民币	汇率 1
发票日期	付款条件	备注

	存货编码	存货名称	主计量	数量	原币单价	原币金额	原币税额	原币价税合计
1	003	23吋液晶显示器	台	50.00	1200.00	60000.00	10200.00	70200.00

图5-107　专用发票

4. 采购结算

选择“业务工作”|“供应链”|“采购管理”|“采购结算”|“手工结算”，进入“手工结算”窗口。单击“选单”按钮进入结算选单中，再单击“过滤”按钮进行查询条件选择，供应商选择“成都大成公司”，单击“过滤”按钮，选择要结算的单据，如图5-108所示。

结算选发票列表　☑ 扣税类别不同时给出提示

记录总数：1

选择	存货名称	发票号	供应商名称	开票日期	存货编码	数量	计量单位	单价	金额	项目名称
Y	23吋液晶显示器	00005	成都大成公司	2013-04-10	003	50.00	台	1,200.00	60,000.00	
合计										

结算选入库单列表

记录总数：2

选择	存货名称	仓库名称	入库单号	供应商名称	入库日期	入库数量	单价	金额	本币价税合计	本币税额
Y	23吋液晶显示器	原料库	00005	成都大成公司	2013-04-09	52.00	1,200.00	62,400.00	73,008.00	10,608.00
Y	23吋液晶显示器	原料库	00006	成都大成公司	2013-04-10	-2.00	1,200.00	-2,400.00	-2,808.00	-408.00

图5-108　结算选单

单击“确定”按钮，返回到手工结算，如图5-109所示。单击“结算”按钮，完成单据之间的勾稽。

结算汇总

单据类型	存货编号	存货名称	单据号	结算数量	发票数量	暂估单价	暂估金额	发票单价	发票金额
采购发票			00005		50.00		0.00	1200.00	60000.00
采购入库单	003	23吋液晶显示器	00005	52.00		1200.00	62400.00		
采购入库单			00006	-2.00		1200.00	-2400.00		
		合计		50.00	50.00		60000.00		60000.00

图5-109　手工结算

5. 生成应付凭证

选择“业务工作”|“财务会计”|“应付款管理”|“应付单据处理”|“应付单据审核”，进行“应付单查询条件设置”，供应商选择“成都大成公司”，单击“确定”按钮进入“应付单据列表”，如图5-110所示。先选择单据，然后单击“审核”按钮，系统显示审核成功。

应付单据列表

记录总数：1

选择	审核人	单据日期	单据类型	单据号	供应商名称	原币金额
		2013-04-10	采购专用发票	00005	成都大成公司	70,200.00

图5-110　应付单据列表

选择“业务工作”|“财务会计”|“应付款管理”|“制单处理”，然后出现“制单查询”窗口，选择“发票制单”，供应商选择“成都大成公司”，单击“确定”按钮，进入“采购发票制单”窗口，凭证类别选择“转账凭证”，如图5-111所示。

采购发票制单

凭证类别　转账凭证　　制单日期　2013-04-10

选择标志	凭证类别	单据类型	单据号	日期	供应商名称	金额
	转账凭证	采购专用发票	00005	2013-04-10	成都大成公司	70,200.00

图5-111　采购发票制单

先选择，单击“制单”，显示生成的凭证。其凭证分录如下：

借：材料采购　　　　　　　　　　　60 000

　　应交税费/应交增值税/进项税额　10 200

　　贷：应付账款/大成　　　　　　　　70 200

补充输入发票号等信息后，单击“保存”按钮完成凭证生成。

6. 生成入库凭证

选择“业务工作”|“供应链”|“存货核算”|“业务核算”|“正常单据记账”，进行过滤条件选择，可以按照仓库选择，或者选择单据类型(采购入库单)，然后单击“过滤”按钮后进入“正常单据记账列表”，如图5-112所示。

正常单据记账列表

记录总数：2

选择	日期	单据号	存货名称	单据类型	仓库名称	收发类别	数量	单价	金额
	2013-04-09	00005	23吋液晶显示器	采购入库单	原料库	采购入库	52.00	1,200.00	62,400.00
	2013-04-10	00006	23吋液晶显示器	采购入库单	原料库	采购入库	-2.00	1,200.00	-2,400.00
小计							50.00		60,000.00

图5-112　正常单据记账列表

先双击所选择的记录(全选)，然后单击“记账”按钮完成记账工作。再选择“业务工作”|“供应链”|“存货核算”|“财务核算”|“生成凭证”，进入后单击工具栏中的“选择”按钮，在查询条件中选择“(01)采购入库单(报销记账)”，然后单击“确定”按钮，进入“未生成凭证单据一览表”，如图5-113所示。

选择	记账日期	单据日期	单据类型	单据号	仓库	收发类别	计价方式
1	2013-04-10	2013-04-09	采购入库单	00005	原料库	采购入库	移动平均法
1	2013-04-10	2013-04-10	采购入库单	00006	原料库	采购入库	移动平均法

图5-113　未生成凭证单据一览表

单击“全选”按钮，再单击“确定”按钮，系统返回“生成凭证”窗口。选择凭证类别为“转账凭证”，如图5-114所示。

凭证类别　转 转账凭证

选择	单据类型	单据号	科目类型	科目编码	科目名称	借方金额	贷方金额	借方数量	贷方数量
1	采购入库单	00005	存货	140301	生产用原材料	62,400.00		52.00	
			对方	1401	材料采购		62,400.00		52.00
		00006	存货	140301	生产用原材料	-2,400.00		-2.00	
			对方	1401	材料采购		-2,400.00		-2.00
合计						60,000.00	60,000.00		

图5-114　生成凭证

单击工具栏中的“合成”按钮，将两张入库单合成生成一张凭证。凭证分录如下：

借：原材料/生产用原材料　　60 000

　　贷：材料采购　　　　　　60 000

单击“保存”按钮，凭证左上角出现“已生成”标志，表示凭证已经传递到总账。

5.2.8　采购结算后退货

实验资料

4月15日，前期从成都大成公司购入的键盘质量有问题，从原料库退回4个给供货方，单价为95元，同时收到红字专用发票一张。对采购入库单和红字专用采购发票进行业务处理。

实验过程

1. 填制红字采购入库单并审核

选择“业务工作”|“供应链”|“库存管理”|“入库业务”|“采购入库单”，单击“增加”按钮，选择右上角的“红字”，输入案例信息，退货数量填写-4，单价填写95，如图5-115所示。单击“保存”按钮，再进行审核，然后退出。

采购入库单

表体排序　　　　○ 蓝字　◉ 红字

入库单号 00007　　入库日期 2013-04-15　　仓库 原料库

订单号　　到货单号　　业务号

供货单位 大成　　部门 采购部　　业务员 李天华

到货日期　　业务类型 普通采购　　采购类型 普通采购

入库类别 采购入库　　审核日期　　备注

	存货编码	存货名称	主计量单位	数量	本币单价	本币金额
1	004	键盘	个	-4.00	95.00	-380.00

图5-115　采购入库单

2. 填制红字采购专用发票并执行采购结算

选择“业务工作”|“供应链”|“采购管理”|“采购发票”|“红字专用采购发票”，进入后先单击“增加”按钮，再单击“生单”|“入库单”，进行过滤条件设置，可以供应商为条件，单击“过滤”按钮，进入后选择相应的入库单。然后单击“确定”按钮返回发票中，如图5-116所示。

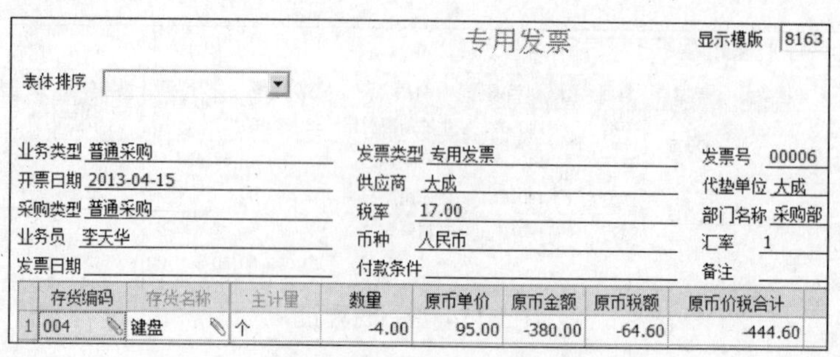

专用发票　　显示模版 8163

表体排序

业务类型 普通采购　　发票类型 专用发票　　发票号 00006

开票日期 2013-04-15　　供应商 大成　　代垫单位 大成

采购类型 普通采购　　税率 17.00　　部门名称 采购部

业务员 李天华　　币种 人民币　　汇率 1

发票日期　　付款条件　　备注

	存货编码	存货名称	主计量	数量	原币单价	原币金额	原币税额	原币价税合计
1	004	键盘	个	-4.00	95.00	-380.00	-64.60	-444.60

图5-116　红字发票

单击“保存”按钮，再单击“结算”按钮完成自动结算，结算后发票上显示“已结算”标记。

3. 生成应付冲销凭证

选择“业务工作”|“财务会计”|“应付款管理”|“应付单据处理”|“应付单据审核”，进入“应付单过滤条件”窗口，供应商选择“成都大成公司”，单击“确定”按钮进入“应付单据列表”，如图5-117所示。

应付单据列表

记录总数：1

选择	审核人	单据日期	单据类型	单据号	供应商名称	原币金额
		2013-04-15	采购专用发票	00006	成都大成公司	-444.60

图5-117　应付单据列表

先选择单据，然后单击“审核”，系统显示审核成功。再选择“业务工作”|“财务会计”|“应付款管理”|“制单处理”，然后进入“制单查询”窗口。选择“发票制单”，供应商选择“成都大成公司”，单击“确定”按钮，进入“采购发票制单”窗口，凭证类别选择“转账凭证”，如图5-118所示。

采购发票制单

凭证类别 转账凭证　　制单日期 2013-04-15

选择标志	凭证类别	单据类型	单据号	日期	供应商名称	金额
1	转账凭证	采购专用发票	00006	2013-04-15	成都大成公司	-444.60

图5-118　采购发票制单

先选择要制单的凭证，再单击“制单”按钮，显示生成的凭证。其凭证分录如下：

借：材料采购　　-380.00

　　应交税费/应交增值税/进项税额　　-64.60

　　贷：应付账款/大成　　-444.60

补充输入发票号等后，单击“保存”按钮完成凭证生成。

4. 生成入库凭证

选择“业务工作”|“供应链”|“存货核算”|“业务核算”|“正常单据记账”，进入“过滤条件选择”窗口，可以按照仓库选择，或者选择单据类型(采购入库单)，然后单击“过滤”按钮进入“正常单据记账列表”，如图5-119所示。

正常单据记账列表

记录总数：1

选择	日期	单据号	存货名称	单据类型	仓库名称	收发类别	数量	单价	金额
	2013-04-15	00007	键盘	采购入...	原料库	采购入库	-4.00	95.00	-380.00
小计							-4.00		-380.00

图5-119　正常单据记账列表

先双击所选择的记录，然后单击“记账”按钮完成记账工作。

再选择“业务工作”|“供应链”|“存货核算”|“财务核算”|“生成凭证”，进入后单击工具栏中的“选择”按钮，在查询条件中选择“(01)采购入库单(报销记账)”，单击“确定”按钮，进入“未生成凭证单据一览表”。

选择单据，单击“确定”按钮，系统返回“生成凭证”窗口。选择凭证类别为“转账凭证”，如图5-120所示。

凭证类别　转 转账凭证

选择	单据类型	单据号	摘要	科目类型	科目编码	科目名称	借方金额	贷方金额
1	采购入库单	00007	采购入库单	存货	140301	生产用原材料	-380.00	
				对方	1401	材料采购		-380.00
合计							-380.00	-380.00

图5-120　生成凭证

单击工具栏中的“生成”按钮，生成的凭证分录如下：

借：原材料/生成用原材料(140301)　　-380

　　贷：材料采购(1401)　　-380

单击“保存”按钮，凭证左上角出现“已生成”标志，表示凭证已经传递到总账。

5.2.9　暂估入库处理

实验资料

4月20日，收到上海大坤公司提供的HP打印机50台，入配套用品库。由于到了月底发票仍未收到，进行暂估记账处理，每台的暂估价为1500元。

实验过程

1. 填制并审核采购入库单

选择“业务工作”|“供应链”|“库存管理”|“入库业务”|“采购入库单”，单击“增加”按钮，输入案例信息，采购单价不用填写，如图5-121所示。单击“保存”按钮，再单击“审核”按钮，然后退出。

入库单号 00008　　入库日期 2013-04-20　　仓库 配套用品库

订单号　　到货单号　　业务号

供货单位 大坤　　部门 采购部　　业务员 杨真

到货日期　　业务类型 普通采购　　采购类型 普通采购

入库类别 采购入库　　审核日期　　备注

	存货编码	存货名称	主计量单位	数量	本币单价	本币金额
1	007	HP打印机	台	50.00		

图5-121　采购入库单

2. 月末录入暂估入库成本并记账生成凭证

选择“业务工作”|“供应链”|“存货核算”|“业务核算”|“暂估成本录入”，进行查询条件选择，选择“包括已有暂估金额的单据”，单击“确定”按钮，进入“暂估成本录入”窗口。这时可以更改暂估价，如图5-122所示。单击“保存”按钮，提示保存成功表明已经录入完成。

暂估成本录入

单据日期	单据号	仓库	存货名称	采购类型	供应商	入库类别	数量	单价	金额
2013-04-20	00008	配套用品库	HP打印机	普通采购	上海大坤公司	采购入库	50.00	1500.00	75000.00

图5-122　暂估成本录入

选择“业务工作”|“供应链”|“存货核算”|“业务核算”|“正常单据记账”，进行查询条件选择，单击“过滤”按钮，进入“正常单据记账列表”，如图5-123所示。选择要记账的单据，单击“记账”按钮，提示记账成功，然后退出。

正常单据记账列表

记录总数：1

选择	日期	单据号	存货名称	单据类型	仓库名称	收发类别	数量	单价	金额
Y	2013-04-20	00008	HP打印机	采购入库单	配套用品库	采购入库	50.00	1,500.00	75,000.00
小计							50.00		75,000.00

图5-123　正常单据记账列表

选择“业务工作”|“供应链”|“存货核算”|“财务核算”|“生成凭证”，进入“生成凭证”窗口。单击工具栏中的“选择”按钮，在查询条件中选择“采购入库单(暂估记账)”，然后单击“确定”按钮，显示“未生成凭证单据一览表”，如图5-124所示。

选择单据

输出　单据　全选　全消　确定　取消

☐ 已结算采购入库单自动选择全部结算单上单据(包括入库单、发票、付款单)，非本月采购入库单按蓝字报销单制单

未生成凭证单据一览表

选择	记账日期	单据日期	单据类型	单据号	仓库	收发类别	业务类型	计价方式
	2013-04-20	2013-04-20	采购入库单	00008	配套用品库	采购入库	普通采购	全月平均法

图5-124　未生成凭证单据一览表

选择要生成凭证的单据，单击“确定”按钮返回“生成凭证”窗口，将凭证类别改为“转账凭证”，补充应付暂估科目“材料采购(1401)”，如图5-125所示。

凭证类别　转 转账凭证

选择	单据类型	单据号	科目类型	科目编码	科目名称	借方金额	贷方金额	借方数量	贷方数量
1	采购入库单	00008	存货	1405	库存商品	75,000.00		50.00	
			应付暂估	1401	材料采购		75,000.00		50.00
合计						75,000.00	75,000.00		

图5-125　生成凭证

单击“生成”按钮，进入“填制凭证”窗口。生成的凭证分录如下：

借：库存商品(1405)　　　75 000

　　贷：材料采购(1401)　　　75 000

单击“保存”按钮完成。

实验提示

本案例采用的是月初冲回方式。月初，系统自动生成“红字回冲单”，自动计入明细账，回冲上月的暂估业务。

5.2.10 采购业务月末结账

1. 结账处理

月末处理一般在本月报表编制完成后，确认当期业务完成，才进行相关的月末结账等业务。这里说明具体的操作方法。

该业务属于采购月结业务。

(1) 在采购管理月末结账之前，进行账套数据备份。

(2) 选择“业务工作”|“供应链”|“采购管理”|“月末结账”，进入“月末结账”窗口，选中要结账的会计月份，单击“结账”按钮，系统提示结账完成。

实验提示

① 未进行期初记账，将不能进行月末结账。

② 月末结账后，当月的单据将不能修改、删除。当月未输入的单据只能视为下个月的单据处理。

③ 采购管理月末处理后，才能进行库存管理、核算的月末处理。

2. 取消结账

只有取消库存、核算系统的月末结账，才能取消采购管理系统的月末结账。如果库存、核算的任何一个系统未取消月末结账，那么也不能取消采购管理系统的月末结账。

5.2.11 采购查询

1. 采购明细表

选择“业务工作”|“供应链”|“采购管理”|“报表”|“统计表”|“采购明细表”，进行查询条件选择，设置好条件后单击“确定”按钮，如图5-126所示。

采购明细表

日期： 2013-04-01 至 2013-04-20 供应商： 全部 到 全部
业务员： 全部 到 全部 部门： 全部 到 全部

发票日期	发票号	供应商简称	存货名称	主计量	辅计量	换算率	数量	本币单价	本币金额	本币税额	本币价税合计
2013-04-03	00001	大成	键盘	个			300.00	95.00	28,500.00	4,845.00	33,345.00
2013-04-05	00002	大成	鼠标	只	箱	12.00	360.00	50.00	18,000.00	3,060.00	21,060.00
2013-04-06	00001	大成	运费	千米					558.00	42.00	600.00
2013-04-06	00003	大成	2T硬盘	盒	箱	10.00	200.00	800.00	160,000.00	27,200.00	187,200.00
2013-04-06	00003	大成	鼠标	只	箱	12.00	60.00	50.00	3,000.00	510.00	3,510.00
2013-04-09	00004	大江	2T硬盘	盒	箱	10.00	100.00	790.00	79,000.00	13,430.00	92,430.00
2013-04-10	00005	大成	23吋液晶显示器	台			50.00	1,200.00	60,000.00	10,200.00	70,200.00
2013-04-15	00006	大成	键盘	个			-4.00	95.00	-380.00	-64.60	-444.60
合 计							1,066.00		348,678.00	59,222.40	407,900.40

图5-126 采购明细表

2. 入库明细表

选择“业务工作”|“供应链”|“采购管理”|“报表”|“统计表”|“入库明细表”，进行查询条件选择，设置好条件后单击“确定”按钮，如图5-127所示。

入库日期	入库单号	仓库名称	供应商简称	存货名称	主计量	入库数量	本币单价	本币金额
2013-04-03	00002	原料库	大成	键盘	个	300.00	95.00	28,500.00
2013-04-05	00003	原料库	大成	鼠标	只	360.00	50.00	18,000.00
2013-04-06	00004	原料库	大成	2T硬盘	盒	200.00	802.74	160,547.73
2013-04-06	00004	原料库	大成	鼠标	只	60.00	50.17	3,010.27
2013-04-09	00005	原料库	大成	23吋液晶显示器	台	52.00	1,200.00	62,400.00
2013-04-10	00006	原料库	大成	23吋液晶显示器	台	-2.00	1,200.00	-2,400.00
2013-04-15	00007	原料库	大成	键盘	个	-4.00	95.00	-380.00
2013-04-20	00008	配套用品库	大坤	HP打印机	台	50.00	1,500.00	75,000.00
总计						**1,016.00**		**344,678.00**

图5-127　入库明细表

3. 采购发票列表

选择“业务工作”|“供应链”|“采购管理”|“采购发票”|“采购发票列表”，进行查询条件选择，查询结果如图5-128所示。

发票列表

总数：8

发票类型	发票号	开票日期	供应商	存货名称	主计量	数量	原币无税单价	原币金额	原币税额	原币价税合计
专用发票	00001	2013-04-03	大成	键盘	个	300.00	95.00	28,500.00	4,845.00	33,345.00
专用发票	00002	2013-04-05	大成	鼠标	只	360.00	50.00	18,000.00	3,060.00	21,060.00
专用发票	00003	2013-04-06	大成	2T硬盘	盒	200.00	800.00	160,000.00	27,200.00	187,200.00
专用发票	00003	2013-04-06	大成	鼠标	只	60.00	50.00	3,000.00	510.00	3,510.00
运费发票	00001	2013-04-06	大成	运费	千米			558.00	42.00	600.00
专用发票	00004	2013-04-09	大江	2T硬盘	盒	100.00	790.00	79,000.00	13,430.00	92,430.00
专用发票	00005	2013-04-10	大成	23吋液晶显示器	台	50.00	1,200.00	60,000.00	10,200.00	70,200.00
专用发票	00006	2013-04-15	大成	键盘	个	-4.00	95.00	-380.00	-64.60	-444.60
						1,066.00		348,678.00	59,222.40	407,900.40

图5-128　采购发票列表

4. 结算明细表

选择“业务工作”|“供应链”|“采购管理”|“报表”|“统计表”|“结算明细表”，进行查询条件选择，然后单击“确定”按钮，查询结果如图5-129所示。

结算日期	结算单号	供应商简称	存货名称	结算数量	结算单价	结算金额	费用	发票号	入库单号	入库日期	结算暂估单价	结算暂估金额
2013-04-06	00000000000003	大成	2T硬盘	200.00	802.74	160,547.73	547.73	00003	00004	2013-04-06	800.00	160,000.00
2013-04-09	00000000000004	大江	2T硬盘	100.00	790.00	79,000.00		00004	00001	2013-03-25	800.00	80,000.00
2013-04-10	00000000000005	大成	23吋液晶显示器	50.00	1,200.00	60,000.00		00005	00006	2013-04-10	1,200.00	60,000.00
2013-04-03	00000000000001	大成	键盘	300.00	95.00	28,500.00		00001	00002	2013-04-03	95.00	28,500.00
2013-04-15	00000000000006	大成	键盘	-4.00	95.00	-380.00		00006	00007	2013-04-15	95.00	-380.00
2013-04-05	00000000000002	大成	鼠标	360.00	50.00	18,000.00		00002	00003	2013-04-05	50.00	18,000.00
2013-04-06	00000000000003	大成	鼠标	60.00	50.17	3,010.27	10.27	00003	00004	2013-04-06	50.00	3,000.00
合　计				1,066.00		348,678.00	558.00					349,120.00

图5-129　结算明细表

5. 未完成业务明细表

选择“业务工作”|“供应链”|“采购管理”|“报表”|“统计表”|“未完成业务明细表”，进行查询条件选择，然后单击“确定”按钮，查询结果如图5-130所示。

单据类型	单据号	日期	结算日期	供应商简称	存货名称	主计量	未结数量	暂估单价	未结金额
采购入库单	00008	2013-04-20		大坤	HP打印机	台	50.00	1,500.00	75,000.00
合　计							50.00		75,000.00

图5-130　未完成业务明细表

5.3 销售管理

5.3.1 销售管理功能概述

销售管理系统是U8软件供应链管理系统中一个子系统，它一般与采购、库存、存货核算、总账系统等一起使用，彼此之间共享数据，联系紧密，共同组成完整的业务处理系统。

与采购管理系统类似，在第一次使用销售管理系统处理日常销售业务之前，也要将日常业务中将要引用的目录档案准备好。

这些目录档案有些在系统初始化时已经完成，如存货分类、客户分类、存货档案、客户档案等。有些档案可以在启用销售管理系统后进行设置，如本企业开户银行、费用项目等。如果本企业开户银行档案没有数据，那么系统就不能完成专用发票的填制操作，也就是说，如果企业只填普通发票，那么也可以不设置开户银行的信息。同样的道理，如果在销售过程中不产生其他的代垫费用，用户也可以不设置费用项目档案。

销售管理系统的主要功能如下。

1. 设置

销售管理系统的初始设置主要是根据自己的需要建立销售业务应用环境，将U8的销售管理变成适合本单位实际需要的专用系统。其中包括定义存货分类、地区分类、客户分类、收发类别、部门、结算方式的编码方案，定义存货数量、存货单价和开票单价显示的小数位数，设置存货档案、客户档案、本企业开户银行、费用项目等内容。这些初始数据一般在系统初始化时的基础设置中进行设置。在启用销售管理系统后，也可以继续在基础设置中添加新增的档案信息。

选择“业务工作”|“供应链”|“销售管理”|“设置”|“销售选项”，在打开的“销售选项”窗口中选择“业务控制”页签，不选择“报价含税”复选框，其他采用默认设置，如图5-131所示。单击“确定”按钮，完成设置。

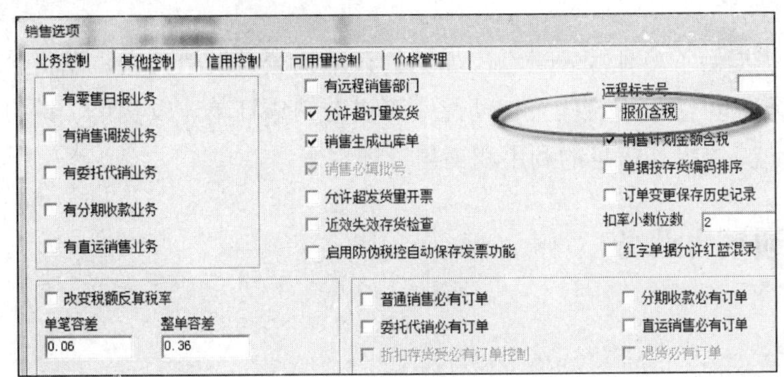

图5-131　销售选项

2. 销售订单

销售订单是反映由购销双方确认的客户购货需求的单据。对于追求销售业务规范化管理的企业而言，销售业务的进行需经历一个客户询价、销售业务部门报价、双方签订购销合同(或达成口头购销协议)的过程。订单作为合同或协议的载体而存在，成为销售发货的日期、货物明细、价格、数量等事项的依据。企业根据销售订单组织货源，并对订单的执行进行管理、控制和追踪。在先发货后开票业务模式下，发货单可以根据销售订单开据；在开票直接发货业务模式下，销售发票可以根据销售订单开据。

在销售管理系统中，销售订单并不是必需的，也可以不录入销售订单，而直接录入发货单或销售发票。

3. 发货单

发货单是普通销售发货业务的执行载体。在先发货后开票业务模式下，发货单由销售部门根据销售订单产生；在开票直接发货业务模式下，发货单由销售部门根据销售发票产生，作为货物发出的依据，而且在此情况下，发货单只能浏览，不能进行增删改和审核等操作。

在先发货后开票业务模式下，发货单必须经过审核，数据才能记入相关的账表，同时生成与该单据有关联的其他单据，如销售发票。

4. 销售发票

销售发票是指给客户开具的增值税专用发票、普通发票及其所附清单等原始销售票据。销售发票可以由销售部门参照发货单生成，即先发货后开票业务模式，也可以参照销售订单生成或直接填制，即开票直接发货业务模式。

参照订单生成或直接填制的销售发票经复核后自动生成发货单，并根据参数设置生成销售出库单，或由库存系统参照已复核的销售发票生成销售出库单。一张订单或发货单可以拆分生成多张销售发票，也可以用多张订单或发货单汇总生成一张销售发票。销售发票经复核后登记应收账款。

5. 收款结算

收款结算功能主要处理销售过程中发生的各种款项的收入操作，冲销已登记的应收账款。其操作与采购管理的采购付款相类似。

6. 查询

销售管理系统提供了多种账表查询，如销售订单列表、发票列表、发货单列表、销售明细表、销售统计表等，灵活运用这些查询功能，可以对销售订单、发货单、销售发票、销售收入明细账等进行查询，以提高信息的利用和销售管理水平。

5.3.2 普通销售业务

实验资料

(1) 4月5日，天津大华公司欲购买10台税控II号，向销售部了解价格。销售部报价为6500元/台。填制并审核报价单。

该客户了解情况后，要求订购20台，要求发货日期为4月8日。填制并审核销售订单。销售部门向成品库发出发货通知。

(2) 4月8日，从成品仓库向天津大华公司发出其所订货物，并据此开具专用销售发票一张。业务部门将销售发票(留存联)交给财务部门，财务部门结转此业务的收入和成本。

(3) 4月12日，财务部收到天津大华公司转账支票一张，金额152 100元，支票号ZP1155，款项入工行账户。据此填制收款单并制单。

实验过程

1. 填制并审核报价单

选择“业务工作”|“供应链”|“销售管理”|“销售报价”|“销售报价单”，单击“增加”按钮，输入相关信息，如图5-132所示。单击“保存”按钮，再单击“审核”按钮进行审核。

销售报价单

表体排序

单据号 00001　日期 2013-04-05　业务类型 普通销售
销售类型 经销　客户简称 大华　付款条件
销售部门 销售部　业务员 刘一江　税率 17.00
币种 人民币　汇率 1.00000000　备注

	存货编码	存货名称	数量	报价	含税单价	无税单价	无税金额	税额	价税合计
1	006	税控II号	10.00	6500.00	7605.00	6500.00	65000.00	11050.00	76050.00

图5-132　销售报价单

2. 填制并审核销售订单

选择“业务工作”|“供应链”|“销售管理”|“销售订货”|“销售订单”，单击“增加”按钮，选择“生单”|“报价”，进行过滤条件选择，输入查询条件，如客户编码，然后单击“过滤”按钮，进入“参照生单”窗口，选择报价单中的行，如图5-133所示。

选择	收付款协...	收付款协...	业务类型	销售类型	单据号	日期	币名
Y			普通销售	经销	00001	2013-04-05	人民币
合计							

订单参照报价单

记录总数：1

选择	货物编号	货物名称	数量	报价	含税单价	无税单价	无税金额	税额	价税合计
Y	006	税控II号	10.00	6,500.00	7,605.00	6,500.00	65,000.00	11,050.00	76,050.00
合计			10.00				65,000.00	11,050.00	76,050.00

图5-133　参照生单

单击“确定”按钮，将数据复制到销售订单中，再修改发货日期、数量等相关信息，如图5-134所示。单击“保存”按钮，然后单击“审核”按钮完成。

销售订单

显示模版　销售　合并显

表体排序

订单号 00001　订单日期 2013-04-05　业务类型 普通销售
销售类型 经销　客户简称 大华　付款条件
销售部门 销售部　业务员 刘一江　税率 17.00
币种 人民币　汇率 1　备注

	存货编码	主计量	数量	报价	含税单价	无税单价	无税金额	税额	价税合计	预发货日期
1	006	台	20.00	6500.00	7605.00	6500.00	130000.00	22100.00	152100.00	2013-04-08

图5-134　销售订单

3. 填制并审核销售发货单

选择“业务工作”|“供应链”|“销售管理”|“销售发货”|“发货单”，单击“增加”按钮，进行过滤条件设置，单击“过滤”按钮，进入“参照生单”窗口，选择要参照的单据，如图5-135所示。

选择	业务类型	销售类型	订单号	订单日期	币名	汇率	开票单位编码	客户简称
Y	普通销售	经销	00001	2013-04-05	人民币	1.00000000	02	大华
合计								

发货单参照订单

记录总数：1

选择	订单号	货物名称	预发货日期	可发货数量	含税单价	无税单价	可发货无税金额	可发货税额	可发货价税合计
Y	00001	税控II号	2013-04-08	20.00	7,605.00	6,500.00	130,000.00	22,100.00	152,100.00
合计				20.00			130,000.00	22,100.00	152,100.00

图5-135　参照生单

单击“确定”按钮，返回发货单，输入发货日期等，如图5-136所示。单击“保存”按钮，再单击“审核”按钮完成。

发货单

表体排序

发货单号 00002　发货日期 2013-04-08　业务类型 普通销售
销售类型 经销　订单号 00001　发票号
客户简称 大华　销售部门 销售部　业务员 刘一江
发货地址　发运方式　付款条件
税率 17.00　币种 人民币　汇率 1
备注

	仓库名称	存货编码	存货名称	报价	含税单价	无税单价	无税金额	税额	价税合计
1	成品库	006	税控II号	6500.00	7605.00	6500.00	130000.00	22100.00	152100.00

图5-136　发货单

也可以选择“业务工作”|“供应链”|“销售管理”|“销售发货”|“发货单列表”，对单据进行审核。

4. 依据发货单填制并复核销售发票

选择“业务工作”|“供应链”|“销售管理”|“设置”|“销售选项”，打开“其他控制”选项卡，将新增发票默认改为“参照发货”。

实验提示

一些控制参数，在实际运行中可以根据需要进行调整。

选择“业务工作”|“供应链”|“销售管理”|“销售开票”|“销售专用发票”，单击“增加”按钮，进行过滤条件设置，单击“过滤”按钮，进入“参照生单”窗口，选择要参照的单据，如图5-137 所示。

选择	税率（%）	业务类型	销售类型	发货单号	发货日期	币名	汇
	17.00	普通销售	经销	00001	2013-03-28	人民币	1.0
Y	17.00	普通销售	经销	00002	2013-04-08	人民币	1.0
合计							

发票参照发货单

记录总数：1

选择	订单号	仓库	货物编号	货物名称	数量	无税金额	税额	价税合计	报价
Y	00001	成品库	006	税控II号	20.00	130,000.00	22,100.00	152,100.00	6,500.00
合计					20.00	130,000.00	22,100.00	152,100.00	

图5-137 参照生单

单击“确定”按钮，从发货单拷贝数据到销售专用发票，如图5-138所示。单击“保存”按钮，再单击“复核”按钮完成复核工作。

销售专用发票

表体排序

发票号 00001　开票日期 2013-04-08　业务类型 普通销售
销售类型 经销　订单号 00001　发货单号 00002
客户简称 大华　销售部门 销售部　业务员 刘一江
付款条件　客户地址 天津市滨海区东风路8号　联系电话
开户银行 工行东风支行　账号 5581　税号 32310
币种 人民币　汇率 1　税率 17.00
备注

	仓库名称	存货名称	主计量	数量	报价	含税单价	无税单价	无税金额	税额	价税合计
1	成品库	税控II号	台	20.00	6500.00	7605.00	6500.00	130000.00	22100.00	152100.00

图5-138 销售专用发票

实验提示

在票据处理的流程中，只有复核或审核了的票据才能进入下一业务流程的处理，没有复核或审核的票据，在下一处理步骤，一般不能查询或获取数据。

5. 审核销售专用发票并生成销售收入凭证

选择“业务工作”|“财务会计”|“应收款管理”|“应收单据处理”|“应收单据审核”，进行应收单过滤条件设置，单据名称选择“销售发票”，单击“确定”按钮，进入“应收单据列表”窗口。在“选择”栏目下双击要审核的行，然后单击“审核”按钮完成审核工作，如图5-139所示。

应收单据列表

记录总数：1

选择	审核人	单据日期	单据类型	单据号	客户名称	原币金额
Y		2013-04-08	销售专用发票	00001	天津大华公司	152,100.00
合计						152,100.00

图5-139 应收单据列表

选择“业务工作”|“财务会计”|“应收款管理”|“制单处理”，进行制单查询，选择“发票制单”，单击“确定”按钮，进入“发票制单”窗口，如图5-140所示。

销售发票制单

凭证类别	转账凭证			制单日期	2013-04-08	
选择标志	凭证类别	单据类型	单据号	日期	客户名称	金额
	转账凭证	销售专用发票	00001	2013-04-08	天津大华公司	152,100.00

图5-140　发票制单

将凭证类别改为“转账凭证”，单击“全选”按钮，再单击“制单”按钮，进入“填制凭证”窗口。生成的凭证分录如下：

借：应收账款(1122)/大华　　152 100

　　贷：主营业务收入(6001)　　130 000

　　　　应交税费/应交增值税/销项税额(22210105)　　22 100

补充票号等信息，单击“保存”按钮完成凭证制作，凭证自动传送到总账。

6. 审核销售出库单

可以查看“业务工作”|“供应链”|“销售管理”|“设置”|“销售选项”中“业务控制”参数的设置，默认是选择了“销售生成出库单”，如果不是就需要改为本设置。

因此，销售出库单在填制销售发货单的时候就自动生成了销售出库单，只需要将销售出库单调出来进行审核即可。若未生成，就需要在库存管理中通过参照完成销售出库单的输入。

选择“供应链”|“库存管理”|“单据列表”|“销售出库单列表”，进行过滤条件选择，根据需要进行设置，然后进入“销售出库单列表”，如图5-141所示。

销售出库单列表

记录总数：1

选择	仓库	出库日期	出库单号	出库类别	审核人	存货编码	存货名称	主计量单位	数量
	成品库	2013-04-08	00001	销售出库		006	税控II号	台	20.00

图5-141　销售出库单列表

双击可打开销售出库单。先选择要审核的出库单，单击“审核”按钮完成审核工作。

7. 销售出库单记账

选择“业务工作”|“供应链”|“存货核算”|“业务核算”|“正常单据记账”，进行条件设置，可设置仓库为成品库，单击“过滤”按钮，进入“正常单据记账列表”，如图5-142所示。

正常单据记账列表

记录总数：1

选择	日期	单据号	存货编码	存货名称	单据类型	仓库名称	收发类别	数量
	2013-04-08	00001	006	税控II号	专用发票	成品库	销售出库	20.00
小计								20.00

图5-142　正常单据记账列表

实验提示

① 正常单据记账有记账的日期控制，即新记账的日期只能在前面已经记账的日期之后。

② 可以重新登录，满足记账的日期控制要求。记账后再登录，改为业务日期。

先选择要记账的单据，然后单击“记账”按钮，会显示记账成功。

成品库和配套用品库的物料计价采用的全月平均法，因此成本需要在月末结转。

选择“业务工作”|“供应链”|“存货核算”|“账表”|“账簿”|“明细账”，进行明细账查询条件设置，选择仓库、存货，单击“确定”按钮，可以查看到单据记账后的情况，如图5-143所示。

记账日期:	2013年		凭证号	凭证摘要	收发类别	收入			发出			结存		
	月	日				数量	单价	金额	数量	单价	金额	数量	单价	金额
				期初结存								380.00	4,800.00	824,000.00
2013-04-20	4	20			销售出库				20.00			360.00	5,066.67	824,000.00
				4月合计		0.00		0.00	20.00		0.00	360.00	5,066.67	824,000.00
				本年累计		0.00		0.00	20.00		0.00			

图5-143　明细账

8. 输入收款单并制单

选择“业务工作”|“财务会计”|“应收款管理”|“收款单据处理”|“收款单据录入”，单击“增加”按钮，输入收款单中的有关项目，如图5-144所示。

单据编号	001	日期	2013-04-12	客户	大华
结算方式	转账支票	结算科目	100201	币种	人民币
汇率	1.00000000	金额	152100.00	本币金额	152100.00
客户银行	工行东风支行	客户账号	5581	票据号	ZP1155
部门	销售部	业务员	刘一江	项目	
摘要					

	款项类型	客户	部门	业务员	金额	本币金额	科目	项目
1	应收款	大华	销售部	刘一江	152100.00	152100.00	1122	

图5-144　收款单

单击“保存”按钮，再单击“审核”按钮，系统提示“是否立即制单”，单击“是”按钮，系统生成收款凭证。凭证分录为：

借：银行存款/工行存款(100201)　　　　152 100

　　贷：应收账款(1122)/大华　　　　　　152 100

补充票号等信息，单击“保存”按钮，生成的凭证传递到总账系统中。

5.3.3　商业折扣的处理

实验资料

4月12日，销售部向天津大华公司出售HP打印机10台，报价为2 400元/台(不含税价，含税价为2 808元)，通知库房发货，然后货物从配套用品库发出。

最后商定的成交价为报价的90%，根据上述发货单开具专用发票一张，记录应收账款。

实验过程

1. 填制并审核发货单

选择“业务工作”|“供应链”|“销售管理”|“销售发货”|“发货单”，单击“增加”按钮，进入“过滤条件选择”窗口，单击“取消”按钮，输入案例数据，如图5-145所示。

发货单号 00003　发货日期 2013-04-12　业务类型 普通销售
销售类型 经销　订单号　发票号
客户简称 大华　销售部门 销售部　业务员 刘一江
发货地址　发运方式　付款条件
税率 17.00　币种 人民币　汇率 1
备注

	仓库名称	存货编码	存货名称	主计量	数量	报价	含税单价	无税金额	税额	价税合计
1	配套用品库	007	HP打印机	台	10.00	2400.00	2808.00	24000.00	4080.00	28080.00

图5-145　发货单

单击“保存”按钮，再单击“审核”按钮完成。

2. 填制并复核销售发票

选择“业务工作”|“供应链”|“销售管理”|“销售开票”|“销售专用发票”，单击“增加”按钮，进行过滤条件选择，客户选择“天津大华公司”，进入“参照生单”窗口后，选择要参照的发货单。

单击“确定”按钮，返回到销售专用发票，自动将发货单的数据拷贝过来，如图5-146所示。

发票号 00002　开票日期 2013-04-12　业务类型 普通销售
销售类型 经销　订单号　发货单号 00003
客户简称 大华　销售部门 销售部　业务员 刘一江
付款条件　客户地址 天津市滨海区东风路8号　联系电话
开户银行 工行东风支行　账号 5581　税号 32310
币种 人民币　汇率 1　税率 17.00
备注

	仓库名称	存货编码	存货名称	主计量	数量	报价	含税单价	无税金额	税额	价税合计
1	配套用品库	007	HP打印机	台	10.00	2160.00	2527.20	21600.00	3672.00	25272.00

图5-146　销售专用发票

按照90%的优惠更改报价(2 160元)，单击“保存”按钮，然后单击“复核”按钮完成填制工作。

3. 审核销售专用发票并生成销售收入凭证

选择“业务工作”|“财务会计”|“应收款管理”|“应收单据处理”|“应收单据审核”，进行应收单过滤条件设置，单据名称选择“销售发票”，单击“确定”按钮，进入“应收单据列表”窗口。在“选择”栏目下双击要审核的行，然后单击“审核”按钮完成审核工作，如图5-147所示。

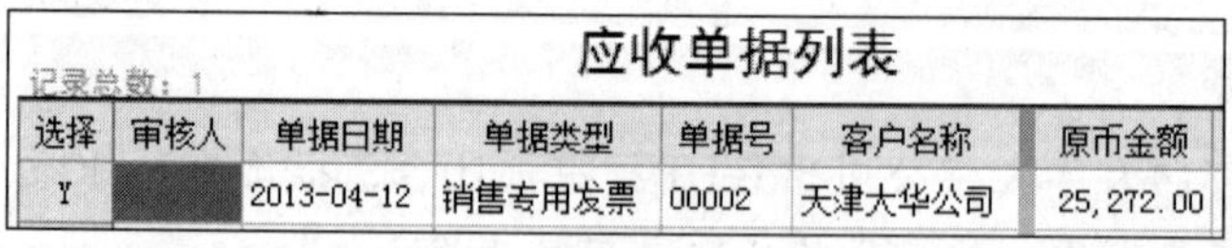

应收单据列表

记录总数：1

选择	审核人	单据日期	单据类型	单据号	客户名称	原币金额
Y		2013-04-12	销售专用发票	00002	天津大华公司	25,272.00

图5-147　应收单据列表

选择“业务工作”|“财务会计”|“应收款管理”|“制单处理”，进行制单查询，选择“发票制单”，单击“确定”按钮，进入“销售发票制单”窗口，如图5-148所示。

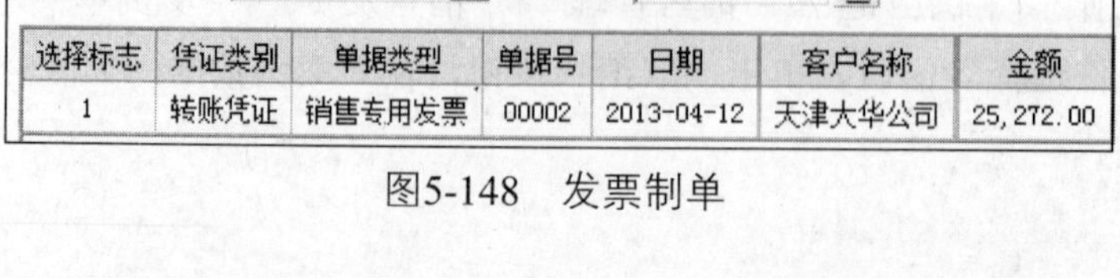

销售发票制单

凭证类别 转账凭证　制单日期 2013-04-12

选择标志	凭证类别	单据类型	单据号	日期	客户名称	金额
1	转账凭证	销售专用发票	00002	2013-04-12	天津大华公司	25,272.00

图5-148　发票制单

将凭证类别改为“转账凭证”，单击“全选”按钮，再单击“制单”按钮，然后进入“填制凭证”窗口。生成的凭证分录如下：

借：应收账款(1122)/大华贸易　　　　　　　　25 272
　　贷：主营业务收入(6001)　　　　　　　　　　21 600
　　　　应交税费/应交增值税/销项税额(22210105)　3 672

补充发票号等信息，单击“保存”按钮完成凭证制作，凭证自动传送到总账。

4. 销售出库单记账

选择“业务工作”|“供应链”|“存货核算”|“业务核算”|“正常单据记账”，进行条件设置，可设置仓库为“配套用品库”，单击“过滤”按钮，进入“正常单据记账列表”，如图5-149所示。

正常单据记账列表

记录总数：1

选择	日期	单据号	存货编码	存货名称	单据类型	仓库名称	收发类别	数量
	2013-04-12	00002	007	HP打印机	专用发票	配套用品库	销售出库	10.00

图5-149　正常单据记账列表

先选择要记账的单据，然后单击“记账”按钮，会显示记账成功。

5.3.4　现结业务

实验资料

4月15日，向湖南宇子公司销售专用打印纸200箱，每箱180元(不含税价)；普通发票打印纸150箱，每箱150元(不含税价)。专用发票已开，商品已从成品库出库，款项通过转账支票已经入到工行账户，支票号YZ6767。

实验过程

1. 填制并审核发货单

选择“业务工作”|“供应链”|“销售管理”|“销售发货”|“发货单”，单击“增加”按钮，进入“查询条件选择”，单击“取消”按钮，输入案例数据，如图5-150所示。输入后进行审核。

发货单号 00004　　发货日期 2013-04-15　　业务类型 普通销售
销售类型 经销　　订单号　　发票号
客户简称 宇子　　销售部门 销售部　　业务员 朱小明
发货地址　　发运方式　　付款条件
税率 17.00　　币种 人民币　　汇率 1.00000000
备注

	仓库名称	存货编码	子…	主计量	数量	报价	含税单价	无税金额	税额	价税合计
1	成品库	010	专.	箱	200.00	180.00	210.60	36000.00	6120.00	42120.00
2	成品库	011	普.	箱	150.00	150.00	175.50	22500.00	3825.00	26325.00

图5-150　发货单

2. 填制销售专用发票并执行现结

选择“业务工作”|“供应链”|“销售管理”|“销售开票”|“销售专用发票”，单击“增加”按钮，进行过滤条件选择，客户选择“湖南宇子公司”，单击“过滤”按钮进入“参照生单”窗口，选择要参照的发货单。

单击“确定”按钮，返回到销售专用发票，系统自动将发货单的数据拷贝过来，如图5-151所示，单击“保存”按钮完成。

发票号 00003　开票日期 2013-04-15　业务类型 普通销售
销售类型 经销　订单号　发货单号 00004
客户简称 宇子　销售部门 销售部　业务员 朱小明
付款条件　客户地址 长沙市路口路77号　联系电话
开户银行 中行路口支行　账号 1717　税号 01121
币种 人民币　汇率 1　税率 17.00
备注

	仓库名称	存货编码	存货名称	主计量	数量	报价	含税单价	无税金额	税额	价税合计
1	成品库	010	专用发票打印纸	箱	200.00	180.00	210.60	36000.00	6120.00	42120.00
2	成品库	011	普通发票打印纸	箱	150.00	150.00	175.50	22500.00	3825.00	26325.00

图5-151　销售专用发票

单击“现结”按钮，进入“现结”窗口，输入现结资料，如图5-152所示。

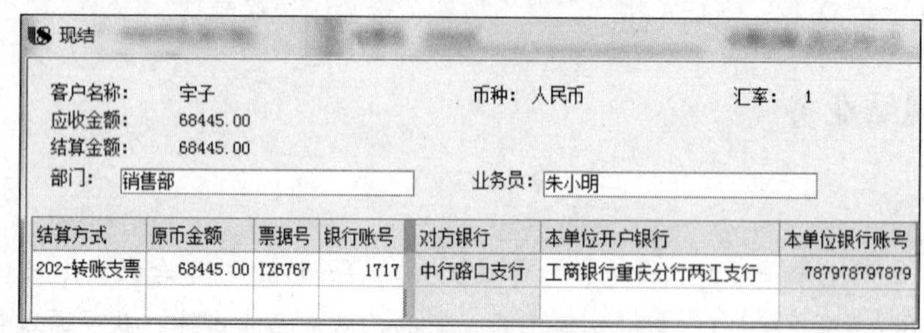
现结

客户名称：宇子　币种：人民币　汇率：1
应收金额：68445.00
结算金额：68445.00
部门：销售部　业务员：朱小明

结算方式	原币金额	票据号	银行账号	对方银行	本单位开户银行	本单位银行账号
202-转账支票	68445.00	YZ6767	1717	中行路口支行	工商银行重庆分行两江支行	787978797879

图5-152　现结

单击“确定”按钮，返回到销售专用发票，这时发票左上角显示“现结”标记。单击“复核”按钮，对现结发票进行复核。

实验提示

① 应在销售发票复核前进行现结处理。

② 销售发票复核后才能在应收款管理中进行现结制单。

3. 审核应收单据和现结制单

选择“业务工作”|“财务会计”|“应收款管理”|“应收单据处理”|“应收单据审核”，进行应收查询条件设置，勾选“包含已现结发票”，单击“确定”按钮，如图5-153所示。选择要审核的单据，再单击“审核”按钮。

应收单据列表

记录总数：1

选择	审核人	单据日期	单据类型	单据号	客户名称	原币金额
		2013-04-15	销售专用发票	00003	湖南宇子公司	68,445.00

图5-153　应收单据列表

选择“业务工作”|“财务会计”|“应收款管理”|“制单处理”，进行制单查询，勾选“现结制单”，单击“确定”按钮，进入“现结制单”窗口，如图5-154所示。

现结制单

凭证类别 收款凭证　制单日期 2013-04-15

选择标志	凭证类别	单据类型	单据号	日期	客户名称	金额
1	收款凭证	现结	002	2013-04-15	湖南宇子公司	68,445.00

图5-154　现结制单

先单击“全选”按钮，再单击“制单”按钮，进入“填制凭证”窗口。生成的收款凭证分录如下：

借：银行存款/工行存款(100201)　　68 445
　　贷：主营业务收入(6001)　　58 500
　　　　应交税费/应交增值税/销项税额(22210105)　　9 945

单击“保存”按钮，生成的凭证将自动转到总账。

4. 销售出库单记账

选择“业务工作”|“供应链”|“存货核算”|“业务核算”|“正常单据记账”，进行条件设置，可设置仓库为“成品库”，单击“过滤”按钮，进入“正常单据记账列表”，如图5-155所示。

正常单据记账列表

记录总数：2

选择	日期	单据号	存货编码	存货名称	单据类型	仓库名称	收发类别	数量
	2013-04-15	00003	010	专用发票打印纸	专用发票	成品库	销售出库	200.00
	2013-04-15	00003	011	普通发票打印纸	专用发票	成品库	销售出库	150.00

图5-155　正常单据记账列表

单击“全选”按钮，然后单击“记账”按钮，会显示记账成功。

5.3.5　补开上月发票业务

实验资料

原业务(期初数据)：

3月28日，销售部向天津大华公司出售税控II号10台，报价(无税单价)为6 500元，由成品仓库发货。该发货单尚未开票。

4月20日，向湖南宇子公司开据销售专用发票，经商定无税单价6 400元，款项转账支票已经收入工行户，支票号TJ1234。

实验过程

1. 填制销售专用发票并执行现结

选择“业务工作”|“供应链”|“销售管理”|“销售开票”|“销售专用发票”，单击“增加”按钮，进行过滤条件选择，客户选择“天津大华公司”，单击“过滤”进入“参照生单”

窗口，选择要参照的发货单。

单击“确定”按钮，返回到销售专用发票，系统自动将发货单的数据拷贝过来，然后修改并保存单价，如图5-156所示。

发票号 00004　开票日期 2013-04-20　业务类型 普通销售
销售类型 经销　订单号　发货单号 00001
客户简称 大华　销售部门 销售部　业务员 刘一江
付款条件　客户地址 天津市滨海区东风路8号　联系电话
开户银行 工行东风支行　账号 5581　税号 32310
币种 人民币　汇率 1　税率 17.00
备注

	仓库名称	存货编码	存货名称	主计量	数量	含税单价	无税单价	无税金额	税额	价税合计
1	成品库	006	税控II号	台	10.00	7488.00	6400.00	64000.00	10880.00	74880.00

图5-156　销售专用发票

单击“现结”按钮，进入“现结”窗口，输入现结资料，如图5-157所示。

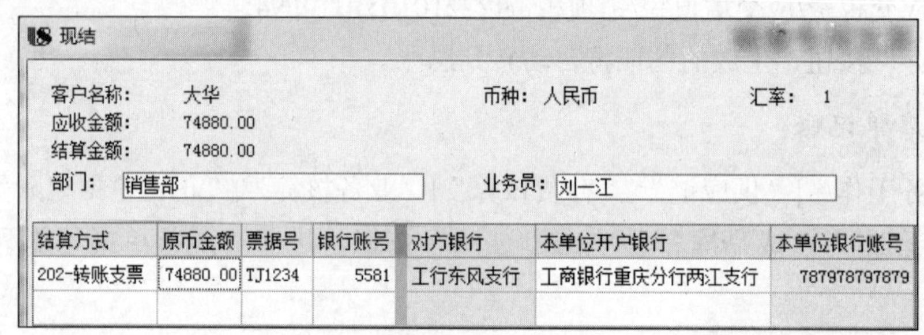

现结

客户名称：大华　币种：人民币　汇率：1
应收金额：74880.00
结算金额：74880.00
部门：销售部　业务员：刘一江

结算方式	原币金额	票据号	银行账号	对方银行	本单位开户银行	本单位银行账号
202-转账支票	74880.00	TJ1234	5581	工行东风支行	工商银行重庆分行两江支行	787978797879

图5-157　现结

输入完成后，单击“确定”按钮，返回到销售专用发票，这时发票左上角显示“现结”标记。单击“复核”按钮，对现结发票进行复核。

2. 审核应收单据和现结制单

选择“业务工作”|“财务会计”|“应收款管理”|“应收单据处理”|“应收单据审核”，进行应收查询条件，勾选“包含已现结发票”，单击“确定”按钮，如图5-158所示。

应收单据列表

记录总数：1

选择	审核人	单据日期	单据类型	单据号	客户名称	原币金额
		2013-04-20	销售专用发票	00004	天津大华公司	74,880.00

图5-158　应收单据列表

先选择要审核的单据，再单击“审核”按钮。

选择“业务工作”|“财务会计”|“应收款管理”|“制单处理”，进行制单查询，勾选“现结制单”，单击“确定”按钮，进入“现结制单”窗口，如图5-159所示。

现结制单

凭证类别 收款凭证　制单日期 2013-04-20　共 1

选择标志	凭证类别	单据类型	单据号	日期	客户编码	客户名称	金额
	收款凭证	现结	003	2013-04-20	02	天津大华公司	74,880.00

图5-159　现结制单

先单击“全选”按钮，再单击“制单”按钮，进入“填制凭证”窗口。生成的收款凭证分录如下：

借：银行存款/工行存款(100201)　　　　　　　　74 880

　　贷：主营业务收入(6001)　　　　　　　　　　　64 000

　　　　应交税费/应交增值税/销项税额(22210105)　　10 880

单击“保存”按钮，生成的凭证将自动转到总账。

3. 销售出库单记账

选择“业务工作”|“供应链”|“存货核算”|“业务核算”|“正常单据记账”，进行条件设置，可设置仓库为“成品库”，单击“过滤”按钮，进入“正常单据记账列表”，如图5-160所示。

正常单据记账列表

记录总数：1

选择	日期	单据号	存货编码	存货名称	单据类型	仓库名称	收发类别	数量
	2013-04-20	00004	006	税控II号	专用发票	成品库	销售出库	10.00

图5-160　正常单据记账列表

单击“全选”按钮，然后单击“记账”按钮，会显示记账成功。

5.3.6　汇总开票业务

实验资料

4月15日，销售部向辽宁飞鸽公司出售税控II号50台，无税报价为6 400元/台(含税价7 488元)，货物从成品仓库发出。

4月16日，销售部向辽宁飞鸽公司出售HP打印机50台，无税报价为2 300元/台(含税价2 691元)，货物从配套用品库发出。

根据上述两张出库单开具专用发票一张，并制作凭证。

实验过程

1. 填制并审核发货单

选择“业务工作”|“供应链”|“销售管理”|“销售发货”|“发货单”，单击“增加”按钮，直接进行发货单录入。输入相关资料信息，如图5-161所示。

发货单号 00005　　发货日期 2013-04-15　　业务类型 普通销售

销售类型 经销　　订单号　　发票号

客户简称 飞鸽　　销售部门 销售部　　业务员 朱小明

发货地址　　发运方式　　付款条件

税率 17.00　　币种 人民币　　汇率 1.00000000

备注

	仓库名称	存货编码	存货名称	主计量	数量	含税单价	无税单价	无税金额	税额	价税合计
1	成品库	006	税控II号	台	50.00	7488.00	6400.00	320000.00	54400.00	374400.00

图5-161　发货单

单击“保存”按钮，再单击“审核”按钮完成审核。

选择“业务工作”|“供应链”|“销售管理”|“销售发货”|“发货单”，单击“增加”按钮，直接进行发货单录入。输入相关资料信息，如图5-162所示。

发货单号 00006　发货日期 2013-04-16　业务类型 普通销售
销售类型 经销　订单号　发票号
客户简称 飞鸽　销售部门 销售部　业务员 朱小明
发货地址　发运方式　付款条件
税率 17.00　币种 人民币　汇率 1.0000000
备注

	仓库名称	存货编码	存货名称	主计量	数量	报价	含税单价	无税金额	税额	价税合计
1	配套用品库	007	HP打印机	台	50.00	2300.00	2691.00	115000.00	19550.00	134550.00

图5-162　发货单

单击“保存”按钮，再单击“审核”按钮完成审核。

2. 合并填制并复核销售发票

选择“业务工作”|“供应链”|“销售管理”|“销售开票”|“销售专用发票”，单击“增加”按钮，进行过滤条件选择，单位选择“辽宁飞鸽公司”，然后进入“参照生单”窗口，选择要合并开发票的发货单，如图5-163所示。

选择	业务类型	销售类型	发货单号	发货日期	开票单位编码	客户简称	开票单
Y	普通销售	经销	00005	2013-04-15	04	飞鸽	飞鸽
Y	普通销售	经销	00006	2013-04-16	04	飞鸽	飞鸽
合计							

发票参照发货单

记录总数：2

选择	仓库	货物编号	货物名称	未开票数量	数量	无税金额	税额	价税合计
Y	成品库	006	税控II号	50.00	50.00	320,000.00	54,400.00	374,400.00
Y	配套用品库	007	HP打印机	50.00	50.00	115,000.00	19,550.00	134,550.00
合计				100.00	100.00	435,000.00	73,950.00	508,950.00

图5-163　参照生单

单击“确定”按钮，发货单数据传入销售专用发票中，如图5-164所示。

发票号 00005　开票日期 2013-04-16　业务类型 普通销售
销售类型 经销　订单号　发货单号 00005，00006
客户简称 飞鸽　销售部门 销售部　业务员 朱小明
付款条件　客户地址 沈阳和平区三好路88号　联系电话
开户银行 中行三好支行　账号 0548　税号 03251
币种 人民币　汇率 1　税率 17.00
备注

	仓库名称	存货编码	存货名称	主计量	数量	含税单价	无税单价	无税金额	税额	价税合计
1	成品库	006	税控II号	台	50.00	7488.00	6400.00	320000.00	54400.00	374400.00
2	配套用品库	007	HP打印机	台	50.00	2691.00	2300.00	115000.00	19550.00	134550.00

图5-164　销售发票

单击“保存”按钮，再单击“复核”按钮完成。

3. 审核销售专用发票并生成销售收入凭证

选择“业务工作”|“财务会计”|“应收款管理”|“应收单据处理”|“应收单据审核”，进行应收单过滤条件设置，单据名称选择“销售发票”，单击“确定”按钮，进入“应收单据列表”窗口，在“选择”栏目下双击要审核的行，然后单击“审核”按钮完成审核工作，如图

5-165所示。

应收单据列表

记录总数：1

选择	审核人	单据日期	单据类型	单据号	客户名称	原币金额
		2013-04-16	销售专用发票	00005	辽宁飞鸽公司	508,950.00
合计						508,950.00

图5-165　应收单据列表

选择“业务工作”|“财务会计”|“应收款管理”|“制单处理”，进行制单查询，选择“发票制单”，单击“确定”按钮，进入“销售发票制单”，如图5-166所示。

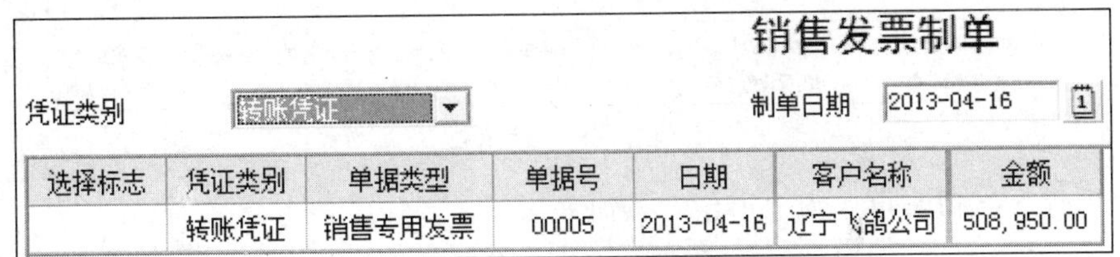

销售发票制单

凭证类别　转账凭证　　制单日期　2013-04-16

选择标志	凭证类别	单据类型	单据号	日期	客户名称	金额
	转账凭证	销售专用发票	00005	2013-04-16	辽宁飞鸽公司	508,950.00

图5-166　发票制单

将凭证类别改为“转账凭证”，单击“全选”按钮，再单击“制单”按钮，然后进入“填制凭证”窗口。生成的凭证分录如下：

借：应收账款(1122)/飞鸽　　　　　　　　508 950

　　贷：主营业务收入(6001)　　　　　　　　435 000

　　　　应交税费/应交增值税/销项税额(22210105)　　73 950

补充发票号等信息，单击“保存”按钮完成凭证制作，凭证自动传送到总账。

4. 对销售出库单记账并生成凭证

选择“业务工作”|“供应链”|“存货核算”|“业务核算”|“正常单据记账”，进行条件设置，直接进入“正常单据记账列表”，如图5-167所示。

正常单据记账列表

记录总数：2

选择	日期	单据号	存货编码	存货名称	单据类型	仓库名称	收发类别	数量
	2013-04-16	00005	006	税控II号	专用发票	成品库	销售出库	50.00
	2013-04-16	00005	007	HP打印机	专用发票	配套用品库	销售出库	50.00

图5-167　正常单据记账列表

单击“全选”按钮，然后单击“记账”按钮，会显示记账成功。

5.3.7　分次开票业务

实验资料

4月16日，销售部向重庆嘉陵公司出售HP打印机60台，无税报价为2 300元/台(含税价2 691元)，货物从配套用品库发出。

4月17日，应客户要求，对上述所发出的商品开具两张专用销售发票，第一张发票中所列示的数量为40台，第二张发票中所列示的数量为20台。

实验过程

1. 填制并审核发货单

选择“业务工作”|“供应链”|“销售管理”|“销售发货”|“发货单”，单击“增加”按钮，直接进行发货单录入。输入相关资料信息，如图5-168所示。

发货单号 00007　发货日期 2013-04-16　业务类型 普通销售
销售类型 经销　订单号　发票号
客户简称 嘉陵　销售部门 销售部　业务员 刘一江
发货地址　发运方式　付款条件
税率 17.00　币种 人民币　汇率 1.00000000
备注

	仓库名称	存货编码	存货名称	主计量	数量	含税单价	无税单价	无税金额	税额	价税合计
1	配套用品库	007	HP打印机	台	60.00	2691.00	2300.00	138000.00	23460.00	161460.00

图5-168　发货单

单击“保存”按钮，再单击“审核”按钮完成。

2. 分两次填制销售发票

选择“业务工作”|“供应链”|“销售管理”|“销售开票”|“销售专用发票”，单击“增加”按钮，进行过滤条件选择，客户选择“重庆嘉陵公司”，单击“过滤”按钮进入“参照生单”窗口，选择要开发票的发货单。

单击“确定”按钮，发货单数据转入销售专用发票中，数量修改为40，如图5-169所示。

发票号 00006　开票日期 2013-04-17　业务类型 普通销售
销售类型 经销　订单号　发货单号 00007
客户简称 嘉陵　销售部门 销售部　业务员 刘一江
付款条件　客户地址 重庆市沙坪坝区双碑路9号　联系电话
开户银行 工行双碑支行　账号 3654　税号 32788
币种 人民币　汇率 1　税率 17.00
备注

	仓库名称	存货编码	存货名称	主计量	数量	含税单价	无税单价	无税金额	税额	价税合计
1	配套用品库	007	HP打印机	台	40.00	2691.00	2300.00	92000.00	15640.00	107640.00

图5-169　销售发票

单击“保存”按钮，再单击“复核”按钮完成。

选择“业务工作”|“供应链”|“销售管理”|“销售开票”|“销售专用发票”，单击“增加”按钮，进行过滤条件选择，客户选择“重庆嘉陵公司”，单击“过滤”按钮进入“参照生单”窗口，选择要开发票的发货单。

这时上面的未开票数量已经变为20，单击“确定”按钮，发货单数据转入销售专用发票中，如图5-170所示。

发票号 00007　开票日期 2013-04-17　业务类型 普通销售
销售类型 经销　订单号　发货单号 00007
客户简称 嘉陵　销售部门 销售部　业务员 刘一江
付款条件　客户地址 重庆市沙坪坝区双碑路9号　联系电话
开户银行 工行双碑支行　账号 3654　税号 32788
币种 人民币　汇率 1　税率 17.00
备注

	仓库名称	存货编码	存货名称	主计量	数量	含税单价	无税单价	无税金额	税额	价税合计
1	配套用品库	007	HP打印机	台	20.00	2691.00	2300.00	46000.00	7820.00	53820.00

图5-170　销售专用发票

单击“保存”按钮，再单击“复核”按钮完成。

3. 审核销售专用发票并生成销售收入凭证

选择“业务工作”|“财务会计”|“应收款管理”|“应收单据处理”|“应收单据审核”，进行应收单过滤条件设置，单据名称选择“销售发票”，单击“确定”按钮，进入“应收单据列表”窗口。在“选择”栏目下双击要审核的行，然后单击“审核”按钮完成审核工作，如图5-171所示。

选择“业务工作”|“财务会计”|“应收款管理”|“制单处理”，进行制单查询，选择“发票制单”，单击“确定”按钮，进入“销售发票制单”窗口，如图5-172所示。

应收单据列表

记录总数：2

选择	审核人	单据日期	单据类型	单据号	客户名称	原币金额
Y		2013-04-17	销售专用发票	00006	重庆嘉陵公司	107,640.00
Y		2013-04-17	销售专用发票	00007	重庆嘉陵公司	53,820.00
合计						161,460.00

图5-171　应收单据列表

销售发票制单

凭证类别 转账凭证　　制单日期 2013-04-17

选择标志	凭证类别	单据类型	单据号	日期	客户名称	金额
	转账凭证	销售专用发票	00006	2013-04-17	重庆嘉陵公司	107,640.00
	转账凭证	销售专用发票	00007	2013-04-17	重庆嘉陵公司	53,820.00

图5-172　销售发票制单

将凭证类别改为“转账凭证”，单击“全选”按钮，再单击“合并”(两张发票制作一张凭证)，接着单击“制单”按钮，进入“填制凭证”窗口。生成的凭证分录如下：

借：应收账款(1122)/嘉陵　　161 460

　　贷：主营业务收入(6001)　　138 000

　　　　应交税费/应交增值税/销项税额(22210105)　　23 460

补充发票号等信息，单击“保存”按钮完成凭证制作，凭证自动传送到总账。

4. 对销售出库单记账

选择“业务工作”|“供应链”|“存货核算”|“业务核算”|“正常单据记账”，进行条件设置，直接进入“正常单据记账列表”，如图5-173所示。

正常单据记账列表

记录总数：2

选择	日期	单据号	存货编码	存货名称	单据类型	仓库名称	收发类别	数量
	2013-04-17	00006	007	HP打印机	专用发票	配套用品库	销售出库	40.00
	2013-04-17	00007	007	HP打印机	专用发票	配套用品库	销售出库	20.00
小计								60.00

图5-173　正常单据记账列表

单击“全选”按钮，然后单击“记账”按钮，会显示记账成功。

5.3.8 开票直接发货

实验资料

4月17日，销售部向上海长江公司出售HP打印机50台，无税报价为2 300元/台(含税价2 691元)，物品从配套用品库发出，并据此开具专用销售发票一张。

实验过程

1. 填制并复核销售专用发票

选择“业务工作”|“供应链”|“销售管理”|“销售开票”|“销售专用发票”，单击“增加”按钮，进行查询条件选择，单击“取消”按钮直接进入“销售专用发票”，输入案例资料，如图5-174所示。

发票号	00008	开票日期	2013-04-17	业务类型	普通销售
销售类型	经销	订单号		发货单号	
客户简称	长江	销售部门	销售部	业务员	朱小明
付款条件		客户地址	上海市徐汇区海东路1号	联系电话	
开户银行	工行海东支行	账号	2234	税号	65432
币种	人民币	汇率	1.00000000	税率	17.00
备注					

	仓库名称	存货编码	存货名称	主计量	数量	报价	含税单价	无税金额	税额	价税合计
1	配套用品库	007	HP打印机	台	50.00	2300.00	2691.00	115000.00	19550.00	134550.00

图5-174 销售专用发票

单击“保存”按钮，再单击“复核”按钮完成。

2. 查询销售发货单

在先输入销售发票的情况下，系统将自动生成销售发货单。

选择“业务工作”|“供应链”|“销售管理”|“销售发货”|“发货单列表”，查询条件中选择“上海长江公司”，如图5-175所示。

发货单列表

记录总数：1

选择	发货单号	发货日期	销售类型	客户简称	仓库	存货名称	数量	含税单价	无税单价	无税金额	税额	价税合计
	00008	2013-04-17	经销	长江	配套用品库	HP打印机	50.00	2,691.00	2,300.00	115,000.00	19,550.00	134,550.00

图5-175 发货单列表

双击发票自动生成的发货单，可以显示为发货单格式。

3. 查询销售出库单

在先输入销售发票的情况下，系统将自动生成销售出库单。

选择“业务工作”|“供应链”|“库存管理”|“单据列表”|“销售出库单列表”，进行过滤条件设置，仓库选择“配套用品库”，单击“过滤”按钮进入“销售出库单列表”，如图5-176所示。

销售出库单列表

记录总数：1

选择	仓库编码	仓库	出库日期	出库单号	出库类别	客户	存货名称	主计量单位	数量
	3	配套用品库	2013-04-17	00007	销售出库	长江	HP打印机	台	50.00

图5-176 销售出库单列表

双击要查看的销售出库单，显示为出库单格式。

4. 审核销售专用发票并生成销售收入凭证

选择“业务工作”|“财务会计”|“应收款管理”|“应收单据处理”|“应收单据审核”，进行应收单过滤条件设置，单据名称选择“销售发票”，单击“确定”按钮，进入“应收单据列表”窗口。在“选择”栏目下双击要审核的行，然后单击“审核”按钮完成审核工作，如图5-177所示。

应收单据列表

记录总数：1

选择	审核人	单据日期	单据类型	单据号	客户名称	原币金额
Y		2013-04-17	销售专用发票	00008	上海长江公司	134,550.00
合计						134,550.00

图5-177　应收单据列表

选择“业务工作”|“财务会计”|“应收款管理”|“制单处理”，进行制单查询，选择“发票制单”，单击“确定”按钮，进入“销售发票制单”窗口，如图5-178所示。

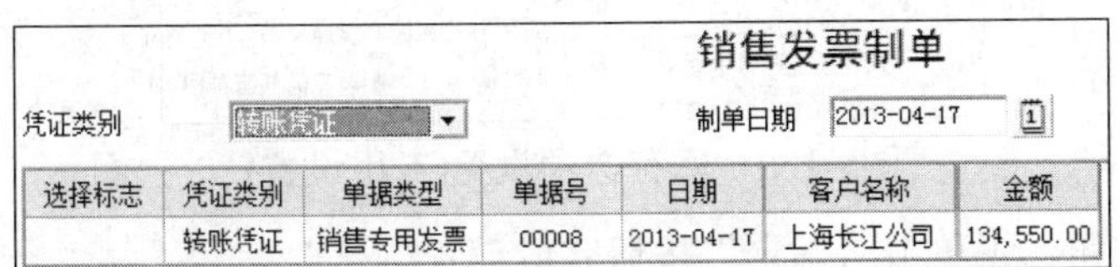

销售发票制单

凭证类别　转账凭证　　制单日期　2013-04-17

选择标志	凭证类别	单据类型	单据号	日期	客户名称	金额
	转账凭证	销售专用发票	00008	2013-04-17	上海长江公司	134,550.00

图5-178　销售发票制单

将凭证类别改为“转账凭证”，单击“全选”按钮，再单击“制单”按钮，进入“填制凭证”窗口。生成的凭证分录如下：

借：应收账款(1122)/长江　　134 550

　　贷：主营业务收入(6001)　　115 000

　　　　应交税费/应交增值税/销项税额(22210105)　　19 550

补充发票号等信息，单击“保存”按钮完成凭证制作，凭证自动传送到总账。

5. 对销售出库单记账

选择“业务工作”|“供应链”|“存货核算”|“业务核算”|“正常单据记账”，进行条件设置，直接进入“正常单据记账列表”，如图5-179所示。

正常单据记账列表

记录总数：1

选择	日期	单据号	存货名称	单据类型	仓库名称	收发类别	数量
Y	2013-04-17	00008	HP打印机	专用发票	配套用品库	销售出库	50.00

图5-179　正常单据记账列表

单击“全选”按钮，然后单击“记账”按钮，会显示记账成功。

5.3.9　超发货单出库

4月19日，销售部向湖南宇子公司出售酷睿双核处理器30盒，由原料库发货，不含税报价

为1 500元/盒(含税价1 755元)。

开具发票时，客户要求再多买10盒，根据客户要求开具了40盒酷睿双核处理器的专用发票一张。

4月20日，客户从原料仓库领出酷睿双核处理器40盒。

实验过程

1. 修改相关选项设置

选择“业务工作”|“供应链”|“库存管理”|“初始设置”|“选项”，进行库存选项设置，打开“专用设置”选项卡，勾选“允许超发货单出库”复选框，如图5-180所示。

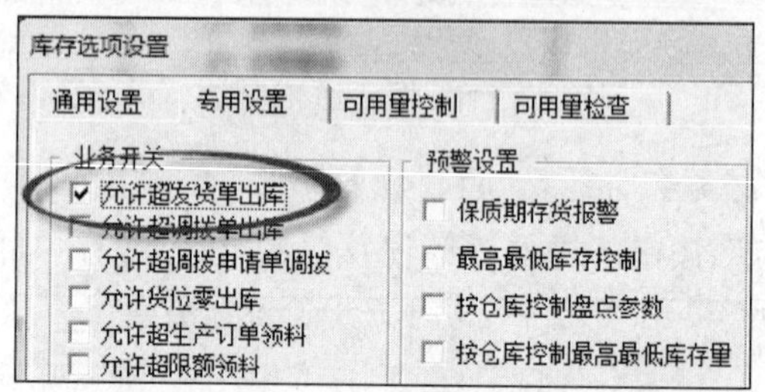

图5-180　库存选项设置(专用设置)

单击“应用”按钮，再单击“确定”按钮完成设置。

2. 修改存货档案并设置超额出库上限

选择“基础设置”|“基础档案”|“存货”|“存货档案”，进入“存货档案”窗口，选择“(10101)处理器”存货分类，再选择001存货，如图5-181所示。

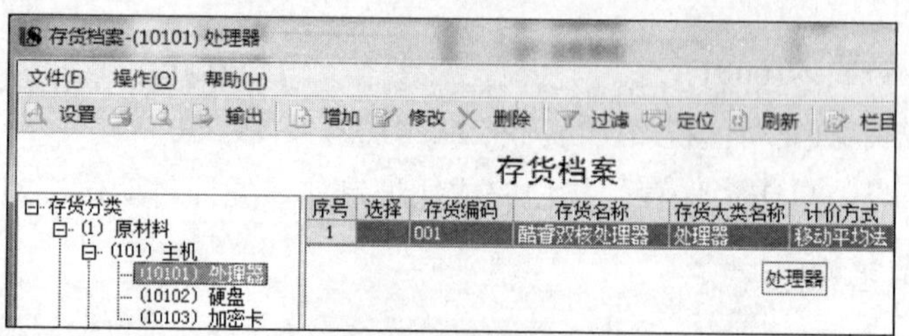

图5-181　存货档案

单击“修改”按钮，进入“修改存货档案”窗口，打开“控制”选项卡，出库超额上限输入0.4，如图5-182所示。单击“保存”按钮完成设置。

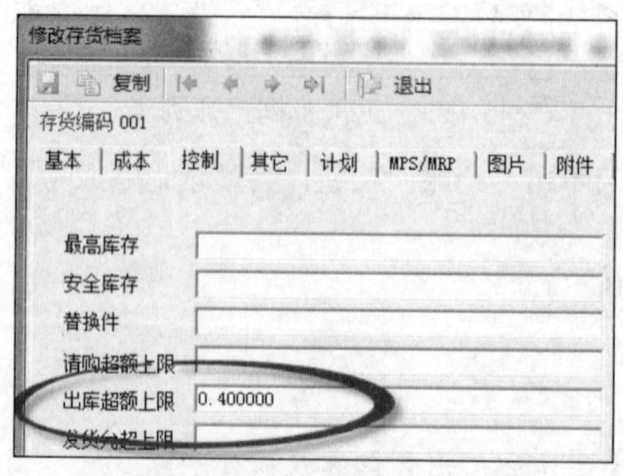

图5-182　修改存货档案

3. 填制并审核发货单

选择“业务工作”|“供应链”|“销售管理”|“销售发货”|“发货单”，单击“增加”按钮，进行过滤查询条件选择，单击“取消”按钮，输入案例数据，如图5-183所示。

发货单号 00009　　发货日期 2013-04-19　　业务类型 普通销售
销售类型 经销　　订单号　　发票号
客户简称 宇子　　销售部门 销售部　　业务员 朱小明
发货地址　　发运方式　　付款条件
税率 17.00　　币种 人民币　　汇率 1
备注

	仓库名称	存货名称	主计量	数量	含税单价	无税单价	无税金额	税额	价税合计
1	原料库	酷睿双核处理器	盒	30.00	1755.00	1500.00	45000.00	7650.00	52650.00

图5-183　发货单

单击“保存”按钮，再单击“审核”按钮完成。

4. 填制并复核销售专用发票

选择“业务工作”|“供应链”|“销售管理”|“设置”|“销售选项”，勾选“业务控制”选项卡中的“允许超发货量开票”复选框，取消选中“销售生成出库单”复选框，如图5-184所示。单击“确定”按钮完成设置。

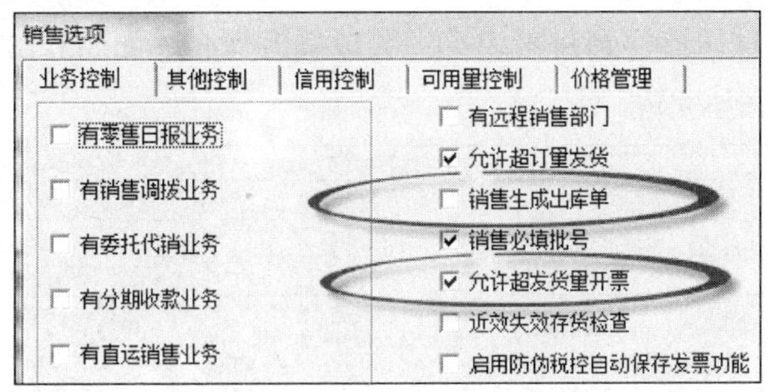

图5-184　销售选项(业务控制)

选择“业务工作”|“供应链”|“销售管理”|“销售开票”|“销售专用发票”，单击“增加”按钮，进行查询条件选择，客户选择“湖南宇子公司”，单击“过滤”按钮进入“参照生单”窗口，选择要参照的发货单。

单击“确定”按钮，返回到销售专用发票，自动将发货单的数据拷贝过来，将数量改为40，如图5-185所示。

发票号 00009　　开票日期 2013-04-19　　业务类型 普通销售
销售类型 经销　　订单号　　发货单号 00009
客户简称 宇子　　销售部门 销售部　　业务员 朱小明
付款条件　　客户地址 长沙市路口路77号　　联系电话
开户银行 中行路口支行　　账号 1717　　税号 01121
币种 人民币　　汇率 1　　税率 17.00
备注

	仓库名称	存货名称	主计量	数量	含税单价	无税单价	无税金额	税额	价税合计
1	原料库	酷睿双核处理器	盒	40.00	1755.00	1500.00	60000.00	10200.00	70200.00

图5-185　销售专用发票

单击“保存”按钮，如果系统提示“发票上货物累计开票数量已大于发货数量”提示，说明前面的控制参数未设置好，需要先设置好后再开票。

单击“复核”按钮完成填制工作。

5. 根据发货单生成销售出库单

选择“业务工作”|“供应链”|“库存管理”|“出库业务”|“销售出库单”，再选择“生单”|“销售生单”，进行查询条件选择后，客户设置为“湖南宇子公司”。选择相应的发货单，勾选“根据累计出库数更新发货单”复选框，如图5-186所示。

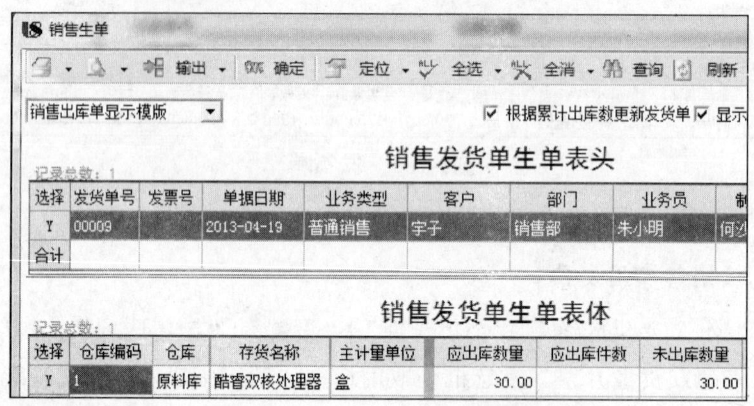

销售发货单生单表头

记录总数：1

选择	发货单号	发票号	单据日期	业务类型	客户	部门	业务员	制
Y	00009		2013-04-19	普通销售	宇子	销售部	朱小明	何沙
合计								

销售发货单生单表体

记录总数：1

选择	仓库编码	仓库	存货名称	主计量单位	应出库数量	应出库件数	未出库数量
Y	1	原料库	酷睿双核处理器	盒	30.00		30.00

图5-186 销售出库单生单资料

单击“确定”按钮，然后将销售出库单中的数量改为40，如图5-187所示。单击“保存”按钮，再单击“审核”按钮完成。

出库单号 00008	出库日期 2013-04-20	仓库 原料库
出库类别 销售出库	业务类型 普通销售	业务号 00009
销售部门 销售部	业务员 朱小明	客户 宇子
审核日期	备注	

	存货编码	存货名称	主计量单位	数量	单价	金额
1	001	酷睿双核处理器	盒	40.00		

图5-187 销售出库单

如果在保存的时候，出现“单据保存失败，修改或稍后再试”的提示，则说明前面的超发货比例没有设置好，应重新设置。

选择“供应链”|“销售管理”|“销售发货”|“发货单列表”，这时查看该笔业务的发货单，数量已经变为新的数量。

6. 审核销售专用发票并生成销售收入凭证

选择“业务工作”|“财务会计”|“应收款管理”|“应收单据处理”|“应收单据审核”，进行应收单过滤条件设置，单据名称选择“销售发票”，单击“确定”按钮，进入“应收单据列表”窗口。在“选择”栏目下双击要审核的行，然后单击“审核”按钮完成审核工作，如图5-188所示。

应收单据列表

记录总数：1

选择	审核人	单据日期	单据类型	单据号	客户名称	原币金额
		2013-04-19	销售专用发票	00009	湖南宇子公司	70,200.00

图5-188 应收单据列表

选择“业务工作”|“财务会计”|“应收款管理”|“制单处理”，进行制单查询，选择“发票制单”，单击“确定”按钮，进入“销售发票制单”窗口，如图5-189所示。

销售发票制单

凭证类别 转账凭证　　制单日期 2013-04-20

选择标志	凭证类别	单据类型	单据号	日期	客户名称	金额
	转账凭证	销售专用发票	00009	2013-04-19	湖南宇子公司	70,200.00

图5-189　销售发票制单

将凭证类别改为“转账凭证”，单击“全选”按钮，再单击“制单”按钮，进入“填制凭证”窗口。生成的凭证分录如下：

借：应收账款(1122)/长江　　70 200

　　贷：主营业务收入(6001)　　60 000

　　　　应交税费/应交增值税/销项税额(22210105)　　10 200

补充发票号等信息，单击“保存”按钮完成凭证制作，凭证自动传送到总账。

7. 对销售出库单记账并生成凭证

选择“业务工作”|“供应链”|“存货核算”|“业务核算”|“正常单据记账”，进行条件设置，直接进入“正常单据记账列表”，如图5-190所示。

正常单据记账列表

记录总数：1

选择	日期	单据号	存货编码	存货名称	单据类型	仓库名称	收发类别	数量
	2013-04-19	00009	001	酷睿双核处理器	专用发票	原料库	销售出库	40.00

图5-190　正常单据记账列表

单击“全选”按钮，然后单击“记账”按钮，会显示记账成功。

选择“供应链”|“存货核算”|“财务核算”|“生成凭证”，单击工具栏中的“选择”按钮，进行查询条件设置，选择“销售专用发票”，再设置客户，单击“确定”按钮，显示未生成凭证单据一览表。

选择发票，然后单击“确定”按钮，返回到“生成凭证”窗口，将凭证类别改为“转账凭证”，如图5-191所示。

凭证类别 转 转账凭证

选择	单据类型	单据号	科目类型	科目编码	科目名称	借方金额	贷方金额	借方数量	贷方数量
1	专用发票	00009	对方	6401	主营业务成本	48,000.00		40.00	
			存货	140301	生产用原材料		48,000.00		40.00
合计						48,000.00	48,000.00		

图5-191　生成凭证

单击“生成”按钮生成凭证，进入“填制凭证”窗口。生成的凭证分录为：

借：主营业务成本(6401)　　48 000

　　贷：原材料/生产用原材料(140301)　　48 000

单击“保存”按钮完成凭证编制，凭证被传递到总账系统中。

5.3.10 分期收款发出商品

实验资料

4月20日，销售部向上海长江公司出售税控II号120台。由成品仓库发货，无税报价为6 600元/台(含税价7 722元)。由于金额较大，客户要求以分期付款形式购买该商品。经协商，客户分3次付款，并据此开具相应销售发票。

第一次开具的专用发票数量为40台，无税单价6 600元/台。

业务部门将该业务所涉及的出库单及销售发票交给财务部门，财务部据此制作凭证。

实验过程

1. 调整相关选项设置

选择“业务工作”|“供应链”|“销售管理”|“设置”|“销售选项”，勾选“业务控制”选项卡中的“有分期收款业务”和“销售生成出库单”复选框，如图5-192所示。单击“确定”按钮，完成设置。

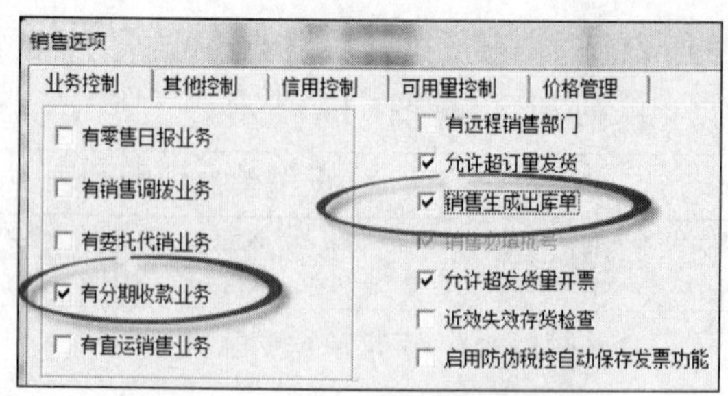

图5-192 销售选项设置

2. 设置分期收款业务相关科目

选择“业务工作”|“供应链”|“存货核算”|“初始设置”|“科目设置”|“存货科目”，将各仓库的分期收款发出商品科目均设置为“1406发出商品”。

3. 填制并审核发货单

选择“业务工作”|“供应链”|“销售管理”|“销售发货”|“发货单”，单击“增加”按钮，进入查询条件选择界面，单击“取消”按钮，输入案例数据，业务类型选择“分期收款”，如图5-193所示。单击“保存”按钮，再单击“审核”按钮完成。

	仓库名称	存货编码	存货名称	含税单价	无税单价	无税金额	税额	价税合计
1	成品库	006	税控II号	7722.00	6600.00	792000.00	134640.00	926640.00

图5-193 发货单

4. 发出商品记账

选择“业务工作”|“供应链”|“存货核算”|“业务核算”|“发出商品记账”，进行查询条件选择设置，选择仓库为“成品库”、单据类型为“发货单”、业务类型为“分期收款”，单击“过滤”按钮进入“发出商品记账”窗口，如图5-194所示。先选择要记账的单据，然后记账。

发出商品记账

记录总数：1

选择	日期	单据号	仓库名称	收发类别	存货编码	存货名称	单据类型	计量单位	数量
	2013-04-20	00010	成品库	销售出库	006	税控II号	发货单	台	120.00

图5-194 发出商品记账

5. 根据发货单填制并复核销售发票

选择“业务工作”|“供应链”|“销售管理”|“销售开票”|“销售专用发票”，单击“增加”按钮，进行查询条件选择设置，客户选择“上海长江公司”，业务类型选择“分期收款”，单击“过滤”按钮进入“参照生单”窗口，选择要参照的发货单。

单击“确定”按钮，返回到销售专用发票，自动将发货单的数据拷贝过来，将数量改为本次开票的数量40，如图5-195所示。

发票号 00010　开票日期 2013-04-20　业务类型 分期收款
销售类型 经销　订单号　发货单号 00010
客户简称 长江　销售部门 销售部　业务员 朱小明
付款条件　客户地址 上海市徐汇区海东路1号　联系电话
开户银行 工行海东支行　账号 2234　税号 65432
币种 人民币　汇率 1　税率 17.00
备注

	仓库名称	存货名称	主计量	数量	报价	含税单价	无税单价	无税金额	税额	价税合计
1	成品库	税控II号	台	40.00	6600.00	7722.00	6600.00	264000.00	44880.00	308880.00

图5-195 销售专用发票

单击“保存”按钮，然后单击“复核”按钮完成。

6. 审核销售发票及生成应收凭证

选择“业务工作”|“财务会计”|“应收款管理”|“应收单据处理”|“应收单据审核”，进行应收查询条件设置，客户选择“上海长江公司”，单击“确定”按钮，如图5-196所示。

应收单据列表

记录总数：1

选择	审核人	单据日期	单据类型	单据号	客户名称	原币金额
		2013-04-20	销售专用发票	00010	上海长江公司	308,880.00

图5-196 应收单据列表

选择要审核的单据，再单击“审核”按钮。

选择“业务工作”|“财务会计”|“应收款管理”|“制单处理”，进行制单查询，勾选“发票制单”，单击“确定”按钮，进入“销售发票制单”窗口，如图5-197所示。

销售发票制单

凭证类别 转账凭证　制单日期 2013-04-20

选择标志	凭证类别	单据类型	单据号	日期	客户名称	金额
	转账凭证	销售专用发票	00010	2013-04-20	上海长江公司	308,880.00

图5-197 销售发票制单

将凭证类别选为“转账凭证”，先选择要制单的凭证，然后单击“制单”按钮，进入“填制凭证”窗口。生成的凭证分录如下：

借：应收账款(1122)/长江　　308 880

　贷：主营业务收入(6001)　　264 000

　　应交税费/应交增值税/销项税额(22210105)　　44 880

单击“保存”按钮，生成的凭证将自动转到总账。

7. 发出商品记账

选择“业务工作”|“供应链”|“存货核算”|“业务核算”|“发出商品记账”，进行查询条件选择，单据类型选择“销售发票”，业务类型选择“分期收款”，单击“过滤”按钮进入“发出商品记账”窗口，如图5-198所示。

发出商品记账

记录总数：1

选择	日期	单据号	仓库名称	收发类别	存货编码	存货名称	单据类型	计量单位	数量
	2013-04-20	00010	成品库	销售出库	006	税控II号	专用发票	台	40.00

图5-198　发出商品记账

先选择要记账的单据，然后单击“记账”按钮，系统会提示记账成功。

8. 查询分期收款相关账表

选择“业务工作”|“供应链”|“存货核算”|“账表”|“账簿”|“发出商品明细账”，输入查询条件，如图5-199所示。

单击“确定”按钮后，显示的发出商品明细账如图5-200所示。

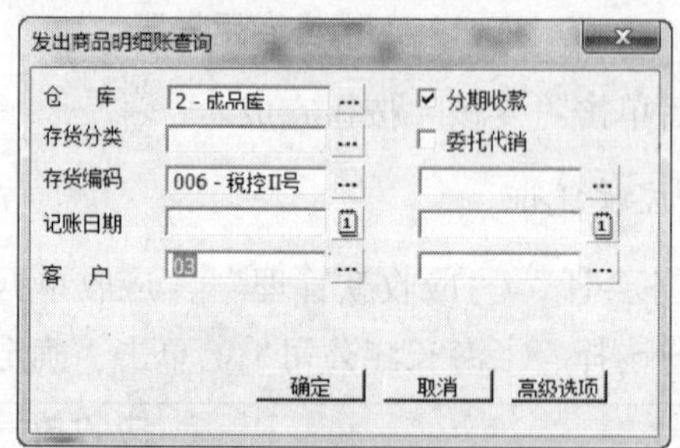

图5-199　查询条件

	记账日期	凭证号	凭证摘要	收发类别	借方			贷方			结存		
					数量	单价	金额	数量	单价	金额	数量	单价	金额
			期初结存								0.00	0.00	0.00
	2013-04-20			销售出库	120.00						120.00	0.00	0.00
	2013-04-20			销售出库				40.00			80.00	0.00	0.00
			4月合计		120.00		0.00	40.00		0.00	80.00	0.00	0.00
			本年累计		120.00		0.00	40.00		0.00			

图5-200　发出商品明细账

5.3.11　委托代销业务

4月19日，销售部委托辽宁飞鸽公司代为销售税控II号30台，售价为6 400元/台(含税价7 488

元)，货物从成品仓库发出。

4月20日，收到辽宁飞鸽公司的委托代销清单一张，结算税控II号20台，售价为6 400元/台。立即开具销售专用发票给辽宁飞鸽公司。

业务部门将该业务所涉及的出库单及销售发票交给财务部门，财务部门据此结转收入等业务。

实验过程

1. 初始设置调整

选择“业务工作”|“供应链”|“存货核算”|“初始设置”|“选项”|“选项录入”，将委托代销成本核算方式改为“按发出商品核算”方式，如图5-201所示。单击“确定”按钮完成设置。

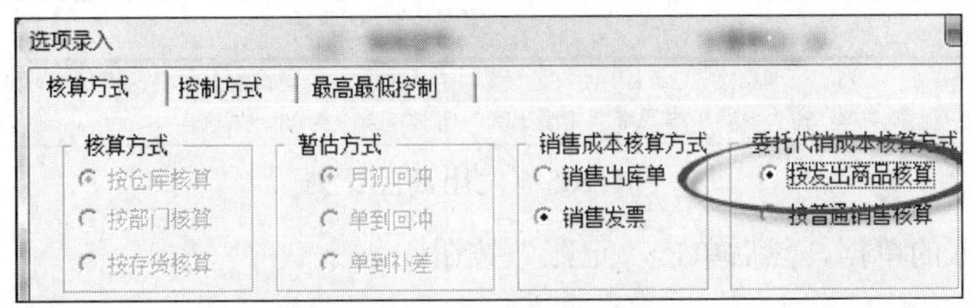

图5-201　存货核算初始设置

选择“业务工作”|“供应链”|“销售管理”|“设置”|“销售选项”，在“业务控制”选项卡中选择“有委托代销业务”复选框，如图5-202所示。单击“确定”按钮完成设置。

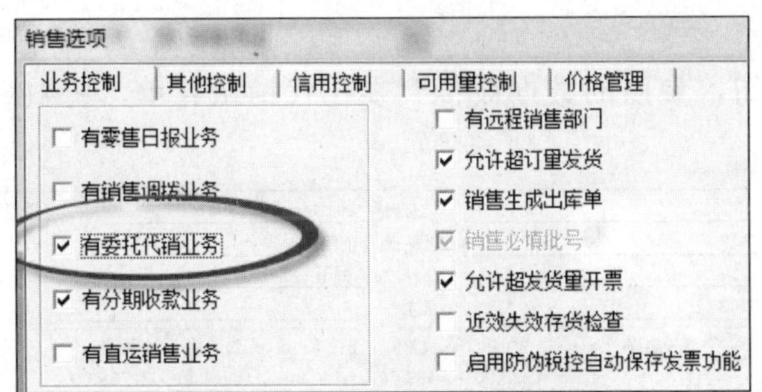

图5-202　销售选项设置

2. 委托代销发货处理

选择“业务工作”|“供应链”|“销售管理”|“委托代销”|“委托代销发货单”，单击“增加”按钮，过滤条件选择“取消”，直接进入“委托代销发货单”的录入，如图5-203所示。

发货单号 00001　发货日期 2013-04-19　业务类型 委托代销
销售类型 经销　订单号　税率 17.00
客户简称 飞鸽　销售部门 销售部　业务员 朱小明
发货地址　发运方式　付款条件
币种 人民币　汇率 1.00000000　备注

	仓库名称	存货编码	存货名称	主计量	数量	报价	含税单价	无税单价	无税金额	税额	价税合计
1	成品库	006	税控II号	台	30.00	6400.00	7488.00	6400.00	192000.00	32640.00	224640.00

图5-203　委托代销发货单

单击“保存”按钮，再单击“审核”按钮完成。

选择“业务工作”|“供应链”|“库存管理”|“单据列表”|“销售出库单列表”，进行查询条件选择，业务类型选择“委托代销”，单击“过滤”按钮，进入“销售出库单列表”，如图5-204所示。

销售出库单列表

记录总数：1

选择	记账人	仓库编码	仓库	出库日期	出库单号	出库类别	客户	存货名称	数量
		2	成品库	2013-04-19	00011	销售出库	飞鸽	税控II号	30.00

图5-204　销售出库单列表

先选择要审核的单据，然后单击“审核”按钮。

选择“业务工作”|“供应链”|“存货核算”|“业务核算”|“发出商品记账”，进入查询条件选择后，选择业务类型为“委托代销”，单击“过滤”按钮进入“发出商品记账”，如图5-205所示。

发出商品记账

记录总数：1

选择	日期	单据号	仓库名称	收发类别	存货名称	单据类型	计量单位	数量
	2013-04-19	00001	成品库	销售出库	税控II号	委托代销发货单	台	30.00

图5-205　发出商品记账

先选择要记账的单据，然后单击“记账”按钮。

3. 委托代销结算处理

选择“业务工作”|“供应链”|“销售管理”|“委托代销”|“委托代销结算单”，单击“增加”按钮，进行查询条件选择，业务类型选择“委托代销”，单击“过滤”按钮，选择要参照的单据。

单击“确定”按钮，参照的数据被传到委托代销结算单，将数量改为要结算的20，如图5-206所示。

结算单号 00001　　结算日期 2013-04-20　　销售类型 代销

客户简称 飞鸽　　销售部门 销售部　　业务员 朱小明

付款条件　　币种 人民币　　汇率 1

税率 17.00　　备注

	仓库名称	存货名称	主计量	数量	含税单价	无税单价	无税金额	税额	价税合计
1	成品库	税控II号	台	20.00	7488.00	6400.00	128000.00	21760.00	149760.00

图5-206　委托代销结算单

单击“保存”按钮，然后单击“审核”按钮，提示选择发票类型，选择“专用发票”。

选择“业务工作”|“供应链”|“销售管理”|“销售开票”|“销售发票列表”，进行查询条件选择，选择业务类型为“委托”，单击“过滤”按钮，如图5-207所示。

销售发票列表

记录总数：1

选择	业务类型	销售类型	发票号	开票日期	客户简称	存货名称	数量	含税单价	无税单价	无税金额	税额	价税合计
	委托	代销	00012	2013-04-20	飞鸽	税控II号	20.00	7,488.00	6,400.00	128,000.00	21,760.00	149,760.00

图5-207　销售发票列表

双击该发票，然后进行复核。

实验提示

① 委托代销结算单审核后，系统将自动生成相应的销售发票。

② 系统可根据委托代销结算单按照需要生成普通发票或专用发票。

③ 委托代销结算单审核后，系统自动生成相应的销售出库单，并传送到库存管理系统。

选择“业务工作”|“财务会计”|“应收款管理”|“应收单据处理”|“应收单据审核”，进行应收单查询条件选择，选择单据名称为“销售发票”，客户为“辽宁飞鸽公司”，单击“确定”按钮，进入“单据处理”窗口，如图5-208所示。

应收单据列表

记录总数：1

选择	审核人	单据日期	单据类型	单据号	客户名称	原币金额
		2013-04-20	销售专用发票	00012	辽宁飞鸽公司	149,760.00
合计						149,760.00

图5-208 应收单据列表

先选择要审核的单据，然后单击“审核”按钮完成。

选择“业务工作”|“财务会计”|“应收款管理”|“制单处理”，进入制单查询，选择“发票制单”，单击“确定”按钮，进入“销售发票制单”窗口，将凭证类别改为“转账凭证”，如图5-209所示。

销售发票制单

凭证类别 转账凭证 制单日期 2013-04-20

选择标志	凭证类别	单据类型	单据号	日期	客户名称	金额
1	转账凭证	销售专用发票	00012	2013-04-20	辽宁飞鸽公司	149,760.00

图5-209 发票制单

先选择要制单的凭证，然后单击“制单”按钮。生成的凭证分录为：

借：应收账款(1122)/飞鸽　　149 760

　　贷：主营业务收入(6001)　　128 000

　　　　应交税费/应交增值税/销项税额(22210105)　　21 760

单击“保存”按钮完成凭证生成，凭证生成到总账系统。

选择“业务工作”|“供应链”|“存货核算”|“业务核算”|“发出商品记账”，进行查询条件选择，仓库选择“成品库”，单击“确定”按钮进入“发出商品记账”，如图5-210所示。

发出商品记账

记录总数：1

选择	日期	单据号	仓库名称	收发类别	存货名称	单据类型	计量单位	数量
	2013-04-20	00012	成品库	销售出库	税控II号	专用发票	台	20.00
小计								20.00

图5-210 发出商品记账

先选择要记账的单据，然后单击“记账”按钮完成。

4. 委托代销相关账表查询

选择“业务工作”|“供应链”|“销售管理”|“报表”|“统计表”|“委托代销统计表”，进入查询条件选择后，单击“确定”按钮查询委托代销统计表。

选择“业务工作”|“供应链”|“库存管理”|“报表”|“库存账”|“委托代销备查簿”，在查询条件中存货选择“税控II号”，单击“确定”按钮，结果如图5-211所示。

存货分类 税控II号		编码 006		名称 税控II号		代码		规格	
单位 台		库存单位							
单据日期	单据号	摘要		发出件数	发出数量	结算件数	结算数量	未结算件数	未结算数量
		转换前仓库	单据类型						
		期初结存						0.00	0.00
2013-04-19	00001	成品库	委托代销发货单	0.00	30.00			0.00	30.00
2013-04-20	00001	成品库	委托代销结算清单			0.00	20.00	0.00	10.00
			本月合计	0.00	30.00	0.00	20.00	0.00	10.00
			本年累计	0.00	30.00	0.00	20.00	0.00	10.00

图5-211 委托代销备查簿

5.3.12 开票前退货业务

实验资料

4月20日，销售部出售给湖南宇子公司税控II号12台，单价为6 400元/台(含税价7 488元)，成品库发出。

4月21日，销售部出售给湖南宇子公司的税控II号因质量问题，退回2台，单价6 400元/台，收回成品库待修。

开具相应的专用发票一张，数量为10台。

实验过程

1. 填制并审核发货单

选择“业务工作”|“供应链”|“销售管理”|“销售发货”|“发货单”，单击“增加”按钮，进入查询条件设置界面，单击“取消”按钮，进入发货单录入界面，如图5-212所示。

发货单号 00011　　发货日期 2013-04-20　　业务类型 普通销售
销售类型 经销　　订单号　　发票号
客户简称 宇子　　销售部门 销售部　　业务员 朱小明
发货地址　　发运方式　　付款条件
税率 17.00　　币种 人民币　　汇率 1.00000000
备注

	仓库名称	存货编码	主计量	数量	含税单价	无税单价	无税金额	税额	价税合计	税率
1	成品库	006	台	12.00	7488.00	6400.00	76800.00	13056.00	89856.00	

图5-212 发货单

单击“保存”按钮，再单击“审核”按钮完成。

2. 填制并审核退货单

选择“业务工作”|“供应链”|“销售管理”|“销售发货”|“退货单”，单击“增加”按钮，进入查询条件设置界面，单击“取消”按钮直接进入编辑状态。

选择“生单”|“参照发货单”，客户选择“湖南宇子公司”，存货名称选择“税控II号”，单击“过滤”按钮，进入“参照生单”窗口。

选择相应的单据，单击“确定”按钮，数据拷贝到退货单中。将数量改为-2，录入仓库，如图5-213所示。

退货单号 00012　退货日期 2013-04-21　业务类型 普通销售
销售类型 经销　订单号　发票号
客户简称 宇子　销售部门 销售部　业务员 朱小明
发运方式　币种 人民币　汇率 1
税率 17.00　备注

	仓库名称	货物编码	存货名称	数量	含税单价	无税单价	无税金额	税额	价税合计	税率
1	成品库	006	税控II号	-2.00	7488.00	6400.00	-12800.00	-2176.00	-14976.00	

图5-213　退货单

单击“保存”按钮，再单击“审核”按钮完成制单。

3. 填制并复核销售发票

选择“业务工作”|“供应链”|“销售管理”|“销售开票”|“销售专用发票”，单击“增加”按钮，进行查询条件选择，客户选择“湖南宇子公司”，单击“过滤”按钮进入“参照生单”窗口，选择要参照的发货单。

单击“确定”按钮，返回销售专用发票，自动将发货单的数据拷贝过来，数量为10，如图5-214所示。

发票号 00013　开票日期 2013-04-21　业务类型 普通销售
销售类型 经销　订单号　发货单号 00011
客户简称 宇子　销售部门 销售部　业务员 朱小明
付款条件　客户地址 长沙市路口路77号　联系电话
开户银行 中行路口支行　账号 1717　税号 01121
币种 人民币　汇率 1　税率 17.00
备注

	仓库名称	存货编码	存货名称	数量	含税单价	无税单价	无税金额	税额	价税合计	税
1	成品库	006	税控II号	10.00	7488.00	6400.00	64000.00	10880.00	74880.00	

图5-214　销售专用发票

单击“保存”按钮，然后单击“复核”按钮。

4. 审核销售专用发票并生成销售收入凭证

选择“业务工作”|“财务会计”|“应收款管理”|“应收单据处理”|“应收单据审核”，进行应收单过滤条件设置，单据名称选择“销售发票”，单击“确定”按钮，进入“应收单据列表”窗口。在“选择”栏下双击要审核的行，然后单击“审核”按钮完成审核工作，如图5-215所示。

应收单据列表

记录总数：1

选择	审核人	单据日期	单据类型	单据号	客户名称	原币金额
		2013-04-21	销售专用发票	00013	湖南宇子公司	74,880.00
合计						74,880.00

图5-215　应收单据列表

选择“业务工作”|“财务会计”|“应收款管理”|“制单处理”，进行制单查询，选择“发票制单”，单击“确定”按钮，进入“销售发票制单”窗口，如图5-216所示。

销售发票制单

凭证类别 转账凭证 制单日期 2013-04-21

选择标志	凭证类别	单据类型	单据号	日期	客户名称	金额
	转账凭证	销售专用发票	00013	2013-04-21	湖南宇子公司	74,880.00

图5-216　销售发票制单

将凭证类别改为“转账凭证”，单击“全选”按钮，再单击“制单”按钮，然后进入“填制凭证”窗口。生成的凭证分录如下：

借：应收账款(1122)/宇子　　74 880

　　贷：主营业务收入(6001)　　64 000

　　　　应交税费/应交增值税/销项税额(22210105)　　10 880

补充发票号等信息，单击“保存”按钮完成凭证制作，凭证自动传送到总账。

5. 销售出库单记账

选择“业务工作”|“供应链”|“存货核算”|“业务核算”|“正常单据记账”，进入条件设置界面，不用设置条件，单击“过滤”按钮直接进入“正常单据记账列表”，如图5-217所示。

正常单据记账列表

记录总数：1

选择	日期	单据号	存货编码	存货名称	单据类型	仓库名称	收发类别	数量
	2013-04-21	00013	006	税控II号	专用发票	成品库	销售出库	10.00

图5-217　正常单据记账列表

单击“全选”按钮，然后单击“记账”按钮，会显示记账成功。

5.3.13　委托代销退货业务

实验资料

4月21日，委托辽宁飞鸽公司销售的税控II号退回3台，入成品仓库。由于已经开具发票，故开具红字专用发票一张，单价6 400元(含税价7 488元)。

实验过程

1. 参照委托代销发货单填制委托代销结算退回

选择“业务工作”|“供应链”|“销售管理”|“委托代销”|“委托代销结算退回”，单击“增加”按钮，进行过滤查询条件选择，客户选择“辽宁飞鸽公司”，单击“过滤”按钮进入“参照生单”窗口。

选择要参照的发货单，单击“确定”按钮，将数据拷贝到“委托代销结算退回”单据，数量改为-3，如图5-218所示。

委托代销结算退回

显示模版 委托代销结算退回

表体排序　　　　合并显示 □

单据号 00002　　单据日期 2013-04-21　　销售类型 经销

客户简称 飞鸽　　销售部门 销售部　　业务员 朱小明

币种 人民币　　汇率 1　　税率 17.00

发票号　　备注

	仓库名称	存货名称	主计量	数量	报价	含税单价	金额	税额	价税合计	税率
1	成品库	税控II号	台	-3.00	6400.00	7488.00	-19200.00	-3264.00	-22464.00	

图5-218　委托代销结算退回

单击“保存”按钮，再单击“审核”按钮，发票类型选择“专用发票”，自动生成发票。

2. 查看红字销售专用发票并复核

选择“业务工作”|“供应链”|“销售管理”|“销售开票”|“销售发票列表”，进行查询条件选择，客户选择“辽宁飞鸽公司”，业务类型为“委托”，单击“过滤”按钮进入“销售发票列表”，如图5-219所示。

销售发票列表

记录总数：1

选择	业务类型	发票号	开票日期	客户简称	仓库	存货名称	数量	含税单价	无税单价	无税金额	税额	价税合计
	委托	00014	2013-04-21	飞鸽	成品库	税控II号	-3.00	7,488.00	6,400.00	-19,200.00	-3,264.00	-22,464.00

图5-219　销售发票列表

双击退货的红字专用发票，进入“发票查询”后，再单击“复核”按钮完成复核。

3. 退回后的业务处理

选择“业务工作”|“财务会计”|“应收款管理”|“应收单据处理”|“应收单据审核”，设置应收单查询条件，选择单据名称为“销售发票”，客户为“辽宁飞鸽公司”，单击“确定”按钮，进入“单据处理”窗口，如图5-220所示。

应收单据列表

记录总数：1

选择	审核人	单据日期	单据类型	单据号	客户名称	原币金额
		2013-04-21	销售专用发票	00014	辽宁飞鸽公司	-22,464.00
合计						-22,464.00

图5-220　应收单据列表

先选择要审核的单据，然后单击“审核”按钮完成。

选择“业务工作”|“财务会计”|“应收款管理”|“制单处理”，进行制单查询，选择“发票制单”，单击“确定”按钮，进入“销售发票制单”窗口，将凭证类别改为“转账凭证”，如图5-221所示。

销售发票制单

凭证类别 转账凭证　　制单日期 2013-04-21

选择标志	凭证类别	单据类型	单据号	日期	客户名称	金额
	转账凭证	销售专用发票	00014	2013-04-21	辽宁飞鸽公司	-22,464.00

图5-221　销售发票制单

先选择要制单的凭证，然后单击“制单”按钮，补充票号、科目。生成的凭证分录为：

借：应收账款(1122)/飞鸽　　　　　　　　　　-22 464

　　贷：主营业务收入(6001)　　　　　　　　　　-19 200

　　　　应交税费/应交增值税/销项税额(22210105)　　-3 264

单击“保存”按钮，凭证生成到总账系统。

选择“业务工作”|“供应链”|“存货核算”|“业务核算”|“发出商品记账”，进入查询条件选择后，选择业务类型为“委托代销”，单击“过滤”按钮进入“发出商品记账”窗口，如图5-222所示。

发出商品记账

记录总数：1

选择	日期	单据号	仓库名称	收发类别	存货名称	单据类型	计量单位	数量
	2013-04-21	00014	成品库	销售出库	税控II号	专用发票	台	-3.00

图5-222　发出商品记账

先选择要记账的单据，然后单击“记账”按钮完成。

5.3.14　直运销售业务

实验资料

4月21日，销售部接到业务信息，上海长江公司欲购买联想服务器2台。经协商以单价为30 000元成交，增值税率为17%，含税价35 100元。随后，销售部填制相应销售订单。

销售部经联系以每台20 000元(不含税单价)的价格向上海大坤公司发出采购订单，并要求对方直接将货物送到上海长江公司。

4月22日，销售部根据销售订单给上海长江公司开具专用发票一张。

货物送至上海长江公司，上海大坤公司凭送货签收单根据订单开具了一张专用发票给销售部。

销售部将此业务的采购、销售发票交给财务部，财务部制作应收应付凭证，结转收入和成本。

实验过程

1. 设置直运业务相关选项

选择“业务工作”|“供应链”|“销售管理”|“设置”|“销售选项”，再选择“业务控制”选项卡中的“有直运销售业务”复选框，如图5-223所示。单击“确定”按钮完成设置。

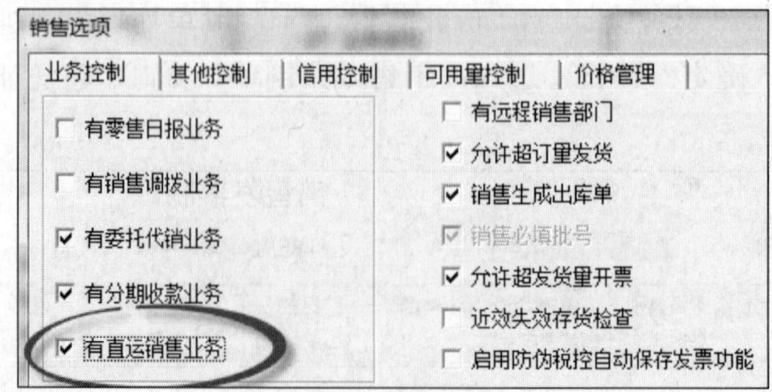

图5-223　销售选项

2. 填制并审核直运销售订单

选择“业务工作”|“供应链”|“销售管理”|“销售订货”|“销售订单”，单击“增加”按钮，选择业务类型为“直运销售”，输入业务数据，如图5-224所示。单击“保存”按钮，再单击“审核”按钮完成。

订单号 00002　订单日期 2013-04-21　业务类型 直运销售
销售类型 经销　客户简称 长江　付款条件
销售部门 销售部　业务员 朱小明　税率 17.00
币种 人民币　汇率 1.00000000　备注

	存货编码	存货名称	主计量	数量	报价	含税单价	无税金额	税额	价税合计
1	008	联想服务器	台	2.00	30000.00	35100.00	60000.00	10200.00	70200.00

图5-224　销售订单

3. 填制并审核直运采购订单

选择“业务工作”|“供应链”|“采购管理”|“采购订货”|“采购订单”，单击“增加”按钮，业务类型设置为“直运采购”，选择“生单”|“销售订单”，进行查询条件选择，客户设置为“上海长江公司”，单击“过滤”按钮，选择要拷贝的销售订单。

单击“确定”按钮，数据拷贝到采购订单。再输入有关信息，如图5-225所示。

采购订单　显示模版 8173 采购订单
表体排序　合并显示
业务类型 直运采购　订单日期 2013-04-21　订单编号 00004
采购类型 普通采购　供应商 大地　部门 采购部
业务员 杨真　税率 17.00　付款条件
币种 人民币　汇率 1　备注

	存货编码	存货名称	主计量	数量	原币含税单价	原币单价	原币金额	原币税额	原币价税合计
1	008	联想服务器	台	2.00	23400.00	20000.00	40000.00	6800.00	46800.00

图5-225　采购订单

单击“保存”按钮，再单击“审核”按钮完成。

4. 填制并复核直运销售发票

选择“业务工作”|“供应链”|“销售管理”|“销售开票”|“销售专用发票”，单击“增加”按钮，不设置过滤条件，单击“取消”直接进入“专用发票填制”窗口，选择业务类型为“直运销售”，客户为“上海长江公司”。

选择“生单”|“参照订单”，客户选择“上海长江公司”，单击“过滤”按钮，选择需要参照的业务。

单击“确定”按钮，数据自动拷贝到销售专用发票。输入相关数据后的发票如图5-226所示。

发票号 00015　开票日期 2013-04-22　业务类型 直运销售
销售类型 经销　订单号 00002　发货单号
客户简称 长江　销售部门 销售部　业务员 朱小明
付款条件　客户地址 上海市徐汇区海东路1号　联系电话
开户银行 工行海东支行　账号 2234　税号 65432
币种 人民币　汇率 1　税率 17.00
备注

	仓库名称	存货编码	存货名称	主计量	数量	报价	含税单价	无税金额	税额	价税合计
1		008	联想服务器	台	2.00	30000.00	35100.00	60000.00	10200.00	70200.00

图5-226　销售专用发票

单击“保存”按钮，再单击“复核”按钮完成。

5. 填制直运采购发票

选择“业务工作”|“供应链”|“采购管理”|“采购发票”|“专用采购发票”，单击“增加”按钮，业务类型设置为“直运采购”，供应商为“上海大坤公司”。

选择“生单”|“采购订单”，进行查询条件选择，供应商设置为“上海大坤公司”，单击“确定”按钮，选择要拷贝的订单。

单击“确定”按钮，订单数据拷贝到专用发票中，如图5-227所示，单击“保存”按钮完成。

业务类型 直运采购			发票类型 专用发票			发票号 00007	
开票日期 2013-04-22			供应商 大坤			代垫单位 大坤	
采购类型 普通采购			税率 17.00			部门名称 采购部	
业务员 杨真			币种 人民币			汇率 1	
发票日期			付款条件			备注	

	存货编码	存货名称	主计量	数量	原币单价	原币金额	原币税额	原币价税合计
1	008	联想服务器	台	2.00	20000.00	40000.00	6800.00	46800.00

图5-227　专用发票

6. 审核直运采购发票

选择“业务工作”|“财务会计”|“应付款管理”|“应付单据处理”|“应付单据审核”，进行应付单查询条件设置，单据名称选择“采购发票”，供应商选择“上海大坤公司”，单击“确定”按钮，进入“应付单据列表”，如图5-228所示。

应付单据列表

记录总数：1

选择	审核人	单据日期	单据类型	单据号	供应商名称	原币金额
		2013-04-22	采购专用发票	00007	上海大坤公司	46,800.00

图5-228　应付单据列表

先选择应付单据，然后单击“审核”按钮完成。

7. 直运销售记账

选择“业务工作”|“供应链”|“存货核算”|“业务核算”|“直运销售记账”，进入“直运采购发票核算查询条件”窗口，选择“采购发票”和“销售发票”，单击“确定”按钮，如图5-229所示。

直运销售记账

记录总数：2

选择	日期	单据号	存货名称	收发类别	单据类型	数量	单价	金额
	2013-04-22	00007	联想服务器	采购入库	采购发票	2.00	20,000.00	40,000.00
	2013-04-22	00015	联想服务器	销售出库	专用发票	2.00		

图5-229　直运销售记账

选择采购发票和销售发票，单击“记账”按钮进行记账。

8. 结转直运业务的收入及成本

选择“业务工作”|“供应链”|“存货核算”|“财务核算”|“生成凭证”，单击工具栏中的“选择”按钮，进入“查询条件设置”窗口，选择“直运采购发票”和“直运销售发票”，

单击“确定”按钮。

选择生成凭证的单据，单击“确定”按钮返回到“生成凭证”窗口，将凭证类别选择为“转账凭证”，在存货科目处输入“1405”，如图5-230所示。

凭证类别　转 转账凭证

选择	单据类型	单据号	科目类型	科目编码	科目名称	借方金额	贷方金额
1	采购发票	00007	存货	1405	库存商品	40,000.00	
			税金	22210101	进项税额	6,800.00	
			应付	2202	应付账款		46,800.00
	专用发票	00015	对方	6401	主营业务成本	40,000.00	
			存货	1405	库存商品		40,000.00
合计						86,800.00	86,800.00

图5-230　生成凭证

单击“生成”按钮，显示直运销售发票生成的凭证。凭证分录如下：

借：主营业务成本(6401)　　40 000

　　贷：库存商品(1405)　　　40 000

单击“保存”按钮生成凭证，并传递到总账系统中。

单击“下张凭证”按钮，显示采购发票生成的凭证。凭证分录如下：

借：库存商品(1405)　　　　　　　　　　40 000

　　应交税费/应交增值税/进项税额(22210101)　　6 800

　　贷：应付账款(2202)/大坤　　　　　　　　46 800

选择“业务工作”|“财务会计”|“应收款管理”|“应收单据处理”|“应收单据审核”，进入“应收单查询条件设置”窗口，单据选择“销售发票”，客户选择“上海长江公司”，单击“确定”按钮进入“应收单据列表”，如图5-231所示。选择要审核的单据，单击“审核”按钮完成。

应收单据列表

记录总数：1

选择	审核人	单据日期	单据类型	单据号	客户名称	原币金额
		2013-04-22	销售专用发票	00015	上海长江公司	70,200.00

图5-231　应收单据列表

选择“业务工作”|“财务会计”|“应收款管理”|“制单处理”，进入“制单查询条件设置”窗口，选择“发票制单”，进入“销售发票制单”窗口，将凭证类别选择为“转账凭证”，如图5-232所示。

销售发票制单

凭证类别　转账凭证　　制单日期　2013-04-22

选择标志	凭证类别	单据类型	单据号	日期	客户名称	金额
	转账凭证	销售专用发票	00015	2013-04-22	上海长江公司	70,200.00

图5-232　销售发票制单

先选择要制单的凭证，然后单击“制单”按钮。生成的凭证分录如下：

借：应收账款(1122)/长江　　　　　　　　70 200

　　贷：主营业务收入(6001)　　　　　　　　60 000

　　　　应交税费/应交增值税/销项税额(22210105)　　10 200

单击“保存”按钮，完成凭证生成。

5.3.15 销售查询

1. 销售明细账表

选择“业务工作”|“供应链”|“销售管理”|“报表”|“明细表”|“销售明细表”，进行查询条件选择，选择要查询的存货。这里选择“税控II号”，单击“过滤”按钮，查询结果如图5-233所示。

客户名称	日期	发票号	数量	本币税额	本币无税金额	本币价税合计
湖南宇子公司	2013-04-21	00013	10.00	10,880.00	64,000.00	74,880.00
(湖南宇子公司)小计:			10.00	10,880.00	64,000.00	74,880.00
辽宁飞鸽公司	2013-04-16	00005	50.00	54,400.00	320,000.00	374,400.00
辽宁飞鸽公司	2013-04-20	00012	20.00	21,760.00	128,000.00	149,760.00
辽宁飞鸽公司	2013-04-21	00014	-3.00	-3,264.00	-19,200.00	-22,464.00
(辽宁飞鸽公司)小计:			67.00	72,896.00	428,800.00	501,696.00
上海长江公司	2013-04-20	00010	40.00	44,880.00	264,000.00	308,880.00
(上海长江公司)小计:			40.00	44,880.00	264,000.00	308,880.00
天津大华公司	2013-04-08	00001	20.00	22,100.00	130,000.00	152,100.00
天津大华公司	2013-04-20	00004	10.00	10,880.00	64,000.00	74,880.00
(天津大华公司)小计:			30.00	32,980.00	194,000.00	226,980.00
			147.00	161,636.00	950,800.00	1,112,436.00

图5-233 销售明细表(税控II号)

2. 销售统计表

选择“业务工作”|“供应链”|“销售管理”|“报表”|“统计表”|“销售统计表”，进入查询条件选择界面，不用设置条件直接进入，查询结果如图5-234所示。

客户简称	存货分类	存货名称	数量	单价	金额	税额	价税合计	成本
宇子	处理器	酷睿双核处理器	40.00	1,500.00	60,000.00	10,200.00	70,200.00	48,000.00
宇子	配套材料	普通发票打印纸	150.00	150.00	22,500.00	3,825.00	26,325.00	
宇子	税控II号	税控II号	10.00	6,400.00	64,000.00	10,880.00	74,880.00	
宇子	配套材料	专用发票打印纸	200.00	180.00	36,000.00	6,120.00	42,120.00	
飞鸽	打印机	HP打印机	50.00	2,300.00	115,000.00	19,550.00	134,550.00	
飞鸽	税控II号	税控II号	67.00	6,400.00	428,800.00	72,896.00	501,696.00	
长江	打印机	HP打印机	50.00	2,300.00	115,000.00	19,550.00	134,550.00	
长江	服务器	联想服务器	2.00	30,000.00	60,000.00	10,200.00	70,200.00	40,000.00
长江	税控II号	税控II号	40.00	6,600.00	264,000.00	44,880.00	308,880.00	
大华	打印机	HP打印机	10.00	2,160.00	21,600.00	3,672.00	25,272.00	
大华	税控II号	税控II号	30.00	6,466.67	194,000.00	32,980.00	226,980.00	
嘉陵	打印机	HP打印机	60.00	2,300.00	138,000.00	23,460.00	161,460.00	
			709.00	2,142.31	1,518,900.00	258,213.00	1,777,113.00	88,000.00

图5-234 销售统计表

5.3.16 月末结账

月末处理一般在本月报表编制完成后，确认当期业务完成，才进行相关的月末结账等处理。这里说明具体的方法。

当本月业务全部完成后，选择“业务工作”|“供应链”|“销售管理”|“月末结账”进行月结。

也可以取消月末结账。如果应收款管理、库存管理、存货核算之一已经结账，销售管理就不能取消月结。

5.4 库存管理

5.4.1 库存管理功能概述

库存管理的主要功能如下。

1. 初始设置

由用户根据自己的需要建立库存业务应用环境，将U8库存管理系统变成适合本单位实际需要的专用系统。

库存管理与采购管理、销售管理密切相关，相互有许多数据要共享，要一体化考虑，构建一个完整的业务处理链。

2. 日常业务处理功能

库存管理系统的主要功能是对采购管理系统、销售管理系统以及库存管理系统填制的各种出入库单据进行审核，并对出入库数量进行管理。

在库存管理系统中对各种单据的审核，既可表示通常意义上对单据正确性的审核，也可作为确认存货的实际出入库审核，即在出入库单上的所有存货均办理了出库或入库后，对出入库单进行审核。

此外，库存管理系统还有管理工业企业的产成品入库、退回业务的产成品入库功能；管理采购入库以外的，如盘盈入库、调拨入库、组装拆卸入库、形态转换入库等其他入库业务的入库功能；管理工业企业的领料、退料业务的材料出库功能；管理销售出库以外的，如盘亏出库、调拨出库、组装拆卸出库、形态转换出库等其他出库业务的出库功能，管理仓库间的实物移动和分销意义上的仓库分配、调拨业务的调拨功能；按仓库、批次进行盘点，并根据盘点表生成盘盈入库单、盘亏出库单调整库存账的盘点功能。

根据库存参数的设置，库存管理系统还具有根据用户设置的产品结构和组装数量自动计算所需用的散件数量，并自动生成配套件的入库单和散件的出库单组装功能；根据用户设置的产品结构和拆卸数量自动计算所拆卸的散件数量，并自动生成配套件的出库单和散件的入库单的拆卸功能。

3. 库存账簿及统计分析

库存管理系统也提供了多种库存账簿报表查询，有出入库流水账、库存台账、收发存汇总表、货位汇总表等，方便进行统计分析。

5.4.2 产成品入库业务

实验资料

(1) 4月5日，成品库收到二车间加工的专用发票打印纸300箱，普通发票打印纸400箱，均入成品库。

(2) 4月10日，成品库收到当月一车间加工的30台税控II号产成品入库。

(3) 4月25日，收到财务部门提供的完工产品成本。其中，税控II号成本每台3 000元，计90 000元，随即做成本分配，记账生成凭证；专用发票打印纸的成本每箱50元，计15 000元；普通发票打印纸成本每箱40元，计16 000元，随即做成本分配，生成记账凭证。

实验过程

1. 录入产品入库单并审核

选择"业务工作"|"供应链"|"库存管理"|"入库业务"|"产成品入库单"，单击"增加"按钮，录入案例资料信息，如图5-235所示。单击"保存"按钮，再单击"审核"按钮完成。

产成品入库单

表体排序

◉ 蓝字
○ 红字

入库单号 00001　入库日期 2013-04-05　仓库 成品库
生产订单号　生产批号　部门 二车间
入库类别 产成品入库　审核日期　备注

	产品编码	产品名称	规格型号	主计量单位	数量	单
1	010	专用发票打印纸		箱	300.00	
2	011	普通发票打印纸		箱	400.00	

图5-235　产品入库单

采用同样的方法，输入税控II号产品入库单，如图5-236所示。单击"保存"按钮，再单击"审核"按钮完成。

产成品入库单　产成品入库单

表体排序

◉ 蓝字
○ 红字

入库单号 00002　入库日期 2013-04-10　仓库 成品库
生产订单号　生产批号　部门 一车间
入库类别 产成品入库　审核日期　备注

	产品编码	产品名称	规格型号	主计量单位	数量	单
1	006	税控II号		台	30.00	

图5-236　产品入库单

实验提示

产品入库单上不用填写单价，当产成品成本分配后会自动写入。

2. 录入生产总成本并对产成品成本分配

选择“业务工作”|“供应链”|“存货核算”|“业务核算”|“产成品成本分配”，进入“产成品成本分配”，单击“查询”按钮，进入“产成品成本分配表”查询，选择“成品库”，单击“确定”按钮，系统将符合条件的记录带回产成品成本分配表中，按照案例输入“税控II号”等的成本，如图5-237所示。

产成品成本分配

存货/分类编码	存货/分类名称	计量单位	数量	金额
	存货 合计		730.00	121,000.00
2	产成品小计		30.00	90,000.00
201	税控II号小计		30.00	90,000.00
006	税控II号	台	30.00	90,000.00
3	配套用品小计		700.00	31,000.00
301	配套材料小计		700.00	31,000.00
010	专用发票打印纸	箱	300.00	15,000.00
011	普通发票打印纸	箱	400.00	16,000.00

图5-237　产成品成本分配

单击“分配”按钮，完成后提示分配操作完成。

选择“业务工作”|“供应链”|“存货核算”|“日常业务”|“产成品入库单”，这时可看到单价已填入，并计算了金额，如图5-238所示。

入库单号 00001　　入库日期 2013-04-05　　仓库 成品库
生产订单号　　生产批号　　部门 二车间
入库类别 产成品入库　　审核日期 2013-04-05　　备注

	产品编码	产品名称	主计量单位	数量	单价	金额
1	010	专用发票打印纸	箱	300.00	50.00	15000.00
2	011	普通发票打印纸	箱	400.00	40.00	16000.00

图5-238　产成品入库单

可以单击“上张”、“下张”按钮查询其他的产成品入库单。

3. 对产成品入库单记账并生成凭证

选择“业务工作”|“供应链”|“存货核算”|“业务核算”|“正常单据记账”，进入查询条件选择，仓库选择“成品库”，进入“正常单据记账列表”，如图5-239所示。

正常单据记账列表

记录总数：3

选择	日期	单据号	存货名称	单据类型	仓库名称	收发类别	数量	单价	金额
	2013-04-05	00001	专用发票打印纸	产成品入库单	成品库	产成品入库	300.00	50.00	15,000.00
	2013-04-05	00001	普通发票打印纸	产成品入库单	成品库	产成品入库	400.00	40.00	16,000.00
	2013-04-10	00002	税控II号	产成品入库单	成品库	产成品入库	30.00	3,000.00	90,000.00
小计							730.00		121,000.00

图5-239　正常单据记账列表

选择要记账的行(全选)，单击“记账”按钮，会显示记账成功提示信息。

选择“业务工作”|“供应链”|“存货核算”|“财务核算”|“生成凭证”，进入“生成凭证”窗口后，单击工具栏中的“选择”按钮进入查询条件选择，选择“产成品入库单”，单击“确定”按钮进入“选择单据”窗口。

选择要生成凭证的单据(可单击“全选”)，然后单击“确定”按钮，返回“生成凭证”窗口。将凭证类别改为“转账凭证”，如图5-240所示。

凭证类别 转 转账凭证

选择	单据类型	单据号	摘要	科目类型	科目编码	科目名称	借方金额	贷方金额	借方数量	贷方数量
1	产成品入库单	00001	产成品入库单	存货	1405	库存商品	15,000.00		300.00	
				对方	500101	直接材料		15,000.00		300.00
				存货	1405	库存商品	16,000.00		400.00	
				对方	500101	直接材料		16,000.00		400.00
		00002		存货	1405	库存商品	90,000.00		30.00	
				对方	500101	直接材料		90,000.00		30.00
合计							121,000.00	121,000.00		

图5-240　生成凭证

单击“生成”按钮，补充输入项目名称，然后单击“保存”按钮完成凭证生成，凭证传送到总账系统中。然后保存另一张凭证。

5.4.3　物料领用

实验资料

4月10日，一车间向原料库领用酷睿双核处理器100盒，2TB硬盘100盒，用于生产税控II号。

实验过程

1. 填制材料出库单

选择“业务工作”|“供应链”|“库存管理”|“出库业务”|“材料出库单”，单击“增加”按钮，录入案例资料信息，如图5-241所示。单击“保存”按钮，再单击“审核”按钮完成。

材料出库单

表体排序　　◉ 蓝字　○ 红字

出库单号 00001　出库日期 2013-04-10　仓库 原料库

订单号　产品编码　产量 0.00

生产批号　业务类型 领料　业务号

出库类别 领料出库　部门 一车间　委外商

审核日期　备注

	材料编码	材料名称	主计量单位	数量	单价	金额
1	001	酷睿双核处理器	盒	100.00		
2	002	2T硬盘	盒	100.00		

图5-241　材料出库单

2. 材料出库单记账并生成凭证

选择“业务工作”|“供应链”|“存货核算”|“业务核算”|“正常单据记账”，进行查询条件选择，仓库选择“原料库”，单击“确定”按钮进入“正常单据记账列表”，如图5-242所示。

正常单据记账列表

记录总数：2

选择	日期	单据号	存货编码	存货名称	单据类型	仓库名称	收发类别	数量
	2013-04-10	00001	001	酷睿双核处理器	材料出库单	原料库	领料出库	100.00
	2013-04-10	00001	002	2T硬盘	材料出库单	原料库	领料出库	100.00

图5-242　正常单据记账列表

选择要记账的行，单击“记账”按钮，会显示记账成功提示信息。

选择“业务工作”|“供应链”|“存货核算”|“财务核算”|“生成凭证”，进入“生成凭证”窗口后，单击工具栏中的“选择”按钮进行查询条件选择，选择“材料出库单”，单击“确定”按钮进入“选择单据”窗口。

选择要生成凭证的单据(可单击“全选”按钮)，然后单击“确定”按钮，返回“生成凭证”窗口。将凭证类别改为“转账凭证”，如图5-243所示。

凭证类别　转 转账凭证

选择	单据类型	单据号	科目类型	科目编码	科目名称	借方金额	贷方金额
1	材料出库单	00001	对方	500101	直接材料	120,000.00	
			存货	140301	生产用原材料		120,000.00
			对方	500101	直接材料	80,887.00	
			存货	140301	生产用原材料		80,887.00
合计						200,887.00	200,887.00

图5-243　生成凭证

补充输入科目，单击“合成”按钮。合并生成的凭证分录如下：

借：生产成本/直接材料(500101)(项目名称：税控II号)　　200 887

　　贷：原材料/生产用原材料(140301)　　200 887

要补充输入项目名称，然后单击“保存”按钮完成凭证生成，凭证传送到总账系统中。

5.4.4　调拨业务

实验资料

4月15日，将原料库中的50盒酷睿双核处理器调拨到配套用品库。

实验过程

1. 填制调拨单

选择“业务工作”|“供应链”|“库存管理”|“调拨业务”|“调拨单”，单击“增加”按钮，输入领料的有关信息，如图5-244所示。

调拨单

表体排序

单据号 00001　日期 2013-04-15　调拨申请单号

转出部门　转入部门　转出仓库 原料库

转入仓库 配套用品库　出库类别 调拨出库　入库类别 调拨入库

经手人　审核日期　备注

	存货编码	存货名称	主计量单位	数量	单价	金额
1	001	酷睿双核处理器	盒	50.00		

图5-244　调拨单

单击“保存”按钮，再单击“审核”按钮完成。

实验提示

调拨单保存后，会自动生成其他入库单和其他出库单，且由调拨单生成的其他入库单和其他出库单不得修改和删除。

2. 其他出入库单审核

选择“业务工作”|“供应链”|“库存管理”|“单据列表”|“其他入库单列表”，查询条件中选择默认值，进入“其他入库单列表”，如图5-245所示。

其他入库单列表

记录总数：1

选择	记账人	仓库	入库日期	入库单号	入库类别	存货名称	主计量单位	数量
		配套用品库	2013-04-15	00001	调拨入库	酷睿双核处理器	盒	50.00

图5-245　其他入库单列表

先选择要审核的行，然后单击“审核”按钮。

选择“业务工作”|“供应链”|“库存管理”|“单据列表”|“其他出库单列表”，查询条件中选择默认值，进入“其他出库单列表”，如图5-246所示。

其他出库单列表

记录总数：1

选择	记账人	仓库编码	仓库	出库日期	出库单号	出库类别	存货名称	数量
		1	原料库	2013-04-15	00001	调拨出库	酷睿双核处理器	50.00

图5-246　其他出库单列表

先选择要审核的行，然后单击“审核”按钮。

3. 调拨单记账

选择“业务工作”|“供应链”|“存货核算”|“业务核算”|“特殊单据记账”，进入特殊单据记账条件，单据类型选择“调拨单”，进入“特殊单据记账”窗口，如图5-247所示。

特殊单据记账

记录总数：1

选择	单据号	单据日期	转入仓库	转出仓库
	00001	2013-04-15	配套用品库	原料库
小计				

图5-247　特殊单据记账

单击“记账”按钮，记账完成后会提示记账成功。

选择“业务工作”|“供应链”|“存货核算”|“财务核算”|“生成凭证”，单击工具栏中的“选择”按钮，在查询条件中选择“调拨单”，进入“未生成凭证单据一览表”，如图5-248所示。

□ 单、发票、付款单)，非本月采购入库单按蓝字报销单制单

未生成凭证单据一览表

选择	单据日期	单据类型	单据号	仓库	业务单号	业务类型	计价方式
1	2013-04-15	其他出库单	00001	原料库	00001	调拨出库	移动平均法
1	2013-04-15	其他入库单	00001	配套用品库	00001	调拨入库	全月平均法

图5-248　未生成凭证单据一览表

选择要记账的单据(全选)，然后单击“确定”按钮返回“生成凭证”窗口，将凭证类别设

置为“转账凭证”，如图5-249所示。

凭证类别　转 转账凭证

选择	单据类型	单据号	科目类型	科目编码	科目名称	借方金额	贷方金额	借方数量	贷方数量
1	调拨单	00001	存货	140301	生产用原材料		60,000.00		50.00
			存货	1405	库存商品	60,000.00		50.00	
合计						60,000.00	60,000.00		

图5-249　生成凭证

单击“合成”按钮生成凭证。生成的凭证分录如下：

借：库存商品(1405)　　　　　　60 000

　　贷：库存商品(140301)　　　　　60 000

单击“保存”按钮完成凭证生成，凭证传递到总账中。

4. 相关账表查询

选择“业务工作”|“供应链”|“库存管理”|“报表”|“库存账”|“库存台账”，查询条件中选择具体的存货，单击“确定”按钮，进入“库存台账”窗口，如图5-250所示。从台账上可以看出调拨的情况。

库存台账

存货分类 处理器　　编码 001　　名称 酷睿双核处理器

规格　　单位 盒　　库存单位

最高库存　　最低库存　　代管供应商

单据日期	审核日期	单据号	摘要 仓库	要 单据类型	收入数量	发出数量	结存数量
			期初结存				700.00
2013-04-10	2013-04-10	00001	原料库	材料出库单		100.00	600.00
2013-04-15	2013-04-15	00001	原料库	其他出库单		50.00	550.00
2013-04-15	2013-04-15	00001	配套用品库	其他入库单	50.00		600.00
2013-04-20	2013-04-20	00008	原料库	销售出库单		40.00	560.00
			本月合计		50.00	190.00	560.00
			本年累计		50.00	190.00	560.00

图5-250　库存台账

选择“业务工作”|“供应链”|“存货核算”|“账表”|“账簿”|“明细账”，查询条件中选择具体的存货和配套用品库，进入“明细账”窗口，如图5-251所示。

仓库：(3)配套用品库

存货：(001)酷睿双核处理器　　规格型号：　　计量单位：盒

最高存量：　　最低存量：　　安全库存量：

记账日期:	凭证号	凭证摘要	收发类别	收入 数量	收入 单价	收入 金额	发出 数量	发出 单价	发出 金额	结存 数量	结存 单价	结存 金额
		期初结存								0.00		0.00
2013-04-22	转 31	调拨单	调拨入库	50.00	1,200.00	60,000.00				50.00	1,200.00	60,000.00
		4月合计		50.00		60,000.00	0.00		0.00	50.00	1,200.00	60,000.00
		本年累计		50.00		60,000.00	0.00		0.00			

图5-251　明细账

5.4.5　盘点业务

4月25日，对原料库的键盘进行盘点，盘点后发现键盘多出1个。经确认，该键盘的成本为95元/个。

实验过程

1. 输入盘点单

选择“业务工作”|“供应链”|“库存管理”|“盘点业务”，单击“增加”按钮，输入单据头上的部分信息，如图5-252所示。

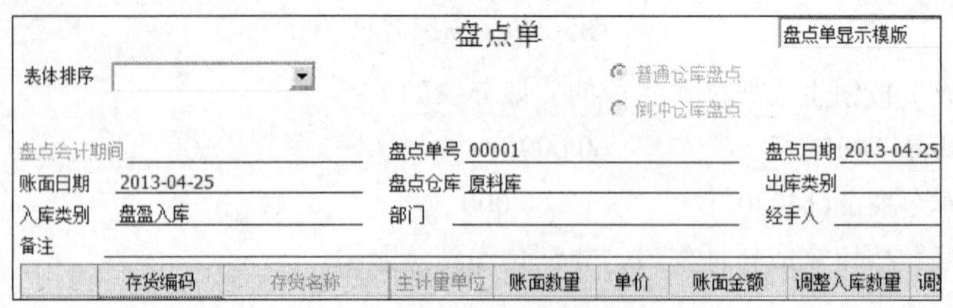

图5-252　盘点单

单击“盘库”按钮，系统提示“盘库将删除未保存的所有记录，是否继续”，单击“是”按钮，这时会显示出“盘点处理”窗口，选择“按仓库盘点”。

单击“确认”按钮，系统将账面盘点结果带回盘点单，输入新的盘点数，如图5-253所示。

盘点单

表体排序　　普通仓库盘点　倒冲仓库盘点

盘点会计期间　　盘点单号 00001　　盘点日期 2013-04-25

账面日期 2013-04-25　　盘点仓库 原料库　　出库类别

入库类别 盘盈入库　　部门　　经手人

备注

	存货名称	主计量单位	账面数量	单价	账面金额	账面调节数量	盘点数量	盘点金额	盘亏数量	盘亏金额
1	酷睿双核处理器	盒	410.00			410.00	410.00			
2	2T硬盘	盒	300.00			300.00	300.00			
3	23吋液晶显示器	台	50.00			50.00	50.00			
4	键盘	个	296.00	95.00	28120.00	296.00	297.00	28215.00	1.00	95.00
5	鼠标	只	420.00			420.00	420.00			

图5-253　盘点单

关于盘亏数量和盘亏金额，正数表示盘盈，负数表示盘亏。单击“保存”按钮，再单击“审核”按钮。

实验提示

① 盘点单审核后会自动生成相应的其他入库单或其他出库单。

② 盘点单记账后，不能再取消记账。

2. 其他出入库单审核

选择“业务工作”|“供应链”|“库存管理”|“单据列表”|“其他入库单列表”，查询条件中选择默认值，进入“其他入库单列表”，如图5-254所示。

其他入库单列表

记录总数：2

选择	记账人	仓库	入库日期	入库单号	入库类别	存货名称	数量	单价	金额
	何沙	配套用品库	2013-04-15	00001	调拨入库	酷睿双核处理器	50.00	1,200.00	60,000.00
		原料库	2013-04-25	00002	盘盈入库	键盘	1.00	95.00	95.00

图5-254　其他入库单列表

先选择要审核的行，然后单击“审核”按钮。

如果是盘亏，要选择“业务工作”|“供应链”|“库存管理”|“单据列表”|“其他出库单列表”进行审核。

3. 对其他入库单记账并生成凭证

选择“业务工作”|“供应链”|“存货核算”|“业务核算”|“正常单据记账”，进入查询条件后选择仓库为“原料库”，如图5-255所示。

正常单据记账列表

记录总数：1

选择	日期	单据号	存货编码	存货名称	单据类型	仓库名称	收发类别	数量	单价	金额
	2013-04-25	00002	004	键盘	其他入库单	原料库	盘盈入库	1.00	95.00	95.00

图5-255　正常单据记账列表

选择要记账的行，然后单击“记账”按钮完成。

选择“业务工作”|“供应链”|“存货核算”|“财务核算”|“生成凭证”，在工具栏中单击“选择”按钮，进入查询条件后选择“其他入库单”。

选择盘盈入库的单据，单击“确定”按钮，将数据拷贝到生成凭证中，将凭证类别改为“转账凭证”，如图5-256所示。

凭证类别　转 转账凭证

选择	单据类型	单据号	摘要	科目类型	科目编码	科目名称	借方金额	贷方金额
1	其他入库单	00002	其他入库单	存货	140301	生产用原材料	95.00	
				对方	190101	待处理流动资产损益		95.00
合计							95.00	95.00

图5-256　生成凭证

单击“生成”按钮。生成的凭证分录如下：

借：原材料/生产用原材料(140301)　　　　　　　　95

　　贷：待处理财产损益/待处理流动资产损益(190101)　　95

单击“保存”按钮完成凭证生成工作，并将凭证传送到总账中。

5.4.6　其他出库业务

实验资料

4月25日，销售部从成品库领取8台税控II号样品，用于捐助西部贫困地区。

实验过程

1. 录入其他出库单

选择“业务工作”|“供应链”|“库存管理”|“出库业务”|“其他出库单”，单击“增加”按钮，输入出库资料信息，如图5-257所示。单击“保存”按钮，再单击“审核”按钮。

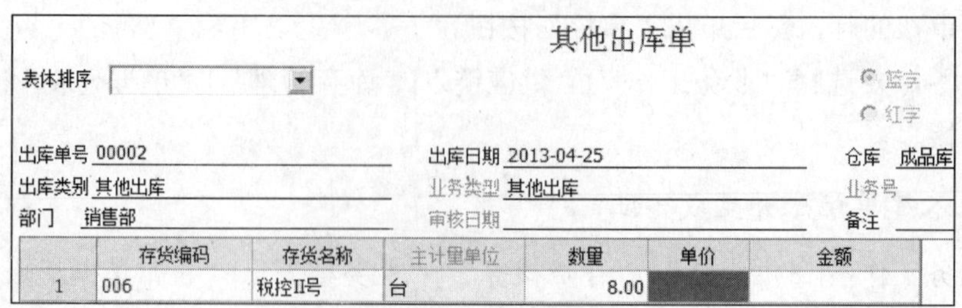

其他出库单

表体排序 　　　　◉ 蓝字 ○ 红字

出库单号 00002 　出库日期 2013-04-25 　仓库 成品库

出库类别 其他出库 　业务类型 其他出库 　业务号

部门 销售部 　审核日期 　备注

	存货编码	存货名称	主计量单位	数量	单价	金额
1	006	税控II号	台	8.00		

图5-257　其他出库单

2. 对其他出库单记账

选择“业务工作”|“供应链”|“存货核算”|“业务核算”|“正常单据记账”，进入查询条件后选择仓库为“成品库”，如图5-258所示。

正常单据记账列表

记录总数：1

选择	日期	单据号	存货编码	存货名称	单据类型	仓库名称	收发类别	数量
	2013-04-25	00002	006	税控II号	其他出库单	成品库	其他出库	8.00

图5-258　正常单据记账列表

选择要记账的其他出库单，然后单击“记账”按钮。

5.4.7　假退料

实验资料

4月25日，根据生产部门的统计，一车间本月生产任务完成，还有10个酷睿双核处理器当月未用完。先做假退料处理，下个月再继续使用。

实验过程

1. 填制假退料单

选择“业务工作”|“供应链”|“存货核算”|“日常业务”|“假退料单”，单击“增加”按钮，输入假退料资料，如图5-259所示。单击“保存”按钮完成。

○ 蓝字 ◉ 红字

假退料单

表体排序

出库单号 00002 　出库日期 2013-04-25 　仓库 原料库

订单号 　产品编码 　产量 0.00

生产批号 　业务类型 假退料 　业务号

出库类别 其他出库 　部门 一车间 　委外商

审核日期 　备注

	材料编码	材料名称	主计量单位	数量	单价	金额
1	001	酷睿双核处理器	盒	-10.00		

图5-259　假退料单

2. 对假退料单进行记账

选择“业务工作”|“供应链”|“存货核算”|“业务核算”|“正常单据记账”，进入查询

条件后选择仓库为“原料库”，存货为“酷睿双核处理器”，如图5-260所示。

正常单据记账列表

记录总数：1

选择	日期	单据号	存货编码	存货名称	单据类型	仓库名称	数量
	2013-04-25	00002	001	酷睿双核处理器	材料出库单	原料库	-10.00

图5-260　正常单据记账列表

选择假退料行的单据，单击“记账”按钮完成。

3. 查询假退料相关的明细账

选择“业务工作”|“供应链”|“存货核算”|“账表”|“账簿”|“明细账”，进入查询条件后选择仓库为“原料库”，存货为“酷睿双核处理器”，如图5-261所示。

记账日期:	凭证号	凭证摘要	收发类别	收入			发出			结存		
				数量	单价	金额	数量	单价	金额	数量	单价	金额
		期初结存								700.00	1,200.00	840,000.00
2013-04-20	转 20	专用发票	销售出库				40.00	1,200.00	48,000.00	660.00	1,200.00	792,000.00
2013-04-22	转 30	材料出库单	领料出库				100.00	1,200.00	120,000.00	560.00	1,200.00	672,000.00
2013-04-22	转 31	调拨单	调拨出库				50.00	1,200.00	60,000.00	510.00	1,200.00	612,000.00
2013-04-25			其他出库				-10.00	1,200.00	-12,000.00	520.00	1,200.00	624,000.00
		4月合计		0.00		0.00	180.00		216,000.00	520.00	1,200.00	624,000.00
		本年累计		0.00		0.00	180.00		216,000.00			

图5-261　明细账

在明细账上已经体现了假退料数据。

4. 生成假退料凭证

选择“业务工作”|“供应链”|“存货核算”|“财务核算”|“生成凭证”，单击工具栏中的“选择”按钮，在查询条件中选择“假退料单”。

选择单据，单击“确定”按钮，进入“生成凭证”窗口，将凭证类别设置为“转账凭证”，如图5-262所示。

凭证类别　转 转账凭证

选择	单据类型	单据号	科目类型	科目编码	科目名称	借方金额	贷方金额	借方数量	贷方数量
1	假退料单	00002	对方	500101	直接材料	-12,000.00		-10.00	
			存货	140301	生产用原材料		-12,000.00		-10.00
合计						-12,000.00	-12,000.00		

图5-262　生成凭证

单击“生成”按钮完成凭证生成。其凭证分录如下：

借：生产成本/直接材料　　　　-12 000

　　贷：原材料/生产用原材料　　　　-12 000

补充核算项目后，单击“保存”按钮完成。

5.4.8　月末结账

月末处理一般在本月报表编制完成后，确认当期业务完成，才进行相关的月末结账等处理。这里说明具体的方法。

(1) 月末结账前，先要对出库、入库的单据进行审核等处理，全部业务完成后才能进行结账。

(2) 月末结账处理之前，应先对库存数据进行备份处理。

(3) 选择“业务工作”|“供应链”|“库存管理”|“月末结账”，在弹出的“结账处理”窗口中，选择月份，单击“结账”按钮，完成库存系统结账。

实验提示

① 如果库存管理系统和采购、销售管理系统集成使用，则必须在采购管理系统和销售管理系统结账后，库存管理系统才能进行结账。

② 月末结账之前一定要进行数据备份，否则数据一旦发生错误，将造成无法挽回的后果。

③ 月末结账后将不能再做当前会计月的业务，只能做下个会计月的日常业务。

④ 当某月账结错时，可按“取消结账”按钮取消结账状态，然后进行该月业务处理，再结账。

⑤ 如果库存管理系统和存货核算系统集成使用，必须在存货核算系统当月未结账或取消结账后，库存管理系统才能取消结账。

5.5 存货核算

5.5.1 核算管理功能概述

核算管理系统是U8软件供应链管理中的一个重要组成部分，主要针对企业收、发业务，核算企业存货的入库成本、出库成本和结余成本，反映和监督存货的收发、领退和保管情况以及存货资金的占用情况。

核算管理系统的操作主要分为两个部分：一是针对各种出入库单据进行记账、制单，生成有关存货出入库的会计凭证；二是对已复核的客户、供应商单据，如采购发票、销售发票、核销单据等进行制单，生成有关的往来业务凭证。其主要功能如下。

1. 初始设置

核算管理系统是供应链管理与财务系统联系的桥梁，各种存货的购进、销售及其他出入库业务，都要在核算管理系统中生成凭证，并传递到总账。为了快速、准确地完成存货核算操作，应事先定义核算参数及相关的会计科目。

(1) 基本参数设置

① 核算方式

初建账套时，可以选择按仓库核算或按部门核算，如果是按仓库核算，则按仓库设置计价方式，并且每个仓库单独核算出库成本；如果是按部门核算，则按仓库中的所属部门设置计价方式，并且相同所属部门的各仓库统一核算出库成本。输入期初数据和日常数据后，此核算方式将不能修改。

② 暂估方式

如果与采购系统集成使用，可以进行暂估业务，并且需要选择暂估入库存货成本的回冲方式，包括月初回冲、单到回冲、单到补差三种。月初回冲是指月初时系统自动生成红字回冲单，报销处理时，系统自动根据报销金额生成采购报销入库单；单到回冲是指采购发票收到后进行采购结算报销处理时，系统生成红字回冲单，并生成采购报销入库单；单到补差是指报销处理时，系统自动生成一笔调整单，调整金额为实际金额与暂估金额的差额。

③ 启用会计月份

对新建的账套，应输入启用会计月份，如果想从4月份开始输入日常单据，则应设定启用会计月份为4月；设定启用会计月份后，启用会计月份以前的单据只能输入期初余额中，而不能输入日常单据中。

在基本参数设置中，还有其他一些参数设置，可以参考实际情况进行设置。

(2) 期初数据

如果核算管理系统单独使用，那么期初数据应在核算管理系统中直接录入；如果核算管理系统与库存管理系统联合使用，库存管理系统已经录入了存货期初数据，那么核算管理系统的期初数据就可以从库存管理系统中直接取得。

(3) 会计科目设置

① 存货科目

设置核算管理系统中生成凭证所需要的各种存货科目及差异科目，因此在制单之前应先在此模块中将存货科目设置正确、完整，否则无法生成科目完整的凭证。

② 对方科目

设置核算管理系统中生成凭证所需要的存货对方科目(收发类别)所对应的会计科目，因此在制单之前应先在此模块中将存货对方科目设置正确、完整，否则无法生成科目完整的凭证。同时，在填制相应的采购入库单、销售出库单等单据时，也要完整填写对应的收发类别。

③ 客户及供应商往来科目

用于设置核算客户、供应商往来账款所对应的会计科目。其中包括基本科目、控制科目、存货科目和结算方式科目。

- 基本科目：在核算应收款项时经常用到的科目。
- 控制科目：如果在核算客户或供应商的赊销或赊购欠款时，针对不同的客户或供应商分别设置了不同的应收账款科目和预收账款科目，可以先在账套参数中选择设置的依据(选择是针对不同的客户设置，还是针对不同的客户分类设置，或者针对不同的地区分类设置)，然后在此处进行设置。
- 存货科目：如果针对不同的存货(存货分类)分别设置不同的销售收入科目、应交销项税科目和销售退回科目，则可以先在账套参数中选择设置的依据(选择是针对不同的存货设置，还是针对不同的存货分类设置)，然后在此处设置。
- 结算方式科目：为每种结算方式设置一个默认的科目。例如，用现金支付货款的结算方式，其对应的会计科目就设定为“1001库存现金”。

在科目设置中，特别要注意的是，存货的科目设置和对方科目设置应在基本单据记账之前，如果记账时，存货没有科目和对方科目，生成的凭证将没有科目，此时只能手工录入会计科目。

2. 日常业务处理

核算管理系统的日常业务处理包括出入库单据记账、暂估成本处理、客户/供应商往来制单、月末处理和月末结账。

(1) 出入库单据记账

包括正常单据记账和特殊单据记账两项功能，其作用是将各种出、入库单据记入存货明细账、差异明细账等。记账时要注意，各种单据要按业务发生的时间顺序记账；记账后的单据不能修改和删除，若记账后发现单据有误，在本月未结账状态下，可以取消记账后进行修改操作。但是如果已记账单据已经生成凭证，那么只能先删除凭证后，才能取消记账。

(2) 暂估成本处理

核算管理系统对货到发票未到的采购暂估入库业务提供了月初回冲、单到回冲、单到补差几种处理方式，需要在启用核算管理系统时在基础设置中进行设定，一旦选择就不能修改。但无论采用哪种暂估方式，在操作过程中都要遵循以下步骤：

① 收到采购发票后，在采购管理系统填制发票并进行采购结算。

② 进入核算管理系统，完成暂估入库业务成本处理。

(3) 客户/供应商往来制单

针对采购、销售管理系统中已复核的采购发票与销售发票，生成相应的往来款项凭证。

(4) 月末处理

当核算管理系统日常业务全部完成后，通过月末处理功能由系统自动计算本期存货的平均单价以及出库成本，分摊差异。

(5) 月末结账

当核算管理系统本期业务全部处理完毕后，就可以进行月末结账，进入下一个会计期间。如果核算管理系统与采购、销售、库存管理系统集成使用，那么必须在上述三个系统都月末结账后，核算管理系统才能结账。

3. 综合查询

核算管理系统与供应链其他系统一样，也提供了丰富的账表查询功能，可以进行多角度的统计分析。

5.5.2 调整存货入库成本

在采购现结业务中，后续发生了属于这笔业务的费用720元。原业务如下：

4月5日，向成都大成公司购买鼠标30箱，单价为600元(无税单价)，直接验收入原料仓库。同时收到专用发票一张，票号为85011，立即以工行转账支票(支票号ZZ011)支付其货款。确定采购成本，进行付款处理。以上业务已经制作相关业务单据和凭证。

4月25日，将4月5日发生的采购鼠标的入库成本增加720元。

实验过程

1. 录入调整单据

选择“业务工作”|“供应链”|“存货核算”|“日常业务”|“入库调整单”，单击“增加”按钮，输入案例资料，如图5-263所示。

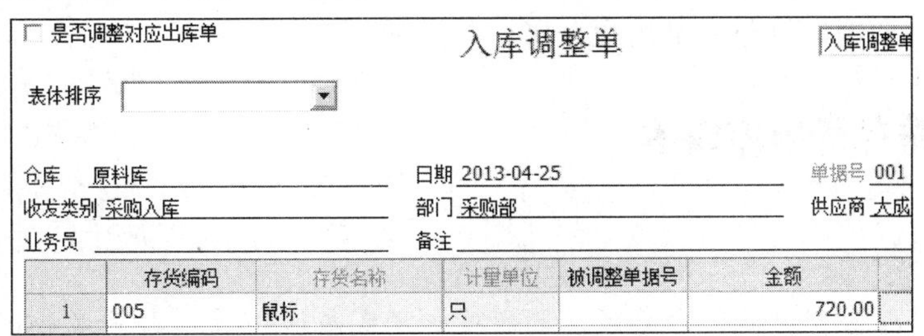

入库调整单

是否调整对应出库单　　入库调整单

表体排序

仓库 原料库　日期 2013-04-25　单据号 001

收发类别 采购入库　部门 采购部　供应商 大成

业务员　备注

	存货编码	存货名称	计量单位	被调整单据号	金额
1	005	鼠标	只		720.00

图5-263　入库调整单

单击“保存”按钮，然后单击“记账”按钮完成。

实验提示

入库调整单可以针对单据调整，也可针对存货调整。

2. 生成入库调整凭证

选择“业务工作”|“供应链”|“存货核算”|“财务核算”|“生成凭证”，单击工具栏中的“选择”按钮，在查询条件中选择“入库调整单”。

选择要记账的单据，然后单击“确定”按钮返回“生成凭证”窗口，将凭证类别设置为“转账凭证”，如图5-264所示。

凭证类别　转 转账凭证

选择	单据类型	单据号	摘要	科目类型	科目编码	科目名称	借方金额	贷方金额
1	入库调整单	001	入库调整单	存货	140301	生产用原材料	720.00	
				对方	1401	材料采购		720.00
合计							720.00	720.00

图5-264　生成凭证

单击“生成”按钮生成凭证，生成的凭证分录如下：

借：原材料/生产用原材料(140301)　　720

　　贷：材料采购(1401)　　720

单击“保存”按钮完成生成，凭证传递到总账中。

3. 查询账簿

选择“业务工作”|“供应链”|“存货核算”|“账表”|“账簿”|“明细账”，仓库为“原料库”，选择“鼠标”，如图5-265所示。

仓库：(1)原料库

存货：(005)鼠标　　规格型号：　　计量单位：只

最高存量：　　最低存量：　　安全库存量：

记账日期：	凭证号	凭证摘要	收发类别	收入			发出			结存		
				数量	单价	金额	数量	单价	金额	数量	单价	金额
		期初结存								0.00		0.00
2013-04-05	转 4	采购入库单	采购入库	360.00	50.00	18,000.00				360.00	50.00	18,000.00
2013-04-06	转 6	采购入库单	采购入库	60.00	50.17	3,010.27				420.00	50.02	21,010.27
2013-04-25	转 34	入库调整单	采购入库			720.00				420.00	51.74	21,730.27
		4月合计		420.00		21,730.27	0.00		0.00	420.00	51.74	21,730.27
		本年累计		420.00		21,730.27	0.00		0.00			

图5-265　明细账

从明细账可以看出，调整数据已经入账，并影响了单价。

5.5.3　调整存货出库成本

实验资料

在销售的现结业务中，本批产品销售因故增加了成本1 000元。原业务如下：

4月15日，销售部向天津大华公司出售税控II号50台，无税报价为6 500元/台，货物从成品库发出。根据上述发货单开具专用发票一张，同时收到客户以转账支票所支付的全部货款，支票号ZZ001188，进行现结制单处理。以上业务已经制作相关业务单据和凭证。

4月25日，调整4月15日出售给天津大华公司的税控II号的出库成本1 000元。

实验过程

1. 录入调整单据

选择“业务工作”|“供应链”|“存货核算”|“日常业务”|“出库调整单”，单击“增加”按钮，输入案例资料，如图5-266所示。

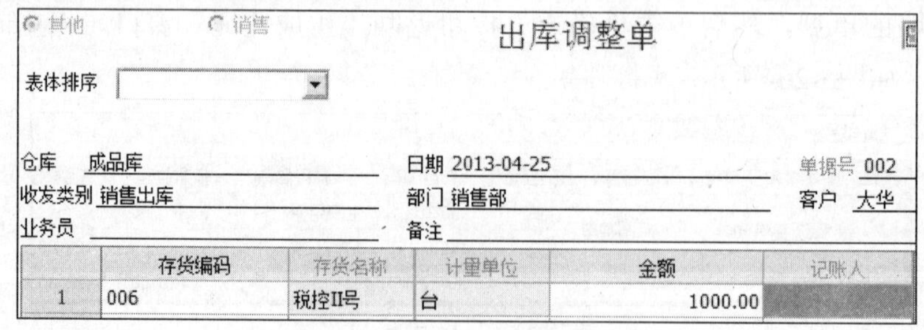

◉ 其他　○ 销售

出库调整单

表体排序

仓库 成品库　日期 2013-04-25　单据号 002

收发类别 销售出库　部门 销售部　客户 大华

业务员　备注

	存货编码	存货名称	计量单位	金额	记账人
1	006	税控II号	台	1000.00	

图5-266　出库调整单

单击“保存”按钮，再单击“记账”按钮完成。

2. 生成出库调整凭证

选择“业务工作”|“供应链”|“存货核算”|“财务核算”|“生成凭证”，单击工具栏中的“选择”按钮，在查询条件中选择“出库调整单”，进入“未生成凭证单据一览表”。

选择要记账的单据，然后单击“确定”按钮返回“生成凭证”窗口，将凭证类别设置为“转账凭证”，如图5-267所示。

凭证类别　转 转账凭证

选择	单据类型	单据号	摘要	科目类型	科目编码	科目名称	借方金额	贷方金额
1	出库调整单	002	出库调整单	对方	6401	主营业务成本	1,000.00	
				存货	1405	库存商品		1,000.00
合计							1,000.00	1,000.00

图5-267　生成凭证

单击“生成”按钮生成凭证，生成的凭证分录如下：

借：主营业务成本(6401)　　　1 000

　　贷：库存商品(1405)　　　1 000

单击“保存”按钮完成生成，凭证传递到总账中。

3. 查询账簿

选择“业务工作”|“供应链”|“存货核算”|“账表”|“账簿”|“明细账”，仓库为“成品库”，选择“税控II号”，如图5-268所示。

存货：(006)税控II号　　… 规格型号：　　计量单位：台

最高存量：　　最低存量：　　安全库存量：

记账日期：	凭证号	凭证摘要	收发类别	收入			发出			结存		
				数量	单价	金额	数量	单价	金额	数量	单价	金额
		期初结存								380.00	4,800.00	824,000.00
2013-04-20			销售出库				20.00			360.00	5,066.67	824,000.00
2013-04-20			销售出库				10.00			350.00	5,211.43	824,000.00
2013-04-20			销售出库				50.00			300.00	3,080.00	824,000.00
2013-04-20			销售出库				120.00			180.00	0,133.33	824,000.00
2013-04-20			销售出库				30.00			150.00	2,160.00	824,000.00
2013-04-21			销售出库				10.00			140.00	3,028.57	824,000.00
2013-04-22	转 29	产成品入库	产成品入库	30.00	000.00	90,000.00				170.00	1,258.82	914,000.00
2013-04-25			其他出库				8.00			162.00	1,814.81	914,000.00
2013-04-25	转 35	出库调整单	销售出库						1,000.00	162.00	1,808.64	913,000.00
		4月合计		30.00		90,000.00	248.00		1,000.00	162.00	1,808.64	913,000.00
		本年累计		30.00		90,000.00	248.00		1,000.00			

图5-268　明细账

从明细账可以看出，调整数据已经入账。

5.5.4　核算资料查询

1. 收发存汇总表

选择“业务工作”|“供应链”|“存货核算”|“账表”|“汇总表”|“收发存汇总表”，进入“设置条件”窗口，本次不设置条件，直接进入查询，如图5-269所示。

存货		期初			收入			发出			结存		
名称	单位	数量	单价	金额	数量	单价	金额	数量	单价	金额	数量	单价	金额
酷睿双核处理器	盒	700.00	1,200.00	840,000.00	50.00	1,200.00	60,000.00	180.00	1,200.00	216,000.00	570.00	1,200.00	684,000.00
2T硬盘	盒	200.00	820.00	164,000.00	200.00	797.74	159,547.73	100.00	808.87	80,887.00	300.00	808.87	242,660.73
23吋液晶显示器	台				50.00	1,200.00	60,000.00				50.00	1,200.00	60,000.00
键盘	个				297.00	95.00	28,215.00				297.00	95.00	28,215.00
鼠标	只				420.00	51.74	21,730.27				420.00	51.74	21,730.27
税控II号	台	380.00	4,800.00	1,824,000.00	30.00	3,000.00	90,000.00	248.00	4.03	1,000.00	162.00	11,808.64	1,913,000.00
HP打印机	台	400.00	1,800.00	720,000.00	50.00	1,500.00	75,000.00	170.00			280.00	2,839.29	795,000.00
专用发票打印纸	箱	300.00	40.00	12,000.00	300.00	50.00	15,000.00	200.00			400.00	67.50	27,000.00
普通发票打印纸	箱	300.00	30.00	9,000.00	400.00	40.00	16,000.00	150.00			550.00	45.45	25,000.00
		2,280.00		3,569,000.00	1,797.00		525,493.00	1,048.00		297,887.00	3,029.00		3,796,606.00

图5-269　收发存汇总表

2. 暂估材料余额表

选择“业务工作”|“供应链”|“存货核算”|“账表”|“汇总表”|“暂估材料/商品余额表”，进入“设置条件”窗口，本次不设置条件，直接进入查询，如图5-270所示。

存货				期初		本期暂估		本期报销		结存	
分类	编码	名称	单位	数量	金额	数量	金额	数量	金额	数量	金额
10102	002	2T硬盘	盒	100.00	80,000.00			100.00	80,000.00		
30201	007	HP打印机	台			50.00	75,000.00			50.00	75,000.00
合　计				100.00	80,000.00	50.00	75,000.00	100.00	80,000.00	50.00	75,000.00

图5-270　暂估材料余额表

5.5.5　期末处理

1. 期末处理

(1) 在存货核算系统中，对未记账的单据进行记账

选择“业务工作”|“供应链”|“存货核算”|“业务核算”|“正常单据记账”，对没有记账的单据进行记账。然后分别选择“发出商品记账”、“直运销售记账”、“特殊单据记账”完成相关未记账单据的记账工作。

(2) 进行期末处理

选择“业务工作”|“供应链”|“存货核算”|“业务核算”|“期末处理”，选择“全部库房”，然后单击“确定”按钮，如图5-271所示。

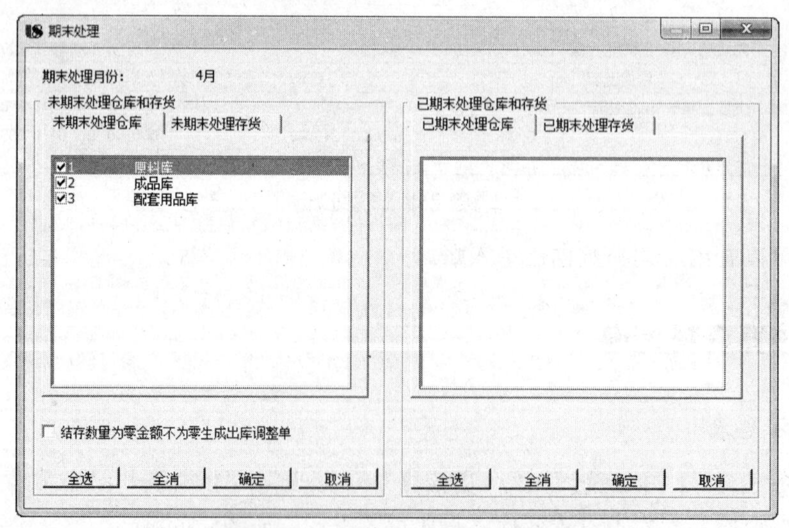

图5-271　期末处理(选择仓库)

单击“确定”按钮，进入“仓库平均单价计算表”，如图5-272所示。

仓库平均单价计算表

记录总数：4

仓库名称	存货名称	存货单位	期初数量	期初金额	入库数量	入库金额	有金额出库成本	平均单价	原单价	无金额出库数量	无金额出库成本	出库合计数量	出库合计成本
成品库	税控II号	台	380.00	1,824,000.00	30.00	90,000.00	1,000.00	4,665.85	4,665.85	248.00	1,157,131.71	248.00	1,158,131.71
配套用品库	HP打印机	台	400.00	720,000.00	50.00	75,000.00	0.00	1,766.67	1,766.67	170.00	300,333.33	170.00	300,333.33
成品库	专用发票打印纸	箱	300.00	12,000.00	300.00	15,000.00	0.00	45.00	45.00	200.00	9,000.00	200.00	9,000.00
成品库	普通发票打印纸	箱	300.00	9,000.00	400.00	16,000.00	0.00	35.71	35.71	150.00	5,357.14	150.00	5,357.14

图5-272　仓库平均单价计算表

由于原料库使用的是移动平均法，已经在业务处理过程中计算了单价，所以表上没有这部分。

单击工具栏中的“确定”按钮，会提示期末处理完毕。

(3) 期末处理后的计算

期末处理后，以全月平均法计价的相关物料，其发出的价格将确定，并进行相应的计算。

选择“业务工作”|“供应链”|“存货核算”|“账表”|“账簿”|“明细账”，库房选择“成品库”，物料选择“税控II号”，其明细账如图5-273所示。

记账日期:	凭证号	凭证摘要	收发类别	收入			发出			结存		
				数量	单价	金额	数量	单价	金额	数量	单价	金额
		期初结存								380.00	4,800.00	824,000.00
2013-04-20			销售出库				20.00	4,665.85	93,317.00	360.00	4,807.45	730,683.00
2013-04-20			销售出库				10.00	4,665.85	46,658.50	350.00	4,811.50	684,024.50
2013-04-20			销售出库				50.00	4,665.85	233,292.50	300.00	4,835.77	450,732.00
2013-04-20			销售出库				120.00	4,665.85	559,902.00	180.00	4,949.06	890,830.00
2013-04-20			销售出库				30.00	4,665.85	139,975.50	150.00	5,005.70	750,854.50
2013-04-21			销售出库				10.00	4,665.85	46,658.50	140.00	5,029.97	704,196.00
2013-04-22	转 29	产成品入库	产成品入库	30.00	)00.00	90,000.00				170.00	4,671.74	794,196.00
2013-04-25			其他出库				8.00	4,665.85	37,326.80	162.00	4,672.03	756,869.20
2013-04-25	转 35	出库调整单	销售出库						1,000.00	162.00	4,665.86	755,869.20
		4月合计		30.00		90,000.00	248.00		1,158,130.80	162.00	4,665.86	755,869.20
		本年累计		30.00		90,000.00	248.00		1,158,130.80			

图5-273　明细账(税控II号)

从明细账中可以看出，平均单价已经填入，并进行了金额和相关计算。

(4) 结转销售出库成本

选择“供应链”|“存货核算”|“财务核算”|“生成凭证”，单击工具栏中的“选择”按钮，进行查询条件设置，选择“销售专用发票”，单击“确定”按钮，显示未生成凭证单据一览表，如图5-274所示。

□ 已结算采购入库单自动选择全部结算单上单据(包括入库单、发票、付款单)，非本月采购入库单按蓝字报销单制单　**未生成凭证单据一览表**

选择	记账日期	单据日期	单据类型	单据号	仓库	收发类别	业务类型	计价方式
	2013-04-20	2013-04-08	专用发票	00001	成品库	销售出库	普通销售	全月平均法
	2013-04-20	2013-04-12	专用发票	00002	配套用品库	销售出库	普通销售	全月平均法
	2013-04-20	2013-04-15	专用发票	00003	成品库	销售出库	普通销售	全月平均法
	2013-04-20	2013-04-16	专用发票	00005	成品库	销售出库	普通销售	全月平均法
	2013-04-20	2013-04-16	专用发票	00005	配套用品库	销售出库	普通销售	全月平均法
	2013-04-20	2013-04-17	专用发票	00006	配套用品库	销售出库	普通销售	全月平均法
	2013-04-20	2013-04-17	专用发票	00007	配套用品库	销售出库	普通销售	全月平均法
	2013-04-20	2013-04-17	专用发票	00008	配套用品库	销售出库	普通销售	全月平均法
	2013-04-20	2013-04-20	专用发票	00004	成品库	销售出库	普通销售	全月平均法
	2013-04-21	2013-04-21	专用发票	00013	成品库	销售出库	普通销售	全月平均法

图5-274　未生成凭证单据一览表

单击“全选”按钮，然后单击“确定”按钮，返回“生成凭证”窗口，将凭证类别改为“转账凭证”，如图5-275所示。

单击“合成”按钮生成凭证(生成一张凭证)，进入“填制凭证”窗口。生成的凭证分录为：

借：主营业务成本(6401)　　　　734 616.90

　　贷：库存商品(1405)　　　　　734 616.90

单击“保存”按钮完成凭证编制，凭证被传递到总账系统中。

凭证类别 转 转账凭证

选择	单据类型	单据号	科目类型	科目编码	科目名称	借方金额	贷方金额	借方数量	贷方数量	存货名称
1	专用发票	00001	对方	6401	主营业务成本	93,317.00		20.00		税控II号
			存货	1405	库存商品		93,317.00		20.00	税控II号
		00002	对方	6401	主营业务成本	17,666.70		10.00		HP打印机
			存货	1405	库存商品		17,666.70		10.00	HP打印机
		00003	对方	6401	主营业务成本	9,000.00		200.00		专用发票打印纸
			存货	1405	库存商品		9,000.00		200.00	专用发票打印纸
			对方	6401	主营业务成本	5,356.50		150.00		普通发票打印纸
			存货	1405	库存商品		5,356.50		150.00	普通发票打印纸
		00004	对方	6401	主营业务成本	46,658.50		10.00		税控II号
			存货	1405	库存商品		46,658.50		10.00	税控II号
		00005	对方	6401	主营业务成本	233,292.50		50.00		税控II号
			存货	1405	库存商品		233,292.50		50.00	税控II号
			对方	6401	主营业务成本	88,333.50		50.00		HP打印机
			存货	1405	库存商品		88,333.50		50.00	HP打印机
		00006	对方	6401	主营业务成本	70,666.80		40.00		HP打印机
			存货	1405	库存商品		70,666.80		40.00	HP打印机
		00007	对方	6401	主营业务成本	35,333.40		20.00		HP打印机
			存货	1405	库存商品		35,333.40		20.00	HP打印机
		00008	对方	6401	主营业务成本	88,333.50		50.00		HP打印机
			存货	1405	库存商品		88,333.50		50.00	HP打印机
		00013	对方	6401	主营业务成本	46,658.50		10.00		税控II号
			存货	1405	库存商品		46,658.50		10.00	税控II号
合计						734,616.90	734,616.90			

图5-275　生成凭证

(5) 结转分期收款发出商品

选择“业务工作”|“供应链”|“存货核算”|“财务核算”|“生成凭证”，进入“生成凭证”窗口，单击工具栏中的“选择”按钮，查询条件中选择“分期收款发出商品发货单”，单击“确定”按钮进入“未生成凭证单据一览表”。

选择要生成凭证的行，单击“确定”按钮返回“生成凭证”窗口，将凭证类别选择为“转账凭证”，如图5-276所示。

凭证类别 转 转账凭证

选择	单据类型	单据号	科目类型	科目编码	科目名称	借方金额	贷方金额	借方数量	贷方数量	存货名称
1	发货单	00010	发出商品	1406	发出商品	559,902.00		120.00		税控II号
			存货	1405	库存商品		559,902.00		120.00	税控II号
合计						559,902.00	559,902.00			

图5-276　生成凭证

单击“生成”按钮，进入“填制凭证”窗口。生成的凭证分录为：

借：发出商品(1406)　　　　559 902

　　贷：库存商品(1405)　　　　559 902

单击“保存”按钮，完成凭证生成，并将凭证传递到总账系统中。

选择“业务工作”|“供应链”|“存货核算”|“财务核算”|“生成凭证”，进入后单击“选择”按钮进行查询条件设置，选择“分期收款发出商品专用发票”，单击“确定”按钮进入“选择单据”窗口。

先选择要生成凭证的单据，然后单击“确定”按钮进入“生成凭证”窗口，将凭证类别设为“转账凭证”，将发出商品科目输入为1406，如图5-277所示。

凭证类别　转 转账凭证

选择	单据类型	单据号	科目类型	科目编码	科目名称	借方金额	贷方金额	借方数量	贷方数量	存货名称
1	专用发票	00010	对方	6401	主营业务成本	186,634.00		40.00		税控II号
			发出商品	1406	发出商品		186,634.00		40.00	税控II号
合计						186,634.00	186,634.00			

图5-277　生成凭证

单击“合成”按钮，进入“填制凭证”窗口。生成的凭证分录如下：

借：主营业务成本(6401)　　　　186 634

　　贷：发出商品(1406)　　　　　　186 634

单击“保存”按钮，完成凭证生成，凭证自动传到总账系统中。

(6) 结转委托代销发出商品

选择“业务工作”|“供应链”|“存货核算”|“财务核算”|“生成凭证”，进入“生成凭证”窗口，单击工具栏中的“选择”按钮，查询条件选择“委托代销发出商品发货单”，单击“确定”按钮进入“未生成凭证一览表”。

先选择要生成凭证的单据，然后单击“确定”按钮返回“生成凭证”窗口，将凭证类别改为“转账凭证”，输入发出商品科目1406，如图5-278所示。

凭证类别　转 转账凭证

选择	单据类型	单据号	科目类型	科目编码	科目名称	借方金额	贷方金额	借方数量	贷方数量	存货名称
1	委托代销发货单	00001	发出商品	1406	发出商品	139,975.50		30.00		税控II号
			存货	1405	库存商品		139,975.50		30.00	税控II号
合计						139,975.50	139,975.50			

图5-278　生成凭证

单击“生成”按钮，生成的凭证分录如下：

借：发出商品(1406)　　　　139 975.50

　　贷：库存商品(1405)　　　　139 975.50

单击“保存”按钮完成凭证生成，凭证传递到总账系统中。

选择“业务工作”|“供应链”|“存货核算”|“财务核算”|“生成凭证”，进入后单击“选择”按钮进行查询条件设置，选择“委托代销发出商品专用发票”，单击“确定”按钮进入“选择单据”窗口，如图5-279所示。

□ 单、发票、付款单)，非本月采购入库单按蓝字报销单制单　　未生成凭证单据一览表

选择	记账日期	单据日期	单据类型	单据号	仓库	收发类别	业务类型	计价方式
	2013-04-20	2013-04-20	专用发票	00012	成品库	销售出库	委托	全月平均法
1	2013-04-21	2013-04-21	专用发票	00014	成品库	销售出库	委托	全月平均法

图5-279　未生成凭证单据一览表

先选择要生成凭证的单据，然后单击“确定”按钮进入“生成凭证”窗口，将凭证类别设为“转账凭证”，将发出商品科目输入为1406，如图5-280所示。

凭证类别 转 转账凭证

选择	单据类型	单据号	科目类型	科目编码	科目名称	借方金额	贷方金额	借方数量	贷方数量	存货名称
1	专用发票	00012	对方	6401	主营业务成本	93,317.00		20.00		税控II号
			发出商品	1406	发出商品		93,317.00		20.00	税控II号
		00014	对方	6401	主营业务成本	-13,997.55		-3.00		税控II号
			发出商品	1406	发出商品		-13,997.55		-3.00	税控II号
合计						79,319.45	79,319.45			

图5-280　生成凭证

单击“合成”按钮，进入“填制凭证”窗口。生成的凭证分录如下：

借：主营业务成本(6401)　　　　　　　79 319.45

　　贷：发出商品(1406)　　　　　　　　　79 319.45

单击“保存”按钮，完成凭证生成，凭证自动传到总账系统中。

(7) 其他未生成凭证的业务生成凭证

选择“业务工作”|“供应链”|“存货核算”|“财务核算”|“生成凭证”，进入后单击工具栏中的“选择”按钮进行查询条件设置，选择全部单据，单击“确定”按钮进入“选择单据”窗口，如图5-281所示。

□ 单、发票、付款单），非本月采购入库单按蓝字报销单制单　**未生成凭证单据一览表**

选择	记账日期	单据日期	单据类型	单据号	仓库	收发类别	业务类型	计价方式
	2013-04-01	2013-03-25	红字回冲单	00001	原料库	采购入库	普通采购	移动平均法
	2013-04-25	2013-04-25	其他出库单	00002	成品库	其他出库	其他出库	全月平均法

图5-281　未生成凭证单据一览表

选择全部单据，然后单击“确定”按钮进入“生成凭证”窗口，将凭证类别设为“转账凭证”，将应付暂估科目输入为1401，如图5-282所示。

凭证类别 转 转账凭证

选择	单据类型	单据号	科目类型	科目编码	科目名称	借方金额	贷方金额	借方数量	贷方数量	存货名称
1	红字回冲单	00001	存货	140301	生产用原材料	-80,000.00		-100.00		2T硬盘
			应付暂估	1401	材料采购		-80,000.00		-100.00	2T硬盘
	其他出库单	00002	对方	660199	其他	37,326.80		8.00		税控II号
			存货	1405	库存商品		37,326.80		8.00	税控II号
合计						-42,673.20	-42,673.20			

图5-282　生成凭证

单击“生成”按钮，进入“填制凭证”窗口。生成的凭证分录如下：

借：原材料/生产用原材料(140301)　　　−80 000

　　贷：材料采购(1401)　　　　　　　　　−80 000

单击“保存”按钮，然后进入下一笔凭证。

借：销售费用/其他(660199)　　　　37 326.80

　　贷：库存商品(1405)　　　　　　　　37 326.80

本笔就是捐助西部地区的业务。作为销售部费用，单击“保存”按钮完成。

2. 与总账系统对账

选择“业务工作”|“供应链”|“存货核算”|“财务核算”|“与总账对账”，进入“对

账”窗口，可查看相关数据。对账之前，应将凭证进行记账。

3. 月末结账

月末处理一般在本月报表编制完成后，确认当期业务已完成，才进行相关的月末结账等处理。这里说明具体的方法。

选择“业务工作”|“供应链”|“存货核算”|“业务核算”|“月末结账”，进入“结账”窗口，选择要结账的月份，单击“结账”按钮即可。

5.6 应收款管理

5.6.1 应收款管理概述

1. 应收款管理

由于赊销(赊购)或其他方面的原因，形成了企业往来款项，这些往来款项如果不能及时有效地进行管理，就会使企业的经营活动受到一定影响。因此，加强往来款项管理是一项不容忽视的工作。应收应付系统可以分别对客户及供应商进行账表查询和往来清理的工作。

如果企业客户不多，可以在应收科目下为每个客户设置一个明细科目，用来核算企业与该客户的往来业务。往来查询时直接查明细账，但对应收的核销、账龄等不能提供简洁明确的记录。因此，如果企业客户很多、赊销占企业收入的比重很大，建议要对往来账科目设置辅助核算。往来辅助账中提供了往来账对账及账龄分析等功能，加强了对往来业务的管理。

2. 参数设置

选择“业务工作”|“财务会计”|“应收款管理”|“设置”|“选项”，单击“编辑”按钮，然后进行设置，坏账处理方式为“应收余额百分比法”。

5.6.2 预收款处理

实验资料

4月5日，重庆嘉陵公司交来转账支票一张，金额15 000元，支票号ZZ002，作为预购货物的定金。

实验过程

1. 填制收款单

选择“业务工作”|“财务会计”|“应收款管理”|“收款单据处理”|“收款单据录入”，单击“增加”按钮，录入收款单的相关信息，如图5-283所示。

表体排序	

单据编号	004	日期	2013-04-05	客户	嘉陵
结算方式	转账支票	结算科目	100201	币种	人民币
汇率	1	金额	15000.00	本币金额	15000.00
客户银行	工行双碑支行	客户账号	3654	票据号	ZZ002
部门	销售部	业务员	刘一江	项目	
摘要					

	款项类型	客户	部门	业务员	金额	本币金额	科目
1	预收款	嘉陵	销售部	刘一江	15000.00	15000.00	2203

图5-283　收款单(预收)

单击“保存”按钮，再单击“审核”按钮，系统提示“是否立即制单”，单击“是”按钮。生成的凭证分录如下：

借：银行存款/工行存款(100201)　　　15 000

　　贷：预收账款(2203)　　　　　　　15 000

补充票号后单击“保存”按钮生成凭证。

2. 查询预收款

选择“业务工作”|“财务会计”|“应收款管理”|“账表管理”|“科目账查询”|“科目明细账”，选择预收账款科目，即显示相应账簿。

5.6.3　收款处理

实验资料

4月20日，收到上海长江公司交来转账支票一张，金额125 000元，支票号ZZ099，用以归还前欠货款。

实验过程

1. 填制收款单

选择“业务工作”|“财务会计”|“应收款管理”|“收款单据处理”|“收款单据录入”，单击“增加”按钮，录入相关信息，如图5-284所示。

单击“保存”按钮，再单击“审核”按钮，系统提示“是否立即制单”，单击“是”按钮。生成的凭证分录如下：

借：银行存款/工行存款　　125 000

　　贷：应收账款/长江　　　　125 000

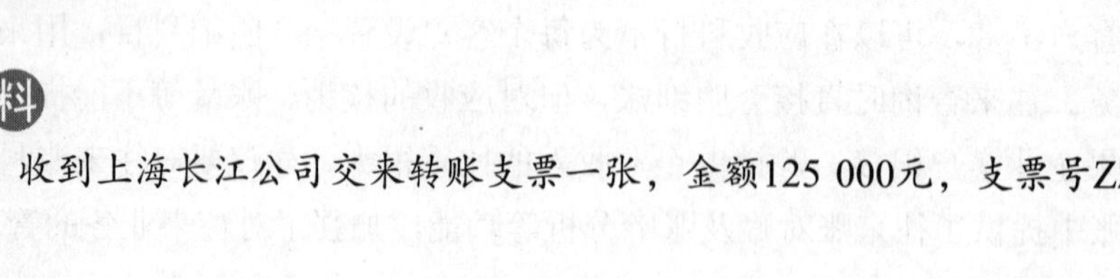

单据编号	005	日期	2013-04-20	客户	长江
结算方式	转账支票	结算科目	100201	币种	人民币
汇率	1.00000000	金额	125000.00	本币金额	125000.00
客户银行	工行海东支行	客户账号	2234	票据号	ZZ099
部门	销售部	业务员	朱小明	项目	
摘要					

	款项类型	客户	部门	业务员	金额	本币金额	科目
1	应收款	长江	销售部	朱小明	125000.00	125000.00	1122

图5-284　收款单

2. 查询应收款

选择“业务工作”|“财务会计”|“应收款管理”|“账表管理”|“业务账表”|“业务明细账”，选择查询的单位(上海长江公司)，即可看到应收明细账，如图5-285所示。

年	月	日	凭证号	摘要	订单号	发货单	出库单	单据类型	单据号	本期应收	本期收回	余额
										本币	本币	本币
2013	4	17	转-0018	销售专用发票		00008	00007	销售专用发票	00008	134,550.00		134,550.00
2013	4	20	转-0021	销售专用发票		00010	00010	销售专用发票	00010	308,880.00		443,430.00
2013	4	20	收-0009	收款单				收款单	005		125,000.00	318,430.00
2013	4	22	转-0027	销售专用发票	00002			销售专用发票	00015	70,200.00		388,630.00
										513,630.00	125,000.00	388,630.00
合...										513,630.00	125,000.00	388,630.00

图5-285　应收明细账(上海长江公司)

5.6.4　预收冲应收

实验资料

4月20日，经过与重庆嘉陵公司商定，前付来的15 000元定金用于冲销其应收款项。

实验过程

1. 填制预收冲应收单据

选择“业务工作”|“财务会计”|“应收款管理”|“转账”|“预收冲应收”，进入“预收冲应收窗口”后，选择客户“重庆嘉陵公司”，然后单击“过滤”按钮，输入转账总金额15 000，如图5-286所示。

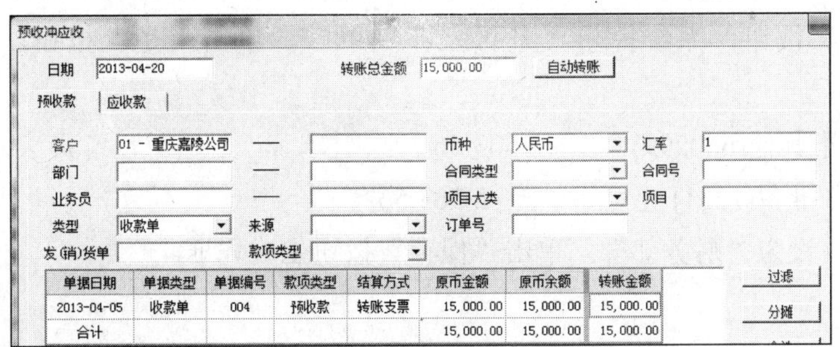

单据日期	单据类型	单据编号	款项类型	结算方式	原币金额	原币余额	转账金额
2013-04-05	收款单	004	预收款	转账支票	15,000.00	15,000.00	15,000.00
合计					15,000.00	15,000.00	15,000.00

图5-286　预收冲应收

选择“应收款”选项卡，单击“过滤”按钮，系统显示应收款，输入转账金额15 000，如图5-287所示。

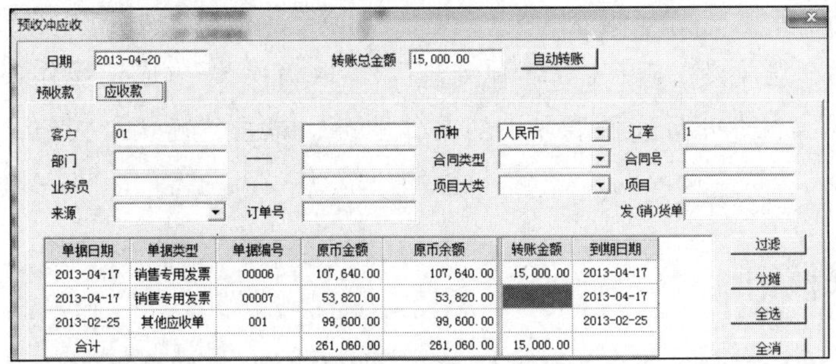

单据日期	单据类型	单据编号	原币金额	原币余额	转账金额	到期日期
2013-04-17	销售专用发票	00006	107,640.00	107,640.00	15,000.00	2013-04-17
2013-04-17	销售专用发票	00007	53,820.00	53,820.00		2013-04-17
2013-02-25	其他应收单	001	99,600.00	99,600.00		2013-02-25
合计			261,060.00	261,060.00	15,000.00	

图5-287　预收冲应收

设置完成后单击“确定”按钮，系统提示“是否立即制单”，单击“是”按钮。生成的凭证分录如下：

借：预收账款/嘉陵　　　15 000

　　贷：应收账款/嘉陵　　　15 000

补充票号等信息后，单击“保存”按钮生成凭证。

2. 查询应收账款

选择“业务工作”|“财务会计”|“应收款管理”|“账表管理”|“业务报表”|“业务明细账”，选择要查询的单位，即可查看应收明细账。

5.6.5　计提坏账准备

实验资料

4月底，计提坏账准备。

实验过程

选择“业务工作”|“财务会计”|“应收款管理”|“坏账处理”|“计提坏账准备”，进入如图5-288所示窗口。

消息中心　应收账款百分比法

应收账款总额	计提比率	坏账准备	坏账准备余额	本次计提
1,499,288.00	0.500%	7,496.44	10,000.00	-2,503.56

图5-288　计提坏账准备

单击“确认”按钮，系统提示“是否立即制单”，单击“是”按钮。生成的凭证分录如下：

借：管理费用/其他(660299)　　　-2 503.56

　　贷：坏账准备(1231)　　　-2 503.56

核算项目部门设为“财务部”，单击“保存”按钮生成凭证。

实验提示

① 如果提示先进行期初设置，则需要选择“财务会计”|“应收款管理”|“初始设置”，对坏账准备进行设置。

② 如果要取消计提坏账准备，若之前已经生成了计提坏账的相应凭证，则要先选择“财务会计”|“应收款管理”|“单据查询”|“凭证查询”，将坏账处理的凭证“删除”。再选择“财务会计”|“应收款管理”|“其他处理”|“取消操作”(取消操作条件中操作类型选择为“坏账处理”)，进入后选择要取消的具体业务，单击“确认”按钮，可取消计提坏账准备。

5.6.6　往来核销

对已达往来账应该及时做往来账的两清工作，以便及时了解往来账的真实情况。往来两清的处理方式有计算机自动勾对和手工勾对两种。

(1) 自动勾对

即计算机自动将所有两清的往来业务打上勾对标志。两清依据包括按部门两清、按项目两清和票号两清。

(2) 手工勾对

无法自动勾对的可通过手工勾对方式将往来业务人为地打上勾对标记，是自动勾对的补充。

收付款单列表显示收付款单表体明细记录，包括款项类型为应收款和预收款的记录，而款项类型为其他费用的记录不允许在此作为核销记录，核销时可以选择其中一条表体记录进行。余额已经为0的表体记录不用在此列表中显示。

选择“业务工作”|“财务会计”|“应收款管理”|“核销处理”|“手工核销”，在核销条件中选择客户单位，这里选择“天津大华公司”，单击“确定”按钮进入“单据核销”窗口中，如图5-289所示。

消息中心　单据核销

单据

单据日期	单据类型	单据编号	客户	款项类型	结算方式	原币金额	本次结算金额	订单号
2013-04-12	收款单	001	大华	应收款	转账支票	152,100.00	152,100.00	
合计						152,100.00	152,100.00	

单据日期	单据类型	单据编号	到期日	客户	原币金额	本次结算	订单号	凭证号
2013-03-10	其他应收单	002	2013-03-10	大华	58,000.00			
2013-04-08	销售专用发票	00001	2013-04-08	大华	152,100.00	152,100.00	00001	转-0014
2013-04-12	销售专用发票	00002	2013-04-12	大华	25,272.00			转-0015
合计					235,372.00	152,100.00		

图5-289　单据核销

核销时，收款单列表中款项类型为应收款的记录其默认的本次结算金额；款项类型为预收的记录，其默认的本次结算金额为空。

核销时可以修改本次结算金额，但是不能大于该记录的原币余额。

用户手工输入本次结算金额，本次结算，上下列表中的结算金额合计必须保持一致。

单击“保存”按钮，完成核销。

5.6.7　往来账的查询

1. 应收余额管理

对客户/供应商的往来余额管理包括科目余额表、三栏余额表、部门余额表、项目余额表、业务员余额表、分类余额表、地区分类余额表的查询。

选择“业务工作”|“财务会计”|“应收款管理”|“账表管理”|“业务报表”|“业务余额表”，如图5-290所示。

客户	期初	本期应收	本期收回	余额	周转率	周转天数
名称	本币	本币	本币	本币	本币	本币
重庆嘉陵公司	99,600.00	161,460.00	15,000.00	246,060.00	0.93	32.11
天津大华公司	58,000.00	177,372.00	152,100.00	83,272.00	2.51	11.95
上海长江公司		513,630.00	125,000.00	388,630.00	2.64	11.35
辽宁飞鸽公司		636,246.00		636,246.00	2.00	15.00
湖南宇子公司		145,080.00		145,080.00	2.00	15.00
	157,600.00	1,633,788.00	292,100.00	1,499,288.00	1.97	15.21

图5-290　应收余额表

2. 往来明细账管理

对客户/供应商的往来明细账管理包括科目明细账、三栏明细账、部门明细账、项目明细账、业务员明细账、分类明细账、地区分类明细账、多栏明细账的查询。

3. 应收账龄分析

“账龄”是指某一往来业务从发生之日的时间期限。通过账龄分析表对应收账款拖欠时间的整理归类和分析，了解管理人员收款工作的效率，以便制定今后的收款策略，并能根据各种应收账款的时间和历史资料，估计坏账损失。

选择“业务工作”|“财务会计”|“应收款管理”|“账表管理”|“统计分析”|“应收账龄分析”，可设置查询条件，查看应收账龄分析。

5.6.8　期末处理

月末处理一般在本月报表编制完成后，确认当期业务完成，才进行相关的月末结账等处理。这里说明具体的方法。

① 到月末，要进行月结。结账前应当把当月单据全部审核，本月的结算单据在结账前全部核销。

② 应收款管理选择“业务工作”|“财务会计”|“应收款管理”|“期末处理”|“月末结账”，进行月结。

5.7　应付款管理

5.7.1　应付款管理概述

应付款管理系统通过发票、其他应付单、付款单等单据的录入，对企业的往来账款进行综合管理，以及时、准确地提供供应商的往来账款余额资料，提供各种分析报表，帮助用户合理地进行资金的调配，提高资金的利用效率。

5.7.2　付款业务

实验资料

4月17日，财务部开出转账支票一张(支票号ZZ777)，金额12 000元，支付重庆大江公司前欠部分货款。

实验过程

1. 填制付款单

选择“业务工作”|“财务会计”|“应付款管理”|“付款单据处理”|“付款单据录入”，单击“增加”按钮，输入付款资料信息，如图5-291所示。

单据编号	003	日期	2013-04-17	供应商	大江
结算方式	转账支票	结算科目	100201	币种	人民币
汇率	1.00000000	金额	12000.00	本币金额	12000.00
供应商银行	中行	供应商账号	3367	票据号	ZZ777
部门	采购部	业务员	李天华	项目	
摘要					

	款项类型	供应商	科目	金额	本币金额	部门
1	应付款	大江	2202	12000.00	12000.00	采购部

图5-291　付款单

单击“保存”按钮，再单击“审核”按钮，系统提示是否立即制单，单击“是”按钮。生成的凭证分录如下：

借：应付账款/大江　　　　12 000

　　贷：银行存款/工行存款　　　　12 000

补充票号等信息后，单击“保存”按钮完成凭证生成。

2. 查询业务明细账

选择“业务工作”|“财务会计”|“应付款管理”|“账表管理”|“业务报表”|“业务明细账”，客户选择“重庆大江公司”，查询结果如图5-292所示。

年	月	日	凭证号	摘要	单据类型	单据号	本期应付	本期付款	余额
							本币	本币	本币
				期初余额					276,850.00
2013	4	9	转-0008	采购专用发票	采购专用发票	00004	92,430.00		369,280.00
2013	4	17	付-0009	付款单	付款单	003		12,000.00	357,280.00
							92,430.00	12,000.00	357,280.00

图5-292　应付明细账(重庆大江公司)

5.7.3　查询

1. 应付款余额表

选择“业务工作”|“财务会计”|“应付款管理”|“账表管理”|“业务报表”|“业务余额表，即可查看应付款余额表，如图5-293所示。

供应商		期初	本期应付	本期付款	余额	周转率	周转天数
编码	名称	本币	本币	本币	本币	本币	本币
01	重庆大江公司	276,850.00	92,430.00	12,000.00	357,280.00	0.29	102.91
02	成都大成公司		294,410.40	33,345.00	261,065.40	2.26	13.30
04	上海大坤公司		46,800.00		46,800.00	2.00	15.00
合　计		276,850.00	433,640.40	45,345.00	665,145.40	0.92	32.58

图5-293　应付余额表

2. 应付账龄分析

选择“业务工作”|“财务会计”|“应付款管理”|“账表管理”|“统计分析”|“应付账龄分析”可查看应付账款分析。

5.7.4 期末处理

月末处理一般在本月报表编制完成后，确认当期业务已完成，才进行相关的月末结账等处理。这里说明具体的方法。

① 应付款管理选择“业务工作”|“财务会计”|“应付款管理”|“期末处理”|“月末结账”，进行月结。

② 期末处理是指进行期末结账工作。如果当月业务已全部处理完毕，就需要执行月末结账功能，只有月末结账后，才可以开始下月工作。

复习题

一、思考题

1. 对于采购中的货到票未到业务，当发票上的商品价格与估价不一致时，应如何处理？

2. 简述票先到货后到时的处理流程及涉及的会计分录。

3. 简述商品销售订单的作用。

4. 出库物料的成本是怎样形成的？

二、判断题

1. 采购订单和采购入库单是一对一的关系，是唯一对应的。(　　)

2. 请购单和采购订单是多对多的关系，即一张请购单可以对应多张采购订单，反之也可。(　　)

3. 运费发票记录只能与采购入库单记录进行结算，不可单独进行结算。(　　)

4. 采购费用处理时，费用可以在手工结算时进行费用分摊，运费发票记录也可以单独进行费用结算。(　　)

5. 采购订单、到货单和发票的单价既可以通过手工录入，也可以由系统自动带入供应商存货对照表中的价格或取自采购订单、到货单和发票的最新价格，当然，可以修改带入的价格。(　　)

6. 用友ERP-U8采购管理中暂估业务不支持发票与入库单部分结算。(　　)

7. 参照销售订单的订货业务：如果已录入销售订单且已经过审核，可以通过参照的方式建立采购订单。(　　)

8. 已经审核的请购单不能修改、删除，如果要修改、删除，需要先弃审。(　　)

9. 盘点单只能手工增加，不可以参照生成。(　　)

10. 采购入库单、销售出库单只能在存货管理子系统中输入。(　　)

三、单项选择题

1. 采购运费分摊方法有(　　)两种。

A. 按费用分摊和按存货分摊　　B. 按费用分摊和按数量分摊

C. 按数量分摊和按金额分摊　　D. 按金额分摊和按存货分摊

2. 以下关于运费发票记录的费用结算功能描述错误的是(　　)。

A. 运费发票记录可以单独进行结算

B. 运费发票记录可以与采购入库单记录结算

C. 运费发票记录可以直接分摊到具体的存货上

D. 以上说法只有AB正确

3. 以下(　　)不能由采购订单生成。

A. 采购到货单　　B. 到货退回单　　C. 报检单　　D. 采购发票

4. 采购系统中，采购入库单界面中“生成”功能的作用是(　　)。

A. 参照采购到货单生成采购入库单　　B. 生成采购入库单

C. 生成采购发票　　D. 参照采购发票生成采购入库单

5. 采购请购单在(　　)情况下可以修改。

A. 已经审核未关闭　　B. 未审核　　C. 关闭　　D. 已经执行

6. 下面关于采购流程描述正确的是(　　)。

A. 采购业务流程的各项单据都是可选择的

B. 采购流程中必须有采购订单、采购入库单和采购发票

C. 最短的流程是只录入采购入库单

D. 采购流程中必须有采购入库单和采购发票

7. 下面关于采购发票描述正确的是(　　)。

A. 采购发票可以在应付管理中审核，也能在采购管理中审核

B. 采购发票只能在采购管理中审核

C. 采购发票只能在应付管理中审核

D. 采购发票只有审核后才能在应付管理中查看到

8. 存货核算系统中的平均单价计算功能是针对(　　)存货计价方法提出的。

A. 先进先出　　B. 个别计价

C. 移动平均　　D. 全月一次平均法

9. 采购结算是指(　　)之间的结算。

A. 采购发票与采购订单　　B. 采购发票与采购到货单

C. 采购发票与采购入库单　　D. 采购发票与付款单

10. 采购业务的核销是指确定(　　)之间的对应关系的操作。

A. 付款单与收款单　　B. 付款单与采购发票

C. 付款单与入库单　　D. 付款单与采购订单

11. 销售业务的核销是指确定(　　)之间的对应关系操作。

A. 收款单与付款单　　B. 收款单与销售发票

C. 收款单与出库单　　D. 收款单与销售订单

四、多项选择题

1. 采购管理中发票主要有以下(　　)几种。

A. 专用采购发票　　B. 红字专用采购发票

C. 普通采购发票　　D. 红字普通采购发票

2. 以下关于库存管理系统月末结账功能描述正确的是(　　)。

A. 月末结账后将不能再做已结账月份的业务，只能做未结账月的日常业务

B. 如果和采购、销售集成使用，只有在采购结账后、销售结账前，库存才能进行结账

C. 如果和采购、销售集成使用，只有在采购、销售结账后，库存才能进行结账

D. 和存货核算集成使用，存货核算必须当月未结账或取消结账后，库存才能取消结账

3. 以下关于调拨业务描述正确的是(　　)。

A. 调拨单是指用于仓库之间存货的转库业务或部门之间的存货调拨业务的单据

B. 调拨单上转入仓库与转出仓库、转入部门与转出部门可以同时不同

C. 调拨单可以手工制单

D. 调拨单可以参照生产订单生成，同材料出库单一样回写订单相关信息

4. 存货核算提供了(　　)等计价方式。

A. 移动平均　　B.个别计价　　C. 分类计价　　D. 计划价

5. 存货核算提供了(　　)等成本核算方式。

A. 按仓库　　B. 按部门　　C. 按供应商分类　　D. 按存货

第6章

固定资产与薪资业务处理

6.1 固定资产管理

6.1.1 固定资产管理功能概述

在U8软件中，对企业的固定资产管理，主要通过建立固定资产卡片档案、登记资产增加情况的流水账，严格管理固定资产发生的增减变化；按照预先定义的折旧方法，按期提取折旧，自动生成凭证；能够按照提供的如固定资产编码、原值、折旧方法等条件完成固定资产卡片档案以及相关报表的查询，提高工作效率和管理水平，减少固定资产由于管理不当带来的经济损失。

固定资产系统与总账系统共享基础数据。固定资产的增加、减少以及原值和累计折旧的调整、折旧的计提都要将相关的数据通过记账凭证形式传递到总账系统中去，同时通过对账保持固定资产账目与总账的平衡。

在第一次使用固定资产系统时，首先要进行固定资产系统的初始化和基础参数设置；对于以前账套已经使用了固定资产系统的，需要通过账套结转功能，将上年度数据结转到本年度，然后开始日常处理操作。

固定资产管理系统的操作可分为基础设置和日常业务处理两个部分。基础设置部分主要完成企业固定资产管理运行环境的设置，包括系统初始化、部门设置、类别设置、使用状况设置、增减方式定义、折旧方法定义、卡片样式定义等。日常业务处理部分主要完成固定资产变动的管理、折旧处理、报表生成和查询打印等工作。

6.1.2 固定资产初始设置

1. 控制参数

实验资料

约定及说明：我同意。

启用月份：2013年4月。

折旧信息：本账套计提折旧；折旧方法：平均年限法(一)；折旧汇总分配周期：1个月，当“月初已计提月份=可使用月份-1”时，将剩余折旧全部提足。

编码方式：资产类别编码方式为2；固定资产编码方式为手工输入。

财务接口：与账务系统进行对账；固定资产对账科目：固定资产(1601)；累计折旧对账科目：累计折旧(1602)。

参数设置：业务发生后立即制单；月末结账前一定要完成制单登账业务；固定资产默认入账科目：1601；累计折旧默认入账科目：1602；减值准备默认入账科目：1603。

实验过程

(1) 初始化账套

选择“业务工作”|“财务会计”|“固定资产”，首次使用时，系统将提示“这是第一次打开账套，还未进行过初始化，是否进行初始化”，单击“是”按钮进行。

系统弹出“初始化账套向导”窗口。按照实验资料内容，完成初始化向导参数设置。约定及说明，选择“我同意”；启用月份为2013年4月；折旧信息的设置如图6-1所示。

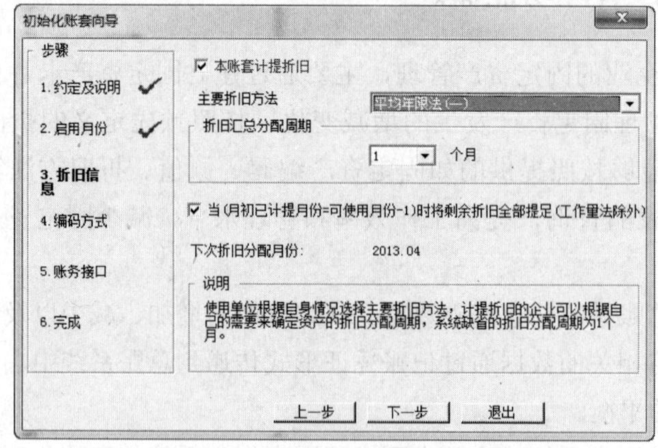

图6-1　固定资产初始化参数设置(折旧信息)

资产类别编码长度为“2”，固定资产编码方式采用手工输入方式。

固定资产对账科目“1601”，累计折旧对账科目“1602”。设置完成后的信息如图6-2所示。

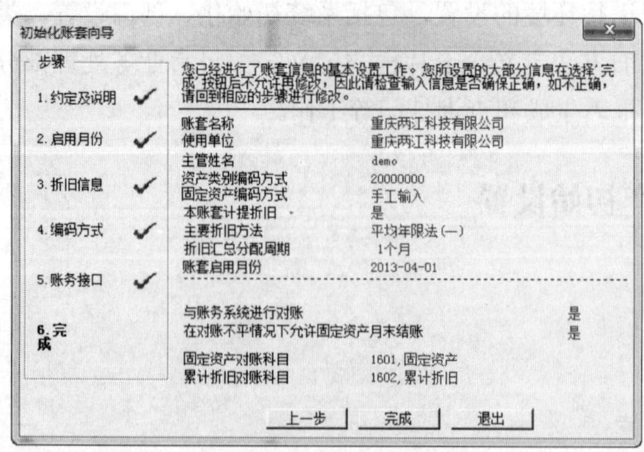

图6-2　固定资产初始化参数设置(完成)

设置结束，单击“完成”按钮，系统弹出“是否确定所设置的信息完全正确并保存对新账套的所有设置”提示框。单击“是”按钮，系统初始化后弹出“已成功初始化本固定资产账套”提示框，单击“确定”按钮，完成固定资产账套初始化。

(2) 选项设置

选择“业务工作”|“财务会计”|“固定资产”|“设置”|“选项”，单击“编辑”按钮，与账务系统接口的信息设置如图6-3所示。其他采用默认值，单击“确定”按钮完成。

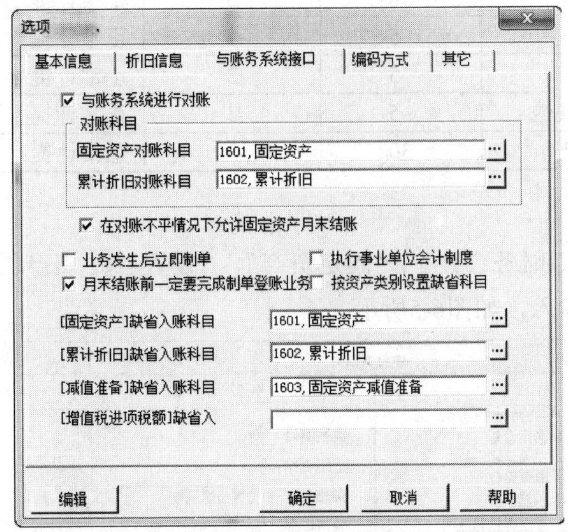

图6-3　固定资产选项设置(与账务系统接口)

2. 部门对应折旧科目

实验资料

管理中心——管理费用/折旧费；供销中心、物流中心——销售费用/折旧费；制造中心——制造费用/折旧费。

实验过程

选择“业务工作”|“财务会计”|“固定资产”|“设置”|“部门对应折旧科目”，单击“编辑”按钮，按照案例进行设置，如图6-4所示。

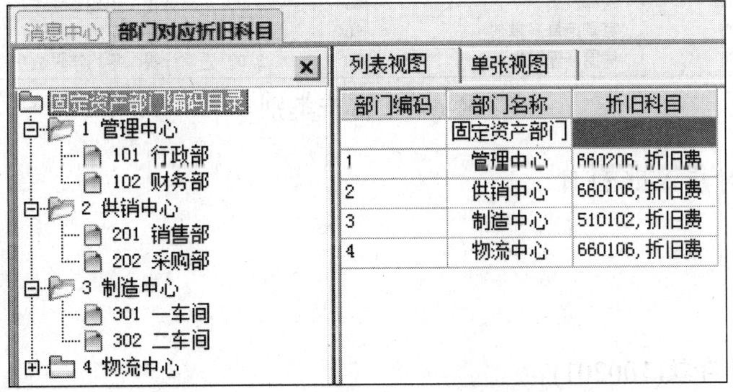

图6-4　部门对应折旧科目设置

3. 固定资产类别

实验资料

固定资产类别如表6-1所示。

表6-1　固定资产类别

类别编码	类别名称	使用年限	净残值率/(%)	计提属性	折旧方法
01	通用设备	3	3	正常计提	平均年限法(一)
02	交通运输设备	8	3	正常计提	工作量法
03	电气设备	5	3	正常计提	平均年限法(一)
04	仪器仪表	5	3	正常计提	平均年限法(一)
05	家具用具及其他	5	3	正常计提	平均年限法(一)
06	房屋及建筑物	30	3	正常计提	平均年限法(一)

实验过程

选择“业务工作”|“财务会计”|“固定资产”|“设置”|“资产类别”，单击“增加”按钮，按照案例资料进行输入，如图6-5所示。

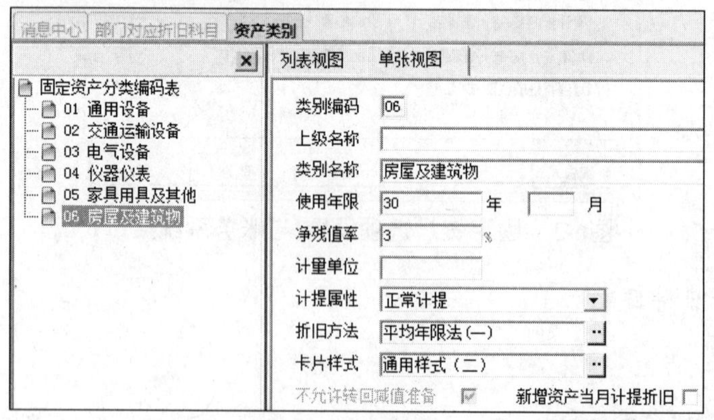

图6-5　资产类别

每设置一个类别后单击“保存”按钮，然后继续输入。设置完成后如图6-6所示。

类别编码	类别名称	使用年限(月)	净残值率(%)	计提属性	折旧方法
	固定资产分类编码表				
01	通用设备	36	3.00	正常计提	平均年限法(一)
02	交通运输设备	96	3.00	正常计提	工作量法
03	电气设备	60	3.00	正常计提	平均年限法(一)
04	仪器仪表	60	3.00	正常计提	平均年限法(一)
05	家具用具及其他	60	3.00	正常计提	平均年限法(一)
06	房屋及建筑物	360	3.00	正常计提	平均年限法(一)

图6-6　资产类别

4. 增减方式的对应入账科目

实验资料

(1) 增加方式

直接购入：工行存款(100201)。

(2) 减少方式

毁损：固定资产清理(1606)。

出售：固定资产清理(1606)。

实验过程

选择“业务工作”|“财务会计”|“固定资产”|“设置”|“增减方式”，单击“编辑”按

钮，按照案例资料进行输入，如图6-7所示。

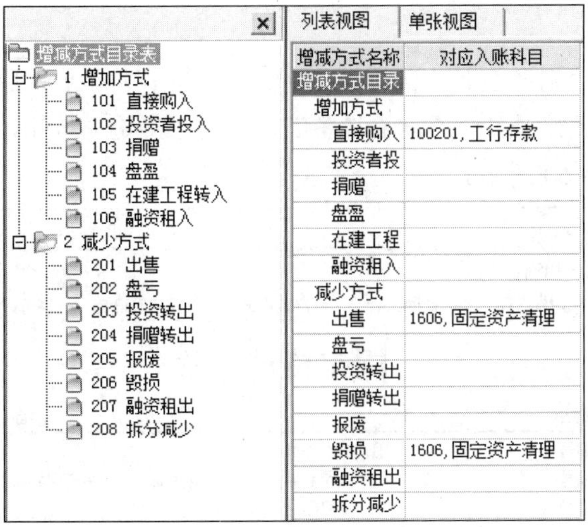

增减方式目录表
1 增加方式
101 直接购入
102 投资者投入
103 捐赠
104 盘盈
105 在建工程转入
106 融资租入
2 减少方式
201 出售
202 盘亏
203 投资转出
204 捐赠转出
205 报废
206 毁损
207 融资租出
208 拆分减少

列表视图　单张视图

增减方式名称	对应入账科目
增减方式目录	
增加方式	
直接购入	100201, 工行存款
投资者投	
捐赠	
盘盈	
在建工程	
融资租入	
减少方式	
出售	1606, 固定资产清理
盘亏	
投资转出	
捐赠转出	
报废	
毁损	1606, 固定资产清理
融资租出	
拆分减少	

图6-7　增减方式

5. 原始卡片

实验资料

固定资产卡片如表6-2所示。

表6-2　固定资产卡片

资产编码	固定资产名称	类别编号	所在部门	使用年限	开始使用日期	原值	累计折旧
01	红旗牌轿车	02	行政部	8	2012-01-01	215 470.00	37 255.00
02	传真机	01	行政部	3	2011-02-01	3 510.00	1 825.00
03	联想ThinkPad	01	财务部	3	2012-09-01	28 900.00	5 548.00
04	HP计算机	01	采购部	3	2012-08-01	6 490.00	1 246.00
05	装配机A型	03	一车间	5	2012-12-31	200 000.00	6 250.00
06	联想计算机	01	二车间	3	2012-08-01	6 490.00	1 246.00
07	装配机B型	03	二车间	5	2012-12-31	180 000.00	5 625.00
08	长安面包车	02	运输部	8	2012-10-31	50 000.00	10 000.00
09	办公楼	06	行政部30%，其他部门均为10%	30	2012-10-31	3 000 000.00	40 000.00
	合计					3 690 860.00	108 995.00

补充资料：

增加方式均为直接购入。

固定资产净残值率均为3%。

车辆的使用状况为“在用”，折旧方法为工作量法。

红旗轿车的工作总量为800 000千米，累计工作量为162 000千米。

长安面包车工作总量为200 000千米，累计工作量为40 000千米。

除车辆外，其他的固定资产折旧方法均采用平均年限法(一)。

实验过程

(1) 输入初始卡片

选择“业务工作”|“财务会计”|“固定资产”|“卡片”|“录入原始卡片”，进入“固定资产类别档案”，先选择类别“交通运输设备”，单击“确定”按钮，按照案例资料输入红旗牌轿车的相关信息，如图6-8所示。

消息中心　固定资产卡片

□ 新增资产当月计提折旧

固定资产卡片 | 附属设备 | 大修理记录 | 资产转移记录 | 停启用记录 | 原值变动 | 2013-04-0

固定资产卡片

卡片编号	00001			日期	2013-04-01
固定资产编号	01	固定资产名称			红旗牌轿车
类别编号	02	类别名称	交通运输设备	资产组名称	
规格型号		使用部门			行政部
增加方式	直接购入	存放地点			
使用状况	在用	使用年限(月)	96	折旧方法	工作量法
工作总量	800000	累计工作量	162000	工作量单位	千米
开始使用日期	2012-01-01	已计提月份	14	币种	人民币
原值	215470.00	净残值率	3%	净残值	6464.10
累计折旧	37255.00	单位折旧	0.2692	本月计提折旧额	0.00
净值	178215.00	对应折旧科目	660206，折旧费	项目	
录入人	何沙			录入日期	2013-04-01

图6-8　固定资产卡片(固定资产卡片)

输入一张卡片后，单击“保存”按钮完成。再逐一输入其他案例资料。

输入固定资产办公楼的资料时，在输入使用部门时，要选择“多部门使用”，然后分部门输入，如图6-9所示。

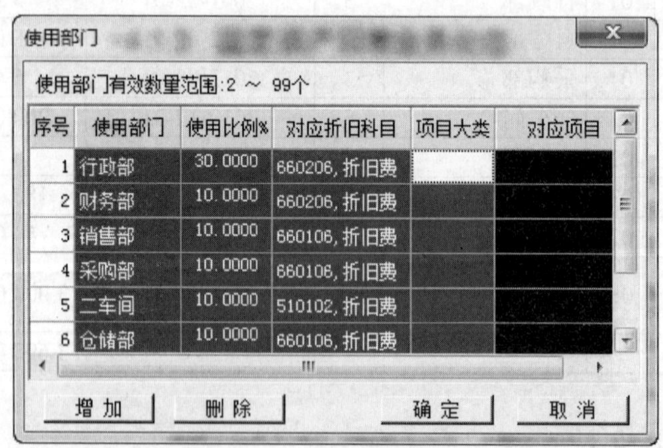

使用部门

使用部门有效数量范围：2 ～ 99个

序号	使用部门	使用比例%	对应折旧科目	项目大类	对应项目
1	行政部	30.0000	660206，折旧费		
2	财务部	10.0000	660206，折旧费		
3	销售部	10.0000	660106，折旧费		
4	采购部	10.0000	660106，折旧费		
5	二车间	10.0000	510102，折旧费		
6	仓储部	10.0000	660106，折旧费		

增加　删除　确定　取消

图6-9　办公楼的使用部门

如果发现录入的固定资产卡片数据需要修改，可选择“业务工作”|“财务会计”|“固定资产”|“卡片”|“卡片管理”命令进行修改，选择该功能后，如图6-10所示(表头调整见后)。

固定资产名称	类别编号	使用部门	使用年限(月	开始使用日期	原值	累计折旧	净残值	工作总量	累计工作量
红旗牌轿车	02	行政部	96	2012.01.01	215,470.00	37,255.00	6,464.10	800,000.000	162,000.000
传真机	01	行政部	36	2011.02.01	3,510.00	1,825.00	105.30	0.000	0.000
联想THINKP	01	财务部	36	2012.09.01	28,900.00	5,548.00	867.00	0.000	0.000
HP计算机	01	采购部	36	2012.08.01	6,490.00	1,246.00	194.70	0.000	0.000
装配机A型	03	一车间	60	2012.12.31	200,000.00	6,250.00	6,000.00	0.000	0.000
联想计算机	01	二车间	36	2012.08.01	6,490.00	1,246.00	194.70	0.000	0.000
装配机B型	03	二车间	60	2012.12.31	180,000.00	5,625.00	5,400.00	0.000	0.000
长安面包车	02	运输部	96	2012.10.31	50,000.00	10,000.00	1,500.00	200,000.000	40,000.000
办公楼	06	行政部/财务	360	2012.10.31	3,000,000.00	40,000.00	90,000.00	0.000	0.000
					3,690,860.00	108,995.00	110,725.80	1,000,000.000	202,000.000

图6-10　固定资产卡片

显示项目可以设置，选择“编辑”|“列头编辑”，进入后可以进行表头设定，如图6-11所示。

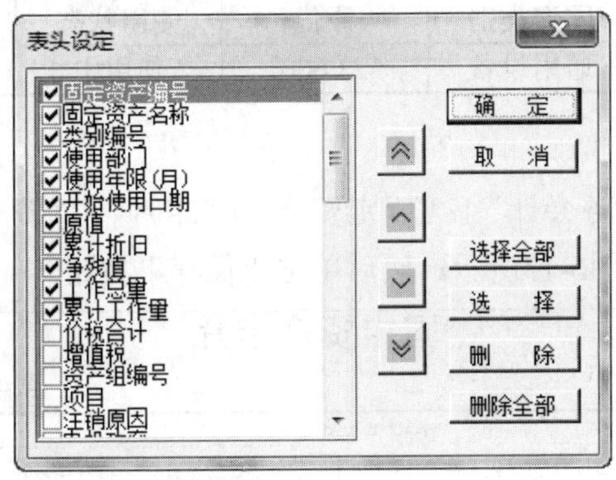

图6-11　表头设定

(2) 固定资产对账

选择“业务工作”|“财务会计”|“固定资产”|“处理”|“对账”，系统将对固定资产原始卡片数据与总账系统期初余额的对应科目数据进行检查，弹出检查结果提示，如图6-12所示。

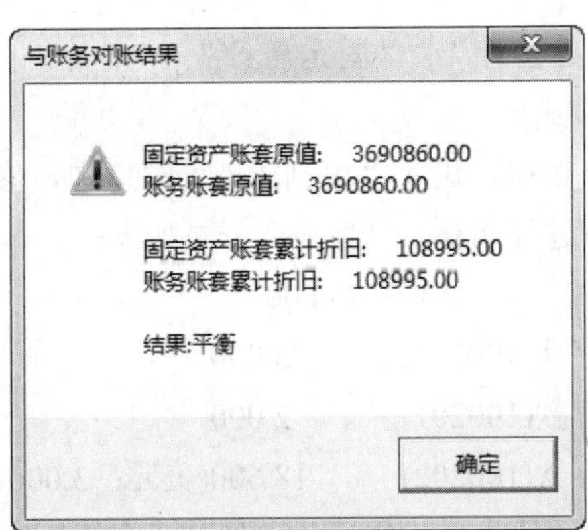

图6-12　固定资产系统与总账系统期初余额对账

如果固定资产账套与账务账套的数据不平衡，那么就需要检查数据的出错原因并予以改正。

6.1.3 固定资产日常业务处理

1. 资产增加

实验资料

4月10日，用中行美元账户存款购买HP计算机服务器一台，价格3 000美元，当天汇率为1美元＝6.20元人民币，同时用工行存款支付关税3 000元(工行转账支票号ZZ456324)，运费2 000元(工行转账支票号ZZ456325)，中行转账支票号ZZ151521。折旧按原值和预计使用期间计提折旧，净残值率为3%，预计使用年限3年。详细资料见表6-3。

表6-3 固定资产信息表

卡片编号	固资名称	固资类别	原值	使用状态	增加方式	使用部门
10	HP服务器	通用设备	23 600	使用中	购入	财务部

实验过程

选择“业务工作”|“财务会计”|“固定资产”|“卡片”|“资产增加”，单击“增加”按钮，输入案例资料信息，如图6-13所示。然后单击“保存”按钮。

固定资产卡片

卡片编号	00010			日期	2013-04-10
固定资产编号	10	固定资产名称			HP服务器
类别编号	01	类别名称	通用设备	资产组名称	
规格型号		使用部门			财务部
增加方式	直接购入	存放地点			
使用状况	在用	使用年限(月)	36	折旧方法	平均年限法(一)
开始使用日期	2013-04-10	已计提月份	0	币种	人民币
原值	23600.00	净残值率	3%	净残值	708.00
累计折旧	0.00	月折旧率	0	本月计提折旧额	0.00
净值	23600.00	对应折旧科目	660206, 折旧费	项目	

图6-13 固定资产卡片

选择“业务工作”|“财务会计”|“固定资产”|“卡片”|“卡片管理”，双击录入的“HP服务器”行，进入卡片模式。

单击工具栏中的“凭证”按钮，进入“填制凭证”窗口中，修改生成的凭证。凭证类型为“付款凭证”，分录按照业务进行调整。具体凭证分录如下：

借：固定资产(1601)　　23 600

　　贷：银行存款/工行存款(100201)　　3 000

　　　　银行存款/工行存款(100201)　　2 000

　　　　银行存款/中行存款(100202)　　18 600(美元：3 000，汇率：6.20)

单击“保存”按钮，完成凭证生成。凭证传送到总账系统。

实验提示

卡片输入完毕后，也可以不立即制单，即不保存凭证，月末的时候再批量制单。

2. 资产原值变动

实验资料

4月15日，行政部的红旗轿车添置新配件10 000元。用工行账户支付，转账支票号ZZ971121。

实验过程

选择“业务工作”|“财务会计”|“固定资产”|“卡片”|“变动单”|“原值增加”，输入变动资料信息，如图6-14所示。

固定资产变动单

— 原值增加 —

变动单编号	00001			变动日期	2013-04-15
卡片编号	00001	资产编号	01	开始使用日期	2012-01-01
资产名称			红旗牌轿车	规格型号	
增加金额	10000.00	币种	人民币	汇率	1
变动的净残值率	3%	变动的净残值			300.00
变动前原值	215470.00	变动后原值			225470.00
变动前净残值	6464.10	变动后净残值			6764.10
变动原因	增加配件				
				经手人	何沙

图6-14　固定资产原值增加

单击“保存”按钮。单击“凭证”按钮进入“填制凭证”窗口，凭证类型选择“付款凭证”，补充贷方科目为“100201”。凭证分录如下：

借：固定资产(1601)　　　　　　10 000

　　贷：银行存款/工行存款(100201)　　10 000

单击“保存”按钮生成凭证，并传送到总账系统。

也可以选择“业务工作”|“财务会计”|“固定资产”|“卡片”|“变动单”|“变动单管理”，生成凭证。

3. 计提减值准备

实验资料

4月25日，经核查对联想ThinkPad笔记本电脑计提2 500元减值准备。

实验过程

选择“业务工作”|“财务会计”|“固定资产”|“卡片”|“变动单”|“计提减值准备”，输入减值准备资料信息，然后单击“保存”按钮，如图6-15所示。

单击“凭证”按钮生成计提减值准备凭证，凭证类型为“转账凭证”，补充借方科目“管理费用/其他”。生成的凭证分录如下：

借：管理费用/其他(660299)/财务部　　2 500

　　贷：固定资产减值准备(1603)　　　2 500

单击“保存”按钮完成，凭证传递到总账系统中。

固定资产变动单

—计提减值准备—

变动单编号 00002　　变动日期 2013-04-25

卡片编号 00003　　资产编号 03　　开始使用日期 2012-09-01

资产名称 联想THINKPAD　　规格型号

减值准备金额 2500.00　　币种 人民币　　汇率 1

原值 28900.00　　累计折旧 5548.00

累计减值准备金额 2500.00　　累计转回准备金额 0.00

可回收市值 20852.00

变动原因 技术更新加速减值

经手人 何沙

图6-15　计提减值准备

4. 计提当月折旧

实验资料

4月底，计提本月折旧费用。其中红旗牌轿车的本月工作量为15 000千米，长安面包车本月工作量为10 000千米。

实验过程

(1) 录入工作量

选择“业务工作”|“财务会计”| “固定资产”|“处理”|“工作量输入”，输入工作量信息，如图6-16所示。单击“保存”按钮完成录入。

消息中心 | 工作量输入

卡片编号	固定资产名称	*	工作总量	上期间工作量	本月工作量	累计工作量
00001	红旗牌轿车		800000	0	15000	177000
00008	长安面包车		200000	0	10000	50000

图6-16　工作量

(2) 计提本月折旧

选择“业务工作”|“财务会计”| “固定资产”|“处理”|“计提本月折旧”，系统提示“是否已经录入工作量”，单击“是”按钮，系统提示“是否查看折旧清单”，再单击“是”按钮。折旧计算的详细清单如图6-17所示。

资产名称	原值	计提原值	本月计提折旧额	累计折旧	减值准备	净值	净残值
红旗牌轿车	225, 470. 00	215, 470. 00	4, 038. 00	41, 293. 00	0. 00	184, 177. 00	6, 764. 10
传真机	3, 510. 00	3, 510. 00	94. 42	1, 919. 42	0. 00	1, 590. 58	105. 30
联想THINKP	28, 900. 00	28, 900. 00	777. 41	6, 325. 41	2, 500. 00	20, 074. 59	867. 00
HP计算机	6, 490. 00	6, 490. 00	174. 58	1, 420. 58	0. 00	5, 069. 42	194. 70
装配机A型	200, 000. 00	200, 000. 00	3, 240. 00	9, 490. 00	0. 00	190, 510. 00	6, 000. 00
联想计算机	6, 490. 00	6, 490. 00	174. 58	1, 420. 58	0. 00	5, 069. 42	194. 70
装配机B型	180, 000. 00	180, 000. 00	2, 916. 00	8, 541. 00	0. 00	171, 459. 00	5, 400. 00
长安面包车	50, 000. 00	50, 000. 00	2, 406. 00	12, 406. 00	0. 00	37, 594. 00	1, 500. 00
办公楼	3, 000, 000. 00	3, 000, 000. 00	8, 100. 00	48, 100. 00	0. 00	2, 951, 900. 00	90, 000. 00
	3, 700, 860. 00	3, 690, 860. 00	21, 920. 99	130, 915. 99	2, 500. 00	3, 567, 444. 01	111, 025. 80

图6-17　折旧清单

关闭折旧清单后显示折旧分配表，按照部门分配的折旧分配表如图6-18所示。

折旧分配表 [01(2013.04-->2013.04)]

输出　凭证　退出

按部门分配
按类别分配

01 (2013.04-->2013.04)

部门编号	部门名称	项目编号	项目名称	科目编号	科目名称	折旧额
101	行政部			660206	折旧费	6,562.42
102	财务部			660206	折旧费	1,587.41
201	销售部			660106	折旧费	810.00
202	采购部			660106	折旧费	984.58
301	一车间			510102	折旧费	4,050.00
302	二车间			510102	折旧费	3,900.58
401	仓储部			660106	折旧费	810.00
402	运输部			660106	折旧费	3,216.00
合计						21,920.99

图6-18　折旧分配表(部门分配)

按照类别分配的折旧分配表如图6-19所示。

按部门分配
按类别分配

01 (2013.04-->2013.04)

类别编号	类别名称	项目编号	项目名称	科目编号	科目名称	折旧额
01	通用设备			510102	折旧费	174.58
01	通用设备			660106	折旧费	174.58
01	通用设备			660206	折旧费	871.83
02	交通运输设			660106	折旧费	2,406.00
02	交通运输设			660206	折旧费	4,038.00
03	电气设备			510102	折旧费	6,156.00
06	房屋及建筑			510102	折旧费	1,620.00
06	房屋及建筑			660106	折旧费	3,240.00
06	房屋及建筑			660206	折旧费	3,240.00
合计						21,920.99

图6-19　折旧分配表(类别)

可以单击“凭证”按钮完成凭证制作，也可以在折旧分配表中完成凭证制作。

选择“业务工作”|“财务会计”|“固定资产”|“处理”|“折旧分配表”，单击“修改”按钮，选择“按部门分配”。单击“修改”按钮，再选择“凭证”按钮。生成的凭证分录如下：

借：管理费用/折旧费(660206)/行政部　　6 562.42
　　管理费用/折旧费(660206)/财务部　　1 587.41
　　销售费用/折旧费(660106)/销售部　　810.00
　　管理费用/折旧费(660206)/采购部　　984.58
　　制造费用/折旧费　　4 050.00
　　制造费用/折旧费　　3 900.58
　　管理费用/折旧费(660206)/仓储部　　810.00
　　管理费用/折旧费(660206)/运输部　　3 216.00
　　贷：累计折旧　　21 920.99

凭证类别改为“转账凭证”，单击“保存”按钮完成。

实验提示

如果系统已经计提折旧并生成记账凭证，将数据传递到总账系统，那么必须删除该凭证后才能重新计提折旧。

5. 固定资产减少

实验资料

4月25日，二车间毁损联想计算机一台。

实验过程

选择“业务工作”|“财务会计”|“固定资产”|“卡片”|“资产减少”，输入资产编号，单击“增加”按钮，再输入减少方式，如图6-20所示。单击“确定”按钮退出。

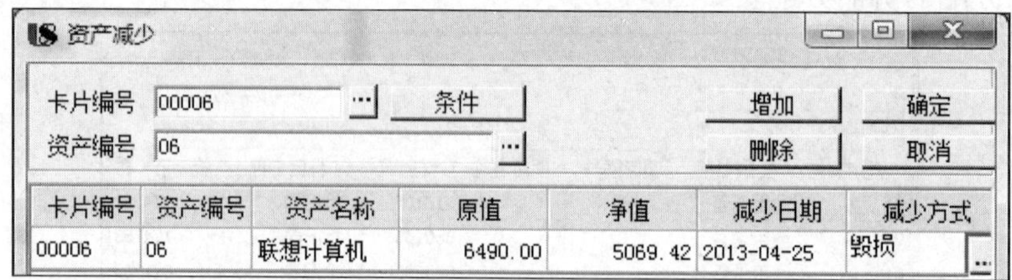

图6-20　资产减少

选择“业务工作”|“财务会计”|“固定资产”|“处理”|“批量制单”，打开如图6-21所示的窗口。

批量制单

全选　全消　删除　制单　退出

制单选择　制单设置　合并号

已用合并号

	业务日期	业务类型	业务描述	业务号	发生额	合并号	选择
1	2013.04.25	资产减少	减少资产	00006	6,490.00		

图6-21　批量制单

单击“全选”按钮，再选择“制单设置”选项卡可以设置凭证，如图6-22所示。

批量制单

全选　全消　删除　制单　退出

制单选择　制单设置　合并号 00006资产减少

☑ 方向相同时合并分录　☑ 方向相反时合并分录

	业务日期	业务类型	业务描述	业务号	方向	发生额	科目	部
1	2013.04.25	资产减少	减少资产	00006	借	1,420.58	1602	
2	2013.04.25	资产减少	减少资产	00006	借	5,069.42	1606 固定资产清理	
3	2013.04.25	资产减少	减少资产	00006	贷	6,490.00	1601 固定资产	

图6-22　制单设置

单击“制单”按钮，将凭证类别设置为“转账凭证”。生成的凭证分录如下：

借：累计折旧(1602)　　　1 420.58

　　固定资产清理(1606)　5 069.42

　　贷：固定资产(1601)　　　6490.00

单击“保存”按钮完成凭证生成，并将凭证传递到总账系统中。

实验提示

① 只有在计提折旧后，才能减少资产。

② 如果资产减少错误，且已制作凭证，只能删除凭证后才能恢复减少的固定资产。

6.1.4　月末对账与结账

1. 对账

在对账前应将固定资产生成的有关凭证记账。

选择“业务工作”|“财务会计”|“固定资产”|“处理”|“对账”，进行固定资产系统与账务系统数据的核对检查。

实验提示

只有在总账系统将所有涉及固定资产的记账凭证记账完毕后，固定资产系统才参与账务系统进行对账检查，否则对账结果是不平衡的。

2. 月末结账

如果对账平衡，就可以进行月末结账。本月报表编制完成后，确认当期业务完成，才能进行相关的月末结账等处理。

选择“业务工作”|“财务会计”|“固定资产”|“处理”|“月末结账”，即可进行月末结账操作。

实验提示

① 本会计期间所有业务处理完毕后，才能进行月末结账操作。

② 月末结账后，所有的数据资料不能再进行修改。

③ 只有进行月末结账后，才能处理下一会计期间的业务数据。

6.1.5　固定资产查询

1. 固定资产凭证查询

选择“业务工作”|“财务会计”|“固定资产”|“处理”|“凭证查询”，打开如图6-23所示的窗口，可以双击凭证以调出相应凭证。

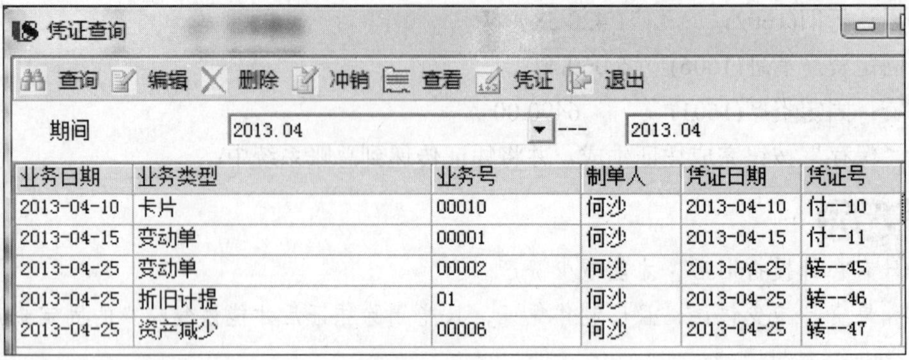

凭证查询

查询 编辑 删除 冲销 查看 凭证 退出

期间 2013.04 --- 2013.04

业务日期	业务类型	业务号	制单人	凭证日期	凭证号
2013-04-10	卡片	00010	何沙	2013-04-10	付--10
2013-04-15	变动单	00001	何沙	2013-04-15	付--11
2013-04-25	变动单	00002	何沙	2013-04-25	转--45
2013-04-25	折旧计提	01	何沙	2013-04-25	转--46
2013-04-25	资产减少	00006	何沙	2013-04-25	转--47

图6-23 凭证查询

2. 固定资产账表查询

选择“业务工作”|“财务会计”|“固定资产”|“账表”|“我的账表”，有固定资产查询的账簿、分析报表、统计报表，可以根据需要选择使用。

6.2 薪资管理

6.2.1 薪资管理功能概述

薪资管理系统是用友U8系统中的一个子系统，其主要任务是以职工个人的薪资原始数据为基础，计算应发薪资、代扣款项和实发合计，编制薪资结算单；按部门和人员类别进行汇总，进行个人所得税计算；进行薪资费用分配与计提，并实现自动转账处理等。通过转账处理，薪资管理系统将数据传递给总账系统。

6.2.2 薪资基础设置

1. 初始化建账

实验资料

参数设置：工资类别个数—多个；核算币种—人民币RMB；选择“是否核算计件工资”。

扣税设置：要求代扣个人所得税。

扣零设置：不进行扣零处理。

人员编码：与公共平台人员的人员编码保持一致。

实验过程

选择“业务工作”|“人力资源”|“薪资管理”，系统提示“请先设置工资类别”，单击“确定”按钮，进入“建立工资套”窗口。按照实验资料中的初始化参数对薪资账套参数进行设置，如图6-24所示。设置完成参数后，单击“完成”按钮，完成工资账套的建立。

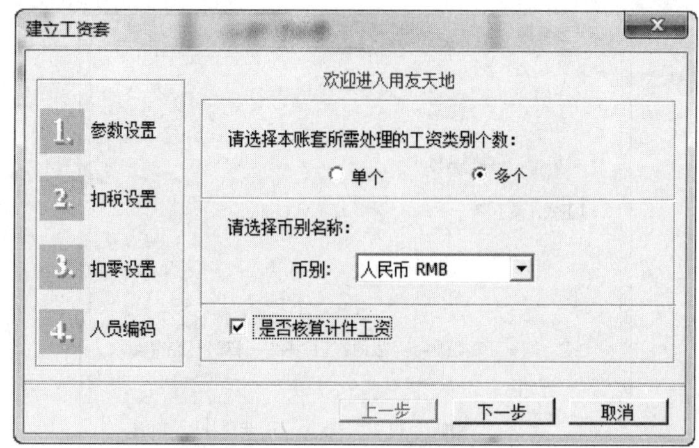

图6-24　建立工资账套

实验提示

① 工资账套与企业核算账套是不同的概念。企业核算账套是在系统管理中建立的，是针对整个U8系统的；而工资账套只是针对U8系统中的薪资管理，是企业核算账套中的一个组成部分。

② 如果企业工资发放类别有多个，发放项目、计算公式都不相同，但需要在一个工资账套中进行统一管理，则工资类别选择“多个”。

③ 建账完成后，部分建账参数可以单击“人力资源”|“薪资管理”|“设置”|“选项”进行修改。

2. 工资类别

实验资料

薪资类别1：正式人员工资。

部门选择：所有部门。

薪资类别2：临时人员工资。

部门选择：制造中心。

实验过程

(1) 正式人员类别建立

以4月1日登录系统。

选择“业务工作”|“人力资源”|“薪资管理”|“工资类别”|“新建工资类别”，进入“新建工资类别”窗口，输入要建立的工资类别名称，如图6-25所示。

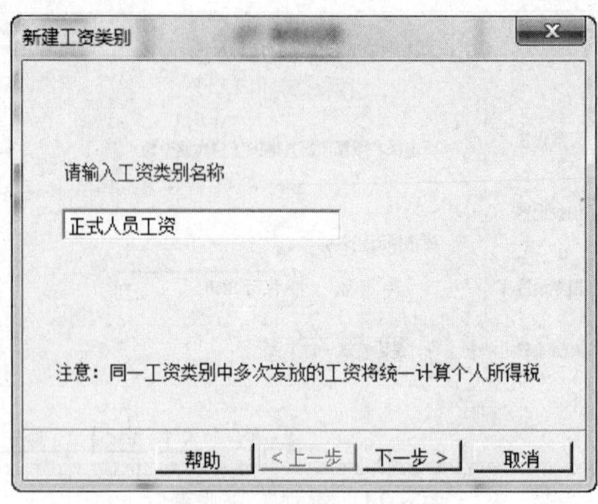

图6-25　新建工资类别

在选择部门时，选全部部门，如图6-26所示。

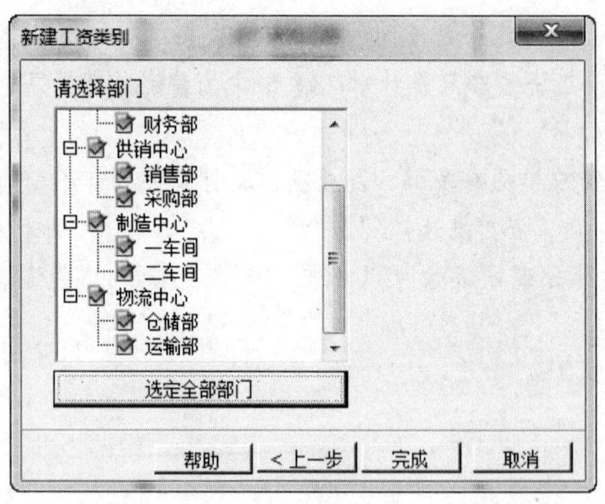

图6-26　选择部门

单击“完成”按钮，提示工资类别的启用日期为“2013-04-01”，单击“是”按钮完成建立。

选择“业务工作”|“人力资源”|“薪资管理”｜“工资类别”｜“关闭工资类别”，关闭正式人员的工资类别。

(2) 临时人员工资类别建立

选择“业务工作”|“人力资源”|“薪资管理”｜“工资类别”｜“新建工资类别”，工资类别输入“临时人员工资”。

选择部门的时候，只选择“制造中心”及其下属的两个车间，如图6-27所示。建立完成后，关闭工资类别。

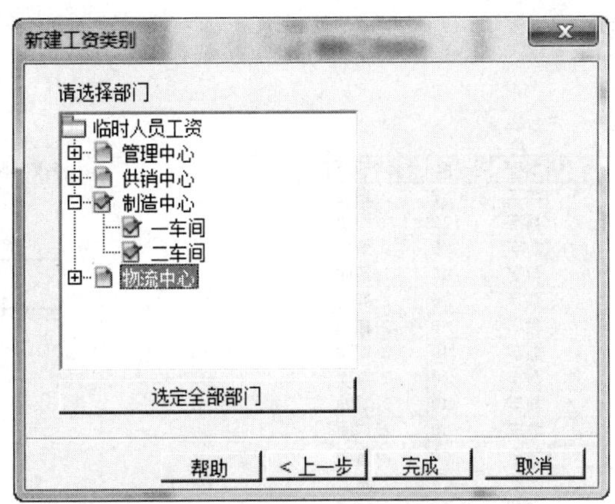

图6-27 临时人员工资类别

3. 公共工资项目设置

实验资料

工资项目如表6-4所示。

表6-4 工资项目

项目名称	新增项目	类型	长度	小数位数	增减项
基本工资	是	数字	8	2	增项
岗位补贴	是	数字	8	2	增项
交通补贴	是	数字	8	2	增项
计件工资		数字	10	2	增项
事假天数	是	数字	8	2	其他
事假扣款	是	数字	8	2	减项
应发合计		数字	10	2	增项
养老保险	是	数字	8	2	减项
代扣税		数字	10	2	减项
扣款合计		数字	10	2	减项
实发合计		数字	10	2	增项

实验过程

(1) 项目设置

选择“业务工作”|“人力资源”|“薪资管理”|“设置”|“工资项目设置”，进入“工资项目设置”窗口。系统提供了常设项目，工资项目是不同工资类别之间共享的。

(2) 增加和减少项目

在“工资项目设置”选项卡中，单击“增加”按钮，然后单击“名称参照”下拉按钮，选择“基本工资”(也可以直接输入)，选择类型为“数字”，长度为8，小数为2，增减项为增项。按照同样的方法设置其他项目，如图6-28所示。

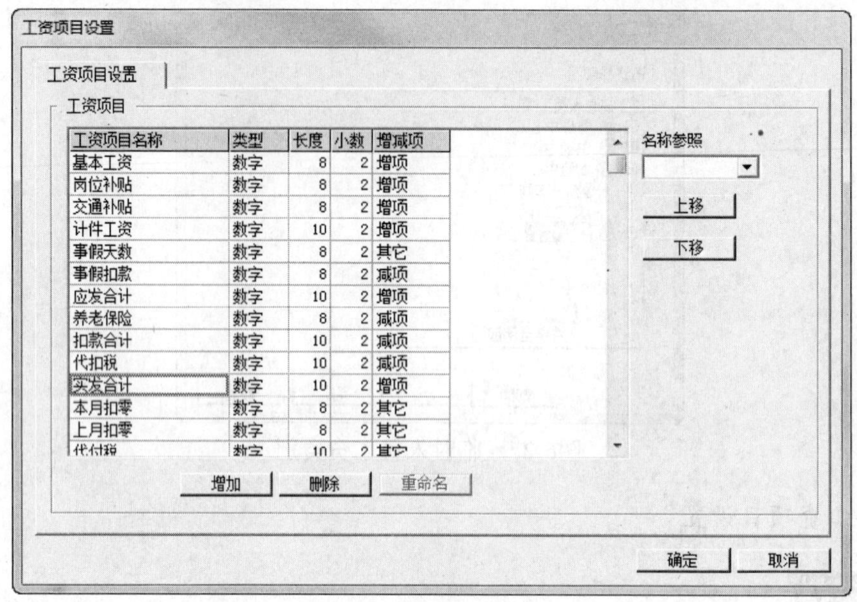

图6-28　设置工资项目

可以单击“上移”或“下移”按钮，将工资项目移动到需要的位置。单击“确定”按钮，完成工资项目设置。

实验提示

① 此处设置的工资项目是针对所有工资类别所需要使用的全部工资项目。

② 对新增的工资项目，如果“名称参照”下拉列表中没有，可以增加输入。

4. 人员档案设置

实验资料

正式人员档案如表6-5所示。

表6-5　正式人员档案

人员编码	人员姓名	性别	人员类别	部门	账号	是否计税	计件工资
101	孙正	男	管理人员	行政部	1111	是	否
102	宋嘉	女	管理人员	行政部	1112	是	否
111	■何沙	男	管理人员	财务部	1113	是	否
112	赵小兵	女	管理人员	财务部	1114	是	否
113	孙胜业	女	管理人员	财务部	1115	是	否
121	李天华	女	经营人员	采购部	1116	是	否
122	杨真	男	经营人员	采购部	1117	是	否
131	刘一江	男	经营人员	销售部	1118	是	否
132	朱小明	女	经营人员	销售部	1119	是	否
141	陈瓜瓜	男	经营人员	仓储部	1120	是	否
151	罗忠	男	经营人员	运输部	1121	是	否
以下为增加的人员							
301	湘路宇	男	车间管理人员	一车间	1180	是	否
302	秦地久	女	车间人员	一车间	1181	是	否

(续表)

人员编码	人员姓名	性别	人员类别	部门	账号	是否计税	计件工资
303	万思维	男	车间管理人员	二车间	1182	是	否
304	东方魂	男	车间人员	二车间	1183	是	否

注：以上所有人员的代发银行均为工商银行重庆分行两江支行；账号为787978797879。

增加的临时人员档案如表6-6所示。

表6-6 临时人员档案

人员编码	人员姓名	性别	人员类别	部门	账号	是否计税	计件工资
320	天河飞	男	车间人员	一车间	1190	是	是
321	秦半岛	女	车间人员	一车间	1191	是	是
322	叶海甸	男	车间人员	二车间	1192	是	是
323	万银大	女	车间人员	二车间	1193	是	是
324	珠海玉	男	车间人员	二车间	1194	是	是
325	温琼海	女	车间人员	二车间	1195	是	是

所有人员均为中方人员。

银行名称：工商银行重庆分行两江支行；账号为787978797879。

实验过程

(1) 设置人员档案

在薪资管理中，人员档案必须包含企业所有需要发放工资的人员，只能多不能少。因此在进行薪资管理时，要仔细检查人员，将新增的人员录入人员档案。

选择"基础设置"|"基础档案"|"机构人员"|"人员档案"，输入增加的人员档案。设置完成后全部人员的档案如图6-29所示，显示项目可以单击"栏目"进行设置。

选择	人员编码	姓名	性别	人员类别	行政部门编码	行政部门名称	账号
	101	孙正	男	管理人员	101	行政部	1111
	102	宋嘉	女	管理人员	101	行政部	1112
	111	何沙	男	管理人员	102	财务部	1113
	112	赵小兵	女	管理人员	102	财务部	1114
	113	孙胜业	女	管理人员	102	财务部	1115
	121	李天华	女	经营人员	202	采购部	1116
	122	杨真	男	经营人员	202	采购部	1117
	131	刘一江	男	经营人员	201	销售部	1118
	132	朱小明	女	经营人员	201	销售部	1119
	141	陈瓜瓜	男	经营人员	401	仓储部	1120
	151	罗忠	男	经营人员	402	运输部	1121
	301	湘路宇	男	车间管理人员	301	一车间	1180
	302	秦地久	女	车间人员	301	一车间	1181
	303	万思维	男	车间管理人员	302	二车间	1182
	304	东方魂	男	车间人员	302	二车间	1183
	320	天河飞	男	车间人员	301	一车间	1190
	321	秦半岛	女	车间人员	301	一车间	1191
	322	叶海甸	男	车间人员	302	二车间	1192
	323	万银大	女	车间人员	302	二车间	1193
	324	珠海玉	男	车间人员	302	二车间	1194
	325	温琼海	女	车间人员	302	二车间	1195

图6-29 人员档案

实验提示

在总账的辅助核算中，需要用到“是否业务员”及“业务或费用部门”参数，如果只是在薪资管理中调用的人员，则可以不设置这两项内容。

(2) 正式人员工资档案

选择“业务工作”|“人力资源”|“薪资管理”|“工资类别”|“打开工资类别”，进入“打开工资类别”窗口，如图6-30所示。

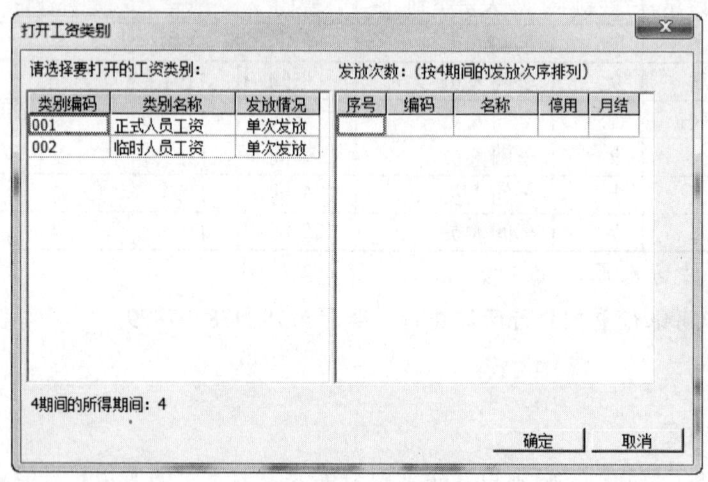

图6-30　打开工资类别

选择“正式人员工资”类别，单击“确定”按钮完成。工资类别打开成功后，在最下面的信息提示行会显示当前打开的工资类别。

选择“业务工作”|“人力资源”|“薪资管理”|“设置”|“人员档案”，进入“人员档案设置”窗口。单击工具栏上的“批增”按钮，系统弹出“人员批量增加”窗口。

单击左边栏中的全部部门(逐个单击每个部门)，单击“查询”按钮，再选择需要纳入正式人员工资类别的人员，如图6-31所示。

人员批量增加

正式人员工资
管理中心
供销中心
制造中心
物流中心

条件查询
人员姓名 人员类别 职务
到职日期 — 岗位
转正日期 — 查询
定位

选择	人员类别	人员编码	人员姓名	薪资部门	现金发放	核算计件工资
是	经营人员	132	朱小明	销售部	否	否
是	经营人员	141	陈瓜瓜	仓储部	否	否
是	经营人员	151	罗忠	运输部	否	否
是	车间管理人员	301	湘路宇	一车间	否	否
是	车间人员	302	秦地久	一车间	否	否
是	车间管理人员	303	万思维	二车间	否	否
是	车间人员	304	东方魂	二车间	否	否
	车间人员	320	天河飞	一车间	否	是
	车间人员	321	秦半岛	一车间	否	是
	车间人员	322	叶海甸	二车间	否	是
	车间人员	323	万银大	二车间	否	是
	车间人员	324	珠海玉	二车间	否	是
	车间人员	325	温琼海	二车间	否	是

全选　全消　确定　取消

图6-31　批量引入人员档案

将核算计件工资设置为“否”，单击“确定”按钮，系统自动将人员引入到正式人员类别的人员档案中，如图6-32所示。

薪资部门名称	人员编号	人员姓名	人员类别	账号	中方人员	是否计税	工资停发	核算计件工资	现金发放
行政部	101	孙正	管理人员	1111	是	是	否	否	否
行政部	102	宋嘉	管理人员	1112	是	是	否	否	否
财务部	111	何沙	管理人员	1113	是	是	否	否	否
财务部	112	赵小兵	管理人员	1114	是	是	否	否	否
财务部	113	孙胜业	管理人员	1115	是	是	否	否	否
销售部	131	刘一江	经营人员	1118	是	是	否	否	否
销售部	132	朱小明	经营人员	1119	是	是	否	否	否
采购部	121	李天华	经营人员	1116	是	是	否	否	否
采购部	122	杨真	经营人员	1117	是	是	否	否	否
一车间	301	湘路宇	车间管理人员	1180	是	是	否	否	否
一车间	302	秦地久	车间人员	1181	是	是	否	否	否
二车间	303	万思维	车间管理人员	1182	是	是	否	否	否
二车间	304	东方魂	车间人员	1183	是	是	否	否	否
仓储部	141	陈瓜瓜	经营人员	1120	是	是	否	否	否
运输部	151	罗忠	经营人员	1121	是	是	否	否	否

图6-32　人员档案

单击“修改”按钮可以输入相关信息，将核算计件工资设置为“否”。方法是，选中某一人员双击鼠标，输入和设置有关信息，如图6-33所示，账号等信息是在图6-33中录入的。

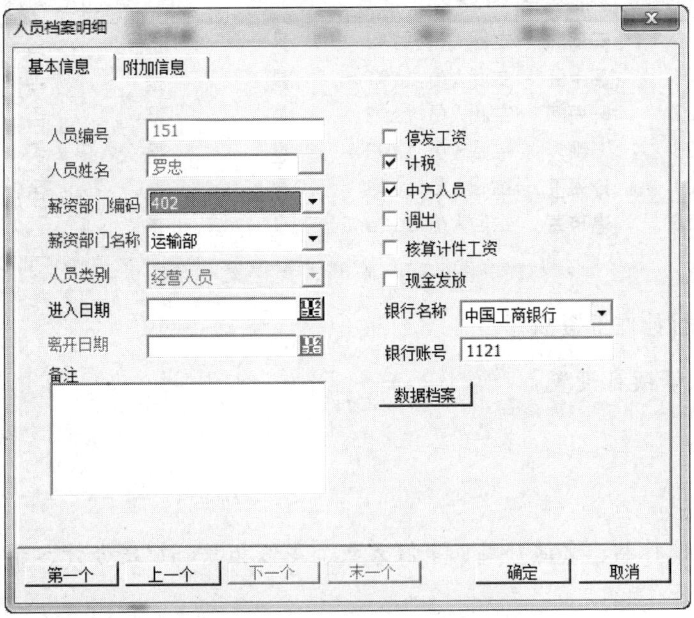

图6-33　人员档案(基本信息)

(3) 临时人员工资档案

选择“业务工作”|“人力资源”|“薪资管理”|“工资类别”|“打开工资类别”，选择“临时人员工资”工资类别。

再选择“业务工作”|“人力资源”|“薪资管理”|“设置”|“人员档案”，进入“人员档案设置”窗口。

单击“批增”按钮，选择“制造中心”及所属车间，再单击“查询”按钮，选择需要加入临时人员类别的人，如图6-34所示。单击“确定”按钮完成导入，输入银行工资账号，完成后如图6-35所示。

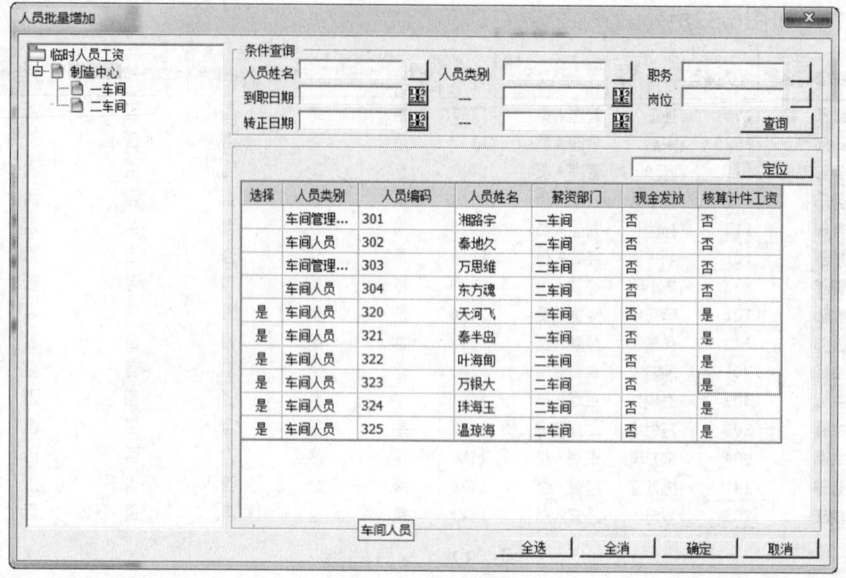

图6-34　人员批量增加

薪资部门名称	人员编号	人员姓名	人员类别	账号	中方人员	是否计税	工资停发	核算计件工资
一车间	320	天河飞	车间人员	1190	是	是	否	是
一车间	321	秦半岛	车间人员	1191	是	是	否	是
二车间	322	叶海甸	车间人员	1192	是	是	否	是
二车间	323	万银大	车间人员	1193	是	是	否	是
二车间	324	珠海玉	车间人员	1194	是	是	否	是
二车间	325	温琼海	车间人员	1195	是	是	否	是

图6-35　临时人员档案

临时人员要进行计件工资核算。

5. 正式人员工资项目设置

实验资料

工资项目：

基本工资、岗位补贴、交通补贴、事假天数、事假扣款、应发合计、养老保险、代扣税、扣款合计、实发合计。

计算公式：

事假扣款=(基本工资/22)×事假天数

养老保险=(基本工资+岗位补贴)×0.05

交通补贴=IFF(人员类别="管理人员" OR 人员类别="车间管理人员",200,150)

即管理人员和车间管理人员的交通补贴为200元，其他人员为150元。

扣款合计=养老保险+代扣税

应发合计=基本工资+岗位补贴+交通补贴－事假扣款

实发合计=应发合计－扣款合计

实验过程

(1) 工资项目设置

选择“业务工作”|“人力资源”|“薪资管理”｜“工资类别”｜“打开工资类别”，选择“正式人员工资”。

选择“业务工作”|“人力资源”|“薪资管理”｜“设置”｜“工资项目设置”，进入“工资项目设置”窗口。

在“工资项目设置”选项卡中，单击“增加”按钮，然后单击“名称参照”下拉按钮，根据案例资料，选择需要的项目。设置完成后如图6-36所示。

可以单击“上移”或“下移”按钮，将工资项目移动到需要的位置。

(2) 公式设置

选择“公式设置”选项卡设置计算公式，如图6-37所示。

工资项目设置

工资项目设置 | 公式设置

工资项目

工资项目名称	类型	长度	小数	增减项
基本工资	数字	8	2	增项
岗位补贴	数字	8	2	增项
交通补贴	数字	8	2	增项
事假天数	数字	8	2	其它
事假扣款	数字	8	2	减项
应发合计	数字	10	2	增项
养老保险	数字	8	2	减项
代扣税	数字	10	2	减项
扣款合计	数字	10	2	减项
实发合计	数字	10	2	增项
计件工资	数字	10	2	增项
年终奖	数字	10	2	其它
年终奖代扣税	数字	10	2	其它
工资代扣税	数字	10	2	其它

名称参照　上移　下移

增加　删除

确定　取消

图6-36　设置工资项目

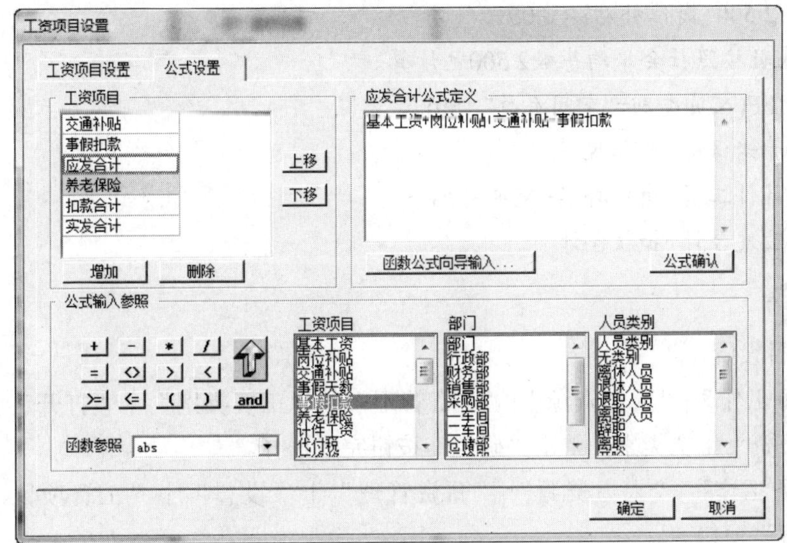

图6-37　公式设置

先选择工资项目，如“应发合计”，然后在“应发合计公式定义”中，设置计算公式，如“基本工资+岗位补贴+交通补贴-事假扣款”，单击“公式确认”按钮完成本项目公式定义。

函数的应用：单击“函数公式向导输入”按钮，具体可查看每个函数的说明。

案例公式：

交通补贴= IFF(人员类别="管理人员" OR 人员类别="车间管理人员",200,150)

事假扣款=(基本工资/22)×事假天数

应发合计=基本工资+岗位补贴+交通补贴-事假扣款

养老保险=(基本工资+岗位补贴)×0.05

扣款合计=养老保险+代扣税

实发合计=应发合计-扣款合计

设置完成，单击“确定”按钮完成。

实验提示

① 定义公式时，工资中没有的项目不允许在公式中出现。

② 定义公式时，可以使用函数向导输入、函数参照输入、工资项目参照、部门参照和人员参照，编辑输入该工资项目的计算公式。

③ 定义公式后要注意调整公式的先后顺序，否则系统不能正确计算，如应发合计应排在基本工资、岗位补贴等之后。

6. 临时人员工资项目设置

实验资料

工资项目：

计件工资、岗位补贴、交通补贴、应发合计、养老保险、代扣税、扣款合计、实发合计。

计算公式：

养老保险=(2 500+岗位补贴)×0.05

养老保险基数按照社会平均基数2 500元计算。

交通补贴=IFF(人员类别="车间人员",150)

扣款合计=养老保险+代扣税

应发合计=计件工资+岗位补贴+交通补贴

实发合计=应发合计-扣款合计

实验过程

(1) 工资项目设置

选择“业务工作”|“人力资源”|“薪资管理”|“工资类别”|“打开工资类别”，选择“临时人员工资”工资类别，单击“确定”按钮完成选择。

选择“业务工作”|“人力资源”|“薪资管理”|“设置”|“工资项目设置”，进入“工资项目设置”窗口。

在“工资项目设置”选项卡中，单击“增加”按钮，然后单击“名称参照”下拉按钮，选择需要的项目。设置完成后如图6-38所示。

可以单击“上移”或“下移”按钮，将工资项目移动到需要的位置。

(2) 公式设置

选择“公式设置”选项卡，设置临时人员的公式。不同工资类别相同项目的计算公式是单独设置的，在工资类别之间不相同，设置如图6-39所示。

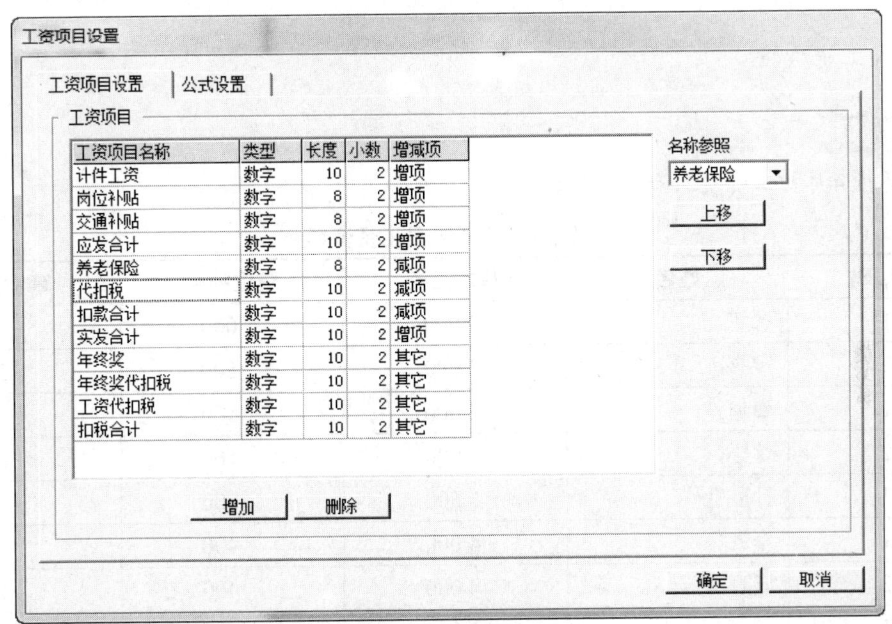

图6-38　设置工资项目

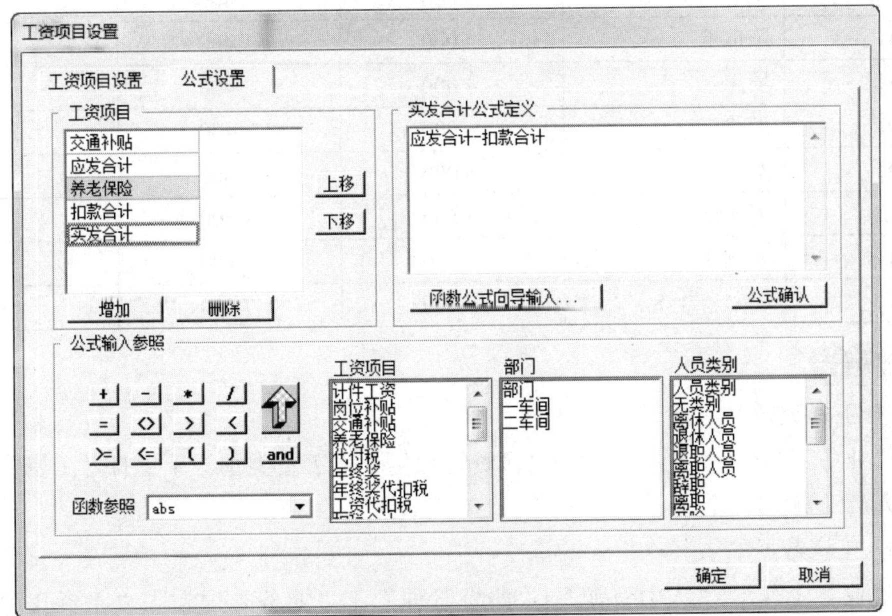

图6-39　公式设置

临时人员的公式设置为：

交通补贴=IFF(人员类别="车间人员",150)

应发合计=计件工资+岗位补贴+交通补贴

养老保险=(2 500+岗位补贴)×0.05

扣款合计=代扣税+养老保险

实发合计=应发合计-扣款合计

6.2.3 正式人员工资类别日常工资处理

1. 输入工资数据

实验资料

正式人员4月初工资资料如表6-7所示。

表6-7 正式人员工资资料

人员编码	姓名	基本工资	岗位补贴	事假天数
101	孙正	9 000	1 000	
102	宋嘉	5 000	500	2
111	■何沙	4 000	500	
112	赵小兵	3 000	500	
113	孙胜业	3 500	500	
121	李天华	4 000	400	
122	杨真	4 000	400	1
131	刘一江	3 000	400	
132	朱小明	5 000	400	
141	陈瓜瓜	4 000	400	
151	罗忠	4 000	400	
301	湘路宇	6 000	400	
302	秦地久	5 000	400	
303	万思维	5 500	400	3
304	东方魂	4 000	400	
	合计	69 000	7 000	6

实验过程

(1) 选择工资类别

选择“业务工作”|“人力资源”|“薪资管理” | “工资类别” | “打开工资类别”，选择“正式人员工资”。

(2) 输入工资数据

选择“业务工作”|“人力资源”|“薪资管理” | “业务处理” | “工资变动”，进入“工资变动表”。

输入的时候，可以在输入区单击鼠标右键，从弹出的快捷菜单中选择“排序”命令，选择某列排序。

输入工资基本数据、考勤资料，如图6-40所示。

单击工具栏上的“计算”按钮，系统根据定义好的公式，自动计算工资表信息，如图6-41所示。

实发部分的所得税要重新设置后再计算。

工资变动

过滤器 所有项目　　□ 定位器

选择	人员编号	姓名	部门	人员类别	基本工资	岗位补贴	交通补贴	事假天数
	101	孙正	行政部	管理人员	9,000.00	1,000.00	200.00	
	102	宋嘉	行政部	管理人员	5,000.00	500.00	200.00	2.00
	111	何沙	财务部	管理人员	4,000.00	500.00	200.00	
	112	赵小兵	财务部	管理人员	3,000.00	500.00	200.00	
	113	孙胜业	财务部	管理人员	3,500.00	500.00	200.00	
	121	李天华	采购部	经营人员	4,000.00	400.00	150.00	
	122	杨真	采购部	经营人员	4,000.00	400.00	150.00	1.00
	131	刘一江	销售部	经营人员	3,000.00	400.00	150.00	
	132	朱小明	销售部	经营人员	5,000.00	400.00	150.00	
	141	陈瓜瓜	仓储部	经营人员	4,000.00	400.00	150.00	
	151	罗忠	运输部	经营人员	4,000.00	400.00	150.00	
	301	湘路宇	一车间	车间管理人员	6,000.00	400.00	200.00	
	302	秦地久	一车间	车间人员	5,000.00	400.00	150.00	
	303	万思维	二车间	车间管理人员	5,500.00	400.00	200.00	3.00
	304	东方魂	二车间	车间人员	4,000.00	400.00	150.00	
合计					69,000.00	7,000.00	2,600.00	6.00

图6-40　工资变动

人员编号	姓名	部门	基本工资	岗位补贴	交通补贴	事假天数	事假扣款	应发合计
101	孙正	行政部	9,000.00	1,000.00	200.00			10,200.00
102	宋嘉	行政部	5,000.00	500.00	200.00	2.00	454.55	5,700.00
111	何沙	财务部	4,000.00	500.00	200.00			4,700.00
112	赵小兵	财务部	3,000.00	500.00	200.00			3,700.00
113	孙胜业	财务部	3,500.00	500.00	200.00			4,200.00
121	李天华	采购部	4,000.00	400.00	150.00			4,550.00
122	杨真	采购部	4,000.00	400.00	150.00	1.00	181.82	4,550.00
131	刘一江	销售部	3,000.00	400.00	150.00			3,550.00
132	朱小明	销售部	5,000.00	400.00	150.00			5,550.00
141	陈瓜瓜	仓储部	4,000.00	400.00	150.00			4,550.00
151	罗忠	运输部	4,000.00	400.00	150.00			4,550.00
301	湘路宇	一车间	6,000.00	400.00	200.00			6,600.00
302	秦地久	一车间	5,000.00	400.00	150.00			5,550.00
303	万思维	二车间	5,500.00	400.00	200.00	3.00	750.00	6,100.00
304	东方魂	二车间	4,000.00	400.00	150.00			4,550.00
			69,000.00	7,000.00	2,600.00	6.00	1,386.37	78,600.00

图6-41　工资变动表(应发部分)

2. 代扣个人所得税

实验资料

计算个人所得税的扣税项目设为“应发合计”(实际工作中要按照政策确定)，每个职员需选择“征收个人所得税”，扣税标准：扣税起点每月3 500元。个人所得税的征收会随着《中华人民共和国个人所得税法》改变而改变，具体请参照当时的法规确定。个人所得税计算方法如表6-8所示。

表6-8　薪资、薪金所得适用个人所得税七级超额累进税率表

级　数	全月应纳税所得额(含税所得额)/元	税率/(%)	速算扣除数/元
1	不超过1 500元	3	0
2	超过1 500元至4 500元	10	105
3	超过4 500元至9 000元	20	555
4	超过9 000元至35 000元	25	1 005
5	超过35 000元至55 000元	30	2 755
6	超过55 000元至80 000元	35	5 505
7	超过80 000元	45	13 505

实验过程

选择“业务工作”|“人力资源”|“薪资管理”|“设置”|“选项”，进入“扣税设置”选项卡，单击“编辑”按钮，应税计算项目设置为“应发合计”，如图6-42所示。

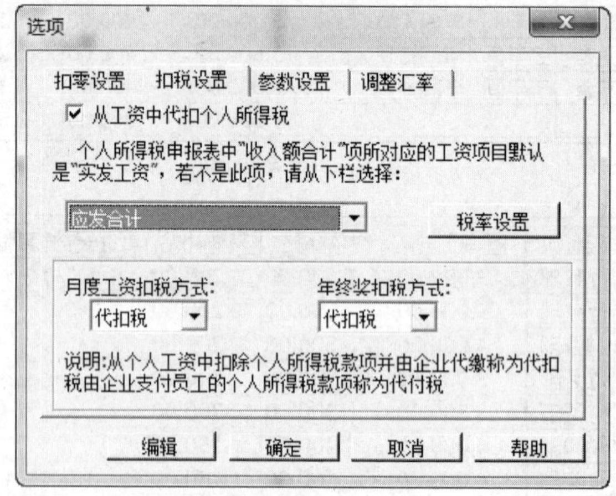

图6-42　选项

单击“税率设置”按钮，将附加费用设为0，其他保持不变，如图6-43所示。

图6-43　税率表

单击“确定”按钮，退出税率表，然后再退出选项设置。

选择“业务工作”|“人力资源”|“薪资管理”|“业务处理”|“工资变动”，进入后单击“计算”按钮进行重新计算。结果如图6-44所示，然后退出。

人员编号	姓名	部门	人员类别	应发合计	养老保险	代扣税	扣款合计	实发合计
101	孙正	行政部	管理人员	10,200.00	500.00	785.00	1,285.00	8,915.00
102	宋嘉	行政部	管理人员	5,700.00	275.00	115.00	844.55	4,855.45
111	何沙	财务部	管理人员	4,700.00	225.00	36.00	261.00	4,439.00
112	赵小兵	财务部	管理人员	3,700.00	175.00	6.00	181.00	3,519.00
113	孙胜业	财务部	管理人员	4,200.00	200.00	21.00	221.00	3,979.00
121	李天华	采购部	经营人员	4,550.00	220.00	31.50	251.50	4,298.50
122	杨真	采购部	经营人员	4,550.00	220.00	31.50	433.32	4,116.68
131	刘一江	销售部	经营人员	3,550.00	170.00	1.50	171.50	3,378.50
132	朱小明	销售部	经营人员	5,550.00	270.00	100.00	370.00	5,180.00
141	陈瓜瓜	仓储部	经营人员	4,550.00	220.00	31.50	251.50	4,298.50
151	罗忠	运输部	经营人员	4,550.00	220.00	31.50	251.50	4,298.50
301	湘路宇	一车间	车间管理人	6,600.00	320.00	205.00	525.00	6,075.00
302	秦地久	一车间	车间人员	5,550.00	270.00	100.00	370.00	5,180.00
303	万思维	二车间	车间管理人	6,100.00	295.00	155.00	1,200.00	4,900.00
304	东方魂	二车间	车间人员	4,550.00	220.00	31.50	251.50	4,298.50
				78,600.00	3,800.00	1,682.00	6,868.37	71,731.63

图6-44　工资表(实发部分)

选择“业务工作”|“人力资源”|“薪资管理”|“业务处理”|“扣缴所得税”，进入“个人所得税申报模板”。选择“系统扣缴个人所得税报表”，再单击“打开”按钮，先设置条件，然后进入“所得税申报”窗口。个人所得税申报表如图6-45所示。

序号	纳税义务人姓名	收入额	费用扣除标准	应纳税所得额	税率	应扣税额	已扣税额
1	孙正	10200.00	3500.00	6700.00	20	785.00	785.00
2	宋嘉	5700.00	3500.00	2200.00	10	115.00	115.00
3	何沙	4700.00	3500.00	1200.00	3	36.00	36.00
4	赵小兵	3700.00	3500.00	200.00	3	6.00	6.00
5	孙胜业	4200.00	3500.00	700.00	3	21.00	21.00
6	李天华	4550.00	3500.00	1050.00	3	31.50	31.50
7	杨真	4550.00	3500.00	1050.00	3	31.50	31.50
8	刘一江	3550.00	3500.00	50.00	3	1.50	1.50
9	朱小明	5550.00	3500.00	2050.00	10	100.00	100.00
10	陈瓜瓜	4550.00	3500.00	1050.00	3	31.50	31.50
11	罗忠	4550.00	3500.00	1050.00	3	31.50	31.50
12	湘路宇	6600.00	3500.00	3100.00	10	205.00	205.00
13	秦地久	5550.00	3500.00	2050.00	10	100.00	100.00
14	万思维	6100.00	3500.00	2600.00	10	155.00	155.00
15	东方魂	4550.00	3500.00	1050.00	3	31.50	31.50
合计		78600.00	52500.00	26100.00		1682.00	1682.00

图6-45　个人所得税申报表

实验提示

① 一定要先进行个人所得税计算项目设置、扣除基数和税率调整确认，然后再进行工资表数据重算业务处理，否则个人所得税计算可能出错。

② 如果将来税率等有所调整，可以单击“税率表”按钮进行重新调整。

选择“业务工作”|“人力资源”|“薪资管理”|“业务处理”|“银行代发”，进入后选择全部部门，单击“确定”按钮，银行模板选择“中国工商银行”，如图6-46所示。

单击“确定”按钮，银行代发一览表如图6-47所示。

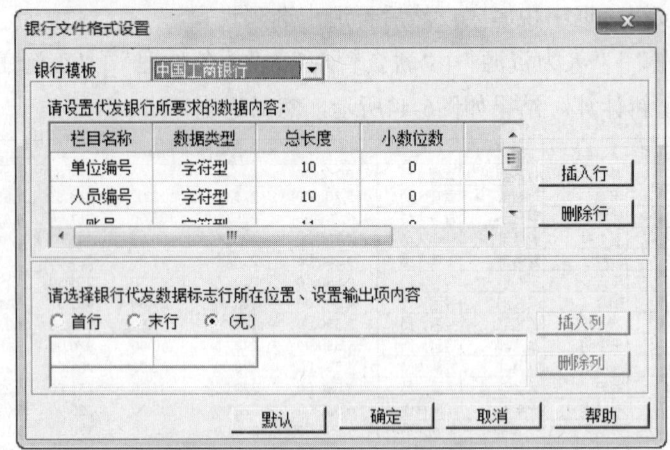

图6-46 银行文件格式设置

名称：中国工商银行

单位编号	人员编号	账号	金额	录入日期
1234934325	101	1111	8915.00	20130430
1234934325	102	1112	4855.45	20130430
1234934325	111	1113	4439.00	20130430
1234934325	112	1114	3519.00	20130430
1234934325	113	1115	3979.00	20130430
1234934325	121	1116	4298.50	20130430
1234934325	122	1117	4116.68	20130430
1234934325	131	1118	3378.50	20130430
1234934325	132	1119	5180.00	20130430
1234934325	141	1120	4298.50	20130430
1234934325	151	1121	4298.50	20130430
1234934325	301	1180	6075.00	20130430
1234934325	302	1181	5180.00	20130430
1234934325	303	1182	4900.00	20130430
1234934325	304	1183	4298.50	20130430
合计			71,731.63	

图6-47 银行代发一览表

单击工具栏上的“输出”按钮，可以存储为多种格式。具体根据银行要求确定。

3. 工资分摊

实验资料

应付工资总额等于工资项目“应发合计”，薪资费用分配的转账分录如表6-9所示。

表6-9 转账分录

部门	人员类别	应付职工薪酬	
		借方科目	贷方科目
行政部、财务部	管理人员	660201	221101
采购部、销售部、仓储部、运输部	经营人员	660101	221101
一车间、二车间	车间管理人员	510101	221101
	车间人员	510101	221101

实验过程

(1) 工资分摊设置

选择“业务工作”|“人力资源”|“薪资管理”|“业务处理”|“工资分摊”，弹出“工资分摊”窗口，如图6-48所示。

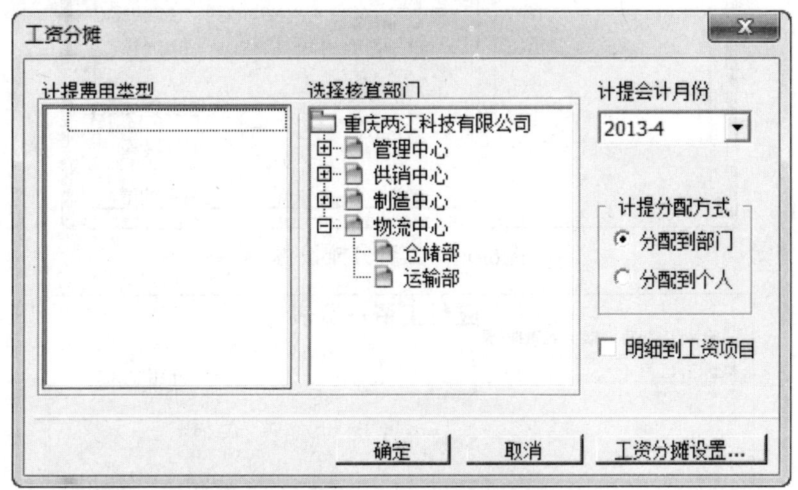

图6-48　工资分摊

单击“工资分摊设置”按钮，打开“分摊类型设置”窗口。单击“增加”按钮，在“计提类型名称”栏输入“应付工资”，分摊比例为100%。单击“下一步”按钮，进行分摊构成设置，如图6-49所示。

分摊构成设置

部门名称	人员类别	工资项目	借方科目	贷方科目	贷方项目大类	贷方项目
行政部,财务部	管理人员	应发合计	660201	221101		
销售部,采购部,仓储部,运输部	经营人员	应发合计	660101	221101		
一车间,二车间	车间管理人员	应发合计	510101	221101		
一车间,二车间	车间人员	应发合计	510101	221101		

上一步　完成　取消

图6-49　分摊构成设置

单击“完成”按钮，返回“分摊类型设置”窗口，再单击“返回”按钮，回到“工资分摊”窗口。

(2) 执行工资分摊

选中“工资分摊”窗口左边栏中的“应付工资”，然后选择参与分摊的部门，选中“明细到工资项目”复选框和“分配到部门”单选按钮，如图6-50所示。

单击“确定”按钮，进入“应付工资一览表”，如图6-51所示。

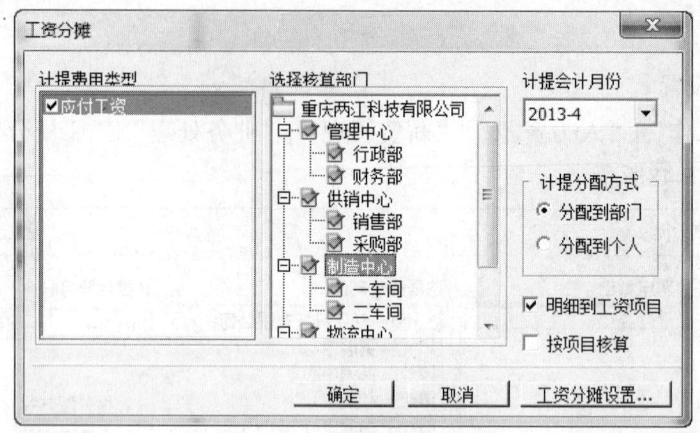

图6-50　工资分摊设置

应付工资一览表

□ 合并科目相同、辅助项相同的分录

类型 应付工资　　　　计提会计月份　4月

部门名称	人员类别	应发合计		
		分配金额	借方科目	贷方科目
行政部	管理人员	15900.00	660201	221101
财务部		12600.00	660201	221101
销售部	经营人员	9100.00	660101	221101
采购部		9100.00	660101	221101
一车间	车间管理人员	6600.00	510101	221101
	车间人员	5550.00	510101	221101
二车间	车间管理人员	6100.00	510101	221101
	车间人员	4550.00	510101	221101
仓储部	经营人员	4550.00	660101	221101
运输部		4550.00	660101	221101

图6-51　应付工资一览表

选中“合并科目相同、辅助项相同的分录”复选框，然后单击“制单”按钮，生成凭证。凭证类型设为“转账凭证”，单击“保存”按钮，将凭证传递到总账系统。

(3) 生成工资分摊凭证有错的处理方法

选择“业务工作”|“人力资源”|“薪资管理”|“统计分析”|“凭证查询”，然后删除前面生成的有误凭证。

选择“业务工作”|“财务会计”|“总账”|“填制凭证”，单击“整理凭证”按钮就可以彻底清除这张凭证。

再建立新的工资分摊方案，就可以按照新的方案生成凭证。

实验提示

① 所有与工资相关的费用、基金都可以建立相应的分摊类型名称及分类比例，通过工资分摊功能进行计算并生成凭证。

② 工资分摊的设置也要按分摊顺序进行。

6.2.4　临时人员工资类别日常工资处理

实验资料

临时人员工资资料如表6-10所示。

表6-10　临时人员工资资料

人员编码	人员姓名	工作岗位	岗位补贴	本月工时
320	天河飞	组装	300	180
321	秦半岛	组装	300	190
322	叶海甸	组装	300	200
323	万银大	组装	300	250
324	珠海玉	组装	300	210
325	温琼海	测试	200	220

计件工资标准：工时，有“组装工时”和“测试工时”两项；计件工资单价是组装工时20元，测试工时15元。

实验过程

1. 输入工资数据

(1) 选择工资类别

选择“业务工作”|“人力资源”|“薪资管理”|“工资类别”，打开“临时人员工资类别”。

(2) 启用计件工资

如果在前面没有启用计件工资模块，先要进行启用。方法是选择“基础设置”|“基本信息”|“系统启用”，启用“计件工资管理”模块。

(3) 计件工资设置

选择“业务工作”|“人力资源”|“薪资管理”|“计件工资”|“选项”，单击“编辑”按钮，选择个人计件，如图6-52所示。单击“确定”按钮完成。

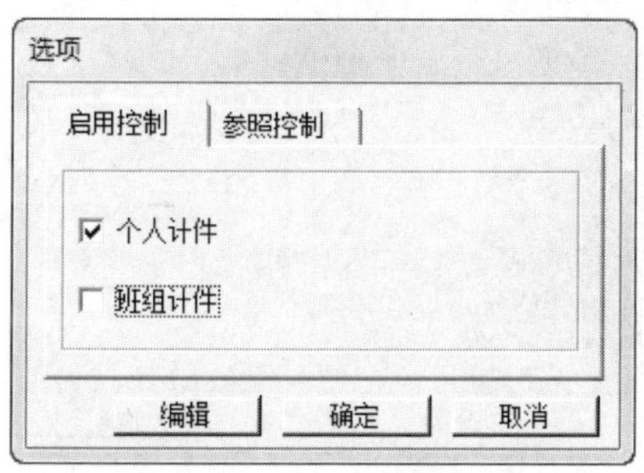

图6-52　选项

(4) 计件工资管理

选择“业务工作”|“人力资源”|“计件工资”|“设置”|“计件要素设置”，按照本案例要求，先单击“编辑”按钮进行增加等操作。

设置“工作岗位”、“工时数”、“工价”，并进行启用(合格数量、废品工价、废品数几个项目必须保持启用，不然后面过程不能进行)，如图6-53所示。设置完成，单击“确定”按钮。

计件要素设置

名称	类型	数据类型	长度	小数位数	参照对象	启用	关联项目
工作岗位	标准	字符型	10	0		是	
工时数	标准	数值型	12	2		是	
工价	单价	数值型	12	4		是	
产品	标准	参照型	20	0	产品档案	是	
工序	标准	参照型	12	0	工序档案	是	
设备	标准	参照型	30	0	设备档案	否	
生产订单号	标准	字符型	30	0		否	
生产订单行号	标准	整型	9	0		否	
工序行号	标准	整型	9	0		否	
废扣工价	单价	数值型	12	4		是	
合格数量	数量	数值型	12	2		是	
废品数	数量	数值型	12	2		是	

增加 删除 上移 下移

编辑 确定 取消

图6-53 计件要素设置

选择“业务工作”|“人力资源”|“计件工资”|“设置”|“计件工价设置”，按照本案例输入，如图6-54所示。设置完成，单击“保存”按钮。

序号	工作岗位	工时数	工价	产品	工序	废扣工价	产品编码	工序编码
1	组装	1.00	20.0000			0.0000		
2	测试	1.00	15.0000			0.0000		

图6-54 计件工件设置

选择“业务工作”|“人力资源”|“计件工资”|“设置”|“计件项目设置”，打开“个人计件公式”选项卡，如图6-55所示。

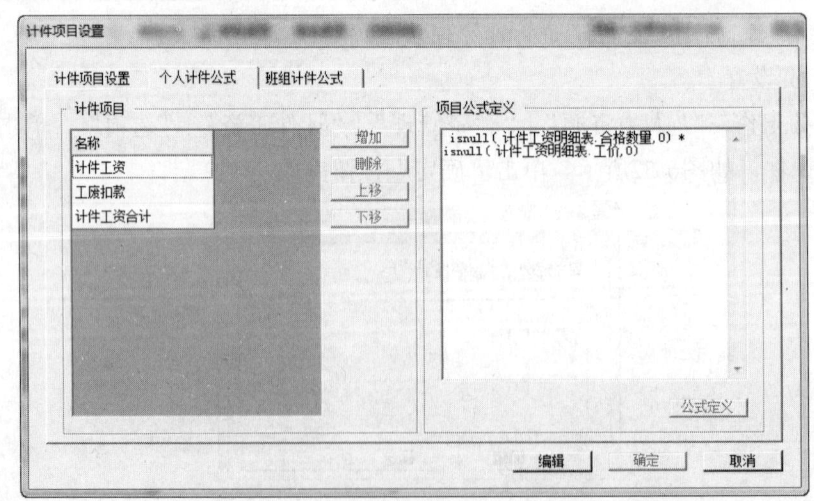

图6-55 计件项目设置(个人计件公式)

单击“编辑”按钮，选择“计件工资”项目，再单击“公式定义”，打开如图6-56所示窗口。

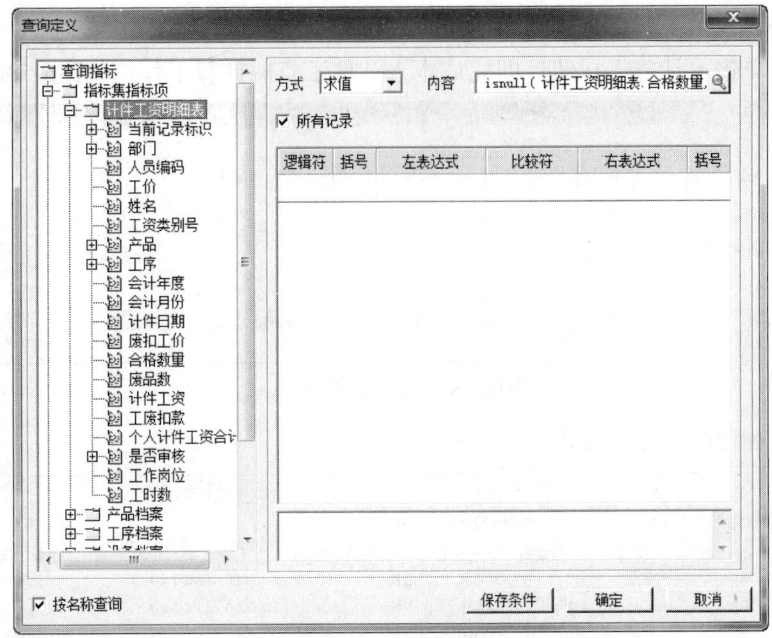

图6-56　查询定义

单击“内容”右侧的按钮，进入“查询表达式”窗口，并设置公式，如图6-57所示。

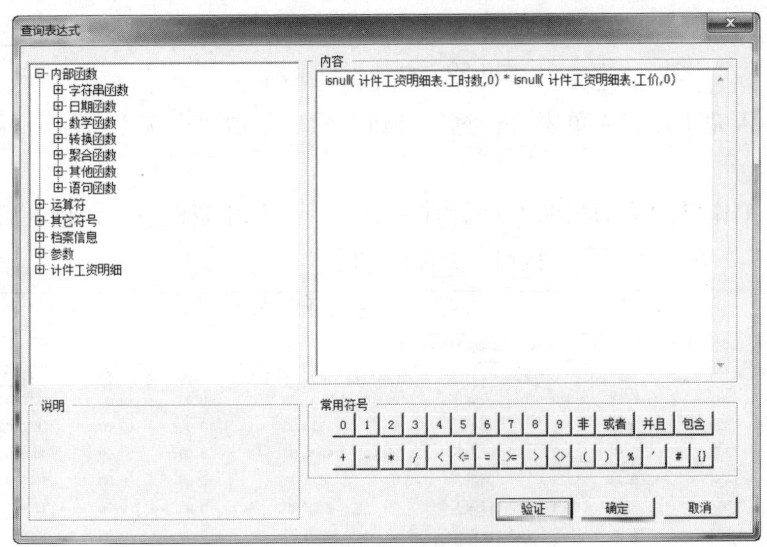

图6-57　公式定义

公式输入后，单击“验证”按钮，如果正确，系统提示公式定义有效。

单击“确定”按钮，返回“查询定义”窗口。再单击“确定”按钮回到计件项目设置。计件工资的项目公式定义为：

isnull(计件工资明细表.工时数,0) * isnull(计件工资明细表.工价,0)

单击“确定”按钮逐一退出。

选择“业务工作”|“人力资源”|“计件工资”|“个人计件”|“计件工资输入”，再选择

工资类别为“临时人员工资”，单击“批增”按钮，输入姓名、工作岗位、工时数、工价等相关信息，输入后单击“计算”按钮，即完成本人计件工资的计算工作，如图6-58所示。

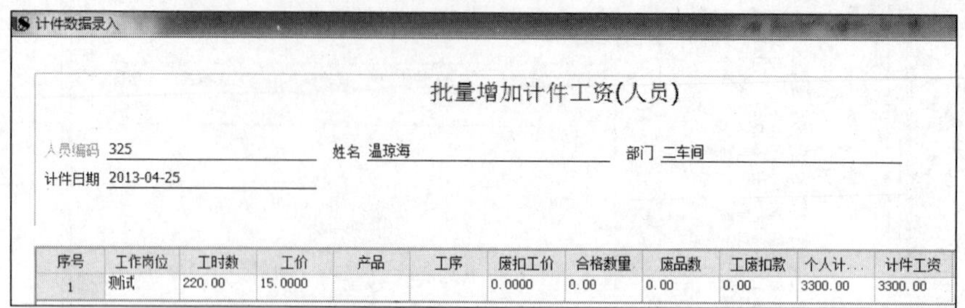

计件数据录入

批量增加计件工资(人员)

人员编码 325　　姓名 温琼海　　部门 二车间

计件日期 2013-04-25

序号	工作岗位	工时数	工价	产品	工序	废扣工价	合格数量	废品数	工废扣款	个人计...	计件工资
1	测试	220.00	15.0000			0.0000	0.00	0.00	0.00	3300.00	3300.00

图6-58　计件数据录入

输入完成后如图6-59所示。

计件工资录入

工资类别 临时人员　部门 全部　会计期间 2013-04

序号	部门编码	部门	人员编码	人员姓名	工作岗位	工时数	工价	个人计件工资合计	计件工资
1	301	一车间	320	天河飞	组装	180.00	20.0000	3600.00	3600.00
2	301	一车间	321	秦半岛	组装	190.00	20.0000	3800.00	3800.00
3	302	二车间	322	叶海甸	组装	200.00	20.0000	4000.00	4000.00
4	302	二车间	323	万银大	组装	250.00	20.0000	5000.00	5000.00
5	302	二车间	324	珠海玉	组装	210.00	20.0000	4200.00	4200.00
6	302	二车间	325	温琼海	测试	220.00	15.0000	3300.00	3300.00
合计								23900.00	23900.00

图6-59　计件工资录入

计件工资录入完毕后，先单击“计算”按钮，然后单击“全选”按钮，再单击“审核”按钮。

选择“业务工作”|“人力资源”|“计件工资”|“计件工资汇总”，进入后工资类别选择“临时人员工资”，单击“汇总”按钮，如图6-60所示。

计件工资汇总

工资类别 临时人员　部门 全部　会计期间 2013-04

序号	部门编码	部门	人员编码	人员	工废扣款	个人计件工资合计	合格数量	废品数	计件工资
1	301	一车间	320	天河飞	0.00	3600.00	0.00	0.00	3600.00
2	301	一车间	321	秦半岛	0.00	3800.00	0.00	0.00	3800.00
3	302	二车间	322	叶海甸	0.00	4000.00	0.00	0.00	4000.00
4	302	二车间	323	万银大	0.00	5000.00	0.00	0.00	5000.00
5	302	二车间	324	珠海玉	0.00	4200.00	0.00	0.00	4200.00
6	302	二车间	325	温琼海	0.00	3300.00	0.00	0.00	3300.00
合计					0.00	23900.00	0.00	0.00	23900.00

图6-60　计件工资汇总

实验提示

录入的计件工资，只有审核后才能进行汇总。

(5) 设置扣税项目

选择“业务工作”|“人力资源”|“薪资管理”|“设置”|“选项”，将扣税设置中的计算所得税项目设置为“应发合计”。

税率设置如图6-61所示。

级次	应纳税所得额下限	应纳税所得额上限	税率(%)	速算扣除数
1	0.00	1500.00	3.00	0.00
2	1500.00	4500.00	10.00	105.00
3	4500.00	9000.00	20.00	555.00
4	9000.00	35000.00	25.00	1005.00
5	35000.00	55000.00	30.00	2755.00
6	55000.00	80000.00	35.00	5505.00
7	80000.00		45.00	13505.00

图6-61　个人所得税税率设置

(6) 录入工资数据

选择“业务工作”|“人力资源”|“薪资管理”｜“业务处理”｜“工资变动”，进入“工资变动表”。

计件工资将自动转入，输入岗位补贴，单击工具栏上的“计算”按钮，系统根据定义好的公式，自动计算工资表信息，如图6-62所示。

工资变动

所有项目　　□ 定位器

姓名	部门	人员类别	计件工资	岗位补贴	交通补贴	应发合计	养老保险	代扣税	扣款合计	实发合计
天河飞	一车间	车间人员	3,600.00	300.00	150.00	4,050.00	140.00	16.50	156.50	3,893.50
秦半岛	一车间	车间人员	3,800.00	300.00	150.00	4,250.00	140.00	22.50	162.50	4,087.50
叶海甸	二车间	车间人员	4,000.00	300.00	150.00	4,450.00	140.00	28.50	168.50	4,281.50
万银大	二车间	车间人员	5,000.00	300.00	150.00	5,450.00	140.00	90.00	230.00	5,220.00
珠海玉	二车间	车间人员	4,200.00	300.00	150.00	4,650.00	140.00	34.50	174.50	4,475.50
温琼海	二车间	车间人员	3,300.00	200.00	150.00	3,650.00	135.00	4.50	139.50	3,510.50
			23,900.00	1,700.00	900.00	26,500.00	835.00	196.50	1,031.50	25,468.50

图6-62　工资变动

2. 临时人员工资类别工资分摊处理

(1) 工资分摊设置

选择“业务工作”|“人力资源”|“薪资管理”｜“工资类别”｜“打开工资类别”，选择“临时人员工资”类别。

再选择“业务工作”|“人力资源”|“薪资管理”|“业务处理”|“工资分摊”，弹出“工资分摊”窗口，选择“一车间”和“二车间”，如图6-63所示。

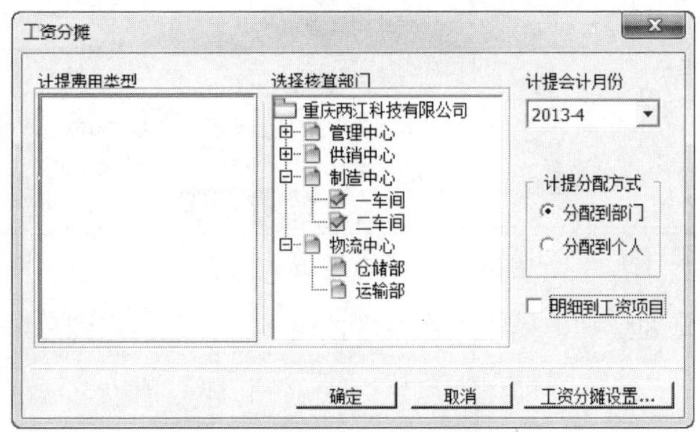

图6-63　工资分摊

单击“工资分摊设置”按钮，打开“分摊类型设置”窗口。单击“增加”按钮，在“计提类型名称”栏输入“计件工资分摊”，分摊比例为100%。单击“下一步”按钮，进行分摊构成设置，如图6-64所示。单击“完成”按钮，返回“分摊类型设置”窗口，单击“返回”按钮，回到“工资分摊”窗口。

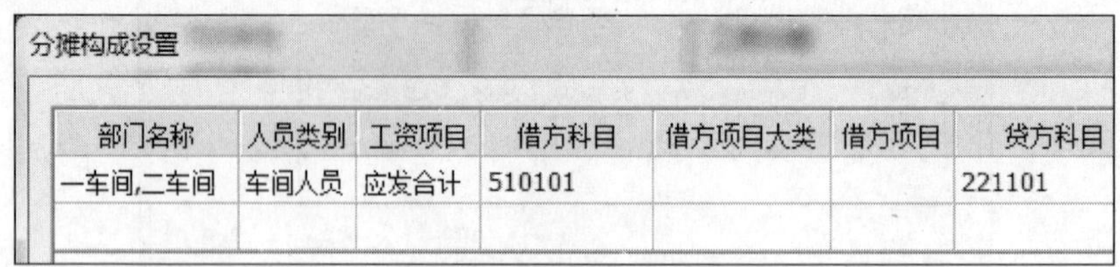

分摊构成设置

部门名称	人员类别	工资项目	借方科目	借方项目大类	借方项目	贷方科目
一车间,二车间	车间人员	应发合计	510101			221101

图6-64　分摊构成设置

(2) 执行工资分摊

选中“工资分摊”窗口左边栏中的“计件工资分摊”，然后选择参与分摊的部门，选中“明细到工资项目”复选框和“分配到部门”单选按钮，如图6-65所示。

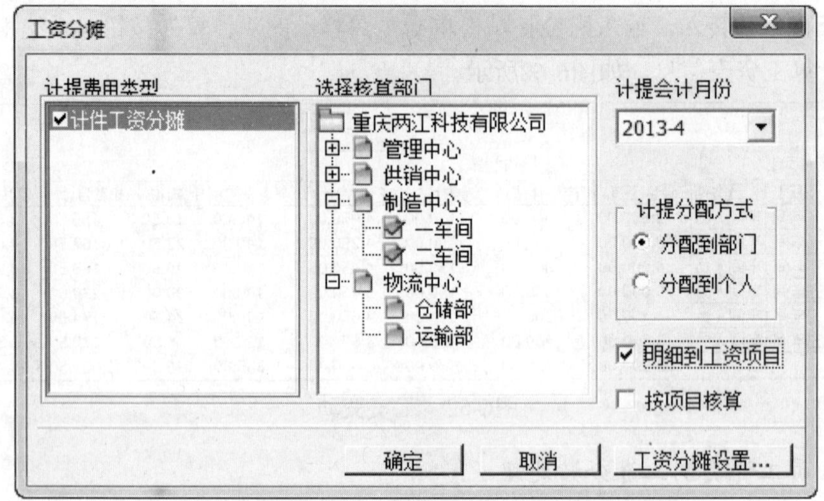

图6-65　工资分摊设置

单击“确定”按钮，进入“应付工资一览表”。选中“合并科目相同、辅助项相同的分录”复选框，如图6-66所示。然后单击“制单”按钮，生成凭证。

☑ 合并科目相同、辅助项相同的分录

类型 计件工资分摊

部门名称	人员类别	应发合计		
		分配金额	借方科目	贷方科目
一车间	车间人员	8300.00	510101	221101
二车间		18200.00	510101	221101

图6-66　应付工资一览表

凭证类型设为“转账凭证”，单击“保存”按钮，将凭证传递到总账系统。

6.2.5　月末处理

月末处理一般在本月报表编制完成后，确认当期业务已完成，才进行相关的月末结账等处理。这里说明具体的方法。

选择“业务工作”|“人力资源”|“薪资管理”|“工资类别”|“打开工资类别”，设置工资类别，如“正式人员工资”，单击“确定”按钮完成。

选择“业务工作”|“人力资源”|“薪资管理”|“业务处理”|“月末处理”，打开“月末处理”窗口，如图6-67所示。

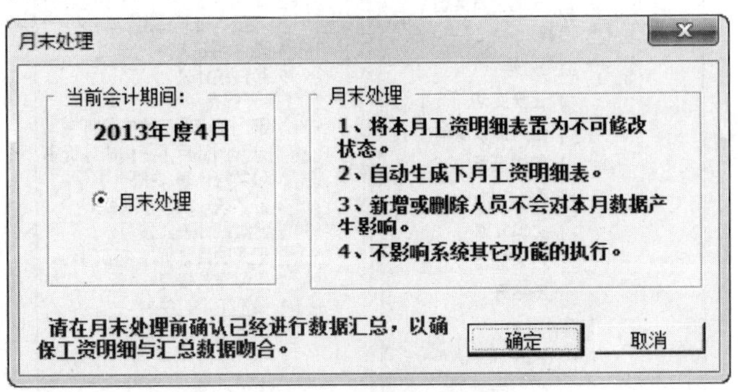

图6-67　月末处理

单击“确定”按钮，系统提示“月末处理之后，本月薪资将不许变动！继续月末处理吗？”，单击“是”按钮。系统弹出“是否选择清零项？”提示框，如果单击“是”按钮，系统将打开“选择清零项目”窗口，可以选择清零项目，系统将对这些项目数据进行清零处理；如果不选择清零项目，系统直接进行月末处理。

实验提示

① 工资账套的反结账，必须由账套主管以下一个会计月的日期登录，使用反结账功能。

② 如果总账系统已结账，则薪资系统不允许反结账。

③ 如果薪资系统处理多个工资类别，应分别打开工资类别，进行月末处理。

参照本案例，然后按照同样的方法，对临时人员类别进行月末处理。

6.2.6　工资信息查询

当分类别的月末处理完成后，选择“业务工作”|“人力资源”|“薪资管理”|“工资类别”|“打开工资类别”，选择需要打开的工资类别。

再选择“业务工作”|“人力资源”|“薪资管理”|“统计分析”|“账表”|“我的账表”，显示相关的报表目录，根据需要选择，如图6-68所示。

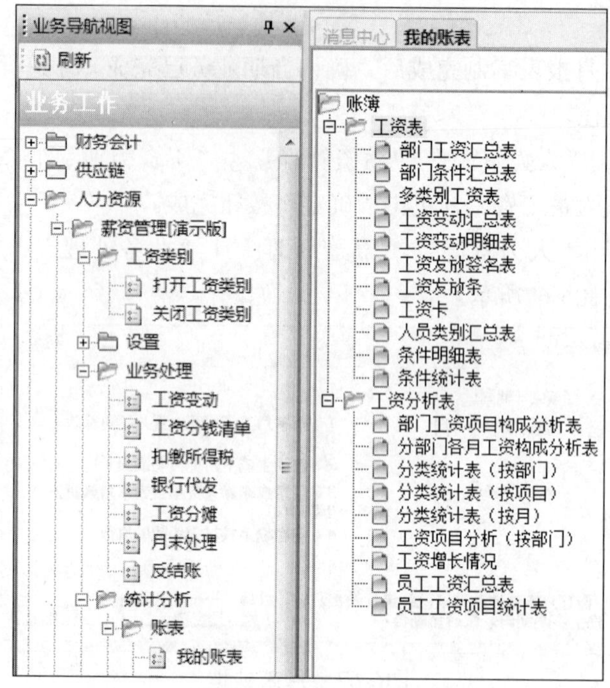

图6-68　我的账表

复习题

一、思考题

1. 固定资产系统与总账系统的关系体现在哪些方面？

2. 简述固定资产业务会计电算化后的处理流程。

3. 简述固定资产增加、减少业务的处理方法。

4. 简述会计电算化后工资业务的处理过程。

5. 如何定义工资表的计算公式？

6. 工资系统与总账系统的联系体现在哪些方面？

二、判断题

1. 对于固定资产系统传递到总账中的凭证，若发现该凭证制作错误，在总账中可通过凭证修改功能进行更改。(　　)

2. 已减少的固定资产，其原值、累计折旧等信息无法再看见。(　　)

3. 首次使用固定资产管理系统时，应先选择对账套进行初始化。(　　)

4. 修改个人所得税税率表，应纳税所得额上限不允许变动。(　　)

5. 某客户实行多工资类别核算，工资项目公式设置只能在打开某工资类别情况下进行增加。(　　)

6. 属于不同工资类别的人员编码可以重复。(　　)

7. 工资分摊的结果可以自动生成凭证传递到总账系统。(　　)

8. 工资管理系统默认以应发合计作为个人所得税的扣税基数。(　　)

9. 在工资管理系统中，定义公式时可不考虑计算的先后顺序，系统可以自动识别。(　　)

10. 同一个人可以进入不同的工资类别进行工资核算。(　　)

三、单项选择题

1. 下列(　　)项目在调整当月会影响折旧的计提。

A. 原值　　B. 累计折旧　　C. 净残值(率)　　D. 折旧方法

2. 在固定资产管理系统初始化过程中的折旧信息中，使用单位可以根据自己的需要来确定资产的折旧分配周期，系统默认的折旧分配周期为(　　)。

A. 1个月　　B. 1个季度　　C. 半年　　D. 1年

3. 在用友ERP-U8中，工资模块和总账的联系是(　　)。

A. 工资分摊数据　　B. 工资里相关的费用数据

C. 工资变动后计算出的数据　　D. 工资分摊后的凭证

4. 下面有关人员调动功能的说法正确的是(　　)。

A. 必须在同一账套的同一工资类别间进行

B. 必须在同一账套的多工资类别间进行

C. 可以在不同账套的同一工资类别间进行

D. 可以在不同账套的多工资类别间进行

5. 关于工资系统月末处理，以下说法错误的是(　　)。

A. 月末处理只有主管人员才能执行

B. 本月工资数据未汇总不允许进行月末处理

C. 若存在多个工资类别，只需要对汇总工资类别进行月末处理

D. 12月不需要进行月末处理

6. 增加工资类别下的工资项目时，可以采用的方法有(　　)。

A. 只能从名称参照中选择工资项目

B. 可以新增工资项目

C. 既可以从名称参照中选择工资项目，也可以自己新增工资项目

D. 自动带入工资账套中已经建立的全部工资项目，不允许修改和删除

7. 增加工资项目时，如果在“增减项”一栏选择“其他”，则该工资项目的数据会(　　)。

A. 自动计入应发合计

B. 自动计入扣款合计

C. 既不计入应发合计也不计入扣款合计

D. 既计入应发合计也计入扣款合计

8. 如果企业需要核算计件工资，则需要(　　)。

A. 设置多个工资类别

B. 工资系统建账时选择“是否核算计件工资”

C. 在工资项目中增加“计件工资”项目

D. 在公式设置中增加“计件工资”的计算公式

四、多项选择题

1. 固定资产系统不允许结账，可能的原因有(　　)。

A. 本月未提折旧

B. 提取本月折旧后，又改变了某项固定资产的折旧方法

C. 有两项固定资产增加未制单

D. 对账不平

2. 固定资产管理系统的作用有(　　)。

A. 完成企业固定资产日常业务的核算和管理

B. 反映固定资产的增加、减少、原值变化及其他变动

C. 资产管理人员的变化情况

D. 自动计提折旧

3. 工资管理系统传递到总账中的凭证，在总账中可以进行(　　)。

A. 修改　　B. 删除　　C. 查询　　D. 审核

4. 工资变动界面中的排序功能，提供(　　)方式进行排序。

A. 按人员编号　　B. 按部门

C. 按基本工资　　D. 按实发工资

5. 关于修改个人所得税税率表，以下描述正确的是(　　)。

A. 应纳税所得额上限不允许变动

B. 新增级数的下限等于其上一级上限加一

C. 税率表初始界面的速算扣除数由系统给定，用户可进行修改

D. 删除税率级次时，必须从末级开始删除

第7章

期末业务与报表业务处理

7.1 期末业务

7.1.1 期末处理概述

在每个会计期末，都需要进行期末的业务处理，主要包括自动转账、对账、结账等业务事项。

1. 自动转账

自动转账是把每月均要重复或重复率较多的凭证通过定义的方式确定下来，然后在需要生成凭证的时候执行，以提高效率。

转账定义是把凭证的摘要、会计科目、借贷方向以及金额的计算公式预先设置成凭证模板，即自动转账分录，待需要转账时调用相应的自动转账分录生成凭证即可。

定义完转账凭证后，每月月末只需执行“转账生成”功能即可快速生成转账凭证。在此生成的转账凭证将自动追加到未记账凭证中去，通过审核、记账后才能真正完成结转工作。

由于转账凭证中定义的公式基本取自科目余额表和账簿，因此，在进行月末转账之前，必须将所有未记账凭证全部记账；否则，生成的转账凭证中的数据就可能不准确。特别是对于一组相关的转账分录，必须按顺序依次进行转账生成、审核、记账操作。

根据需要，选择生成结转方式、结转月份及需要结转的转账凭证，系统在进行结转计算后显示将要生成的凭证，确认无误后，将生成的凭证追加到未记账凭证中。

结转月份为当前会计月，且每月只结转一次。在生成结转凭证时，要注意操作日期，一般在月末进行。

2. 对账

对账是对账簿数据进行核对，以检查记账是否正确以及账簿是否平衡。它主要是通过核对总账与明细账、总账与辅助账、总账与其他业务系统数据来完成账账核对。

试算平衡就是将系统中设置的所有科目的期末余额按会计平衡公式“借方余额=贷方余额”进行平衡检验，并输出科目余额表及是否平衡等信息。

一般来说，实行计算机记账后，只要记账凭证录入正确，计算机自动记账后各种账簿都应是正确、平衡的，但由于非法操作、计算机病毒或其他原因，有时可能会造成某些数据被破坏，因而引起账账不符。为了保证账证相符、账账相符，应使用对账功能进行对账，至少一个月一次，一般可在月末结账前进行。当对账出现错误或记账有误时，应查找原因进行纠正。

3. 结账

结账是一种批量数据处理工作，每月只结账一次，主要是对当月日常处理的终止和对下月账簿的初始化，由系统自动完成。

(1) 结账前检查工作

① 检查本月业务是否全部记账，有未记账凭证不能结账。

② 月末结转必须全部生成并记账，否则本月不能结账。

③ 检查上月是否已结账，如果上月未结账，则本月不能记账。

④ 核对总账与明细账、主体账与辅助账、总账系统与其他子系统数据是否一致，不一致不能结账。

⑤ 检查损益类账户是否全部结转完毕，若未完成，则本月不能结账。

⑥ 若与其他子系统联合使用，应检查其他子系统是否已结账，若没有，则本月不能结账。

(2) 结账与反结账

结账处理就是计算本月各账户发生额合计和本月账户期末余额，并将余额结转到下月作为下月月初余额。结账完成后不得再录入本月凭证。如果结账以后发现本月还有未处理的业务或其他情况，可以进行“反结账”，取消本月结账标记，然后进行修正，再进行结账工作。

7.1.2 期末业务

到期末，首先要检查应该处理的业务是否已经处理。

以出纳操作员身份登录，对还没有进行出纳签字的凭证进行出纳签字。通过选择“业务工作”|“财务会计”|“总账”|“凭证”|“出纳签字”完成。

以具有凭证审核和记账权限的操作员身份登录，进行凭证的审核和记账。通过选择“业务工作”|“财务会计”|“总账”|“凭证”|“审核凭证”和“记账”完成。

7.1.3 自动转账

实验资料

按当月应发工资总额的14%，计提职工福利费，将制造费用中按照工资提取的福利费合并到财务部。使用自动转账凭证完成。

实验过程

1. 定义转账凭证

(1) 选择“业务工作”|“财务会计”|“总账”|“期末”|“转账定义”|“自定义转账”，进入“自动转账设置”窗口。

(2) 单击“增加”按钮，添加转账目录，如图7-1所示。单击“确定”按钮，继续定义转账凭证的分录信息。

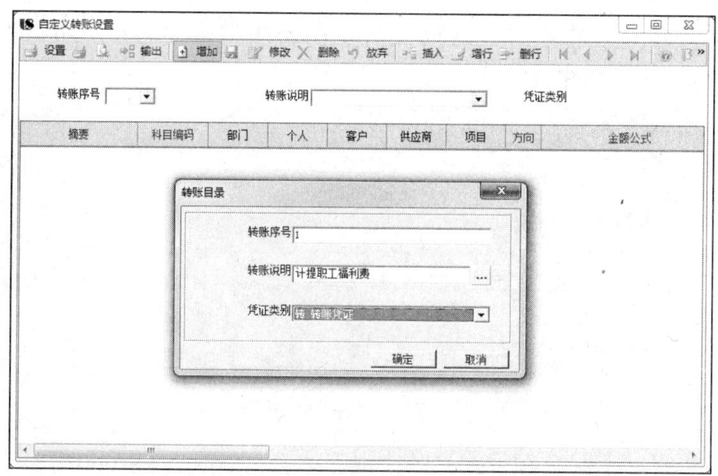

图7-1　转账目录定义

(3) 设置公式，具体步骤如下。

单击“增行”按钮，在科目编码栏输入660102(销售费用/福利费)，部门为“销售部”，方向“借”。将光标移到“金额公式”栏下按F2键，选择“FS(　)”(借方发生额)，如图7-2所示。

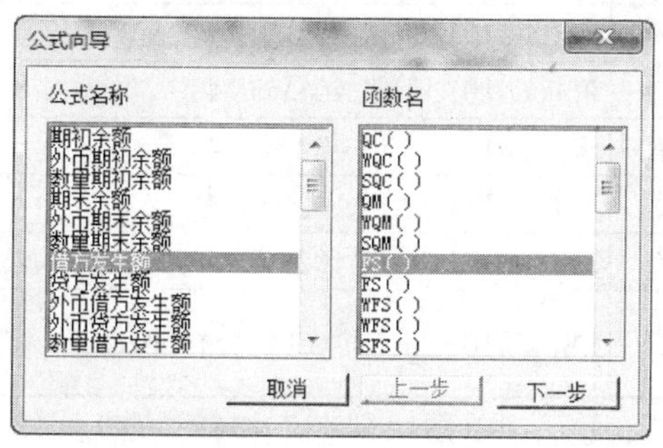

图7-2　公式向导

单击“下一步”按钮，科目输入660101(销售费用/工资)，运算符选择“*(乘)”，如图7-3所示。

图7-3　公式定义

单击“下一步”按钮，进入“公式向导”，在公式名称中选择“常数”，再单击“下一步”按钮输入0.14(14%)，如图7-4所示。

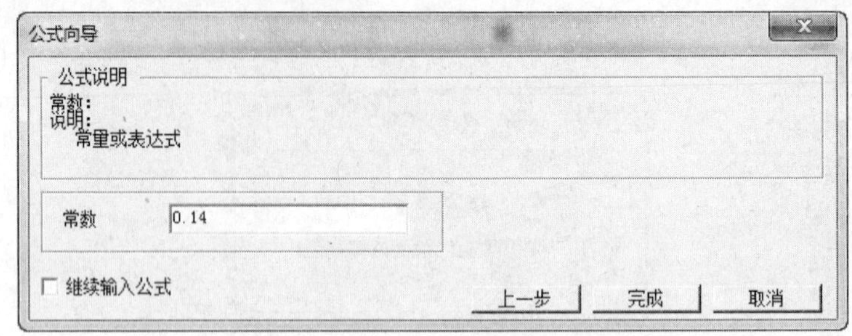

图7-4　公式向导

单击“完成”按钮，返回金额公式栏。完成了本公式定义：FS(660101,月,借,201)*0.14。

其他公式类似，可以通过复制这个公式修改。具体公式如表7-1所示。

表7-1　公式定义

科目	部门	方向	金额公式
销售费用-福利费	销售部	借	FS(660101,月,借,201)*0.14
销售费用-福利费	采购部	借	FS(660101,月,借,202)*0.14
销售费用-福利费	仓储部	借	FS(660101,月,借,401)*0.14
销售费用-福利费	运输部	借	FS(660101,月,借,402)*0.14
管理费用-福利费	行政部	借	FS(660201,月,借,101)*0.14
管理费用-福利费	财务部	借	FS(660201,月,借,102)*0.14+FS(510101,月,借)*0.14
应付职工薪酬-职工福利费		贷	FS(660101,月,借)*0.14+FS(660201,月,借)*0.14+FS(510101,月,借)*0.14

凭证定义完成后，如图7-5所示。单击“保存”按钮，然后退出。

自定义转账设置

设置　输出　增加　修改　删除　放弃　插入　增行　删行

转账序号 0001　　转账说明 计提职工福利费　　凭证类别 转账

摘要	科目编码	部门	方向	金额公式
计提职工福利费	660102	销售部	借	FS(660101,月,借,201)*0.14
计提职工福利费	660102	采购部	借	FS(660101,月,借,202)*0.14
计提职工福利费	660102	仓储部	借	FS(660101,月,借,401)*0.14
计提职工福利费	660102	运输部	借	FS(660101,月,借,402)*0.14
计提职工福利费	660202	行政部	借	FS(660201,月,借,101)*0.14
计提职工福利费	660202	财务部	借	FS(660201,月,借,102)*0.14+FS(510101,月,借)*0.14
计提职工福利费	221102		贷	FS(660101,月,借)*0.14+FS(660201,月,借)*0.14+FS(510101,月,借)*0.14

图7-5　凭证设置

2. 生成转账凭证

(1) 生成凭证

选择“业务工作”|“财务会计”|“总账”|“期末”|“转账生成”，打开“转账生成”窗口。选择“自定义转账”单选按钮，在“是否结转”下双击选择，如图7-6所示。

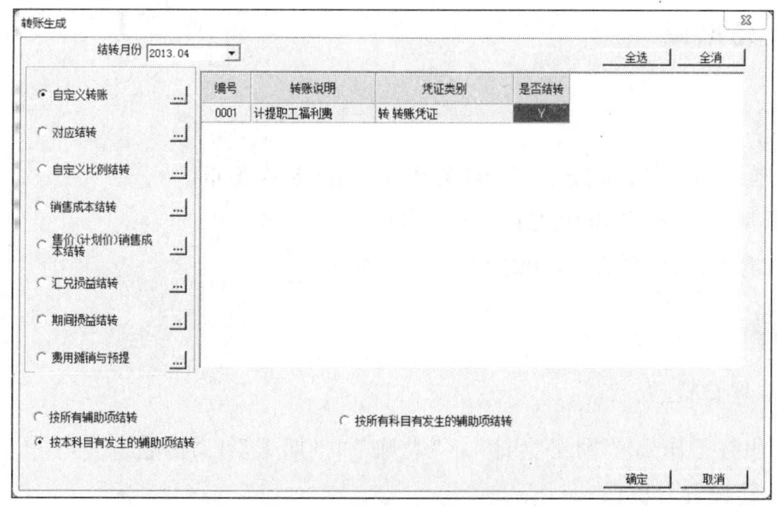

图7-6　转账凭证生成选择

然后单击“确定”按钮，系统根据定义的转账公式生成凭证。凭证分录如表7-2所示。

表7-2　计提职工福利费转账凭证

科目	部门	方向	金额
销售费用-福利费(660102)	销售部	借	1 274
销售费用-福利费(660102)	采购部	借	1274
销售费用-福利费(660102)	仓储部	借	637
销售费用-福利费(660102)	运输部	借	637
管理费用-福利费(660202)	行政部	借	2 226
管理费用-福利费(660202)	财务部	借	8 666
应付职工薪酬-职工福利费(221102)		贷	14 714

(2) 数据验证

按照数据计算关系，要对生成的凭证进行验证，以确保准确。具体可根据涉及的科目余额表、部门科目总账等，对计算公式进行还原。选择“业务工作”|“财务会计”|“总账”|“账表”|“部门辅助账”|“部门总账”|“部门科目总账”，如图7-7所示。

部门总账

科目 660101 工资

部门: -　　　　月份: 201...

部门编码	部门名称	方向	期初余额	本期借方发生	本期贷方发生	方向	期末余额
2	供销中心	平		18,200.00		借	18,200.00
201	销售部	平		9,100.00		借	9,100.00
202	采购部	平		9,100.00		借	9,100.00
4	物流中心	平		9,100.00		借	9,100.00
401	仓储部	平		4,550.00		借	4,550.00
402	运输部	平		4,550.00		借	4,550.00
合计		平		27,300.00		借	27,300.00

图7-7　部门科目总账

如销售部的职工福利费：9 100×0.14=1 274，据此可与凭证生成的数据进行核对。

7.1.4　汇兑损益

实验资料

4月末，期末汇率调整，期末汇率为1美元=6.200 0元人民币。

借：财务费用/汇兑损益(660303)　　5 500

　　贷：银行存款/中行存款(100202)　　5 500

实验过程

1. 汇兑损益凭证设置

(1) 选择“业务工作”|“财务会计”|“总账”|“期末”|“转账定义”|“汇兑损益”，进入“汇兑损益结转设置”窗口。

(2) 汇兑损益入账科目选择科目编码660303，凭证类别为“付款凭证”，然后双击中行存款“是否计算汇兑损益”栏，使该栏显示“Y”，如图7-8所示。单击“确定”按钮完成。

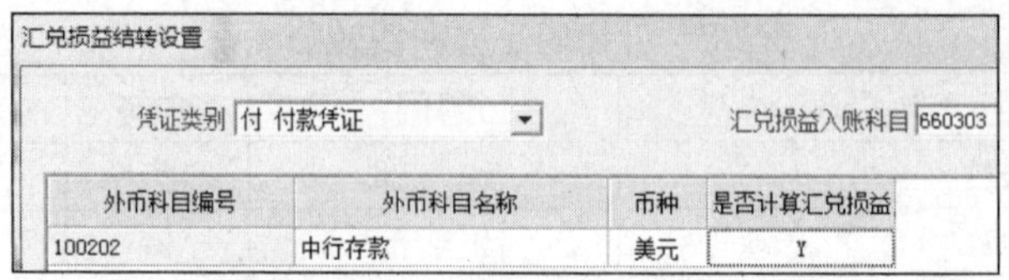

图7-8　汇兑损益凭证设置

2. 月末汇率设置

(1) 选择“基础设置”|“基础档案”|“财务”|“外币设置”，弹出“外币设置”窗口。

(2) 选中外币“美元”，在月份2013.04对应的“调整汇率”栏中输入6.20，如图7-9所示。单击“退出”按钮完成设置。

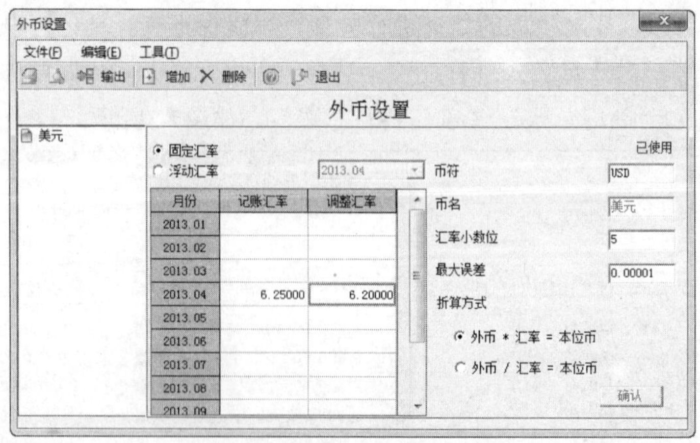

图7-9　输入期末调整汇率

3. 汇兑损益凭证生成

(1) 选择“业务工作”|“财务会计”|“总账”|“期末”|“转账生成”，选择“汇兑损益结转”，外币币种选择“美元”，如图7-10所示。

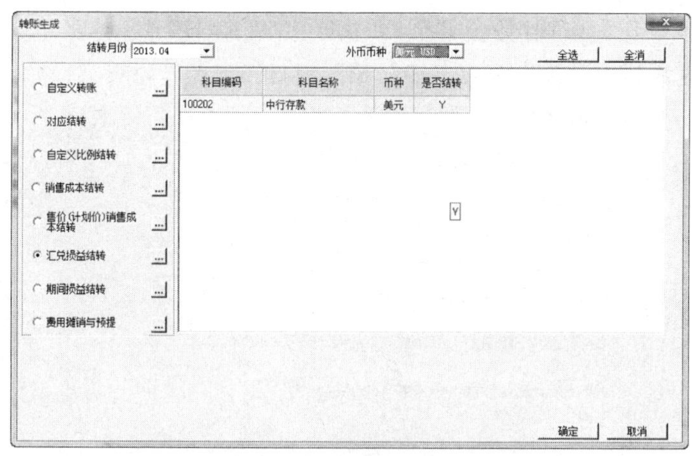

图7-10 汇兑损益凭证生成设置

(2) 单击“确定”按钮，系统弹出“汇兑损益试算表”窗口，显示外币余额、本币余额等信息，如图7-11所示。

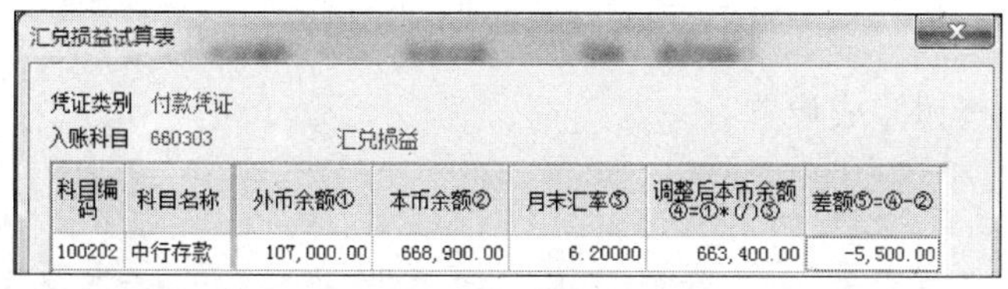

汇兑损益试算表

凭证类别 付款凭证
入账科目 660303 汇兑损益

科目编码	科目名称	外币余额①	本币余额②	月末汇率③	调整后本币余额④=①*(/)③	差额⑤=④-②
100202	中行存款	107,000.00	668,900.00	6.20000	663,400.00	-5,500.00

图7-11 汇兑损益试算表

单击“确定”按钮，系统进入生成的凭证窗口。凭证分录如下：

借：财务费用/汇兑损益(660303)　　5 500

　　贷：银行存款/中行存款(100202)　　5 500

票号等信息自行输入，单击“保存”按钮，生成凭证。

实验提示

汇兑损益结转生成的凭证，涉及银行科目，因此记账前仍然要进行出纳签字。

7.1.5 销售成本结转

实验资料

月末进行销售成本结转。

库存商品科目：1405；商品销售收入科目：6001；商品销售成本科目：6401。

实验过程

1. 销售成本结转设置

销售成本结转，是将月末商品(或产成品)销售数量乘以库存商品(或产成品)的平均单价，来计算各类商品销售成本并进行结转。如果在存货核算时已经结转，这里就不用结转。

本案例不用结转，以下供参考。

(1) 选择“业务工作”|“财务会计”|“总账”|“期末”|“转账定义”|“销售成本结转”，进入“销售成本结转设置”窗口。输入相关科目，如图7-12所示。

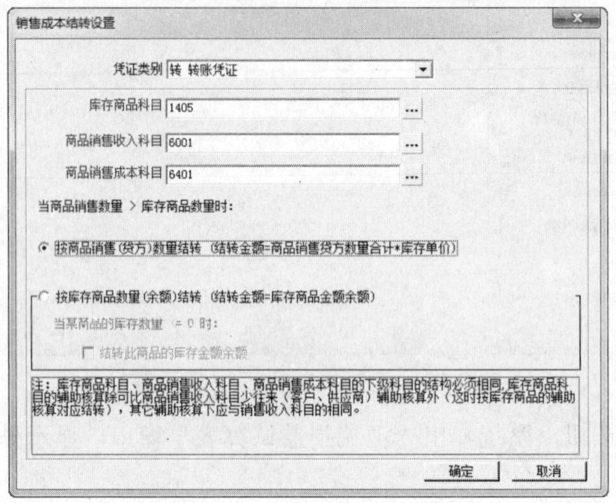

图7-12　销售成本结转设置

(2) 单击“确定”按钮完成设置。

实验提示

如果提示某科目需要设置数量核算时，可选择“基础设置”|“基础档案”|“财务”|“会计科目”，选择要设置的科目，单击“修改”按钮，可选择数量核算和输入计量单位，计量单位可选一种输入。

2. 销售成本凭证结转生成

选择“业务工作”|“财务会计”|“总账”|“期末”|“转账生成”，再选择“销售成本结转”即可。

7.1.6　损益结转

实验资料

月末，结转损益。

实验提示

在采购、销售、核算、薪资、固定资产系统生成的凭证以及总账手工填制的凭证均记账完成后，再进行本实验。

实验过程

1. 期间损益结转设置

(1) 选择“业务工作”|“财务会计”|“总账”|“期末”|“转账定义”|“期间损益”，进

入“期间损益结转设置”窗口。

(2) 选择本年利润科目编码4103，凭证类别为“转账凭证”，如图7-13所示。单击“确定”按钮完成设置。

期间损益结转设置

凭证类别 转 转账凭证　　本年利润科目 4103

损益科目编号	损益科目名称	损益科目账类	本年利润科目编码	本年利润科目名称	本年利润科目账类
6001	主营业务收入		4103	本年利润	
6011	利息收入		4103	本年利润	
6021	手续费及佣金收入		4103	本年利润	
6031	保费收入		4103	本年利润	
6041	租赁收入		4103	本年利润	
6051	其他业务收入		4103	本年利润	
6061	汇兑损益		4103	本年利润	
6101	公允价值变动损益		4103	本年利润	
6111	投资收益		4103	本年利润	
6201	摊回保险责任准备金		4103	本年利润	
6202	摊回赔付支出		4103	本年利润	
6203	摊回分保费用		4103	本年利润	
6301	营业外收入		4103	本年利润	
6401	主营业务成本		4103	本年利润	

每个损益科目的期末余额将结转到与其同一行的本年利润科目中.若损益科目与之对应的本年利润科目都有辅助核算，那么两个科目的辅助账类必须相同 。损益科目为空的期间损益结转将不参与

打印　预览　确定　取消

图7-13　期间损益结转设置

2. 期间损益结转

(1) 选择“业务工作”|“财务会计”|“总账”|“期末”|“转账生成”，在打开的窗口中选择“期间损益结转”，再单击“全选”按钮，如图7-14所示。

(2) 单击“确定”按钮，生成转账凭证，单击“保存”按钮完成凭证生成。

选择“业务工作”|“财务会计”|“总账”|“账表”|“科目账”|“序时账”，显示的凭证分录如图7-15所示。

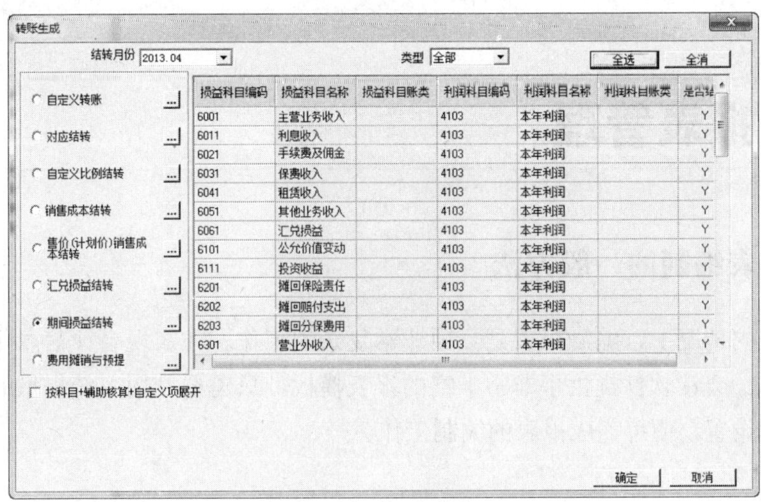

转账生成

结转月份 2013.04　　类型 全部　　全选　全消

自定义转账
对应结转
自定义比例结转
销售成本结转
售价(计划价)销售成本结转
汇兑损益结转
期间损益结转
费用摊销与预提

损益科目编码	损益科目名称	损益科目账类	利润科目编码	利润科目名称	利润科目账类	是否结
6001	主营业务收入		4103	本年利润		Y
6011	利息收入		4103	本年利润		Y
6021	手续费及佣金		4103	本年利润		Y
6031	保费收入		4103	本年利润		Y
6041	租赁收入		4103	本年利润		Y
6051	其他业务收入		4103	本年利润		Y
6061	汇兑损益		4103	本年利润		Y
6101	公允价值变动		4103	本年利润		Y
6111	投资收益		4103	本年利润		Y
6201	摊回保险责任		4103	本年利润		Y
6202	摊回赔付支出		4103	本年利润		Y
6203	摊回分保费用		4103	本年利润		Y
6301	营业外收入		4103	本年利润		Y

按科目+辅助核算+自定义项展开

确定　取消

图7-14　转账生成

日期	凭证号数	科目编码	科目名称	摘要	方向	数量	金额
2013.04.25	转-0051	4103	本年利润	*期间损益结转	贷		296,372.00
2013.04.25	转-0051	6001	主营业务收入	*期间损益结转	借		1,518,900.00
2013.04.25	转-0051	6401	主营业务成本	*期间损益结转	贷		1,089,570.35
2013.04.25	转-0051	660101	工资	*期间损益结转_销售部	贷		9,100.00
2013.04.25	转-0051	660101	工资	*期间损益结转_采购部	贷		9,100.00
2013.04.25	转-0051	660101	工资	*期间损益结转_仓储部	贷		4,550.00
2013.04.25	转-0051	660101	工资	*期间损益结转_运输部	贷		4,550.00
2013.04.25	转-0051	660102	福利费	*期间损益结转_销售部	贷		1,274.00
2013.04.25	转-0051	660102	福利费	*期间损益结转_采购部	贷		1,274.00
2013.04.25	转-0051	660102	福利费	*期间损益结转_仓储部	贷		637.00
2013.04.25	转-0051	660102	福利费	*期间损益结转_运输部	贷		637.00
2013.04.25	转-0051	660106	折旧费	*期间损益结转_销售部	贷		810.00
2013.04.25	转-0051	660106	折旧费	*期间损益结转_采购部	贷		984.58
2013.04.25	转-0051	660106	折旧费	*期间损益结转_仓储部	贷		810.00
2013.04.25	转-0051	660106	折旧费	*期间损益结转_运输部	贷		3,216.00
2013.04.25	转-0051	660199	其他	*期间损益结转_销售部	贷		37,326.80
2013.04.25	转-0051	660201	工资	*期间损益结转_行政部	贷		15,900.00
2013.04.25	转-0051	660201	工资	*期间损益结转_财务部	贷		12,600.00
2013.04.25	转-0051	660202	福利费	*期间损益结转_行政部	贷		2,226.00
2013.04.25	转-0051	660202	福利费	*期间损益结转_财务部	贷		8,666.00
2013.04.25	转-0051	660203	办公费	*期间损益结转_采购部	贷		350.00
2013.04.25	转-0051	660204	差旅费	*期间损益结转_行政部	贷		1,800.00
2013.04.25	转-0051	660205	招待费	*期间损益结转_行政部	贷		1,500.00
2013.04.25	转-0051	660206	折旧费	*期间损益结转_行政部	贷		6,562.42
2013.04.25	转-0051	660206	折旧费	*期间损益结转_财务部	贷		1,587.41
2013.04.25	转-0051	660299	其他	*期间损益结转_财务部	贷		-3.56
2013.04.25	转-0051	660301	利息支出	*期间损益结转	贷		2,000.00
2013.04.25	转-0051	660303	汇兑损益	*期间损益结转	贷		5,500.00

图7-15　期间损益结转凭证

实验提示

① 期间损益结转前，系统内所有凭证都必须记账完毕。并且，通过期间损益结转生成的凭证，也要进行审核、记账。

② 如果凭证生成错误，选择“业务工作”|“财务会计”|“总账”|“凭证”|“查询凭证”，选择要删除的凭证，执行“作废/恢复”功能的“作废”命令，然后再单击“填制凭证”按钮，进入后单击“整理凭证”按钮将凭证彻底清除。

7.2 报表管理

7.2.1 报表编制的一般方法

在手工记账的情况下，编制报表是一项非常复杂的工作。在实现会计信息化后，编制报表就变得简单多了。会计软件提供了非常丰富的报表模板，只需要利用系统提供的报表模板，对相应的参数进行设置，便可完成报表的编制工作。

通过报表模块来编制报表，主要工作流程如图7-16所示。具体软件在操作上有一些差异。

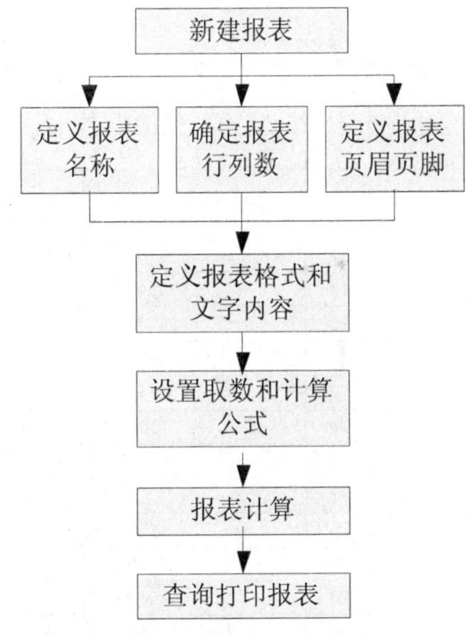

图7-16　报表编制工作流程

(1) 确定报表数据来源账套

这一步是对进行编制的报表数据来源及操作人员权限的定义。

① 账套。指明所要编制的报表，其数据是来自于哪个账套，也就是由哪个账套的数据来加工产生目前的这张报表，可以通过浏览功能进行选择。

② 日期。报表编制中会根据这一日期进行相关会计期间的报表编制，因此，在实际工作中，要根据编制报表的会计期间对这一日期进行修改。例如，要编制2013年4月份的利润表，就要将日期修改为2013-04-30。

③ 操作员。指明是由谁来编制生成的这张报表，这里的操作员只能是在前面指定的账套中出现过的，对此类报表有操作权限的操作员。

④ 口令。也就是操作员的口令，这样设置可以避免没有相关操作权限的人员通过电子表格来查看数据。

(2) 定义报表

① 会计报表的构成

页眉(表头)：页眉是指报表上部的描述部分，如表名、编号、单位、日期等。

表体：表体是报表的主要组成部分，包括列标题、项目说明和数据。行、列坐标均从表体开始计算。

附注：附注是报表的补充资料，报表的附注始终在表体与页脚之间。

页脚(表尾)：页脚是指报表底部的描述部分，如制表人、审核人等。

下面以利润表的格式来说明报表页眉、表体、附注、页脚的具体划分，如图7-17所示。

利 润 表

会企02表 页眉
编制单位: ____年____月 单位:元

项目	行次	本月数	本年累计数
一、主营业务收入	1	240,000.00	240,000.00
减:主营业务成本	4	135,483.00	135,483.00
主营业务税金及附加	5	0.00	0.00
二、主营业务利润	10	104,517.00	104,517.00
加:其他业务利润	11	0.00	0.00
减:营业费用	14	23,477.15	23,477.15
管理费用	15	25,352.82	25,352.82
财务费用	16	-2,300.00	-2,300.00
三、营业利润	18	57,987.03	57,987.03
加:投资收益	19	3,000.00	3,000.00
补贴收入	22	0.00	0.00
营业外收入	23	0.00	0.00
减:营业外支出	25	1,000.00	1,000.00
四、利润总额	27	59,987.03	59,987.03
减:所得税	28	0.00	0.00
五、净利润	29	59,987.03	59,987.03

表体

注: ——→ 附注

审核: 制表: ——→ 页脚

图7-17 报表构成示意图

② 定义报表

报表项目：指明编制的报表所包含的经济项目。

行次：指明当前项目在报表中所处的行次。

数据来源：指明当前项目所表示的经济数据的来源。

(3) 定义计算公式和勾稽关系公式

① 定义计算公式

让报表软件来生成一张符合实际需要的报表，关键在于报表的数据来源，即如何让电子表格自动、快速、准确地生成报表中每个单元的数据。

取数公式就是从哪里把数据取来，如取出科目发生额余额表的某个数据。计算公式就是将有关数据进行加减乘除等运算，然后将计算获得的结果放入某单元。在具体定义公式时，取数和计算往往是放在一起的。

公共函数则包括了数据转换函数、日期时间函数、文件系统函数、财务函数、系统信息函数、系统交互函数、数学函数和字符串函数等，其应用方法相似。

② 定义勾稽关系公式

勾稽关系公式，也称为审核公式。报表审核就是通过事先定义的审核公式，对相关数据进行自动核对验证报表数据正确性的一种方法。其中又分为本表内的数据审核和表间数据审核。

报表计算与报表审核的差别是，计算按照定义的报表取数和计算公式改变报表中的数据，而报表审核只是进行相关的验证，对不符合审核公式规则的数据进行提示，但不改变数据本身。

(4) 生成报表

对报表项目、行次、数据来源、取数公式和计算公式定义修改完成后，系统将根据所指定的账套、会计期间以及相关公式，自动计算出报表各项目的数据。

(5) 调整报表

如果电子表格生成的报表与实际所要求的格式不一致，或为了让报表更便于阅读和美观，可以对报表的格式进行设置。这需要通过对相关单元格的属性进行调整修改，使最后打印出来的报表与实际要求相符。除需要增补的内容外，应严格使用自动生成的数据，保证数据的一致性。

(6) 完成报表编制

进行报表的查询、打印等工作。

对于一些常用的报表，一般在报表软件中事先设定了模板，并定义了相关的公式。因此，对于这部分报表，如果不需要修改，就可直接使用，一般称为“自动制表”。即便如此，具体应用时也应该仔细检查，以防止错误发生。

7.2.2　U8报表管理功能概述

1. 报表的基本功能

财务报表集成在U8系统中，需要登录U8后才能使用。利用报表系统的功能既可以编制各种对外报表，也可以编制内部报表。

报表系统的主要功能是对报表文件进行管理，设计报表格式，定义报表公式，从总账系统和其他业务系统中取得有关数据，自动编制会计报表；对报表进行审核、汇总，生成各种分析图，并按预定格式输出各种报表。

2. 一般报表制作流程

要完成一般的报表处理，其流程一般是：第一步，启动财务报表，建立报表；第二步，设计报表的格式；第三步，定义各类公式；第四步，报表数据处理；第五步，报表图形处理；第六步，打印报表；第七步，退出财务报表。

实际应用时，具体的操作步骤应视情况而定，但以上步骤中的一、二、四、七步是必需的。

3. 报表公式定义

(1) 公式定义类型

财务报表有三类公式：计算公式(单元公式)、审核公式、舍位平衡公式，公式的定义在格式状态下进行。

计算公式定义了报表数据之间的运算关系，在报表数值单元中输入“=”就可直接定义计算公式，所以称为单元公式。

审核公式用于审核报表内或报表之间的勾稽关系是否正确，需要用“审核公式”菜单项定义。

舍位平衡公式用于报表数据进行进位或小数取整时调整数据，避免破坏原数据平衡，需要用“舍位平衡公式”项定义。

(2) 财务函数基本说明

企业会计报表数据一般来自于总账系统，而财务函数则是总账系统与财务报表之间的联系桥梁，通过定义财务函数，将总账系统数据取出放在定义的报表单元格中，生成报表。财务函数的基本格式是：

函数名("科目编码", 会计期间,["方向"],[账套号],[会计年度],[编码1],[编码2])

其中，科目编码可以是科目名称，并且使用英文字符的双引号括起来；会计期间可以是年、月等变量，也可以是具体的某年数值；方向指借或贷，可以省略；账套号指取数账套的代号，可以省略。如果省略，表示从默认账套中取数，可以利用“数据”菜单中的“计算时提示选择账套”功能，用于指定账套；会计年度即数据取数时的年度，可以省略；编码1、编码2是可以取科目的相关辅助项，如部门、个人等，如果科目没有辅助核算项，也可以省略。

在公式定义中，如果省略的参数后面没有内容了，则可以不写逗号；如果省略的参数后面还有内容，则必须写逗号，把它们的位置留出来。

4. 报表模板

在财务报表系统中，除了可以自定义报表格式外，系统还提供了包括多个行业的标准财务报表(包括现金流量表)的报表模板，可以根据报表模板快速建立一张标准财务报表。

7.2.3 制作常规报表

实验资料

(1) 根据模板制作4月份资产负债表。

(2) 根据模板制作4月份利润表。

实验过程

1. 利用模板制作资产负债表

(1) 选择“业务工作”|“财务会计”|“UFO报表”，进入“UFO报表”窗口。

(2) 选择“文件”|“新建”命令，系统弹出“新建”窗口，选择“格式”|“生成常用报表”命令，生成后可以在“窗口”菜单下选择相应的报表，如图7-18所示。

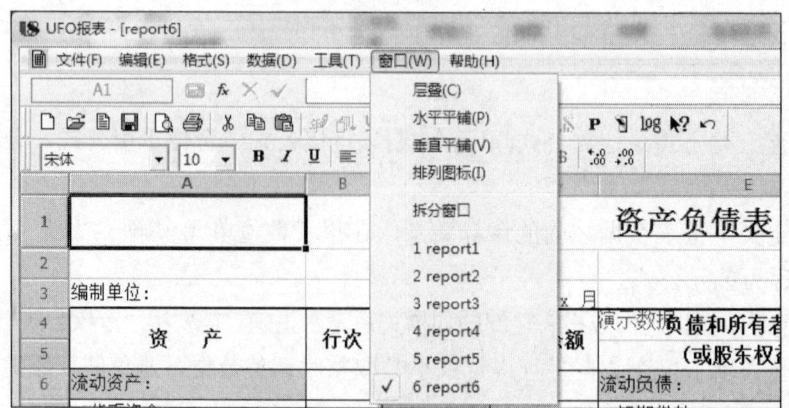

图7-18 生成的报表目录

选择report6，就是资产负债表，如图7-19所示。

UFO报表 - [report6]

	A	B	C	D	E	F	G	H
1					资产负债表			
2								会企01表
3	编制单位：		xxxx 年	xx 月	xx 日			单位：元
4	资　产	行次	期末余额	年初余额	负债和所有者权益（或股东权益）	行次	期末余额	年初余额
5								
6	流动资产：				流动负债：			
7	货币资金	1	演示数据 公式单元	公式单元	短期借款	32	公式单元	公式单元
8	交易性金融资产	2	公式单元	公式单元	交易性金融负债	33	公式单元	公式单元
9	应收票据	3	公式单元	公式单元	应付票据	34	公式单元	公式单元
10	应收账款	4	公式单元	公式单元	应付账款	35	公式单元	公式单元

格式

图7-19　资产负债表

在报表的左下角显示“格式”，表示此时报表处于格式状态。

(3) 单击写有“公式单元”的单元格，在窗口上部的编辑框中会显示出当前单元格的公式，如果要修改公式，可以单击工具栏上的fx按钮或双击单元格，在弹出的“定义公式”窗口中，通过函数向导进行函数定义，或者直接手工输入公式，如图7-20所示。

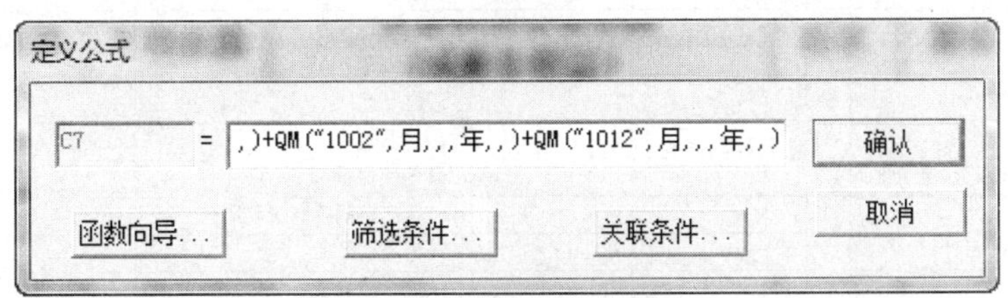

图7-20　定义公式

(4) 根据企业的实际情况，调整资产负债表的公式定义、报表格式。

(5) 进行关键字的录入设置。

在报表“格式”状态下，选择“数据”|“关键字”|“设置”命令，可以选择设置“单位名称”、“年”、“月”，如图7-21所示。

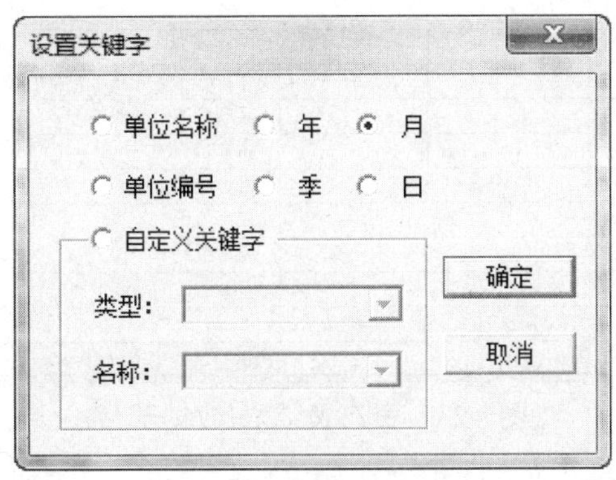

图7-21　设置关键字

单击“确定”按钮，然后单击左下角的“格式”，就转变为“数据”状态下，可设置报表的取数月份。选择“数据”|“关键字”|“录入”命令，输入关键字，如图7-22所示。

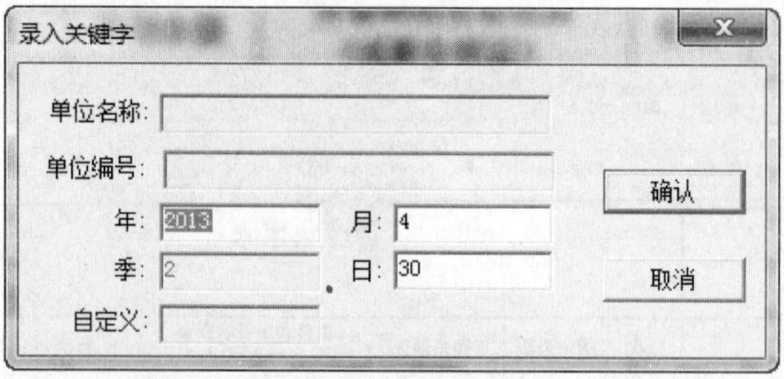

录入关键字

单位名称：

单位编号：

年：2013　月：4

季：2　日：30

自定义：

确认　取消

图7-22　输入关键字

单击“确认”按钮，系统弹出提示“是否重算第1页？”，单击“是”按钮，系统自动根据单元公式计算报表数据，如图7-23所示。

4 5	资　产	行次	期末余额	年初余额	负债和所有者权益 (或股东权益)	行次	期末余额	年初余额
6	流动资产：				流动负债：			
7	货币资金	1	1,514,212.00	1,075,542.00	短期借款	32	200,000.00	
8	交易性金融资产	2	演示数据		交易性金融负债	33		
9	应收票据	3			应付票据	34		
10	应收账款	4	1,439,191.5[illegible]	290,600.00	应付账款	35	676,845.40	367,407.00
11	预付款项	5			预收款项	36		
12	应收利息	6			应付职工薪酬	37	128,014.00	4,800.00
13	应收股利	7			应交税费	38	173,690.60	4,400.00
14	其他应收款	8	1,800.00	2,100.00	应付利息	39		
15	存货	9	3,912,040.85	4,328,253.00	应付股利	40		
16	一年内到期的非流动资产	10			其他应付款	41	2,100.00	
17	其他流动资产	11			一年内到期的非流动负债	42		
18	流动资产合计	12	6,867,244.41	5,696,495.00	其他流动负债	43		
19	非流动资产：				流动负债合计	44	1,180,650.00	376,607.00
20	可供出售金融资产	13			非流动负债：			
21	持有至到期投资	14			长期借款	45		
22	长期应收款	15			应付债券	46		
23	长期股权投资	16			长期应付款	47		
24	投资性房地产	17			专项应付款	48		
25	固定资产	18	3,585,974.59	3,621,376.00	预计负债	49		
26	在建工程	19			递延所得税负债	50		
27	工程物资	20			其他非流动负债	51		
28	固定资产清理	21	5,069.42		非流动负债合计	52		
29	生产性生物资产	22			负债合计	53	1180650.00	376607.00
30	油气资产	23			所有者权益(或股东权益)：			
31	无形资产	24	58,500.00	117,000.00	实收资本(或股本)	54	7,757,944.00	7,695,444.00
32	开发支出	25			资本公积	55		
33	商誉	26			减：库存股	56		
34	长期待摊费用	27			盈余公积	57		
35	递延所得税资产	28			未分配利润	58	1,655,350.00	1,362,820.00
36	其他非流动资产	29			所有者权益(或股东权益)合	59	9,413,294.00	9,058,264.00
37	非流动资产合计	30	3649544.01	3738376.00				
38	资产总计	31	10516788.42	9434871.00	和所有者权益(或股东权益)	60	10,593,944.00	9,434,871.00

图7-23　资产负债表(数据部分)

(6) 单击“保存”按钮，以“两江资产负债表”为名保存。具体保存的目录可自己选择。

(7) 调整报表。

首次使用时，要对报表的某个单元数据，按照科目余额表和其他有关数据，对报表数据进行验证，以确保数据的正确性。在具体的单位处理业务时，往往都有所差异，有时也因为忘记某些月末应该处理的业务，而导致报表数据不准确或者错误。

在本案例生成的资产负债表中，期末是不平衡的。

资产总计-负债和所有者权益总计=10 516 788.42-10 593 944.00 =-77 155.58

造成数据不平衡的原因是：制造费用期末借方余额77 250.58元，月末未结转到生产成本科目；待处理财产损益期末贷方余额95元，期末未进行处理。

所以，77 250.58-95 = 77 155.58，这就是差额。

解决的方法是：如果期末还没有结账，就可以制作相关月末处理凭证，然后再生成报表。如果月末已经结账，则可以直接调整报表公式，使报表数据正确，下月再处理相关调整业务。

2. 利用模板制作利润表

与利用模板制作资产负债表步骤相似，选择利润表(report3)模板，如图7-24所示。

利润表

			会企02表
编制单位:	xxxx 年	xx 月	单位:元
项　　目	行数	本期金额	上期金额
一、营业收入	1	公式单元	公式单元
减：营业成本	2	公式单元	公式单元
营业税金及附加	3	公式单元	公式单元
销售费用	4	公式单元	公式单元
管理费用	5	公式单元	公式单元
财务费用	6	公式单元	公式单元
资产减值损失	7	公式单元	公式单元
加：公允价值变动收益（损失以"-"号填列）	8	公式单元	公式单元
投资收益（损失以"-"号填列）	9	公式单元	公式单元
其中:对联营企业和合营企业的投资收益	10		
二、营业利润（亏损以"-"号填列）	11	公式单元	公式单元
加：营业外收入	12	公式单元	公式单元
减：营业外支出	13	公式单元	公式单元
其中：非流动资产处置损失	14		
三、利润总额（亏损总额以"-"号填列）	15	公式单元	公式单元
减：所得税费用	16	公式单元	公式单元
四、净利润（净亏损以"-"号填列）	17	公式单元	公式单元
五、每股收益：	18		
（一）基本每股收益	19		
（二）稀释每股收益	20		

图7-24　利润表(格式)

选择"数据"|"关键字"|"设置"命令，选择"月"，单击"确定"按钮。

单击左下角的"格式"。选择"数据"|"关键字"|"录入"命令，月份输入"4"，即4月。利润表显示如图7-25所示。

项　　目	行数	本期金额	上期金额
一、营业收入	1	1,518,900.00	
减：营业成本	2	1,089,570.35	
营业税金及附加	3		
销售费用	4	74,269.38	
管理费用	5	51,188.27	
财务费用	6	7,500.00	
资产减值损失	演示数据		
加：公允价值变动收益（损失以"-"号填列）	8		
投资收益（损失以"-"号填列）	9		
其中:对联营企业和合营企业的投资收益	10		
二、营业利润（亏损以"-"号填列）	11	296372.00	
加：营业外收入	12		
减：营业外支出	13		
其中：非流动资产处置损失	14		
三、利润总额（亏损总额以"-"号填列）	15	296372.00	
减：所得税费用	16		
四、净利润（净亏损以"-"号填列）	17	296372.00	
五、每股收益：	18		
（一）基本每股收益	19		
（二）稀释每股收益	20		

图7-25　利润表(数据部分)

选择“文件”|“保存”命令，存为“两江利润表”。

7.2.4 自定义报表制作

实验资料

自定义费用统计表，按照销售费用和管理费用对应二级科目进行合计。报表格式及单元格公式如表7-3所示。

表7-3 费用统计表

单位名称： 年 月

项目	行次	本期金额	本年累计金额
工资	1	FS("660201",月, "借",,,"",,)+ FS("660101",月, "借",,,"",,)	LFS("660101",月,"借",,,"",,)+ LFS("660201",月,"借",,,"",,)
福利费	2	FS("660202",月, "借",,,"",,)+ FS("660102",月, "借",,,"",,)	LFS("660102",月,"借",,,"",,)+ LFS("660202",月,"借",,,"",,)
办公费	3	FS("660203",月, "借",,,"",,)+ FS("660103",月, "借",,,"",,)	LFS("660103",月,"借",,,"",,)+ LFS("660203",月,"借",,,"",,)
差旅费	4	FS("660204",月, "借",,,"",,)+ FS("660104",月, "借",,,"",,)	LFS("660104",月,"借",,,"",,)+ LFS("660204",月,"借",,,"",,)
招待费	5	FS("660205",月, "借",,,"",,)+ FS("660105",月, "借",,,"",,)	LFS("660105",月,"借",,,"",,)+ LFS("660205",月,"借",,,"",,)
折旧费	6	FS("660206",月, "借",,,"",,)+ FS("660106",月, "借",,,"",,)	LFS("660106",月,"借",,,"",,)+ LFS("660206",月,"借",,,"",,)
其他	7	FS("660299",月, "借",,,"",,)+ FS("660199",月, "借",,,"",,)	LFS("660199",月,"借",,,"",,)+ LFS("660299",月,"借",,,"",,)
合计	8	C4+C5+C6+C7+C8+C9+C10	D4+D5+D6+D7+D8+D9+D10

实验过程

1. 格式定义

(1) 选择“业务工作”|“财务会计”|“UFO报表”，在打开的窗口中选择“文件”|“新建”命令创建一张空白的报表。

(2) 查看报表左下角的“格式/数据”按钮，让报表处于“格式”状态。

(3) 选择“格式”|“表尺寸”命令，设置报表行列数，行数11行，列数4列，如图7-26所示。

(4) 选择单元格区域A1:D1，选择“格式”|“组合单元”命令，在组合单元窗口中单击“整体组合”，将所选择的单元格组合成一个单元格，然后在单元格中输入“费用统计表”。

(5) 选择“格式”|“单元属性”命令，将设置的组合单元格设为字符型，字体为宋体，字号18，水平、垂直方向均为居中。

(6) 选择单元格A2，选择“数据”|“关键字”|“设置”命令，选择“单位名称”，在C2单元格设置关键字“年”，在D2单元格设置关键字“月”，列宽适当调宽，如图7-27所示。

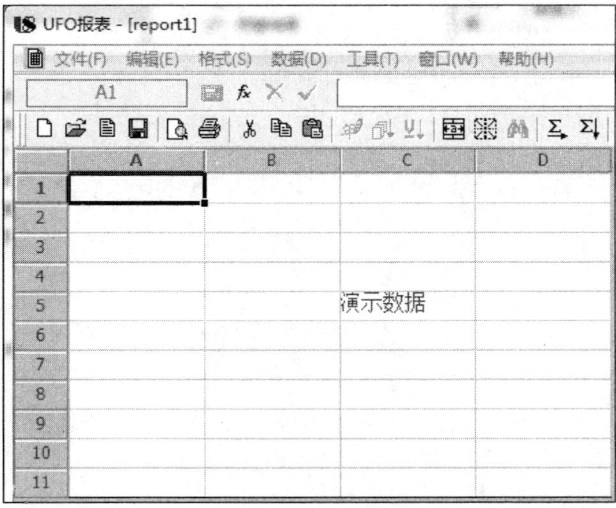

图7-26 建立空表

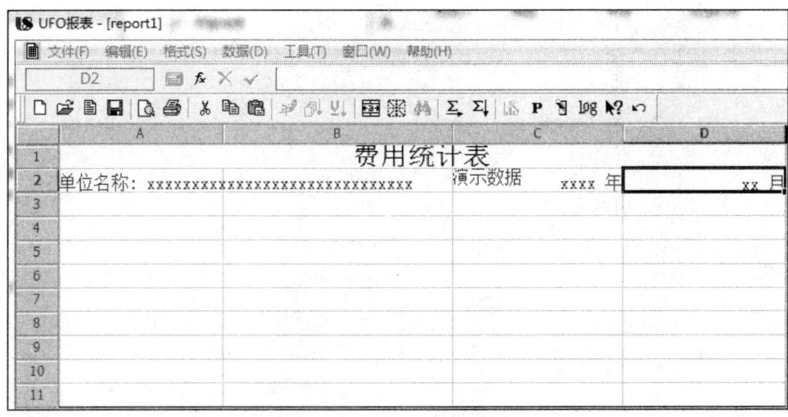

图7-27 设置表头

(7) 完成报表各行列名称的设置。

(8) 选中单元格区域A3:D11，选择“格式”|“区域画线”命令，在弹出的窗口中选择“网线”，如图7-28所示。

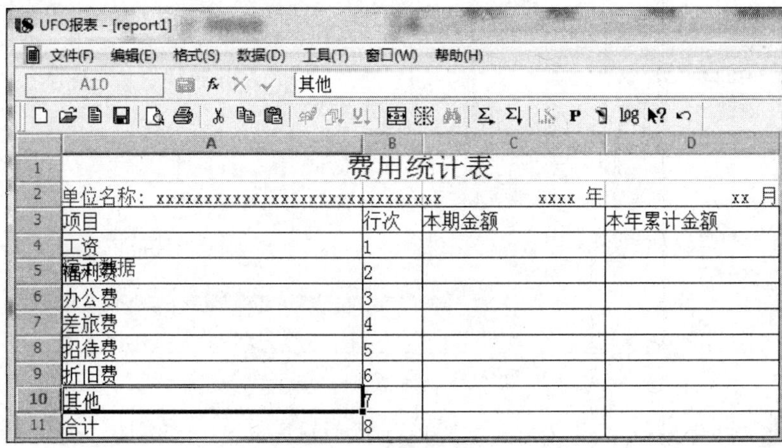

图7-28 费用统计表

2. 公式定义

(1) 选中单元格C4，单击工具栏中的fx按钮，弹出“定义公式”窗口，如图7-29所示。单击“函数向导”按钮，打开“函数向导”窗口。

图7-29　定义公式

(2) 在“函数分类”栏中选中“用友账务函数”，在“函数名”栏中选择“发生(FS)”函数，如图7-30所示。单击“下一步”按钮。

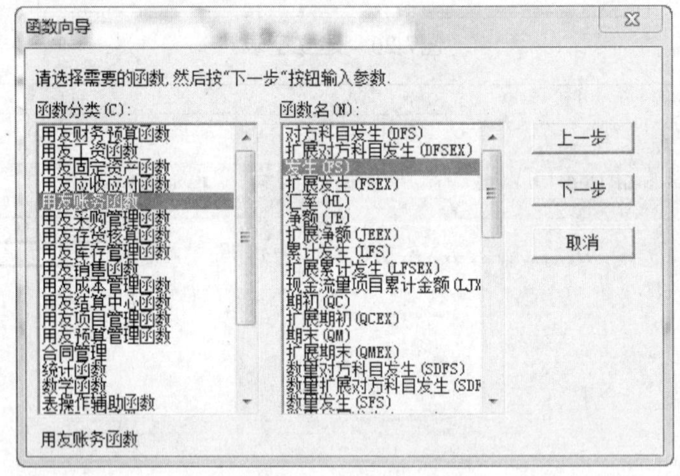

图7-30　函数向导

(3) 在“用友账务函数”窗口中，单击“参照”按钮，在弹出的“账务函数”窗口中选择科目代码660101，其他参数按默认值，如图7-31所示。

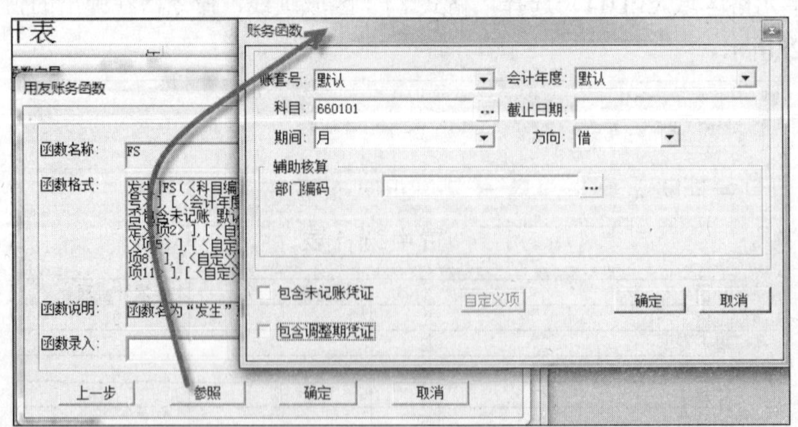

图7-31　账务函数定义

单击“确定”按钮返回“定义公式”窗口，然后输入“+”，再增加另一个公式，完成C4单元格的公式定义，结果为FS("660101",月,"借",,,"",,)+FS("660201",月,"借",,,"",,)，如图7-32所示。单击“确认”按钮完成定义。

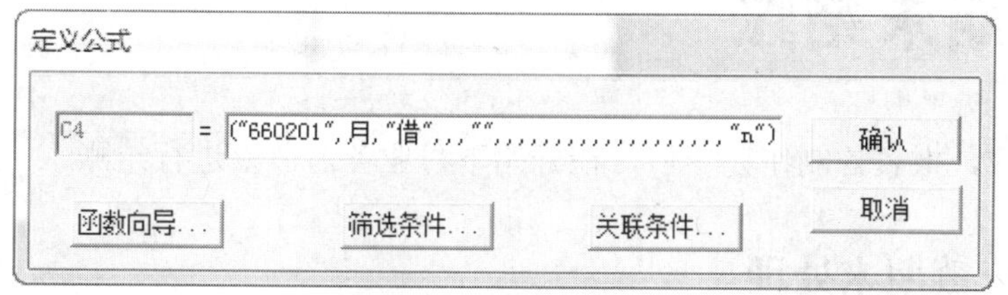

图7-32　取数公式

后面的公式相近，也可以通过复制前一公式后修改完成。LFS(　)函数是取累计发生额。

(4) 选中C11单元格，单击fx按钮，系统弹出“定义公式”窗口，在窗口中直接输入公式C4+C5+C6+C7+C8+C9+C10。用同样的方法，输入D11单元格公式。

实验提示

函数是设定公式的关键，需要熟悉相关的公式，才能自如地定义公式。关于公式函数，具体可参考软件的帮助说明。

3. 数据取数

(1) 单击左下角的“格式”按钮，切换报表状态至“数据”。

(2) 选择“数据”|“关键字”|“录入”命令， 输入报表的关键字“4”月，进行报表计算，完成报表编制，如图7-33所示。

UFO报表 - [两江费用统计表]

文件(F)　编辑(E)　格式(S)　数据(D)　工具(T)　窗口(W)　帮助(H)

A11@1　合计

费用统计表

	A	B	C	D
2	单位名称:		2013 年	4 月
3	项目	行次	本期金额	本年累计金额
4	工资	1	55800.00	71800.00
5	福利费	2	14714.00	25814.00
6	办公费	3 演示数据	350.00	950.00
7	差旅费	4	1800.00	7400.00
8	招待费	5	1500.00	6100.00
9	折旧费	6	13970.41	16570.41
10	其他	7	37323.24	37373.24
11	合计	8	125457.65	166007.65

图7-33　自定义报表

(3) 单击“保存”按钮，以“两江费用统计表”为名保存。

自定义报表在实际工作中应用广泛，要特别注意熟悉需要使用的函数，具体可查看帮助信息，结合业务进行具体编制。

7.3 期末结账

本期业务完成，报表的制作完毕后，在开始下月业务前需要进行结账。

7.3.1 供应链期末处理

1. 采购管理月末结账

选择“业务工作”|“供应链”|“采购管理”|“月末结账”。

选择“结账”，系统会提示“是否关闭订单”，如果有未关闭的订单，单击“是”按钮，进行关闭订单操作。如果已经关闭了相关订单，单击“否”按钮，完成结账工作。

2. 销售管理月末结账

选择“业务工作”|“供应链”|“销售管理”|“月末结账”，单击“结账”按钮完成。

3. 库存管理月末结账

(1) 对账

选择“业务工作”|“供应链”|“库存管理”|“对账”|“库存与存货对账”，然后选择对账月份进行对账。

(2) 月末结账

选择“业务工作”|“供应链”|“库存管理”|“月末结账”，然后选择结账月份，单击“结账”按钮，系统提示“库存启用月份结账后将不能修改期初数据”，单击“是”按钮，完成结账。

4. 存货核算月末结账

选择“业务工作”|“供应链”|“存货核算”|“业务核算”|“期末处理”，打开如图7-34所示窗口。单击“处理”按钮，处理后系统会提示处理完成。然后选择“业务工作”|“供应链”|“存货核算”|“业务核算”|“月末结账”，完成存货核算月末结账操作。

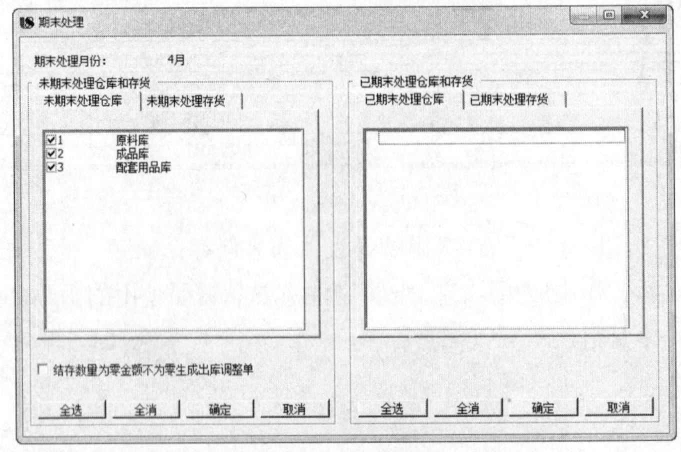

图7-34　期末处理

7.3.2　期末对账

选择“财务会计”|“总账”|“期末”|“对账”，进入“对账”窗口。单击“试算”按钮，可查看本期的试算平衡结果，如图7-35所示。

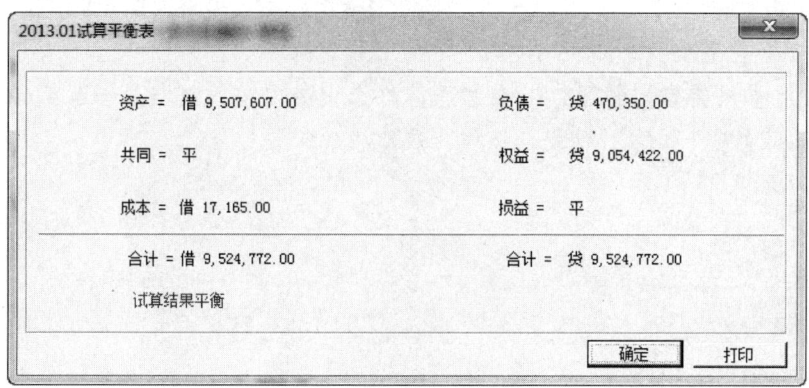

图7-35　期末试算平衡

实验提示

对账是对账簿数据进行核对，以检查记账是否正确，以及账簿是否平衡。它主要是通过核对总账与明细账、总账与辅助账数据来完成账账核对。为了保证账证相符、账账相符，应经常使用本功能进行对账，至少一个月一次，一般可在月末结账前进行。

7.3.3　月末结账

选择“财务会计”|“总账”|“期末”|“结账”，进入“结账”窗口，如图7-36所示。

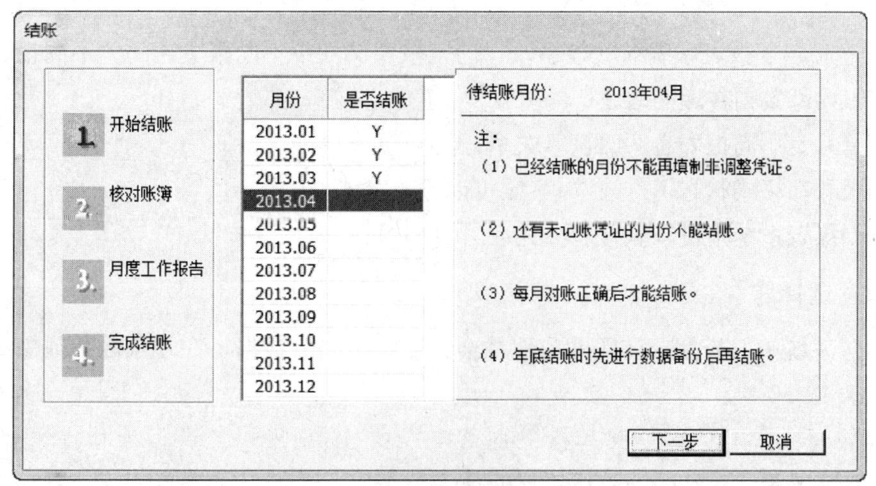

图7-36　结账

单击“下一步”按钮，系统进行账簿核对，单击“对账”按钮，完成后单击“下一步”按钮，系统显示本月工作报告。

再单击“下一步”按钮，然后单击“结账”按钮，进行结账处理。

实验提示

① 本月还有未记账凭证时，不能结账。

② 结账必须按月进行，上月未结账，本月不能结账。

③ 如果与其他系统联合使用，其他子系统未结账，本月也不能结账。

④ 结账后，除查询外，不得对本月业务进行任何操作。

⑤ 结账后如果要取消结账，可在结账窗口选中要取消的结账月份，按Ctrl+Shift+F6键，激活“取消结账”功能，按提示操作，取消结账标志。

复习题

一、思考题

1. 自动转账的作用是什么？

2. 期末业务主要包括哪些内容？

3. 简述制作报表的流程。

4. 期末结账前要做好哪些准备？

5. 怎样验证报表数据的正确性？

二、判断题

1. 每个月末，均需要先进行转账定义，再进行转账生成。(　　)

2. 在总账系统中设置对应结转自动转账分录时，对应结转的科目必须为末级科目，且其科目结构和辅助账类必须一致。(　　)

3. 在生成期末自动转账凭证时必须注意业务发生的先后顺序，否则计算金额时就可能会发生差错。(　　)

4. 函数建立起了报表系统与其他系统、同一报表文件中不同报页之间、不同报表文件之间以及同一报表内部数据传递的通道。(　　)

5. 勾稽关系是不同报表之间的核算关系。(　　)

6. UFO报表在格式状态下，按“=”键可以输入公式。(　　)

7. 在UFO报表系统中可以联查有关凭证。(　　)

三、单项选择题

1. 在总账系统中，若期末转账业务要从会计账簿中提取数据，在转账前必须先将全部相关的业务(　　)。

A. 填制凭证　　B. 审核凭证　　C. 记账　　D. 月末结账

2. 在总账系统中，对结账的叙述错误的是(　　)。

A. 结账前，本月凭证必须登记入账

B. 结账后，不能再输入该月凭证

C. 结账必须按月连续进行

D. 每月可以结多次账

3. 在总账系统中，结账处理过程的顺序是(　　)。

A. 选择结账月份→结账前检验→结账处理→备份结账前数据

B. 选择结账月份→结账前检验→备份结账前数据→结账处理

C. 选择结账月份→备份结账前数据→结账处理→结账前检验

D. 结账前检验→选择结账月份→备份结账前数据→结账处理

4. 用友ERP-U8总账系统中，以下关于结账的意义，说法不正确的是(　　)。

A. 结账就是计算本月各科目的本期借贷方累计发生额和期末余额

B. 结账就是计算和结转各账簿的本期发生额和期末余额

C. 结账就是终止本月的账务处理工作

D. 结账工作每月进行一次

5. 在总账系统中，采用自定义转账分录生成机制凭证前，需要做好以下(　　)工作。

A. 本月发生的经济业务已制成凭证，但未审核记账

B. 本月发生的经济业务已制成凭证，已审核但未记账

C. 本月发生的经济业务已制成凭证，已审核已记账

D. 本月发生的经济业务已制成凭证，已审核已记账且已结账

6. 在总账系统中设置转账分录时无须定义(　　)。

A. 凭证号　　　　B. 凭证类别

C. 摘要　　　　D. 借贷方向

7. 关于总账系统自动转账分录凭证生成，下列说法中不正确的是(　　)。

A. 独立自动转账分录可以在任何时候用于填制机制凭证

B. 相关自动转账分录只能在某些相关经济业务入账后使用，否则计算金额时会发生差错

C. 系统按设定的自动转账分录生成转账凭证后自动审核凭证并记账

D. 同一张自动转账凭证，年度内可根据需要多次生成，但每月一般只需结转一次

8. 下列自动转账分录中，属于独立自动转账分录的是(　　)。

A. 固定资产计提折旧自动转账分录　　　　B. 制造费用结转自动转账分录

C. 销售成本结转自动转账分录　　　　D. 期间损益结转自动转账分录

9. UFO报表正确的基本操作流程是(　　)。

A. 设计格式→定义公式→数据处理→图形处理→打印

B. 设计格式→图形处理→数据处理→定义公式→打印

C. 定义公式→设计格式→数据处理→图形处理→打印

D. 设计格式→定义公式→图形处理→数据处理→打印

10. 如果发现UFO生成的财务报表中有公式的单元数据错误，应(　　)。

A. 直接键入正确的数据　　　　B. 返回格式状态修改数据

C. 返回格式状态修改公式　　　　D. 直接修改公式

11. UFO编制报表时，通过(　　)让计算机自动完成取数计算。

A. 输入单位名称　　　　B. 录入关键字

C. 输入单位编号　　　　D. 输入日期

四、多项选择题

1. 关于总账系统结账功能，下列说法中正确的有(　　)。

A. 结账功能每月可根据需要多次进行

B. 结账前，一般应进行数据备份

C. 已结账月份不能再填制记账凭证

D. 结账操作只能由会计主管进行

2. 由于各会计期间的许多转账和期末业务具有规律性，可以通过设定自动转账分录达到快速生成转账凭证的目的。目前总账系统“转账定义”功能提供(　　)等多种转账功能的定义。

A. 自动转账定义

B. 对应转账设置

C. 销售成本结转设置

D. 期间损益结转设置

3. 月末处理是指在将本月发生的经济业务全部登记入账后所要做的工作，通过总账系统“月末处理”功能，用户可以实现(　　)等操作。

A. 转账定义

B. 转账生成

C. 对账

D. 结账

4. UFO报表提供(　　)类别的公式供我们选择使用。

A. 单元公式

B. 审核公式

C. 舍位平衡公式

D. 批命令公式

5. 用UFO报表系统生成报表数据时，下列(　　)是必需的。

A. 已经输入审核公式

B. 手工输入关键字

C. 已经设置好报表格式

D. 已经输入舍位公式

6. 在UFO报表中，(　　)可以输入单元公式。

A. 按“=”键输入公式

B. 在编辑框中输入“=”和公式

C. 点击“fx”按钮，输入公式

D. 双击单元格输入公式

第8章

会计电算化管理

8.1 会计电算化组织及岗位

8.1.1 会计电算化工作组织的要求

会计电算化后，会计人员的分工和职能有所变化。正确组织会计电算化工作，对于完成会计任务、发挥会计在管理中的作用具有重要的意义。会计电算化总的职能未变，由于会计数据处理工作由计算机完成，因此会计人员的主要工作是收集会计数据，参与经营管理与经营决策。电算化会计系统是一个人机系统，从使用角度讲，人要负责录入数据和进行设备的维护与管理；从软件设计角度讲，要增加软件设计方面的人员。因此，根据会计电算化工作的特点，要做好会计工作，必须根据本单位实际情况建立专门的会计电算化机构或有关岗位从事会计电算化工作，使会计电算化工作得以顺利开展。

对基层单位来说，除了要按国家对会计工作的统一要求来组织会计工作外，还应注意以下要求：

(1) 既要考虑会计电算化工作的特点，又要按单位经营管理的特点来组织会计工作。对会计电算化人员、会计业务人员的配备，都必须结合本单位业务的特点和经营规模的大小等情况作合理的安排。

(2) 对会计机构的设置、会计业务人员和会计电算化人员的配备，应力求精简、合理，节约人力，降低费用。

(3) 会计业务人员和会计电算化人员的配备要合理。实现会计电算化后，会计业务人员与会计电算化人员之间的分工比较明确，必须根据实际情况确定会计业务人员和会计电算化人员之间的比例，以达到最佳的配备。

8.1.2 会计电算化后会计部门的组织形式

会计电算化部门如何组织，应根据各单位的实际情况来设置。大中型企事业单位一般都有信息中心或计算机中心，因此，在进行会计电算化工作的组织时要统一考虑。组织过程中要注意两个问题：一是怎样处理与信息中心的关系，二是怎样处理会计部门内部的关系。

会计电算化工作的组织，对每一个单位来说都有自己的特殊情况，还与会计电算化的发展程度有关。所以，应根据每一个阶段的需要来建立或调整相应的机构，做到既满足会计电算化工作需要，又节省人力物力。

8.1.3 会计电算化人员管理

1. 会计电算化人员构成

在应用会计软件中，会计电算化人员由以下几类构成：系统管理人员、系统维护人员、业务操作员、数据审核员、档案管理人员、财务分析人员、电算审查人员，这类人员统称为系统应用人员。在整个电算化会计系统的岗位中，不同的人员有不同的分工与职责，在不同的岗位上发挥不同的作用。

对于自行开发会计软件的单位，还有系统分析人员，系统设计人员，系统编程、调试人员，统称为开发人员。

对会计电算化人员管理的基本方法是：按照“责、权、利相结合”的基本管理原则，明确系统内各类人员的职责、权限并尽量将其与各类人员的利益挂钩，即建立、健全岗位责任制。这样一方面可以加强内部控制，保护资金财产的安全；另一方面可以提高工作效率，充分发挥系统的运行效率。

2. 会计电算化岗位职责

会计电算化后，根据单位规模的大小和实际情况设置具体管理岗位。在会计软件应用中，各岗位的基本职责如下。

(1) 系统管理人员

系统管理人员也称电算主管，职能是负责协调计算机及会计软件系统的运行工作，要求具备会计和计算机知识，以及相关的会计电算化组织管理的经验。电算化主管可由会计主管兼任，采用大中小型计算机和计算机网络会计软件的单位，应该设立此岗位。系统管理人员的权限很大，一般可调用所有的功能和程序，但不能调用系统的源程序及详细的技术资料。系统管理人员不能由软件的开发人员担任。根据实际情况，也可以将部分职能分配给其他的人员负责。

系统管理人员的具体职责如下。

① 负责电算化系统的日常管理工作，监督并保证系统的有效、安全、正常运行，在系统发生故障时，应及时到场，监督与组织有关人员恢复系统的正常运行。

② 协调系统各类人员之间的工作关系。

③ 负责组织和监督系统运行环境的建立，以及系统建立时的各项初始化工作。

④ 负责系统各有关资源(包括设备、软件、数据及文档资料等)的调用、修改和更新的审批。

⑤ 负责系统操作运行的安全性、正确性、及时性检查。

⑥ 负责计算机输出的账表、凭证数据正确性和及时性的检查与审批。

⑦ 负责做好系统运行情况的总结，提出更新软件或修改软件的需求报告。

⑧ 负责规定系统内各使用人员的权限等级。

⑨ 负责系统内各类人员的工作质量考评以及提出任免意见。

(2) 业务操作员

业务操作员也称软件操作员，负责输入记账凭证和原始凭证等会计数据，输出记账凭证、会计账簿、报表和进行部分会计数据处理工作，要求具备会计软件操作知识，达到会计电算化初级知识培训的水平。一般由基本会计岗位(原手工会计业务岗位)的会计人员兼任软件操作岗位。操作员是系统运行中的关键人员，不能由系统开发人员担任，不能调用非自己权限内的功能。

业务操作员的主要职责如下。

① 负责本岗位业务的录入、处理与输出。

② 严格按照系统操作说明进行操作。

③ 系统操作过程中发现故障，应及时报告系统管理员，并做好故障记录及上机记录等事项。

④ 做到当日账当日清。

⑤ 按规定打印系统所有的明细账、总分类账和会计报表以及自动转账凭证。

(3) 数据审核员

数据审核员也称审核记账员，负责对输入计算机的会计数据(记账凭证和原始凭证等)进行审核，操作会计软件登记机内账簿，对打印输出的账簿、报表进行确认。此岗位要求具备会计和计算机知识，达到会计电算化初级知识培训的水平，可由主管会计兼任。

数据审核员的主要职责如下。

① 负责输入数据凭证的审核工作，包括各类代码的合法性、摘要的规范性和数据的正确性。

② 负责输出数据正确性的审核工作。

③ 对不真实、不合法、不完整、不规范的凭证退还各有关人员更正、补齐，再行审核。

④ 对于不符合要求的凭证和不正确的输出账表数据，不予签章确认。

(4) 系统维护人员

系统维护人员也称电算维护员，负责保证计算机硬件、软件的正常运行，管理机内会计数据。此岗位要求具备计算机和会计知识，经过会计电算化中级知识培训。采用大型、中型、小型计算机和计算机网络会计软件的单位，应设立此岗位，此岗位在大中型企业中应由专职人员担任。软件维护员了解所用的软件，所以，其不能从事系统的业务操作工作。

系统维护人员的主要职责如下。

① 定期检查软件、硬件设备的运行情况。

② 负责系统运行中的软件、硬件故障的排除工作。

③ 负责系统的安装和调试工作。

④ 负责与有关会计人员，利用软件提供的通用功能，生成满足新需求的操作维护工作。

(5) 电算审查人员

电算审查人员负责监督计算机及会计软件系统的运行，防止利用计算机进行舞弊，要求具备计算机和会计知识，达到会计电算化中级知识培训的水平。此岗位可由会计稽核人员兼任。采用大型、中型、小型计算机和大型会计软件的单位，可设立此岗位。

电算审查人员的主要职责如下。

① 协助制定有关的内部控制措施和制度。

② 对有关数据及现象进行分析，发现线索。

③ 进行日常审查。

(6) 财务分析人员

财务分析人员负责对计算机内的会计数据进行分析，提交有关分析报告。要求具备计算机和会计知识，达到会计电算化中级知识培训的水平。采用大型、中型、小型计算机和计算机网络会计软件的单位，可设立此岗位，可由主管会计兼任。

财务分析人员的主要职责如下。

① 协助建立日常的分析制度和规范。

② 提交有关的常规分析报告。

③ 完成领导下达的有关分析任务。

(7) 档案管理人员

档案管理人员负责保管各类数据和会计档案，应具备计算机常识，如U盘、光盘的使用与保护等，一般应由能做好安全保密的人员担任。

档案管理人员的主要职责如下。

① 负责系统的各种开发文档、各类数据U盘、光盘及各类账表、凭证、资料的备份和存档保密工作。

② 做好各类数据、资料、账表、凭证的安全保密工作，不得擅自借出。

③ 按规定期限，向各类有关人员催交备份数据及存档数据。

3. 设置会计电算化岗位的注意事项

在设立各种会计电算化岗位及其责任时，关键在于以下几个方面。

(1) 系统开发及软件维护人员与系统操作人员职务要分离。如果开发人员又是系统操作人员，则非法篡改系统和程序的风险极大。因为系统程序是由开发人员分析、设计和编写的，他们对程序的逻辑关系及程序中的控制了如指掌。如果他们同时又作为系统操作人员，则他们完全可以在系统验收批准并投入使用后，再利用操作处理之便篡改程序。如果程序被篡改，单位的财产可能遭受损失，会计记录就无准确可言。因此，系统开发人员与系统操作人员职务要分离。操作人员不能了解系统的程序及逻辑，不能接触系统程序及系统开发文档，不需要有软件开发的技能；系统开发人员在系统调试通过、验收批准后，应不得再接触和操作其开发的系统；数据的输入、业务的处理应由操作人员执行；日后系统的维护和改进只能经批准后按特定的程序进行。

(2) 专职会计人员与系统操作使用人员职能的划分。对这两类人员职能的划分，现在各电算化的单位中有两种处理方法。一种是不设专职操作人员，职责的分工与手工会计系统一样，负责资金的仍负责资金，同时负责将自己作的凭证录入计算机；负责手工成本计算的，电算化后也负责操作计算机计算成本。另一种是设立专职的操作人员，将其他需手工处理的会计业务进行统一录入和处理。无论采用哪一种方法，需要注意的一点是要利用各类人员的特点，发挥他们的特长，从而更好地发挥系统的效益。例如，许多单位有一批老会计，他们有丰富的实践经验，是单位分析决策的好参谋，电算化后，应利用这个时机，使他们从繁杂的事务性处理工作中解脱出来，参与经营，参与管理。

8.2 会计电算化后的内部控制

8.2.1　会计电算化后内部控制的意义

内部控制是为了保证会计资料和信息的真实性、完整性，提高管理水平的一项有效措施。会计电算化后，由于会计信息处理方式的改变，使传统的内部控制方法面临严峻的挑战。

电算化会计系统与手工系统相比较，具有数据处理集中化、数据存储电磁化、系统初建成本高、系统操作身份识别难、内部稽核受到削弱、系统自身较脆弱等特点。这就决定了电算化会计系统的内部控制较之手工系统更为必要。

(1) 企业各级管理部门及与其利益相关的外部信息使用者的决策对电算化会计系统的依赖性增大，而这些会计信息的质量在很大程度上取决于系统内部控制状况。电算化程度越高，信息使用者对电算化信息的依赖性越大，则内部控制在更大的程度上决定信息的质量。随着电算化的日益普及和提高，不仅企业管理人员关心系统内部控制的健全与改善，外部信息使用者也越来越迫切地要求企业保持良好的内部控制，以保证企业所提供信息的质量。

(2) 随着电算化水平的逐步提高，企业财务状况和经营成果受系统资源的安全性、效率性的影响加大。为了保证电算化会计系统资源的管理和运用，更需要加强资源安全管理，避免因系统硬件、软件被盗或毁损而给企业带来重大损失。

(3) 电算化会计系统的特点表明，企业电算化以后，有些风险减少了，但同时又增加了许多在手工系统中不曾有过的风险，从而使得加强电算化会计系统的内部控制成为任何电算化单位不容忽视的一项重要工作。电算化会计系统与手工系统相比较，新增或特有的风险主要有以下几项。

① 系统功能与用户需要不相适应。电算化会计系统的建立是一个复杂的过程，除需要会计、财务等业务知识外，还需要很多计算机和通信技术知识，单纯依靠会计人员往往难以完成电算化系统的建立，一般都要由本单位或外单位的计算机专业技术人员来实施。但无论是国内还是国外都存在一个普遍现象，即计算机专业技术人员往往不懂会计业务知识或知之甚少，业务需求用户又大多对计算机知识知之较少。因此，系统开发只能由业务需求用户提出具体要求，由计算机专业技术人员按照业务需求用户提出的具体要求进行设计。这样设计出来的系统往往不能完全满足用户的需要，造成资源的浪费。

② 计算机对不合理的业务缺乏识别能力，导致企业内部控制的缺陷。尽管计算机运行速度快，计算精度高，但计算机进行逻辑判断一般要求事先编入有关程序才能进行。如果程序设计不周或对于输出文件不进行人工检查，很可能导致不合法的业务和数据游离于企业内部控制之外，造成数据的失真。

③ 数据安全性较差。在手工系统中的数据处理与存储分散于各有关部门和人员，而电算化会计系统的数据处理与存储都呈现出高度集中的特点，给数据的安全性带来一定的威胁。首先，集中处理意味着某些部门和人员在执行不相容的职责，需要采取一些额外的补偿性控制手段降低这一风险；其次，数据存储集中于磁性等载体，由于磁性载体对环境的要求较高，对温

度、湿度、清洁度均有一定要求，数据易于损毁；再次，未经授权人员一旦接触数据，就可能导致大量数据丢失或泄密。如果电算化后在数据安全方面没有增加新的控制手段，则发生数据丢失和毁损的可能性较之手工系统大大提高。

④ 差错的反复发生。在手工系统中，发生差错往往是个别现象，而且由于数据处理各环节分散于多个部门、由多个人员分工完成，一个部门或人员的差错往往可以在后续环节中被发现并得以改正。由于计算机处理数据依靠程序运行并且运算速度极高，加之数据处理集中于计算机进行，其处理结果一旦在某一环节发生差错，就能在短时间内迅速蔓延，使得相应文件、账簿乃至整个系统的数据信息失真。如果差错是由于应用程序和软件造成的，则计算机会反复执行同一错误操作，多次给出错误结果。因此，为了保证数据处理的可靠性，需要在系统硬件、软件及数据处理各环节增设必要的控制措施。

⑤ 程序被非法调用和篡改。对程序调用和修改的控制，这个在手工系统中不曾存在的问题在电算化会计系统中却至关重要。如果对接近系统的人员缺乏控制，就有可能发生程序被未经授权的人员非法变更的情况，不仅导致数据失真，也为舞弊行为提供了滋生的土壤。在历史上，无论是国内还是国外，通过非法调用和篡改程序以达到非法目的的事件都屡见不鲜。因此，必须对程序调用和修改的操作者身份进行严格的控制。

8.2.2　电算化会计系统内部控制的分类

依据一定的标准对电算化会计系统中的内部控制加以分类，有助于对其内部控制的理解、审查和评价。

(1) 依据控制实施的范围，可将电算化会计系统内部控制分为一般控制和应用控制，这是一种最常见的分类。一般控制是对电算化会计系统构成要素(人、机器、文件)及数据处理环境的控制，主要内容包括组织控制、系统开发与维护控制、硬件及系统软件控制和安全控制。应用控制则是对具体功能模块及业务数据处理过程各环节的控制，主要包括输入控制、处理控制和输出控制等内容。一般控制适用于整个电算化会计系统，是应用控制的基础，它为数据处理提供了良好的环境；应用控制则适用于特定的处理任务，是一般控制的深化，它在一般控制的基础上，直接输入具体的业务数据处理过程，为数据处理的准确性、完整性提供最后的保证。

(2) 依据控制所采取的手段，可将电算化会计系统中的内部控制分为手工控制和程序化控制两类。手工控制是由人工直接通过手工操作实施的控制。程序化控制是由计算机程序自动完成的控制。

(3) 依据控制的预定意图，可以将电算化会计系统中的内部控制分为预防性控制、检查性控制和纠正性控制三类。预防性控制是为防止不利事件的发生而设置的控制；检查性控制是用来检查、发现已发生的不利事件而设置的控制；纠正性控制，也称为恢复性控制，是为了消除或减轻不利事件造成的损失和影响而设置的控制。预防性控制是一种积极的控制，它试图在不利事件发生前加以防范，减少出现不利事件的可能性；检查性控制是一种中性的控制，它试图在不利事件发生时就能够发现；而纠正性控制则相对是消极的，它是假定不利事件已经发生，设置一些可以减少不利影响的手段。

(4) 依据实施控制部门不同，可将电算化会计系统内部控制分为电算化部门控制和用户控制。电算化部门控制是指由电算化部门人员或计算机程序实施的控制；用户控制则是指数据信息使用部门对计算机数据处理施加的控制。

8.2.3 电算化会计系统内部控制的特点

在电算化会计系统中，内部控制的目标仍然是保证会计资料和信息的真实性与完整性，提高经营效率以保证管理目标的实现。但其控制的重点、范围、方式和手段等方面发生了变化。

1. 控制的重点转向系统职能部门

实现电算化以后，数据的处理、存储集中于职能部门，因此，内部控制的重点也必须随之转移。

2. 控制的范围扩大

由于电算化会计系统的数据处理方式与手工系统相比有所不同，以及电算化会计系统建立与运行的复杂性，要求内部控制的范围相应扩大。其中包括一些手工系统中不曾有过的控制内容，如对系统开发过程的控制、数据编码的控制以及对调用和修改程序的控制等。

3. 控制方式和手段由手工控制转为手工控制和程序化控制相结合

手工系统中，所有的控制手段一般都是手工控制，在电算化会计系统中，原有的手工控制手段有些依然保留，但需要增设一些包含于计算机程序中的程序化控制。当然，由于电算化程度不同，程序化控制的数量也会有所不同。一般来说，电算化程度越高，采用的程序化控制要求也越多。两者相结合的特点，反映了电算化会计系统控制技术的复杂性。

8.2.4 电算化会计系统内部控制的目标

电算化会计系统内部控制的目标，是指实施对电算化会计系统进行内部控制所应该达到的效果和目的。根据内部控制的定义和对系统的一般要求，内部控制的目标可概括为以下三个方面。

1. 保证系统的合法性

系统的合法性包含两方面的含义，系统本身以及处理的经济业务应该遵循财政部颁布的有关会计软件开发的有关规定以及当前的会计法规、会计准则、会计制度等有关规定。因此在系统设计过程以及系统运行阶段，都必须建立严格的内部控制制度和措施，以确保系统本身及其处理经济业务的合法性。

2. 保证系统的安全

保证电算化会计系统的安全可靠，是电算化会计系统能够正常运行的前提和基础。系统的安全主要包括系统本身硬件、软件资源的安全以及系统数据库的安全等。因此，在对系统进行设计时，应该充分考虑影响威胁系统安全的因素有哪些，并考虑应该采用什么样的措施来抵御威胁，以确保系统的安全、可靠。

3. 保证系统处理数据的真实和准确

为了保证电算化会计系统数据处理的正确、合理，保证财务报告信息的真实、可靠，电算化会计系统内部控制的重点应放在对软件开发过程中的程序化控制以及对个人权限的管理和控制上，并且充分发挥内部审计的作用。在电算化会计系统的设计过程中，应将一些控制措施嵌入程序中，如个人权限控制、系统纠错控制、系统恢复控制、输入数据控制、科目合法性控制、凭证合法性控制、借贷平衡控制等。特别强调的是，对输入的数据要进行严格的控制，如果输入的数据一旦出错，会计处理的过程无论有多么正确，输出的结果永远都不可能是正确的。

8.2.5 会计电算化后内部控制的内容

电算化会计系统内部控制的内容结构如图8-1所示。

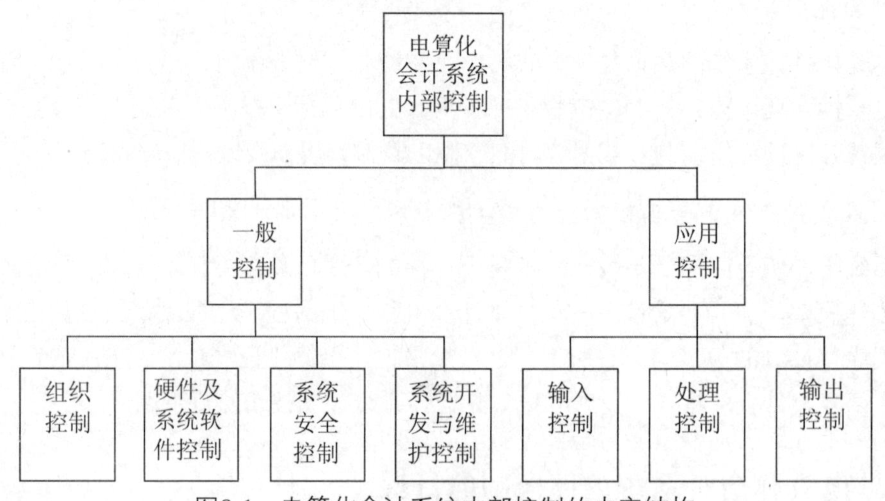

图8-1 电算化会计系统内部控制的内容结构

1. 一般控制

一般控制是对整个电算化会计系统及环境构成要素实施的，对系统的所有应用或功能模块具有普遍影响的控制措施。如果系统一般控制较弱，则无论单个应用与各处理环节的应用控制如何完善，都难以达到内部控制的目标。一般控制可具体划分为组织控制、硬件及系统软件控制、系统安全控制和系统开发与维护控制。

(1) 组织控制

电算化会计系统组织控制的基本目标是：电算化会计系统职能部门的设置、职责分工及人员的招聘、使用与考核应能保证电算化会计系统中的有关人员能正确、有效地履行自己的职责。

电算化会计系统组织控制的主要内容如下。

① 电算化部门与用户部门的职责分离。

② 系统职能部门内部的职责分离。

③ 人员素质保证。

④ 领导与监督。

(2) 硬件及系统软件控制

① 硬件控制。指计算机硬件制造商随机配置的某些控制功能或技术手段。

② 系统软件控制。系统软件的主要功能包括管理计算机系统资源、辅助和控制应用程序的运行等。系统软件应包括以下三个方面的控制功能：错误的处理、程序保护、文件保护。

(3) 系统安全控制

系统安全控制是一般控制的重要组成部分，它是为了保证计算机系统资源的实物安全而采取的各种控制手段。它有利于防止和减少因自然灾害、工作疏忽、蓄意破坏以及计算机犯罪等造成的损失和危害。系统安全控制还是各种应用控制作用的前提和基础。如果安全措施不当，则再完善的应用控制也无济于事。

系统安全控制包括硬件的安全控制、软件与数据的安全控制、环境安全控制、防病毒控制等几个方面。

(4) 系统开发与维护控制

系统开发与维护控制是对新系统的分析、设计、实施以及对现行系统的改进和维护过程的控制。合理设置系统开发过程中的有关控制是保证系统开发质量的重要条件，具体内容如下。

① 计划与文档控制。

② 授权控制。

③ 转换控制。

④ 系统维护改进控制。

2. 应用控制

应用控制是在整个电算化会计系统中的某个子系统或单位应用系统的数据输入、处理和输出环节中设置的控制措施。应用控制涉及各种类型的业务，每种业务及其数据处理有其特殊流程和要求，决定了具体控制的设置需结合具体的业务，各种业务数据处理过程应用控制的内容有很多。应用控制一般可划分为输入控制、处理控制和输出控制三个方面。

(1) 输入控制

数据输入是一项较为复杂的工作，手工操作与计算机操作混合使用，电算化部门与其他部门业务往来繁杂，最易发生错误，需要设置大量的控制措施加以防范。输入控制是应用控制中最为关键的环节，其主要包括数据采集控制和数据输入控制。

(2) 处理控制

数据输入计算机后，即按照一定的程序和指令对有关数据进行加工处理，这一过程极少人工干预。处理控制大部分为检查性、纠正性和程序化控制。但应用程序的计算与处理逻辑错误，程序运行中处理了不应当处理的文件和数据，错误数据在输入过程中没有被检查出来，或处理过程中使用了不应该使用的程序版本等，都将影响数据处理结果的准确性和可靠性。因此，在处理过程设置一定的控制措施仍是十分必要的，其主要包括数据有效性检验和程序化处理有效性检验。

(3) 输出控制

输出是计算机数据处理的最后结果，对输出进行控制的主要目的，一是要验证输出结果的正确性，二是要保证输出结果能够及时地送到有权接受有关输出的人员手中。电算化会计系统数据处理的最终输出有三种基本形式，即存入外存储器、打印成书面文件和屏幕显示。其中打印出的书面文件往往具有法律效力(如会计报表)或者导致资产的转移(如发货单)，因而构成输出控制的重点，输出控制的首要任务是及时发现输出中存在的问题。系统职能部门与业务职能部门在这方面共同承担责任，控制的具体设计也应从这两方面考虑。

① 系统职能部门，输出前控制要求在输出文件分发前对其从形式和内容上加以审核，对正常报告与例外报告均要进行认真检查。审核检查采用的主要手段之一是核对。其中包括：业务处理记录簿与输入业务记录簿的有关数字核对；输入过程的控制总数与由输出得到的控制总数相核对；正常业务报告与例外报告中有关数字的对比分析等。

② 业务职能部门，也应对收到的文件从形式和内容两方面进行检查。在检查中，要将收到的计算机数据处理清单与自己保存的原始凭据清单逐一核对，确定输出文件内容的完整性；要将人工计算的控制总数与计算机计算输出的控制总数相核对，以便发现输出文件中有无重复、遗漏或篡改的内容；要将输出文件中有关的数字与实物核对，进行合理性分析，研究输出中存在的问题。

输出控制的第二项任务是确保输出文件传送工作安全、正确。因此，必须建立输出文件的分发、传送程序，设置专人负责此项工作。业务职能部门负责登记输出文件收发记录簿，与收到的输出文件核对，与文件分送时间表核对。

对于屏幕形式的输出也应设立一些控制措施，限制对输出信息的接触，如限定使用计算机或终端人员、使用进入口令、机器加锁、房屋加锁和权限控制等。

8.3 会计电算化后的使用管理

8.3.1 会计电算化后使用管理的意义

会计电算化后的使用管理主要是通过对系统运行的管理，保证系统正常运行，完成预定任务，保证系统内各类资源的安全与完整。虽然电算化会计系统的使用管理主要体现为日常管理工作，却是系统正常、安全、有效运行的关键。如果单位的操作管理制度不健全或执行不得力，都会给各种非法舞弊行为以可乘之机；如果操作不正确就会造成系统内数据的破坏或丢失，影响系统的正常运行，也会导致录入数据的不正确，影响系统的运行效率，直至输出不正确的账表；如果各种数据不能及时备份，则有可能在系统发生故障时，使得会计工作不能正常进行；如果各种差错不能及时记录下来，则有可能使系统错误运行，输出不正确、不真实的会计信息。对于电算化会计信息的使用管理主要包括机房的管理与上机操作的管理。

8.3.2 机房管理

设立机房主要有两个目的，一是给计算机设备创造一个良好的运行环境，保护计算机设备，使其稳定地运行；二是防止各种非法人员进入机房，保护机房内的设备、机内的程序与数据的安全。对于办公条件较好的单位，一般是将服务器等重要设备放置在机房，其终端设备放置在办公室，以便于日常工作。具体管理是通过制定与贯彻执行机房管理制度来实施的。机房管理的主要内容包括：

(1) 有权进入机房人员的资格审查。一般来说，系统管理员、操作员、录入员、审核员、维护人员以及其他经批准的有关人员可进入机房，系统维护员不能单独留在机房。

(2) 机房内的各种环境要求。例如，机房的卫生要求、防水要求。

(3) 机房内各种设备的管理要求。

(4) 机房中禁止的活动或行为。如严禁吸烟、喝水等。

(5) 设备和材料进出机房的管理要求等。

如果机房只放置服务器等重要设备，则机房一般只能允许系统管理员和维护人员进入，相应的制度要分开制定。

8.3.3　操作管理

操作管理是指对计算机及系统操作运行的管理工作，其主要体现在建立与实施各项操作管理制度上。操作管理的任务是建立电算化会计系统的运行环境，按规定录入数据，执行各子模块的运行操作，输出各类信息，做好系统内有关数据的备份及故障时的恢复工作，确保计算机系统的安全、有效、正常运行。操作管理制度主要包括以下内容。

(1) 上机运行系统的规定

上机运行系统的规定主要是指明哪些人员能上机运行系统，哪些人员不能上机运行系统。一般来说包括以下内容。

① 系统管理员、业务操作员、系统维护员、数据复核员及其他经系统管理员批准的有关人员，有权上机运行系统。

② 非指定人员不能上机运行系统。

③ 业务操作员、数据审核员由系统管理员根据业务需要确定。

④ 与业务无关人员及脱离会计工作岗位的人员不得上机运行系统。

⑤ 系统操作运行人员需经培训合格后方可上机运行系统。

(2) 操作权限

操作权限是指系统的各类操作人员所能运行的操作权限，主要包括以下内容。

① 业务操作员应严格按照凭证输入数据，不得擅自修改已复核的凭证数据，如发现差错，应在复核前及时修改或向系统管理员反映，已输入计算机的数据，在登账前发现差错，可由业务操作人员进行改正。如在登账之后发现差错，必须另制作凭证，以红字冲销或补充登记，录入计算机。

② 除了软件维护员之外，其他人员不得直接打开数据库进行操作，不允许随意增删和修改数据、源程序和数据库结构。

③ 出纳人员、软件开发人员不允许进行系统性的操作。

④ 系统软件、系统开发的文档资料，均由系统管理员负责并指定专人保管，未经系统管理员许可，其他人员不得擅自复制、修改和借出。

⑤ 存档的数据可写光盘、账表、凭证及各文档资料等，由档案管理员按规定统一复制、核对、保管。

⑥ 系统维护人员必须按有关的维护规定进行操作。

(3) 操作规程

操作规程主要指操作运行系统中应注意的事项，它们是保证系统正确、安全运行，防止各种差错的有力措施。其主要包括以下内容。

① 各操作使用人员在上机操作前后，应进行上机操作登记，填写姓名、上机时间和下机时间、操作内容，供系统管理员检查核实。如果会计软件中有自动记录上机日志的，也可以用上机日志代替。

② 操作人员的操作密码，应注意保密。

③ 操作人员必须严格按操作权限操作，不得越权或擅自上机操作。

④ 每次上机完毕，应及时做好所需的各项备份工作，以防发生意外事故。

⑤ 未经批准，不得使用格式化、删除等命令或功能，更不允许使用系统级工具对系统进行分析或修改系统参数。

⑥ 不能使用来历不明的存储介质和进行各种非法复制工作，以防止计算机病毒的传入。

8.3.4 计算机替代手工记账

采用计算机替代手工记账，是指应用会计软件输入会计数据，由计算机对会计数据进行处理，并打印输出会计账簿和报表。计算机替代手工记账是会计电算化的目标之一。

采用计算机替代手工记账的单位，应当具备的基本条件如下。

(1) 配有适用的会计软件，并且计算机与手工进行会计核算双轨运行三个月以上，计算机与手工核算的数据相一致，且软件运行安全可靠。

(2) 配有专用的或主要用于会计核算工作的计算机或计算机终端。

(3) 配有与会计电算化工作需要相适应的专职人员，其中上机操作人员已具备会计电算化初级以上专业知识和操作技能，取得财政部门核发的有关培训合格证书。

(4) 已建立健全的内部管理制度。包括岗位分工制度、操作管理制度、机房管理制度、会计档案管理制度、会计数据与软件管理制度等。

计算机替代手工记账的过程是会计工作从手工核算向电算化核算的过渡阶段，由于计算机与手工并行工作，会计人员的工作强度比较大，需要合理安排财务会计部门的工作，提高工作效率。

计算机与手工并行工作期间，可采用计算机打印输出的记账凭证替代手工填制的记账凭证，根据有关规定进行审核并装订成册，并据以登记手工账簿。如果计算机与手工核算结果不一致，要由专人查明原因并向本单位领导书面报告。一般来讲，计算机与手工并行的时间在三个月左右。

在实施计算机替代手工记账后，应该加强运行中的管理工作，使系统达到会计工作管理的需要。

8.4 会计电算化后的维护管理

8.4.1 会计电算化后维护管理的意义

要使电算化会计系统正常、稳定、高效地运行，就要求不断维护和优化核算系统；系统在设计中必然存在考虑不周的情况，在运行过程中也必然会出现各种问题，都要求对系统进行维护。现有统计资料表明，软件系统生命周期各部分的工作量中，软件维护的工作量一般占50%以上；经验表明，维护工作要贯穿系统的整个生命周期，不断重复出现，直到系统过时和报废为止；经验也表明，随着系统规模的扩大和复杂性的增加，维护费用在整个系统的建立与运行中的比例越来越大。维护是整个系统生命周期中最重要、最费时的工作。

系统的维护包括硬件维护与软件维护两部分。软件维护主要包括正确性维护、适应性维护、完善性维护三种。正确性维护是指诊断和改正错误的过程；适应性维护是指当单位的会计工作发生变化时，为了适应而进行的软件修改活动；完善性维护是指为了满足用户增加功能或改进已有功能的需求而进行的软件修改活动。软件维护还可分为操作性维护与程序维护两种。操作性维护主要是利用软件的各种自定义功能来修改软件的一些参数，以适应会计工作的变化，操作性维护实质上是一种适应性维护；程序维护主要是指需要修改程序的各项维护工作。

8.4.2 会计电算化后的维护管理

维护的管理工作主要是通过制定维护管理制度和组织实施来实现。维护管理制度的主要内容如下。

(1) 系统维护的任务

系统维护的任务主要包括以下几个方面。

① 实施对系统硬件设备的日常检查和维护，以保证系统的正常运行。

② 在系统发生故障时，排除和恢复运行。

③ 在系统扩充时负责安装、调试，直至运行正常。

④ 在系统环境发生变化时，随时做好适应性的维护工作。

(2) 系统维护的承担人员

在硬件维护工作中，较大的维护工作一般由研制单位进行。使用单位一般只进行一些小的维护工作，主要通过一些基本命令或各种软件工具即可满足要求，会计部门一般不配备专职的硬件维护员，硬件维护员可由软件维护员担任，即通常所说的系统维护员。

对于使用商品化软件的单位，程序维护工作由软件厂家负责，单位负责操作维护，单位可不配备专职维护员，而由指定的系统操作员兼任。

对于自行开发软件的单位一般应配备专职的系统维护员。系统维护员负责系统的硬件设备和软件的维护工作，及时排除故障，确保系统的正常运行；负责日常的各类代码、标准摘要、数据及源程序的改正性维护、适应性维护工作，有时还负责完善性的维护。

(3) 软件维护的内容

软件维护的内容包括操作维护与程序维护。操作维护主要是一些日常维护工作，程序维护包括正确性维护、完善性维护和适应性维护。

(4) 硬件维护的内容

硬件维护的内容主要包括以下几个方面。

① 定期进行检查，并做好检查记录。

② 在系统运行过程中出现硬件故障时，及时进行故障分析，并做好检查记录。

③ 在设备更新、扩充、修复后，由系统管理员与维护员共同研究决定，并由系统维护人员实施安装和调试。

(5) 系统维护的操作权限

操作权限主要是指明哪些人能进行维护操作，何种情况下可进行维护。其主要内容如下。

① 维护操作一般由系统管理员或指定的专人负责，业务操作员、档案管理员等其他人员不得进行维护操作，系统管理员可进行操作维护，但不能进行程序维护。

② 不符合维护规定手续的不允许进行软件修改操作。

③ 一般情况下，维护操作不应影响系统正常的运行。

④ 不得进行任何未做登记记录的软件、硬件维护操作。

(6) 软件的修改手续

对于自行开发的会计软件或自行增值开发的程序，为了防止各种非法修改软件的行为，对软件的修改应有审批手续。修改手续的主要内容如下。

① 由系统管理员提出软件修改请求报告。

② 由有关领导审批请求报告。

③ 以前的源程序清单存档。

④ 手续完备后，实施软件的修改。

⑤ 软件修改后形成新的文档资料。

⑥ 发出软件修改后使用变更通知。

⑦ 进行软件修改后的试运行。

⑧ 根据运行的情况作出总结并修改文档资料。

⑨ 发出软件修改版本后正式运行的通知。

⑩ 软件和源程序做新的备份，并同定稿的文档资料存档。这里的文档主要应包括维护的审批人、提请人、维护人的姓名、维护时间、修改原因、修改的内容、修改后的现状。

8.4.3 计算机病毒防治

1. 计算机病毒概述

(1) 计算机病毒的概念

计算机病毒(Computer Viruses)是一种人为特制的小程序，通过非授权入侵而隐藏在可执行程序或数据文件中。当计算机系统运行时，源病毒能把自身精确复制或者有修改地复制到其他程序体内，具有相当大的破坏性。计算机病毒成为计算机犯罪的重要形式之一。

(2) 计算机病毒的特征

① 隐蔽性。计算机病毒研制者熟悉计算机系统的内部结构并有相当好的编程技巧，他既可用汇编语言编写，也可用高级语言编写，设计出的程序一般都是不易被察觉的小程序。必须明确说明：设计病毒程序是一种犯罪行为。

② 潜伏性。病毒具有依附其他媒体而寄生的能力。它可以在几周或几个月内，在系统的备份设备内复制病毒程序而不被发现。

③ 传播性。源病毒可以是一个独立的程序体，它具有很强的再生机制，不断进行病毒体的扩散。计算机病毒的再生机制反映了病毒程序最本质的特性。

④ 激发性。在一定条件下，通过外界刺激可使病毒程序活跃起来。激发的本质是一种条件控制。如某个特定的日期或时间、特定的用户标识符或文件、用户的安全保密等级或一个文件使用的次数等，均可作为激发的条件。

⑤ 破坏性。病毒程序一旦加到当前运行的程序体上，就开始搜索可感染的其他程序，从而使病毒很快扩散到整个系统上。随之破坏磁盘文件的内容，删除数据，修改文件，抢占存储空间甚至对磁盘进行格式化。计算机病毒可以中断一个大型计算机中心的正常工作或使一个大型计算机网络处于瘫痪状态，从而造成毁灭性后果。

(3) 计算机病毒的分类

根据计算机病毒的入侵途径可将病毒分为以下几种。

① 源码病毒(Source Code Viruses)。这种病毒是在源程序被编译之前，插入用高级语言编写的源程序中。由于用高级语言编写病毒程序难度较大，所以这种病毒较少。

② 入侵病毒(Intrusive Viruses)。这种病毒入侵时，实际上是把病毒程序的一部分插入主程序。当病毒程序入侵到现有程序后，不破坏主程序就难以除掉病毒程序。

③ 操作系统病毒(Operating System Viruses)。这是最常见、危害性最大的病毒。它在系统运行过程中，不断捕捉CPU的控制权，不断进行病毒的扩散。这种病毒隐藏在被虚假地标明“损坏”的磁盘扇区内，或加载到内存的驻留程序或设备的驱动程序中，以便隐蔽地从内存储器进行传染和攻击。

④ 外壳病毒(Shell Viruses)。这种病毒把自己隐藏在主程序的周围，一般情况下不对源程序进行修改，它通常感染可执行文件。

2. 计算机病毒的预防

计算机病毒的来源主要是外来的非法软件和外来存储介质，目前通过网络传播的更为普遍，故应坚持以防为主的方针，对计算机加强管理，预防计算机病毒的感染。对计算机病毒的预防主要有如下措施。

(1) 安装安全管理软件，预防网络传播、文件传播和病毒软件启动。

(2) 加强计算机使用管理，非使用者和外来用户不得随意用机，每次使用计算机后做好记录。

(3) 对所有的计算机硬盘应保存其无毒时的分区表和引导扇区信息。

(4) 对外来软件(含购买和复制的软件)在使用前必须使用查毒软件查毒。

(5) 对不常使用和不用写入数据的软件、数据盘加上写保护措施，防止病毒写入。

3. 清除计算机病毒的步骤

(1) 使用计算机病毒杀毒软件清除已知的计算机病毒。

(2) 对引导型计算机病毒，用保存的无毒分区表和引导扇区覆盖被病毒感染的分区表和引导扇区。

(3) 重新格式化磁盘或其他存储介质。

(4) 对硬盘上的个别病毒要做低级格式化才能清除。

8.5 会计电算化档案管理

8.5.1 会计电算化档案管理的意义

会计电算化的档案主要是包括打印输出的各种账簿、报表、凭证、存储的会计数据和程序的存储介质，系统开发运行中编制的各种文档以及其他会计资料。电算化会计系统的档案管理在整个会计电算化工作中起着重要的作用。

1. 良好的档案管理是电算化后会计工作连续进行的保障

电算化会计系统的档案是会计档案的重要组成部分。会计档案是各项经济活动的历史记录，也是检查各种责任事故的依据。只有会计档案保存良好，才能连续反映单位的经济情况，才能了解单位经营管理过程的各种弊端、差错、不足，才能保证信息前后期的相互利用，才能保证系统操作的正确性、可继续培训性和系统的可维护性。

2. 良好的档案管理是电算化会计系统维护的保证

在会计电算化后的档案中，对于自行开发或增值开发的单位，各种开发文档是其中的重要内容。对电算化的会计系统来说，其维护工作有以下特点。

(1) 理解别人写的程序通常非常困难，而且软件文档越不全、越不符合要求，理解越困难。

(2) 电算化会计系统是一个非常庞大的系统，就是其中的一个子系统也非常复杂，而且其还跨越了会计与计算机两方面的专业知识，了解与维护系统非常困难。

所以，如果没有保存完整的系统开发文档，系统的维护将非常困难，甚至不可能，如果出现这样的情况，将很可能带来系统的长期停止运转，严重影响会计工作的连续性。

3. 良好的档案管理是保证系统内数据信息安全完整的关键环节

当系统程序、数据出现故障时，往往需要利用备份的程序与数据进行恢复；当系统处理需要以前年度或机内没有的数据时，也需要将备份的数据复制到机内；系统的维护也需要各种开发文档或使用说明。因此，保存良好的档案是保证系统内数据信息安全完整的关键环节。

4. 良好的档案管理是会计信息得以充分利用，更好地为管理服务的保证

让会计人员从繁杂的事务性工作中解脱出来，充分利用计算机的优势，及时为管理人员

提供各种管理决策信息，是会计电算化的最高目标。俗话说，“巧妇难为无米之炊”，对计算机来说也一样，计算机内没有相应的数据，什么样的分析数据也无法提供。因此，实现会计电算化的根本目标，必须要有保存完好的会计数据。只有良好的档案管理，才可能在出现各种系统故障的情况下，及时恢复被毁坏的数据；只有保存完整的会计数据，才可能利用各个时期的数据，进行对比分析、趋势分析、决策分析等。因此，良好的档案管理是会计信息得以充分利用，更好地为管理服务的保证。

8.5.2　会计电算化档案管理的任务

1. 监督、保证按要求生成各种档案

按要求生成各种档案是档案管理的基本任务。对于自主开发或增值开发的单位来说，各种开发文档应由开发人员编制，会计部门应监督开发人员提供完整、符合要求的文档；各种会计报表与凭证应按国家的要求打印输出；各种会计数据应定期备份，重要的数据应强制备份；计算机源程序应有多个备份。

2. 保证各种档案的安全与保密

会计信息是加强经济管理，处理各方面经济关系的重要依据，绝不允许随意泄漏、毁损和遗失。各种会计信息资料的丢失与毁损自然会影响会计信息的安全与保密；各种开发文档及程序的丢失与破坏都会危及运行的系统，从而危及系统中会计信息的安全与完整。所以，各种档案的安全与保密是与会计信息的安全密切相关的，我们应加强档案管理，保证各种档案的安全与保密。

3. 保证各种档案得到合理利用

档案中的会计信息资料是了解企业经济情况、进行分析决策的依据；各种开发文档是系统维护的保障；各种会计信息资料及系统程序，是系统出现故障时恢复系统，保证系统连续运行的保证。

8.5.3　会计电算化档案管理的方法

1. 会计电算化档案的生成与管理办法

计算机代替手工记账后，会计档案除指手工编制的凭证、账簿和会计报表外，还包括计算机打印输出会计凭证、会计账簿、会计报表，存有会计信息的存储介质，电算化会计系统开发的全套文档资料。对手工形成的会计凭证、会计账簿和会计报表等会计档案，在此不再论述，可参见《会计档案管理办法》(1998年8月21日，财政部、国家档案局发布)。

(1) 记账凭证的生成与管理

计算机代替手工记账单位的记账凭证有两种方式。

① 由原始凭证直接录入计算机，由计算机打印输出。在这种情况下记账凭证上应有录入员的签名或盖章，稽核人员的签名或盖章，会计主管人员的签名或盖章。收付款记账凭证还应由

出纳人员签名和盖章。相关的签名在电算化下可以通过软件自动生成并打印出来。打印生成的记账凭证应视同手工填制的记账凭证，按《会计档案管理办法》的有关规定立卷归档保管。

② 手工事先做好记账凭证，计算机录入记账凭证然后进行处理。在这种情况下，保存手工记账凭证与机制凭证皆可，如保存手工记账凭证，其处理与保管办法可按《会计档案管理办法》的有关规定进行处理与保管；如保存机制记账凭证，其处理与保管办法与由计算生成记账凭证的处理与保管办法相同。需要强调的是，在计算机记账后发现记账凭证录入错时，保存手工记账凭证的，需同时保存为进行冲账处理而编制的手工记账凭证；保存机制记账凭证的，需同时保存进行冲账处理的机制记账凭证。

(2) 会计账簿、报表的生成与管理

已由计算机全部或部分代替手工记账的，其会计账簿、报表以计算机打印的书面形式保存。这主要是考虑当前磁性或其他介质的可靠性不强和保存条件要求较高等情况而定的。其保存期限按《会计档案管理办法》的规定办理。但财政部的规定同时考虑到计算机打印的特殊情况，在会计资料生成方面进行了一些灵活规定，除要求日记账每天打印外，一般账簿可以根据实际情况和工作需要按月或按季、按年打印；发生业务少的账簿，可满页打印。现金、银行存款账可采用计算机打印输出的活页账页装订。

(3) 磁性介质及其他介质的管理

存有会计信息的磁性介质及其他介质，在未打印成书面形式输出之前，应妥善保管并留有副本。一般来说，为了便于利用计算机进行查询及在电算化会计系统出现故障时进行恢复，这些介质都应视同相应会计资料或档案进行保存，直至会计信息完全过时为止。

(4) 系统开发的文档资料的管理

系统开发的全套文档资料，视同会计档案保管，保管期截至该系统停止使用或有重大更改之后的5年。

2. 会计电算化档案管理制度

档案管理一般是通过制定与实施档案管理制度来实现的。档案管理制度一般包括以下内容。

(1) 存档的手续。主要是指各种审批手续，如打印输出的账表，必须有会计主管、系统管理员的签章才能存档保管。

(2) 各种安全保证措施。例如，备份介质、刻录光盘上应贴写保护标签，存放在安全、洁净、防热、防潮的场所。

(3) 档案管理员的职责与权限。

(4) 档案的分类管理办法。

(5) 档案使用的各种审批手续。例如，调用源程序就应由有关人员审批，并应记录下调用人员的姓名、调用内容、归还日期等。

(6) 各类文档的保存期限及销毁手续。例如，打印输出账簿就应按《会计档案管理办法》的规定保管期限进行保管。

(7) 档案的保密规定。例如，任何伪造、非法涂改变更、故意毁坏数据文件、账册等的行为都将进行相应的处理。

8.6 会计软件数据接口标准

8.6.1　制定标准的意义

目前，在国内使用的会计软件有不同的种类，第一类是国外的会计软件或ERP中的财务模块；第二类是国内的商品化会计软件；第三类是一些定点开发或自行开发的项目型会计软件。各软件由于采用不同的数据库平台和独立设计的数据库结构，形成了自己的体系。由于各种软件之间不能互相交换数据，在各会计软件之间就形成了数据孤岛，这为其他需要会计数据的软件形成了障碍。为获取会计软件的数据，不得不采用各种方法，但从整个社会的角度来说是种浪费，同时也影响了软件业本身的发展。

1. 基于基础数据、业务数据、报表数据的数据接口标准

为使会计软件数据接口能在更大范围内执行和应用，满足会计软件和其他软件的发展要求。2004年，审计署、财政部、国家标准化管理委员会制定和发布了《信息技术 会计核算软件数据接口》国家标准。这一标准的发布无疑将推动整个软件业的发展。

2008年，国家标准化管理委员会又专门成立了审计信息化标准化技术委员会，挂靠在审计署信息中心，长期推动审计信息化的有关标准制定工作，其中会计软件数据接口标准是其中的重要组成部分。

2010年和2011年，GB/T 24589-2010《财经信息技术　会计核算软件数据接口》系列国家标准发布，包括“第1部分：企业”、“第2部分：行政事业单位”、“第3部分：总预算会计”和“第4部分：商业银行”，有关ERP的数据接口标准标准也在研究制定中。

2. 基于面向社会公布的报告性数据接口标准

2010年10月19日，国家标准化管理委员会和财政部在北京举行可扩展商业报告语言(XBRL)技术规范系列国家标准和企业会计准则通用分类标准发布会，该标准从2011年1月1日起执行。

《可扩展商业报告语言(XBRL)技术规范》系列国家标准分四个部分：

(1) GB/T 25500.1-2010 可扩展商业报告语言(XBRL)技术规范　第1部分：基础。

(2) GB/T 25500.2-2010 可扩展商业报告语言(XBRL)技术规范　第2部分：维度。

(3) GB/T 25500.3-2010 可扩展商业报告语言(XBRL)技术规范　第3部分：公式。

(4) GB/T 25500.4-2010 可扩展商业报告语言(XBRL)技术规范　第4部分：版本。

财政部还专门制定了《企业会计准则通用分类标准》，是按照我国企业会计准则规定编制XBRL格式财务报告(实例文档)所需遵循的标准，符合XBRL系列国家标准。

XBRL标准的立足点在于针对上市公司向外公布符合规范的数据。

8.6.2　会计软件接口标准的应用目的

1. 满足财政、审计、税务等有关部门对会计数据标准化的需要

现在，有关部门已经实现信息化管理，并应用于具体的业务管理工作。因此某些工作与

企事业单位的会计数据有密切关系。如审计软件运行的前提是应用被审计单位的有关电子数据(包括会计核算数据)，但由于不同被审计单位的数据结构不同，采用的数据库系统也不同，这就需要通过会计数据接口进行。

政府或行业主管部门对有关部门会计信息进行汇总、分析，进行宏观管理。然而，由于历史原因和多种因素，完全采用同种软件可能在一定时期内有困难，甚至会长期存在多种软件并存的状况。如在一个集团企业，在集团总部和下属较大的单位，可能采用的是国外一些大型ERP软件，而中型部分可能会采用国内的中型ERP软件，而在部分小型单位则可能采用小型的会计软件。出于费用等多种因素，必然形成了多种软件并存的局面。通过会计数据标准接口可使软件的输出数据归一化，从而达到统一汇总、分析的目的，或用于其他方面。

2. 满足使用单位二次开发的需要

使用单位在应用软件上也可能存在多种软件并存的情况，如会计软件是一种，而采购、销售等是另一种。因此，在会计软件与其他软件之间也需要接口。如果是集团企业，也有可能使用了多种会计软件，在此情况下，也需要对多种会计软件的数据进行统一的汇总、分析，或者用于内部审计、统计、计划等多个方面。

所以，本单位在需要时可进行其他软件的开发，并通过接口进行数据交换，避免每个软件作一个接口。

3. 满足其他相关软件的需要

现在，会计师事务所、咨询公司、金融单位等在对具体单位进行审查、咨询、评估时，都要使用有关的业务分析和处理软件。这些软件需要以会计数据为基础，只有会计数据提供方的软件支持接口标准，才可以通过接口标准交换数据。

4. 满足使用单位建立会计数据资源库的需要

即使企业使用的是一种会计软件，也有可能在企业发展后不再使用而需要重新选择其他软件；即使使用的是一家的会计软件，限于软件所提供的功能，也并不一定能够满足本单位对数据进行分析和管理的需要。

从长期来看，建立本单位的会计数据资源库(或称数据仓库)十分有好处。通过会计软件数据接口标准，可以长期建立自己的会计数据资源库，不管是使用一家软件，还是几家软件，只要满足接口标准的要求，都很容易建立。在此基础上，采用有关的分析软件或编制相关软件便十分容易。

复习题

一、思考题

1. 会计电算化后岗位有什么变化？为什么？
2. 加强电算化会计系统内部控制有什么意义？
3. 会计电算化要增加哪些新岗位？为什么？

4. 电算化会计系统的安全控制由哪几部分组成？

5. 计算机病毒的特征和种类有哪几种？应怎样预防？

6. 怎样管理电算化会计系统的档案？

7. 计算机替代手工记账应具备哪些条件？替代手工后应怎样加强管理，保障系统的正常运行？

8. 对会计软件使用单位，符合GB/T 24589.1《财经信息技术 会计核算软件数据接口》标准有什么意义？

二、判断题

1. 实现会计电算化后，为保证万无一失，会计核算人员应由部分程序研制人员兼任。(　　)

2. 进行会计数据的输入、数据备份和输出、对审核过的凭证数据及时登记入账是系统维护人员的职责。(　　)

3. 保障会计软件及计算机硬件的正常运行是软件编制人员的职责。(　　)

4. 会计电算化后，会计人员的分工和职能没有变化。(　　)

5. 在会计电算化试运行阶段，直接可以用计算机代替手工账。(　　)

6. 为保证会计数据的安全，实施会计电算化的单位必须健全必要的防治病毒的措施。(　　)

7. 电算化会计档案是指由计算机打印输出的各种记账凭证、会计账簿、会计报表等。(　　)

8. 电算化会计系统开发的全套文档资料以及相应的软件程序，应视同会计档案保管。(　　)

9. 在会计软件试运行期间，需要根据试运行期间的经验和会计电算化相关制度，制定严格的会计电算化管理措施和上机操作管理制度。(　　)

10. 建立健全电算化岗位责任制等内部管理制度是开展会计电算化工作的重要措施。(　　)

11. 根据财政部《会计电算化管理办法》的规定，应用计算机记账就可以不用手工记账。(　　)

12. 进行会计电算化的单位，计算机记账需与手工记账并行使用6个月以上。(　　)

13. 计算机替代手工记账要试运行一年。(　　)

14. 只有通过财政部评审的会计软件才能进行计算机替代手工记账。(　　)

15. 定点开发的会计软件也可以申请计算机替代手工记账。(　　)

三、单项选择题

1. 会计档案资料保管员不负责保存(　　)。

A. 软件公司宣传资料　　B. 计算机会计数据

C. 凭证　　D. 各种账表

2. 具有人员分工操作权限的是(　　)。

A. 电算维护员　　B. 电算主管员　　C. 软件操作员　　D. 审核记账员

3. 系统管理员一般应由(　　)担任。

A. 总会计师　　B. 会计主管　　C. 系统维护员　　D. 凭证审核员

4. 在电算化会计岗位的划分中，(　　)一般不应涉及实际会计业务的操作。

A. 系统管理员　　B. 系统操作员

C. 系统维护员　　D. 会计档案管理员

5. 会计电算化的系统维护管理是指(　　)。

A. 硬件维护　　B. 软件维护

C. 数据维护　　D. 硬件维护、软件维护及数据维护

6. 基本会计岗位不包括(　　)。

A. 会计主管　　B. 出纳　　C. 计算机操作人员　　D. 稽核人员

7. 下列(　　)工作是会计电算化使用单位负责的。

A. 会计软件的操作和日常维护　　B. 会计软件修改

C. 会计软件的版本升级　　D. 会计软件的功能扩充

8. 会计电算化单位负责会计软件的操作维护工作，具体可由(　　)负责。

A. 会计主管　　B. 操作员　　C. 系统维护员　　D. 审核员

9. 下列(　　)资料属于会计电算化后增加的会计档案内容。

A. 规章制度　　B. 手工明细账　　C. 打印的凭证　　D. 原始凭证

10. 下列属于计算机替代手工记账基本要求的是(　　)。

A. 杀毒软件要求　　B. 运行和人员要求

C. 资料要求　　D. 机房要求

11. 下列属于计算机替代手工记账基本要求的是(　　)。

A. 对软件的要求　　B. 杀毒软件要求

C. 文档要求　　D. 档案审查要求

12. 计算机替代手工记账的基本要求有(　　)。

A. 杀毒软件的要求　　B. 档案管理要求

C. 对主要设备的要求　　D. 测试要求

13. 内部控制的目标之一是(　　)。

A. 会计资料的真实与完整性　　B. 设备安全

C. 保证文档安全　　D. 保证会计人员的合法权益

14. 内部控制的目标之一是(　　)。

A. 设备完好　　B. 财产物资的安全与完整

C. 银行存款安全　　D. 保证会计人员的合法权益

15. 内部控制的目标之一是(　　)。

A. 企业的合法权益　　B. 现金安全

C. 保证国家法规的有效执行　　D. 保证会计人员的合法权益

四、多项选择题

1. 计算机替代手工记账需建立的基本管理制度有(　　)。

A. 操作管理制度　　B. 硬件管理制度

C. 软件管理制度　　D. 审计制度

2. (　　)属于系统维护员的职责。

A. 定期检查软件、硬件的运行情况　　B. 负责软件的安装和调试工作

C. 对系统进行功能完善　　D. 负责会计数据的录入

3. 日记账以外的一般账簿可以根据实际情况按(　　)打印。

A. 天　　B. 月　　C. 季　　D. 年

4. 计算机代替手工账的部分管理包括(　　)。

A. 日常运行管理　　B. 系统维护管理

C. 会计档案管理　　D. 会计人员管理

5. 在会计软件试运行期间，(　　)的工作是必须的。

A. 打印出完整的数据

B. 将所有打印出的账表装订成册

C. 报请有关部门，进行甩手工账前的相关检查或备案

D. 参加会计人员继续教育

6. 会计档案资料保管员负责保存(　　)。

A. 软件说明书　　B. 计算机会计数据　　C. 凭证　　D. 各种账表

7. 属于计算机替代手工记账的基本要求的是(　　)。

A. 对软件的要求　　B. 运行和人员要求

C. 对主要设备的要求　　D. 管理要求

8. 系统管理员主要负责(　　)。

A. 协调、管理计算机　　B. 会计软件系统的建立运行

C. 凭证录入　　D. 账务数据系统安全管理

9. (　　)是系统操作员的工作。

A. 会计数据的输入　　B. 会计数据的输出

C. 会计资料的保管　　D. 凭证的审核

10. 内部控制的目标是(　　)。

A. 会计资料的真实与完整性　　B. 财产物资的安全与完整

C. 保证国家法规的有效执行　　D. 保证会计人员的合法权益

11. 下列(　　)工作不是由会计电算化使用单位负责的。

A. 会计软件的操作维护　　B. 会计软件修改

C. 会计软件的版本升级　　D. 会计软件的功能扩充

12. 下列(　　)资料属丁会计档案。

A. 会计数据的软盘　　B. 会计数据的光盘

C. 打印的凭证　　D. 打印的报表

13. 下列(　　)资料属于电算化后增加的会计档案内容。

A. 会计数据的软盘　　B. 会计数据的光盘

C. 打印的凭证　　D. 手工凭证

参考文献

[1] 王新玲，汪刚. 会计信息系统实验教程(用友ERP-U8.72版). 北京：清华大学出版社，2009

[2] 毛华扬. 会计信息系统原理与方法. 北京：清华大学出版社，2011

[3] 毛华扬，傅樵. 会计电算化原理与实务——基于用友T3. 北京：中国人民大学出版社，2012

[4] 李震，袁岩凤. ERP财务管理与供应链管理系统实验教程. 北京：清华大学出版社，2011

[5] 毛华扬，邹淑. 会计业务一体化实验教程(用友ERP-U8.72版). 北京：清华大学出版社，2013